KB211257

성령의 선물

김양재 목사의 큐티강해
사도행전 1

성령의 선물

김양재 지음

QTM

이 책을 펴내며

2016년 가을, 제가 목회를 한 지 13년이 되었을 때 암 진단을 받았습니다. 당시는 사도행전을 설교하는 중이었고, 그 주일은 '성령 충만'이라는 제목으로 말씀을 전했습니다. 설교 제목대로 저는 성령 충만한 은혜로 성도들에게 제 병을 이야기할 수 있었습니다. "주의 크고 영화로운 날이 이르기 전에 해가 변하여 어두워지고 달이 변하여 피가 되리라 누구든지 주의 이름을 부르는 자는 구원을 받으리라 하였느니라"(행 2:20~21)는 말씀처럼, 고난을 통해 주의 영화로운 날이 이르리라는 확신을 하나님께서 주셨기 때문입니다. 세상은 암을 저주로 여기지만, 저는 암을 통해 주의 이름을 부르며 하나님의 선하심을 선포할 수 있었습니다.

이후 항암치료를 받을 때도 말씀으로 고난의 여정을 해석하면서 힘을 얻었습니다. 남편의 죽음 앞에서는 에스겔 말씀으로 살아났는데, 항암치료를 하면서는 사도행전, 레위기, 민수기, 잠언과 요한복음 말씀을 묵상하면서 살아났습니다. 그리고 저를 위해 마음을 같이하며 기도해 주시는 우리 성도들에게 때마다 제가 묵상한 말씀을 나누며 왔습니다.

그때 성도들에게 나눈 첫 메시지를 지금도 잊을 수 없습니다.

"여러분의 기도와 금식 덕분에 제 치료 방법이 정해졌습니다. 제가 여러분에게 기도를 요청한 것은 오직 교회 때문이었습니다. 여러분에게 암 소식을 전한 날부터 여호와의 절기에 관한 말씀인 레위기 23장이 시작됐습니다. 하나님은 먼저 안식일 규례를 알려 주시고, 유월절과 무교절엔 이레 동안 화제(火祭)를 드리라 하시고, 초실절과 칠칠절엔 거둔 곡식을 여호와께서 기쁘게 받으심이 되도록 요제로 드리고, 소제, 전제와 더불어 번제물을 화제로 드려 여호와께 향기로운 냄새가 되게 하라고 명하셨습니다.

하나님이 제게 명하신 방법도 화제, 곧 항암치료입니다. 작은 암이지만 부위가 넓어 큰 수술을 했는데 전이는 안 됐지만 항암치료를 해야 한다고 합니다. '암을 제대로 겪으며 가라' 하시는 것 같습니다. 한 달 동안 환부를 비롯해 여러 곳 조직 검사를 했습니다. 레위기의 주제는 '거룩'인데 번제물의 각을 뜨듯, 제 속에 온전하지 못한 것들을 각 뜬 겁니다. 이제 주님은 항암을 통해 저를 불태워 화제로 드려지라 하십니다. 그래서 암 환우 3명 중 1명이 겪는다는 항암을 제가 몸으로 체휼해 볼 예정입니다. 여러분이 금식하고 기도함으로 받은 결과이기에 그저 감사하고 감사할 따름입니다.

여러분, 이제는 금식을 끝내십시오. 여러분의 많은 아픔도 거룩을 이루기 위한 것임을 아시고 그것을 화제로 불태우십시오. 여러분, 사랑하고 또 사랑합니다."

돌아보면 30년간 숨 가쁘게 달려온 제게 하나님께서 약간의 병을 주셔서 쉬어 가게 하셨다고 생각합니다. 지금 저는 전보다 더 건강해졌습니다. 규칙적으로 식사하고 운동도 열심히 합니다. 그러나 사도행전을 전할 때 하나님께서 제게 암을 허락하신 분명한 이유가 있다고 생각해서 암 진단을 받았을 당시 전한 설교를 그대로 책에 실었습니다.

그런데 말이죠, 제가 항암을 하며 1년간 목회를 쉬었는데 담임목사가 자리를 비운 그해 교회는 오히려 10% 넘게 성장했습니다. 정말 놀랍지요? 당시 저를 대신할 외부 강사를 따로 모시지 않았습니다. 가끔 큐티목회를 하시는 목사님들이 주일 설교를 전해 주신 정도입니다. 수요예배는 평신도들이 인도했습니다. 그런데도 교회가 부흥한 겁니다. 그 비결이 뭘까요? 한 성도, 한 성도가 성령의 말씀을 힘입어 자립신앙으로 성장했기 때문입니다.

저 한 사람으로부터 시작된 말씀묵상 운동이 우리들교회를 이루었고, 우리들교회를 통해 한 성도, 한 성도에게 말씀이 흥왕하게 됐습니다. 그래서 저는 '한 사람'이 정말 중요하다고 생각합니다. 사도행전은 성령의 역사로 가득합니다. 따라서 '사도행전'이 아니라 '성령행전'이라 불려도 이상하지 않습니다. 그런데 왜 '사도'행전이라 했을까요? 다시 말하지만, '한 사람'이 정말 중요하기 때문입니다. 회개하는 한 사람이 중요합니다.

작년, 〈1027 한국교회 연합예배〉에서 말씀을 전할 기회를 얻고 제가 피를 토하며 기도했습니다.

"우리는 동성애자들을 사랑합니다. 어서 속히 돌아오게 하여 주시옵소서. 주여, 다음 세대를 살려 주시옵소서!"

이처럼 제가 애끓는 마음으로 울부짖은 것도 다음 세대에 그 한 사람이 나오길 바라는 마음에서였습니다. 인구절벽, 비혼, 낙태, 동성애 등 이 시대를 뒤흔드는 죄를 해결할 유일한 답은 '성령 충만'뿐입니다. 다시 말해, '성령 충만한 한 사람'이 세상을 변화시킵니다. 이 책을 읽는 모든 분이 그 한 사람이 되길 원합니다. 성령을 받아 자신만의 사도행전을 써내려 가는 한 사람이 되길 원합니다. "회개하여 예수 그리스도 이름으로 세례를 받고 죄 사함을 받아 성령의 선물을 받는"(행 2:38) 그 한 사람이 되십시오. 나아가 이 책이 여러분에게 '성령을 선물'로 가져다줄 통로가 되길 기도합니다.

2025년 1월
우리들교회 담임목사 김양재

목차

PART
1

내 증인이 되리라

교회의 사명
: 성령의 명하심

사도행전 1장 1~2절

하나님 아버지, 교회의 사명, 나의 사명이 무엇인지 알고
우리의 사도행전을 써내려 가기를 원합니다.
말씀하여 주옵소서. 듣겠습니다.

몇 년 전, 우리들교회 청년부에서 만나 백년가약을 맺게 된 한 부부의 주례를 맡았습니다. 제가 주례를 서면 신랑, 신부만 아니라 양가 부모님에게도 주례사 말씀을 어떻게 적용할지 나누게 합니다. 참석하신 하객에게 복음을 전하고 혹여 양가 부모님 중에 믿지 않는 분이 계시면 전도를 하기 위함입니다.

그날도 신부의 아버지가 불신자라기에 "교회에 꼭 나오시라" 권면했습니다. 그러나 신부의 아버지는 너무나 완고하셨습니다.

"저는 교회에 갈 생각이 추호도 없습니다. 목사들은 좀체 믿을 수가 없어요!"

제가 "저를 좀 믿어 보시라" 해도 "목사님도 마찬가지예요. 한강 물을 다 가져다준대도 목사는 절대 안 믿습니다!" 하며 더욱 완고하게 거부하셨습니다. 그 마음에 교회에 대한 상처가 너무 뿌리 깊게 박혀 있었습니다.

전도와 선교에 앞장서야 할 교회가 도리어 지탄을 받는 시대에 우리가 살고 있습니다. 세상은 기독교를 개독교라 부르며 눈만 뜨면 교회를 욕합니다. 그러므로 믿는 우리가 더욱더 깨어 있어야 합니다. 더더욱 구속사적으로 내 삶을 해석하고, 더더욱 성령의 권능을 받아서 초대 사도들처럼 우리의 사도행전을 써 가야 합니다. 그것이 교회

의 사명입니다. 부족하고 연약하지만 우리에게도 사도행전이, 성령
행전이, 우리의 행전이 시작되기를 바랍니다.

사도행전은 누가 기록했습니까?

마태, 마가, 누가, 요한이 예수님의 공생애를 기록했는데 그중
'누가'가 사도행전을 썼습니다. 본격적인 묵상에 들어가기에 앞서 저
자 누가에 대해 묵상해 보겠습니다.

누가는 헬라인으로 이방인 교회인 안디옥 교회 출신입니다. 그
는 의사였고, 뛰어난 문필가이기도 했습니다. 그래서 사복음서 중에
는 누가복음이, 신약성경 중에서는 사도행전이 가장 문체가 뛰어나
다고 평가받습니다. 신약성경에는 700여 개의 새로운 단어가 있는데,
누가복음과 사도행전에 그 대다수가 있고, 특별히 400개 이상이 사도
행전에 있다고 합니다.

또한 누가는 예리한 역사의식을 가지고 사도행전을 썼다는 평가
를 받습니다. 정확한 자료를 토대로 1세기 당시 형편과 로마의 지방
통치제도, 각 지방의 관습 등을 그대로 묘사했습니다. 이는 누가가 의
사로서 사실적이고 과학적으로 사물을 관찰하고 기록하는 훈련을 받
았기 때문이라고 봅니다. 또한 누가가 받은 헬라식 교육은 체계를 강
조하기에, 그의 글은 어부였던 베드로와 요한, 학문적 배경을 정확히
알 수 없는 마태와 마가, 유대식 교육을 받은 바울의 글보다도 세밀한

구조를 갖췄습니다.

나아가 누가는 치우치지 않았습니다. 긍정적인 면만이 아니라 부정적인 면도 기록했습니다. 당시 지도자들의 면모에 대해 정직하게 쓰고 유대인들이 얼마나 기독교인을 핍박했는지 면밀히 기록했지만, 기독교에 호의적이던 유대인들에 대해서도 언급했습니다. 또한 여자들을 포함한 가난하고 소외된 자들을 포용할 것을 강조했습니다.

참 대단한 인물이죠? 성경 저자 중 유일한 이방인이며, 믿음의 2세대요, 예수님을 만나 보지 못한 누가가 어떻게 이처럼 교회의 기원 이야기를 은혜롭게 쓸 수 있었는지…… 성령의 역사라고밖에는 답할 말이 없는 것 같습니다.

예수님의 제자였던 도마는 예수님이 부활하신 사실을 믿지 못했습니다. 눈앞에 살아 계신 주님을 보고도 그가 도무지 믿지 못하니 예수님이 "나를 직접 만져 보라" 하실 정도였죠(요 20:27). 그러나 누가는 부활을 보지 못했어도 부활의 목격자들과 동일한 확신을 가졌습니다. 그래서 초대교회의 모든 일을 단순히 사건 중심으로 서술하지 않고 예수님의 구속 역사로 이해하고 기록했습니다.

또한 그는 자신처럼 확실한 체험 신앙을 가진 또 다른 사람을 한눈에 알아봤습니다. 이방인 전도와 선교에 열정을 가진 바울의 영성을 딱 알아보았습니다. 그러므로 바울을 존경하고 섬기며, 함께 배 타고 로마로 건너가서 바울이 투옥됐을 때도 곁을 지켰습니다. 또한 바울과 늘 동행했지만 누가는 자기를 전혀 드러내지 않았습니다. 항상 예수님과 바울만을 높였습니다. 이런 누가 같은 믿음의 선배들이 있었기에 오늘날 전 세계에 복음이 전해졌습니다.

누가복음과 사도행전은 신약성경의 약 4분의 1을 차지하는 책입니다. 그런데도 사도행전에는 누가의 이름이 전혀 나오지 않습니다. 누가가 자기 이름을 기록하지 않았습니다. 그러나 하나님께서 누가복음과 사도행전의 저자로 누가를 높여 주셨습니다.

우리도 그렇습니다. 목회자인 제가 앞장서고 있는 것 같아도, 제 안의 주님을 향한 확신을 알아보고 저와 마음을 같이하며 조용히 섬기는 분들을 하나님께서 귀히 여겨 주실 줄 믿습니다. 여러분이 저보다도 상급이 클 줄로 믿습니다.

늦은 나이에 교회에 다니기 시작했어도 주님에 대한 확신이 분명한 분도 있습니다. 반면에 목사님을 존경한다고 말하지만 믿음의 확신이 없고, 예수님에게 전혀 관심 없는 분도 있습니다. 전적인 성령의 역사입니다.

비록 드러나지 않아도, 믿은 지 얼마 안 되었어도 복음을 확신하며 주어진 역할에 충성하는 사람을 하나님은 반드시 기억하십니다.

🕯 나는 누가와 같이 예수님을 직접 보지 않았어도 예수님을 향한 확신이 있습니까? 십자가의 주님은 믿는데 부활의 주님은 안 믿어집니까?

🕯 목장(소그룹 모임)에서 내 나눔은 열심히 하지만 말씀에는 전혀 관심이 없지 않습니까? 교회 공동체에서 드러나지 않는 역할만 하는 것 같아 비교하며 생색내지는 않습니까?

사도행전이 말하는 교회의 사명은 무엇입니까?

서두에 사도들처럼 성령의 권능을 받아 사도행전을 써 가는 것이 교회의 사명이라고 했습니다. 그렇다면 사도행전에서 말하는 교회의 사명은 구체적으로 무엇일까요? 말씀을 통해 살펴보겠습니다.

첫 번째 교회의 사명은, 전도하고 양육하는 것입니다.

> 1 데오빌로여 내가 먼저 쓴 글에는 무릇 예수께서 행하시며 가르치시기를 시작하심부터 2 그가 택하신 사도들에게 성령으로 명하시고 승천하신 날까지의 일을 기록하였노라_행 1:1~2

대표적인 복음주의 지도자였던 고(故) 존 스토트(John Stott) 목사님은 사도행전 1장 1, 2절에 대해서 이렇게 말씀하셨습니다.

"누가가 처음 쓴 두 구절은 대단히 중요하다. 이 두 구절이 기독교를 다른 모든 종교와 구분 짓는다고 해도 과언이 아니다."

다른 종교는 그 창시자가 자신의 일생을 거쳐 사역을 완성했다고 간주합니다. 그런데 누가는 '예수께서는 단지 사역을 시작하신 것뿐'이라고 말합니다. 과연 그의 말대로 주님은 십자가에서 죽으시고, 부활하여 승천하시고, 성령을 우리에게 선물로 주신 후 계속해서 자신의 사역을 이어 가고 계십니다. 그러므로 사도행전은 그 예수님의 명령을 좇아 하나님의 교회가 어떤 사명으로 나아가야 하는지를 보여 주는 책이라고 말할 수 있습니다.

존 스토트 목사님도 이야기했습니다.

"우리가 믿는 예수 그리스도는 이전에 사셨던 역사적 예수이면서, 동시에 지금도 살아 계시는 현대 예수이시다. 세상 끝 날까지 항상 그의 백성과 함께하시겠다는 자신의 약속에 따라 이후로 계속해서 그의 영을 통해 역사하고 계신다."

누가복음과 사도행전은 본래 한 책을 둘로 나눈 것입니다. 그리고 사도행전으로 그 이야기가 끝맺어진 것도 아닙니다. 사명을 따르는 우리의 행전은 영원히 계속되어야 합니다. 예수님은 "너희는 이 모든 일의 증인"이 되라고 명령하셨습니다(눅 24:48). 이 땅을 전도하고 양육하는 이 사명을 위해서 주님은 지금도 역사하고 계십니다.

누가 역시 그 사명에 충실했던 사람입니다. 그는 "데오빌로여" 하며 사도행전을 시작하고 있습니다. '데오빌로'라는 이름은 '하나님의 사랑을 받는 자'라는 뜻입니다. 아마도 기독교로 개종한 지 얼마 안 된 로마 관리로 추정됩니다. 1절에 '먼저 쓴 글'은 누가복음을 말하는데, 누가복음 서두에도 그의 이름이 등장하죠.

"우리 중에 이루어진 사실에 대하여 처음부터 목격자와 말씀의 일꾼 된 자들이 전하여 준 그대로 내력을 저술하려고 붓을 든 사람이 많은지라 그 모든 일을 근원부터 자세히 미루어 살핀 나도 **데오빌로** 각하에게 차례대로 써 보내는 것이 좋은 줄 알았노니"(눅 1:1~3).

누가가 '우리' 중에 이루어진 사실에 대하여 썼다고 하는 걸로 보아 데오빌로는 이미 그리스도인이 되었다고 봅니다. 다만 누가복음이 쓰일 당시엔 아주 초신자였다면, 사도행전 때는 믿은 지 얼마간 지난 신자였습니다. 즉, 누가가 데오빌로 한 사람을 양육하고자 쓴 편지가 바로 사도행전입니다.

그러면 누가는 어떻게 데오빌로를 양육했습니까? '먼저 쓴 글'로 양육했다고 합니다. 그는 '먼저 쓴 글'인 누가복음에 '예수께서 행하시며 가르치시기를 시작하심부터 그가 택하신 사도들에게 성령으로 명하시고 승천하신 날까지의 일을 기록'했습니다. 즉, 예수님의 죽으심과 부활과 승천에 관한 이야기를 전한 것입니다.

우리도 내 주변의 데오빌로를 찾아봐야 합니다. 영 예수 믿지 않을 것 같은 로마 고관에게도 편지를 쓴 누가처럼, 지금은 믿지 않아도 예수씨가 보이는 내 곁의 데오빌로를 찾아보십시오. 자주 연락도 하고, 신앙서적도 사다 주면서 그를 전도해 보십시오.

큐티엠에서는 《큐티인》이라는 큐티잡지를 격월로 발행하고 있습니다. 《큐티인》에는 매일매일 본문 해설과 함께 묵상 간증이 실립니다. 불신자에게 이 《큐티인》을 전하면 처음에는 대다수가 거들떠보지도 않습니다. 그러나 두 번, 세 번 다시 전하면 슬쩍 들추어서 간증부터 읽어 보고, 점점 제대로 읽기 시작하죠.

그도 그럴 것이 《큐티인》의 간증에는 아주 다양한 얘기가 등장합니다. 60여 명의 간증자들이 누가처럼 자기 인생을 가감 없이 기록했습니다. 본문 말씀에 반추하여 자신이 겪은 가정불화와 사회생활의 어려움을 내놓고 자신의 영적 교만을 고백합니다. 다들 '한 사연' 합니다.

그런데 어떤 분은 우리가 보기에 별 사연이 아닌데도 처절히 자기 얘기를 나누시기도 합니다. 데오빌로처럼 학식 있고, 매너 있고, 성실하고, 게다가 교회까지 나와 주는 남편과 사는데도, 그 남편이 도무지 예수를 못 만나니까 눈물 마를 날이 없다는 분도 계셨습니다. 이런 분의 간증을 읽으면 말씀의 위력이 정말 대단하다고 느낍니다. 우리가 강퍅한 배우자를 위해서는 얼마든지 기도하게 되지만, 내게 친절한 배우자를 위해서는 기도하기가 정말 어렵지 않습니까? 강력한 복음이 우리로 하여금 오직 구원에만 관심을 기울이게 하는 겁니다.

저의 지난 전도 역사를 돌아보면, 육적으로는 다 이루었지만 영의 구원에는 관심이 없어서 눈물짓게 했던 데오빌로가 있었습니다. 이제 믿기 시작해서 양육이 필요한 데오빌로도 있었습니다. 복음을 전해야겠는데 권세가 워낙 대단해서 주눅 들게 하는 데오빌로도 있었습니다. 열심히 전도했건만 뒤에서 저를 욕하고 다시는 만나 주지 않은 데오빌로도 많았습니다. 그러나 양육을 받고 마침내 변화된 분도 많습니다. 그러므로 여러분도 포기하지 마십시오. 나의 데오빌로에게 찾아가 끝까지 복음을 전하고 양육하십시오. 그것이 우리의 사명입니다.

🕮 영향력 있는 데오빌로 같은 사람에게도 복음이 필요합니다. 영 믿을 것 같지 않은 부유한 자라도 예수씨를 보고 전도해야 합니다. 내 옆에는 어떤 데오빌로가 있습니까?

🕮 교회는 나오지만 양육받기는 거부하고 있습니까? 데오빌로처럼 교회

의 양육을 받기 위해 어떤 적용을 하겠습니까? 양육훈련에 참여하고, 목장에 가기로 결단하십니까?

두 번째 교회의 사명은, 한 사람을 귀하게 여기는 것입니다.

누가가 한 사람 데오빌로를 양육하기 위해 쓴 편지가 사도행전이라고 했습니다. 그런데 그 한 사람을 위해 쓴 편지가 전 세계를 양육하는 서신서가 되었습니다. 마찬가지로 내가 양육받고, 나 역시 누군가를 양육하면 믿음의 재생산이 일어납니다. 또한, 누군가를 양육할 때 양육받는 상대뿐만 아니라 양육하는 나 역시 달라지는 걸 경험합니다.

누가는 데오빌로 한 사람에게 정성을 다해 편지를 썼습니다. 물론 데오빌로가 로마 고관이라서 더 정성을 기울인 것도 있겠죠. 대통령에게 편지하는데 대충 쓸 수는 없지 않습니까? 하지만 그것만으로는 사도행전이 전 세계를 양육하는 서신이 될 수는 없습니다. 한 영혼을 양육하는 데 일생을 바친 누가입니다. 한 사람 살리려는 그 애통함으로 순간순간 최선을 다해 기록했을 겁니다.

저의 몇십 년의 양육을 총망라한 기록이 제 책들입니다. 옛날에는 책을 쓰라고 해도 제가 안 썼습니다. 평신도 시절 제 간증을 책으로 내자는 제안을 받았지만 정중히 사양했습니다. 그 후 13년이 지나도록, 교회를 개척하기 전까지는 책을 일절 내지 않았습니다.

십자가는 지혜이고 지혜는 타이밍입니다. 지혜는 기다리고 인내하는 것입니다. 저 역시 인정받는 걸 좋아하지만, 한편으로 그것이 얼마나 무서운 일인가를 잘 알았습니다. '내가 뭐라도 된 줄 알면 안 돼…….' 어머니가 변소 청소만 하다가 천국에 가셨기에 무의식에 이런 마음이 늘 자리하고 있는 것 같습니다. 또 내일이라도 제가 변할 수 있다는 걸 잘 알기에 자신이 없었습니다.

또한 당시는 울타리가 없던 때라 책을 내서는 안 된다는 생각이 강하게 들었습니다. 목회를 하다 보니 제가 전하는 말씀에 반응하고 그 말씀을 적용하며 간증하는 공동체가 정말 중요함을 날마다 실감합니다. 그래서 성령님이 미리 책을 내지 않게 하셨다는 생각이 듭니다.

좋은 설교는 듣기에 좋은 설교가 아니라 삶에 적용하게 하는 설교여야 한다고 생각합니다. 한 가지 일에 십 년을 매진하면 그 열매가 보인다고 하지요. 저도 삶을 파고드는 말씀을 전하기 위해, 한 사람 큐티시키기 위해 열심히 한 우물을 팠습니다. 한 영혼을 귀히 여기며 만나는 사람마다 제 큐티 간증을 전하고, 날마다 큐티하며 만든 설교를 강단에서 전했습니다. 그것을 삼십 년 넘게 해 왔습니다.

만나는 사람마다 "큐티하세요?" 물으면 교회에 오래 다니신 분들도 진짜 진짜 큐티를 안 하시더라고요. 물론 그래요. 집회 가서 한 시간 전하는 걸로 어찌 저의 모든 걸 이해시키고 모두를 큐티시킬 수 있겠습니까. 그래서 "오늘 말씀을 들은 분 중에 한 사람이라도 큐티를 시작한다면 저는 성공한 것입니다" 하고 전합니다. 정말 한 사람이 중요합니다. 하나님이 큐티하는 저 한 사람을 쓰셔서 전 세계를 향한 사명을 감당하게 하시지 않습니까?

또, 큐티 '강의'는 어려우니까 저에게 큐티 '간증'을 주셨다고 생각합니다. 제가 삶으로 큐티한 얘기를 전하니까 듣는 사람들도 '아, 나도 큐티할 수 있겠구나' 하고 동기유발이 잘되는 것 같습니다.

이렇게 한 사람을 귀히 여기며 수없이 저의 간증을 전해 오면서 이혼을 막고 자살을 막았습니다. 여러분에게도 이런 영혼을 향한 안타까움이 있기를 바랍니다. 한 사람을 귀히 여기며 양육하시기를 바랍니다.

🕯 누군가를 양육해 본 적이 있습니까? 어떤 마음으로 했습니까? '교회에서 시키니까 한다'라는 마음으로 마지못해 양육하지는 않았습니까?
🕯 '불면 날아갈까, 만지면 깨질까' 하는 애통함으로 한 영혼을 귀히 여기며 복음을 전하고 양육합니까?

세 번째 교회의 사명은, 택하신 사도들의 명령을 듣는 것입니다.

그가 택하신 사도들에게 성령으로 명하시고……_행 1:2a

초대교회 당시 사도들은 스스로를 천거하거나 다른 사람에게 임명받아서 그 직분을 얻은 것이 아니었습니다. 예수 그리스도께서 직접 택하고 임명하신 자들이었습니다.

그렇다면 사도들이 예수님께 직접 받은 명령은 무엇입니까? 누가는 그의 복음서 끝부분에 '예수의 이름으로 죄 사함을 받게 하는 회개가 모든 족속에게 전파되리라'(눅 24:47)고 기록했습니다. 사도행전에도 "땅 끝까지 이르러 내 증인이 되리라"(행 1:8) 하신 예수님의 명령을 반복해 썼습니다.

그러므로 택하신 사도들은 소명을 받은 자입니다. 주님이 이 세상에 보내신, 권위 있는 대사(大使)입니다.

지금은 만인 제사장 시대입니다. 넓은 의미에서 모든 성도는 예수께서 보내신 일꾼이요, 사도입니다. 하지만 각자 역할은 다릅니다. 주님이 이방 선교를 위해 특별히 바울을 사도로 세워 주셨듯이, 우리에게도 각각 다른 사명과 역할을 맡기셨습니다. 그리고 맡은 자들에게 구할 것은 충성뿐입니다(고전 4:2).

본래 사도는 전쟁이 났을 때 양쪽 군대를 중재하려고 보내던 사람입니다. 제대로 중재 못 했다가는 그 자리에서 죽임당할 수도 있습니다. 그러니 최선을 다해야 했습니다. 우리도 그렇습니다. 사도라는 직분은 자원봉사 개념이 아닙니다. 그러므로 적당한 충성이 아니라 '절대적'인 충성을 요합니다.

자신에게 한번 물어보세요. 나의 섬김은 봉사입니까, 사명입니까? 열심히 섬기다가 기분 나빠지면, 혹은 몸이 아프면 딱 그만두지는 않습니까?

그래서 레위 지파가 삯을 받고 성전에서 복무했듯이 교회 일도 월급받는 사람이 해야 하는 게 맞다고 말하는 분도 있습니다. 요즘 평신도 사역자가 많아졌지만, 그 섬김이 사역자를 따라갈 수 없다는 것이에요. 하지만 사역자든지, 평신도든지 구속사를 깨닫지 못하면 섬김이 버겁고 생색나기는 마찬가지 아니겠습니까?

그래도 여러분에게 한 가지 당부드리자면 진심으로 사역자를 존경하기를 바랍니다. 택하신 사도가 사역자만을 의미하지는 않지만, 교회에도 질서가 있고 각자 자리가 있는 건 맞으니까요.

저도 택하신 사도로 주님께 부름을 받고 목사가 되었습니다. 저는 오랫동안 큐티 모임을 해 오면서 삶을 나누는 것이 가장 중요함을 깨달았습니다. 그런데 한 번 모이고 흩어지니까 연속성이 없어서 제자훈련이 잘 안됐습니다. 그래서 제자훈련을 하는 것이 제 평생의 기도 제목이었습니다. 예수님이 떠나셨어도 열두 제자 덕분에 전 세계에 복음이 전파되었듯, 제가 죽어도 이 영성을 이어 갈 택하신 사도들이 있어야 하지 않겠습니까? 그래서 하나님이 우리들교회를 세워 주셨다고 생각합니다.

우리들교회에서 목회하면서 큐티 설교가 얼마나 능력이 있는지 날마다 실감했습니다. 오래 교회에 다녔어도 말씀을 모르시는 분이 너무 많더라고요. 그런데 성경을 차례로 읽어 가는 큐티 설교를 하니까 성경에 문외한이던 분도 말씀을 깨알같이 깨닫는 역사가 일어났습니다. 제자훈련도 별다른 것이 아니었습니다. 날마다 큐티로 자신을 점검하고, 주일예배, 수요예배, 목장예배에서 꾸준히 말씀을 듣고 나누고, 기도하고…… 이렇게 일주일 내내 복음의 언어를 쓰는 것이 진정한 제자훈련이라는 걸 알았습니다. 그렇게 말씀으로 삶을 나누면서 예배가 회복되고 교회의 사명에 충성하는 성도들이 날마다 더해지는 걸 봅니다.

교회를 오래 다녔어도, 날마다 큐티해도 내 사명이 뭔지 모를 수 있습니다. 열두 제자도 성령받지 못했을 때는 헷갈리고 헤맸습니다. 그래서 '예수님이 승천하신 뒤 택하신 사도들이 어떻게 변하여 주님의 일을 하는가' 이것이 사도행전의 주제입니다. 여러분도 성령받기를 구하십시오. 나아가 '주님이 명하시는 것을 내가 어떻게 지킬 수 있을까' 기대하며 큐티하시기 바랍니다.

📖 여러분은 예수님이 직접 택하신 사도들입니다. 예수님이 명하신 사명을 이루기 위해 어떻게 충성하고 있습니까?

📖 여러분의 섬김은 봉사입니까, 사명입니까?

네 번째 교회의 사명은, 성경을 차례대로 구속사적으로 읽는 것입니다.

> 1b ······무릇 예수께서 행하시며 가르치시기를 시작하심부터 2 그가 택하신 사도들에게 성령으로 명하시고 승천하신 날까지의 일을 기록하였노라_행 1:1b~2

누가는 '예수께서 가르치시기를 시작하심부터 승천하신 날까지'의 일을 기록했노라고 합니다. 성경에도 시작과 끝이 있습니다. 그래서 성경은 차례대로 읽어야 합니다.

요즘 신앙의 성숙을 돕는 훈련 프로그램이 많습니다. 양육 교재도 쏟아져 나옵니다. 다 좋습니다. 하지만 제대로 성경을 읽지 않으면 아무리 잘 짜여진 프로그램이라도 말짱 꽝이 될 수 있습니다. 예를 들어, 교재의 성경 읽기가 오늘은 창세기, 내일은 이사야…… 이러면 아무리 열심히 성경을 보아도 제대로 읽는 것이 아니라는 말입니다. 훈련받을 때는 뜨거움이 있지만 훈련이 끝나면 은혜가 꾸준히 유지되지 않습니다.

남편 생전에 저는 문밖출입을 잘 못했기에 어떤 프로그램도 배울 수 없었습니다. 교회를 개척하고서도 성전이 따로 없어서, 판교채플이 세워지기 전까지 주중 성경공부나 새벽기도도 하지 못했습니다.

그런데 말이죠, 제가 한 '열심' 하지 않습니까? 만약 건물이 있는 교회에서 시작했다면 이런저런 모임을 제가 얼마나 많이 했겠습니까? 그러니 그것도 하나님의 세팅이었습니다. 교회 건물이 없으니 할 수 있는 건 성도들과 함께 성경을 차례로 읽어 가는 것뿐이었습니다. 날마다 큐티하며 온 성도가 함께 한 말씀을 읽고, 수요예배도 묵상하고 있는 큐티 말씀으로 전했습니다. 주일 설교도 오늘은 여기 말씀, 다음 주는 저기 말씀을 전하지 않고 한 성경을 차례로 전했습니다. 성도들도 잘 따라와 줬습니다. 말씀 묵상할 시간이 없으면 읽어 보기라도 하고, 어떤 날은 깊은 묵상과 적용까지 나아가는 날도 있고, 목장에 가서 더 깊이 묵상한 지체와 나눔하고……. 이런 훈련을 통해서 성경을 차례로 읽는 것이 얼마나 큰 능력인지를 깨닫게 됐습니다.

고대엔 성경에 장, 절이 따로 없어서 어쩔 수 없이 처음부터 읽어야만 했습니다. 중세에 와서 장, 절이 나뉘었는데 그때부터 다들 읽고 싶은 말씀만 읽습니다. 여러분도 그러지 않습니까? 레위기 같은 율법서는 어렵다고 평생 안 읽습니다. 구약도 야곱의 팥죽 이야기같이 재미있는 부분만 읽고 신약도 사랑장(고전 13장) 같은 말씀만 딱 읽습니다. 제가 너무 잘 알고 있죠?

그래서 성경을 차례로 읽는 것이 얼마나 능력인지 검증해 보라고 저에게 목회를 하게 하신 것 같습니다. 우리들교회 성도들이 프로그램 하나 없어도 말씀을 차례로 읽으며 양육을 잘 받으니까, 죽을 것 같은 사건이 와도 자기 인생의 시작과 끝을, 서론·본론·결론을 명확히 압니다. 돈, 배우자, 자녀가 나를 구원해 줄 수 없고, 오직 예수님 한 분만이 메시아인 줄 굳게 믿게 됐습니다.

"말씀을 차례로, 구속사적으로 읽어 가며 하나님께 묻고 그분의 뜻을 생각하는 운동." 저는 이것이 큐티의 정의라고 생각합니다. 말씀을 차례로, 제대로 읽으면 성경 66권 전체가 내 속에 들어오게 돼 있습니다. 한 장, 한 절만을 읽더라도 차례대로, 제대로 성경을 읽어야 합니다.

말씀을 차례로 읽어 가는 우리가 이 시대의 지성입니다. 가장 교양 있고 세련되고 아름다운 자입니다. 말씀을 차례로 꿰는 사람은 상담도 잘하고 뭐든지 잘합니다.

🏩 나는 어떻게 큐티합니까? 성경을 차례로 읽어 가고 있습니까? 내가 읽고 싶은 말씀만 읽습니까? 아예 큐티를 안 합니까? 안 하는 분들은 오늘부터 큐티하기로 결단합니까?

다섯 번째 교회의 사명은, 행하며 가르쳐야 합니다.

……무릇 예수께서 행하시며 가르치시기를 시작하심부터_행 1:1b

저는 청년과 어린아이들이 교회의 재산이라고 생각합니다. 그런데 요즘 교회에서 청년부와 주일학교가 사라지는 세태라 걱정입니다. 자라나는 꿈나무에게 소망이 있습니다. 예수님이 행하고 가르치셨듯 우리도 자녀들에게 행하며 가르쳐야 합니다.

그러면 '행하며 가르치는' 것이란 구체적으로 무엇일까요? 무엇보다도 자녀에게 세상보다 주님이 좋다는 걸 온몸으로 보여 주는 것입니다. 주님을 사랑해서 좁은 길을 가는 모습을 보여 주는 것입니다. 물론 쉽지 않습니다. 부모인 나부터도 세상이 너무 좋은데 어떻게 자녀에게 행하며 가르치겠습니까?

또 인내도 필요합니다. 로마가 기독교를 받아들이기까지 300여 년이 걸렸습니다. 우리 자녀들도 변화되려면 시간이 걸립니다. 그럼에도 자녀가 예수를 만나기까지 300년이라도 기다리면서 인내하는 것. 이것이 진정한 행함과 가르침입니다.

'애 앞에서는 냉수도 함부로 못 마신다'라는 말이 있습니다. 그 말처럼 우리는 주님 때문에 냉수도 못 마시는 인생이 됐습니다. 입으로 가르치는 것은 누가 못 합니까? 그래서 사명입니다. 아프니까 사명입니다.

세계적인 신학자 스탠리 하우어워스(Stanley Hauerwas)의 아내는 조현병 환자였습니다. 그로 인해 스탠리 하우어워스의 24년 결혼생활은 그야말로 고통의 연속이었습니다. 하우어워스는 최선을 다했지만 아내는 나아지지 않았습니다. 끊임없이 문제를 일으키고, 이혼을 요구하고, 그러다 끝내 자살했습니다. 중요한 것은, 그럼에도 하우어워스의 아들은 분노의 자식으로 자라지 않았다는 점입니다. 부모가 아프면 자녀 역시 상처가 깊게 마련인데 하우어워스의 아들은 달랐습니다. 그 이유가 무엇일까요? 아버지가 어머니를 받아들이고 섬기는 모습을 늘 보며 자랐기 때문입니다. 우리도 그렇습니다. 삶으로 행하고 가르치는 것만 남습니다. 그것밖에는 우리 자녀가 예수를 만날 길이 없습니다.

우리들교회의 택하신 사도인 한 장로님의 간증을 소개합니다.

하던 일이 망하고, 자녀가 희귀병 진단을 받고, 아내가 가출하는 삼중고를 겪으며 우리들교회에 왔습니다. 매 주일 말씀이 굳은 마음을 뚫고 들어와서 정말 많은 눈물을 흘렸습니다. 당시는 휘문채플밖에 없어서 여름엔 몹시 덥고 겨울엔 추웠는데도 전혀 불만스럽지 않았습니다. 하루는 늦어서 모퉁이 계단에 쪼그려 앉아 예배를 드렸는데, 말씀으로 제 문제의 근원이 드러나는 은혜를 누리면서 차비 걱정으로 '예배에 가지 말까?' 갈등했던 것이 겸연쩍게 느껴졌습니다.

양육을 받으면서는 딱딱한 껍데기처럼 단단하고 오래된 상처가 건드려지기 시작했습니다. 말씀을 통해 위로는 받았지만, 내가 해야 할 적용은 회피하고 싶었습니다.

그러던 어느 날입니다. 처제도 함께 우리들교회를 다니는데 당시 살 곳이 없던 우리 가족을 불쌍히 여긴 처제가 월세 보증금을 빌려줬습니다. 그런데 처제가 속한 목장과 제가 속한 목장의 권면이 달랐습니다. 처제의 목장 식구들은 "형부의 구원을 위해서 빌려준 돈을 받아야 한다"고 했답니다. 하지만 저는 그것만은 건드리지 않길 바랐습니다.

여러 날 고민했습니다. 화도 났습니다. "아니, 우리 가족보고 길바닥에 나앉으라는 거야, 뭐야!" 하며 독설을 퍼부었고, 교회마저 가고 싶지 않았습니다. 그러다 공동체의 권면을 따라 월세방을 빼서 빌린 돈을 돌려주기로 어렵게 마음을 먹었습니다. 하지만 집을 비워 줘야 할 날짜가 다가오자 두려워졌습니다. 단돈 50만 원도 없는 형편인데, 보증금 없는 월세방은 찾기조차 어려웠습니다. 부동산 중개인에게 "빈집이라도 있으면 수리해서 살겠다"고 했더니 어이없어 하며 저를 위아래로 훑어보더군요. '사지 멀쩡한 인간이 왜 이러나' 하는 눈치였습니다.

그때 큰누님이 자기 집 2층에 방 한 칸이 있으니 와서 살라기에 지푸라기라도 잡는 심정으로 들어갔습니다. 하지만 다섯 식구가 제대로 누울 수조차 없는 비좁은 방이었고, 설상가상 맞은편 방에는 아버지까지 계셨습니다.

지난 세월, 저는 다윗의 아들 압살롬처럼 아버지에게 복수하기만 꿈꿨습니다. 아버지는 어머니와 40년간 별거하며 문제만 일으킨, 우리 가족에게 씻을 수 없는 상처를 남긴 사람입니다. 그러다 모든 걸 잃고 병세마저 악화돼 큰누님에게 얹혀사는 신세가 되었습니다.

그토록 열심히 큐티하고 말씀을 들었건만…… 저는 아버지를 대면하는 것조차 싫었습니다. 한집에 살지만 아버지와 마주치지 않으려 무진히 애썼습니다.

그렇게 몇 년이 흘렀습니다. 그동안 교회에서 여러 양육도 받고, 직분자로도 부름을 받았습니다. 그 가운데 어려운 적용거리를 만날 때마다 성령님이 마음을 동하게 하셔서 옛 사람으로 돌아가려는 제 발길을 돌리셨습니다. 말씀을 적용하여 체면을 내려놓고 육체노동도 시작했습니다. 공장에서 40㎏이 넘는 잡곡을 나르며 몸은 힘들었지만, 교회에 붙어만 있으면 산다기에 매일매일 하나님과 씨름하며 살아나기를 바랐습니다.

환경은 변하지 않았습니다. 그러나 제가 달라졌습니다. 말씀을 적용하기 가장 힘든 대상이 아버지였는데, 그 아버지와 누나 부부와 함께 아침마다 큐티 나눔을 했습니다. 또한 육체노동을 한 2년 동안 공장 사장님 부부와도 함께 큐티를 나눴습니다.

현재 저는 장로로 부름받고 청소년부 부장으로 섬기고 있습니다. 아내와 자녀들도 자기 자리에서 사람을 살리는 사명을 감당하고 있습니다. 불의한 저 때문에 무너졌던 가정이 교회 공동체를 통해 변하고 살아났습니다.

제가 중등부 교사로 처음 부름받던 날, 중학생이던 두 아들에게 "아빠 중등부 교사 됐어" 했더니 하나같이 욕을 했습니다. 아이들 마음에 아직 저에 대한 상처가 깊이 남아 있던 겁니다. 그 후 중등부에 갈 때마다 도살장에 끌려가는 기분이었습니다. 그럼에도 사명을 포기하지 않은 것이 제가 가장 잘한 일입니다. 왜냐하면 청소년부에서 섬기며 하나님께서 제게 회개하는 영을 부어 주셨기 때문입니다. 내 죄뿐만 아니라 아이들의 죄를 위해, 아이들의 부모님과 다른 교사들의 죄를 위해서도 대신 회개하는 마음을 주셨습니다.

아버지와 어머니는 우리들교회에 오신 후 한집에 사십니다. 40년간 따로 산 원수 같던 부부도 말씀 공동체에 오니 화해가 됩니다. 이것이 제 인생의 가장 큰 기적입니다. 평생 아버지를 향한 복수심에 압도당하여 모든 걸 잃고 살았는데, 하나님께서 다 돌려주셨습니다. 할렐루야!

이 장로님은 우리들교회의 택하신 사도들에게 양육을 받고 본인도 택하신 사도가 되었습니다. 아프니까 사명이라는 말이 정말 맞습니다. 아프지 않으면 사명을 깨달을 수도, 감당할 수도 없습니다. 나의 아픈 자리에서 사명을 향해 나아가십시오. 그러기 위해 성경을 차례로, 육하원칙을 따라서, 자세히 묵상해야 합니다. '자녀들에게 뭘 행하고 가르쳐야 하나……' 어렵게 생각하지 말고 함께 큐티하고, 자녀들이 스스로 큐티하도록 도우십시오.

주님의 말씀은 마르지 않는 샘입니다. 길고 또 길어도 끝없이 길어 낼 것이 있습니다. 제가 그렇게 말씀을 깨달으면서 여기까지 왔습니다. 여러분도 교회의 사명에 부름받은 자라는 걸 잊지 않기를 바랍니다.

✝ 아프니까 사명입니다. 나의 아픈 것에서 어떤 사명을 깨달았습니까? 그 사명을 어떻게 삶으로 행하며 가르치고 있습니까?

저는 직업을 수십 번 바꾸어 가며 열심히 살고자 했습니다. 그런 제 삶의 결론은 사업은 망하고, 아내는 가출하고, 자녀는 원인을 알 수 없는 병에 걸린 것이었습니다. 그렇게 절망하여 죽음을 깊이 생각할 때 주님은 우리 가족을 교회로 인도해 주셨습니다. 그런데 또 다른 문제가 닥쳤습니다. 당시 살 곳이 없던 우리 가족을 딱하게 여긴 처제가 월세 보증금을 빌려주었는데 그 돈을 돌려달라고 하더군요. 처제와는 한 교회를 다닙니다. 그런데 처제네 목장에서 "형부 가정의 구원을 위해서 빌려준 돈을 돌려받아야 한다"라고 권면을 했다는 겁니다. 여러 날을 고민한 끝에 월세집을 빼서 돈을 돌려주었으나 집을 비워 줘야 하는 날짜가 다가올수록 두려웠습니다. 수중에 단돈 50만 원도 없었기 때문입니다.

그야말로 거리에 나앉을 위기가 되자 큰누님이 찾아와 자기 집 2층에 방 한 칸이 있으니 와서 살라고 제안했습니다. 단, "맞은편 방에 아버지가 계시는데 괜찮겠느냐?" 묻더군요. 지난 세월, 아버지는 문제만 일으키며 가족에게 큰 상처를 안겨 주었습니다. 그러다 건강이 나빠져 누님 집에서 얹혀사는 신세가 되었습니다. 저는 그런 아버지를 대면하고 싶지 않았으나 달리 길이 없었습니다. 그때는 죽을 만큼 싫었는데, 훗날 돌이켜 보니 우리 가정의 구원을 위해 하나님께서 절묘하게 세팅해 놓으셨다는 생각이 듭니다. 제가 잘나갔다면 결코 아버지를 만나지 않았을 텐데, 부자가 똑같이 망하여 어쩔 수 없이 한집에서 살게 되지 않았습니까. 아침마다 누님 부부와 아버지와 함께 '예수께서 행하시며 가르치신' 말씀을 나누면서 우리 가족은 점점 서로를 용납하고 용서하게 되었습니다(행 1:1).

또한 큐티하면서 저의 주제를 파악하고 공장에 들어가 월급 150만 원을 받으며 육체노동을 시작했습니다. 2년 후엔 육체의 일을 벗어나 가구 회사의 기획부서에서 일하면서 아침마다 데오빌로 같은 사장님 부부와 큐티를 나누며 전도와 양육의 시간을 보냈습니다(행 1:1). 이후 중소기업에 특채되어 임원까지 하고 지금은 창업하여 경영자가 되었습니다. 우리 부부는 말씀으로 하나가 되었고 별거하시던 부모님도 교회에 다니시며 하나가 되었습니다. 그저 교회 공동체에 붙어만 있었는데 가정이 살아났습니다. 할렐루야!

현재 저는 교회에서 장로와 청소년부 부장으로 섬기고 있습니다. 제 인생에 가장 잘한 일은 사명을 포기하지 않은 것입니다. 저로 누가와 같이 한 사람을 살려내는 사명을 감당하게 해 주신 하나님, 사랑합니다.

영혼의 기도

하나님 아버지, 저의 데오빌로인 남편 한 사람을 양육하기 위해 열심히 큐티한 것이 오늘날 많은 성도를 살리는 서신이 되었습니다. 한 사람의 구원을 위해 뿌린 눈물의 기도를 하나님께서 구원의 열매로 갚아 주셨습니다. 또한 저의 서신을 받고 저와 같이 한 사람을 양육하며 눈물 뿌려 기도한 성도들의 편지가 모여 우리의 책이 됐습니다. 저의 책이 얼마나 이어져 읽힐는지 알 수 없지만, 전 세계를 변화시키는 서신이 되기를 바랍니다.

성경을 차례로 읽는 것이 얼마나 능력인지 보이시는 하나님을 찬양합니다. 주님을 따라 우리도 행하며 가르치라 말씀하십니다. 제가 모든 일을 성경의 순서대로 하는 것 같아도 주님은 속지 않으십니다. 제가 얼마나 세상을 좋아하는지 주님이 잘 아십니다. 주여, 그런 저 때문에 제 옆의 사람들이 주님을 못 만나면 어찌합니까. 제가 그들에게 감동을 주지 못하면 어쩝니까. 주여, 저를 불쌍히 여겨 주옵소서. 주님이 원하시는 행함이 저에게 있기를 간절히 기도합니다.

주님, 우리가 상처에서 그만 나올 수 있도록 도와주옵소서. 특별히 한국교회를 비판하며 "목사 때문에 예수를 못 믿겠다" 하는 모든 사람에게 찾아가 주옵소서. 그분들이 변화될 수 있도록 목사인 저부터 회개합니다. 주님, 저를 용서해 주옵소서.

죽어 가는 사람들이 변화되어 주님의 일을 감당하고, 교회뿐만 아니라 가정과 회사, 나라의 일을 감당해 나가도록 행하며 가르치는 것이 교회의 사명 아니겠습니까? 말씀으로 변화된 한 사람이 전 세계를 변화시킬 줄 믿습니다. 아프니까 사명임을 깨닫고, 우리 모두가 각자의 아픈 자리에서 사명을 찾아 나아가게 하옵소서. 마침내 교회의 사명을 감당하게 되는 사도행전 읽기가 되도록 축복하여 주옵소서. 살아 계시며 역사하시는 하나님, 우리와 함께해 주옵소서. 예수님 이름으로 기도드립니다. 아멘.

Chapter 2

약속하신 것을 기다리라

: 성령의 기다림

사도행전 1장 1~8절

하나님 아버지, 약속하신 것을 기다리기 위해
나의 예루살렘을 떠나지 않기를 원합니다.
성령 세례를 받기 원합니다.
말씀하여 주옵소서. 듣겠습니다.

아무리 서로 새끼손가락 걸고, 엄지 맞대고, 복사하고, 도장 꽝꽝! 찍어도 약속은 지켜지기가 참 어렵습니다. 무엇보다 사람이 믿을 만하지 못하기에 그렇습니다. 그래서 결혼 약속이나 동업 계약, 나라 간의 협약도 쉽게 깨어지는 걸 봅니다.

오직 '약속의 주님'을 만나야 우리는 약속을 할 수도, 지킬 수도 있게 됩니다. 약속의 주님은 "아버지께서 약속하신 것을 기다리라"(행 1:4) 자신 있게 명령하셨습니다. 주님의 이 확실한 명령을 따라 우리가 약속하신 것을 잘 기다리려면 어떻게 해야 할까요? 말씀을 통해 함께 살펴보겠습니다.

약속하신 것을 기다리려면
십자가와 부활을 체험해야 합니다

1 데오빌로여 내가 먼저 쓴 글에는 무릇 예수께서 행하시며 가르치시기를 시작하심부터 2 그가 택하신 사도들에게 성령으로 명하시고 승천하신 날까지의 일을 기록하였노라_행 1:1~2

제 인생에도 시작이 있고 끝이 있습니다. 제 인생의 시작을 알아야 제가 전하는 말씀을 이해할 수 있습니다. 아무것도 모르고 들으면 '왜 저런 이야기를 하지?' 할 것입니다. 예수님의 구속 사역도 그렇습니다. 그 시작하심부터 모든 과정을 우리가 잘 살펴야 서론·본론·결론이 확실한 각자의 사도행전을 써내려 갈 수 있지 않겠습니까?

누가가 먼저 쓴 글에 기록된 내용을 보니까 예수님은 행하며 가르치셨습니다. 또한 명하시되, 성령으로 명하셨습니다. 그리고 승천하셨습니다. 여기서 우리가 무엇을 알 수 있습니까? 잘 죽어야 승천합니다. 우리 인생의 목적은 '잘 죽는 것'입니다. 우리는 잘 죽기 위해 산다고 해도 과언이 아닙니다. 그래서 어느 목사님은 죽을병에 걸린 사람에게 "잘 죽으라" 하고 인사를 한답니다. "잘 죽으면 천국에 가는데 얼마나 좋아요?" 한답니다.

예수님처럼 죽고, 예수님처럼 부활하는 것. 이것이 우리가 가야 할 길입니다. 예수님의 삶과 죽음과 부활은 한마디로 구원 이야기라고 할 수 있습니다. 마찬가지로 우리 삶을 통하여 구원이 이루어져야 합니다. 그리고 구원이 이루어지는 중심에는 '십자가'가 있습니다. 성경을 차례차례 읽어 보세요. 어디나 구원을 이루려면 반드시 십자가를 져야 한다는 이야기입니다. 행하며 가르치는 것도, 잘 죽는 것도 다 십자가입니다.

그래서 3절에 "고난 받으신 후에"가 중요합니다.

그가 고난 받으신 후에 또한 그들에게 확실한 많은 증거로 친히 살

아 계심을 나타내사 사십 일 동안 그들에게 보이시며 하나님 나라의 일을 말씀하시니라_행 1:3

내가 강력한 하나님 나라의 일을 말하고자 할 때 고난받는 것은 필수입니다. 예수님도 "고난이 찾아오겠지만 그 일은 있어야 하리라"고 말씀하셨습니다.

"……곳곳에 기근과 지진이 **있으리니**"(마 24:7b).

"난리와 소요의 소문을 들을 때에 두려워하지 말라 이 일이 먼저 **있어야 하되**…… 무서운 일과 하늘로부터 큰 징조들이 **있으리라**"(눅 21:9a, 11b).

그러므로 남편이 바람피워도 '있어야 하리니', 자식이 가출해도 '있어야 하리니', 질병을 만나도 '있어야 하리니', 부도를 맞아도 '있어야 하리니!' 하면 됩니다.

이 땅에서 누구보다 잘 사신 예수님도 십자가에 달려 수치와 조롱당하고 끝내 죽임당하는 고난을 받으셨습니다.

우리가 고난받을수록 하나님 나라의 일을 강력하게 말할 수 있습니다. 그것이 중요합니다. 예수님은 고난받으신 후에 부활하심으로 가르치실 것이 있었습니다. 즉, 예수님의 십자가 수난과 죽음의 사건이 부활하심으로 말미암아 구원의 사건, 하나님이 살아 계심을 나타내는 사건이 되었다는 말입니다. 우리도 그렇습니다. 죽게 된 사건에서 살아난 '확실한 많은 증거', 곧 죽음과 부활의 소식이 내게 있어야 하나님 나라의 일을 말하며 사람들을 하나님께로 인도할 수 있습니다.

그렇지만 고난받는 모든 사람이 하나님 나라의 일을 나타내는 것은 아닙니다. 고난받아도 그것을 하나님 나라의 일로 여기고 말하려면 우리가 뭘 알아야 하겠습니까? 하나님 나라의 언어를 알아야 합니다. 그래서 성경을 알아야 합니다. 그 마음에 주의 말씀이 임한 자는 '어떤 원수보다도 지혜롭고, 모든 스승보다도 나으며, 명철함이 노인보다도 낫다'라고 했습니다(시 119:98~100). 주의 말씀을 묵상하고 내 마음판에 새기는 것, 날마다 큐티하는 것이 가장 지혜로워지는 길입니다. 성경을 알아야 고난 가운데서도 확실한 많은 증거를 나타낼 수 있습니다.

저의 삶을 돌아보아도 그렇습니다. 남편의 죽음이라는 고난에서 제가 에스겔 말씀으로 얼마나 많은 증거를 나타냈습니까? 그때뿐만이 아닙니다. 자녀들이 입시에 실패했을 때는 데살로니가전서와 요한계시록 말씀으로, 재수할 때는 요한복음 말씀으로…… 죽고 떨어지는 사건에서 항상 말씀으로 증거하면서 왔기에 제가 하나님 나라의 일을 말할 수 있었습니다.

……또한 그들에게 확실한 많은 증거로 친히 살아 계심을 나타내사 사십 일 동안 그들에게 보이시며 하나님 나라의 일을 말씀하시니라_행 1:3b

예수님과 3년 반 동안 동행한 제자들에게조차 가장 필요한 것은 십자가와 부활의 소식이었습니다. 그래서 주님은 부활 후 바로 승천하지 않으시고 40일 동안 열 차례 이상 제자들에게 나타나셨습니다. 그들에게 '모든 성경에 쓴 바 자기에 관한 것을 자세히 설명'하시며 십자가와 부활의 소식을 전하셨습니다(눅 24:27). 그러자 어떤 일이 일어났습니까? 주님이 성경을 풀어 주실 때에 제자들의 마음이 뜨거워지며 그들의 눈이 밝아져 주님을 알아보게 됐다고 합니다(눅 24:31~32).

더 나아가 주님은 제자들의 마음을 열어 성경을 깨닫게 하시고(눅 24:45), 그들에게 맡기실 '하나님 나라의 일'을 말씀하셨습니다. '하나님 나라'는 하나님이 통치하시는 현장을 말하고, '하나님 나라의 일'이란 주님이 3년 동안 가르치신 하나님 나라가 실제로 어떻게 구현되는가에 관한 것입니다. 즉, 택하신 사도들에게 이 땅에서 하나님 나라를 확장하는 일을 명하신 것입니다.

예수님은 십자가에서 죽으시고, 부활하여 말씀으로 자신을 확실히 증거하시고, 주님을 만난 자에게 하나님 나라의 일을 사명으로 주셨습니다. 이 모든 일은 사도행전이 시작되기 전에 반드시 있어야 할 사건들이었습니다. 십자가와 부활을 체험한 자들만이 하나님 나라의 일을 말할 수 있기 때문입니다.

몇 년 전 별세한 이어령 씨의 딸 고(故) 이민아 목사는 생전에 미국에서 성공한 검사로 활동하는 등 모두가 부러워할 만한 배경을 갖췄습니다. 하지만 겉만 화려하고 수많은 고난을 겪었습니다. 그녀는 이화여대 영문과를 조기에 졸업할 만큼 수재였으나 아버지에게 사랑받지 못했다는 결핍증에 늘 시달렸습니다. 그러다 한 남자를 만났고, 오직 사랑만 있으면 된다면서 결혼하여 함께 미국으로 떠났습니다.

부모가 반대하는 결혼이었지만 모든 걸 사랑으로 극복할 수 있으리라 믿었습니다.

하지만 결혼생활은 그리 순탄치 않았습니다. 돈이 없어 낮에는 햄버거 가게에서, 밤에는 주유소에서 숨 돌릴 틈조차 없이 일하며 아이까지 낳고 살려니까 매일매일 죽을 맛이었습니다. 게다가 남편과 성향이 달라도 너무 달랐습니다. 주말에 차 한 잔이라도 마시며 부부가 함께 시간을 보내는 게 그녀에겐 사랑인데, 남편에겐 주말이면 깨끗이 청소하고 쉬는 게 사랑이었습니다. 서로의 차이를 이해하지 못해 언성이 높아지는 날이 늘자, 급기야 그녀는 이혼을 결심했습니다. 사랑 하나 보고 결혼했기에 사랑이 식었는데 억지로 맞춰서 사는 것은 위선이라고 생각했답니다.

하지만 이후로도 시련은 계속됐습니다. 암에 걸려 세 번이나 수술을 받고, 설상가상 재혼하여 얻은 둘째 아들이 특수 자폐 판정을 받았습니다. 어디에서도 아이를 받아 주지 않아서 학교를 일곱 번이나 옮겼답니다. 그러다 하와이에 있는 크리스천 스쿨을 찾아갔고, 다행히 아이의 자폐 증상은 사라졌습니다. 이후 실명 위기라는 또 다른 고난이 그녀를 덮쳤지만 몇 달 만에 기적적으로 시력을 회복했습니다.

하지만 생애 가장 큰 시련이 기다리고 있었습니다. 첫째 아들이 스물다섯이라는 꽃다운 나이에 죽은 것입니다. 어느 날 감기 증상을 호소하며 쓰러지더니 19일 만에 돌연 세상을 떠났습니다. 그녀의 모든 세상이 무너져 버렸습니다.

그러나 그 사건을 통해 그녀는 십자가와 부활을 체험하고 비로소 사명으로 나아가게 됐습니다. 그전까지 이민아 목사는 자신이 자기 아들과 남의 아이를 차별하는 줄 전혀 몰랐다고 합니다. 그런데 아들이 죽은 후 처음으로 다른 집 아이들이 눈에 들어왔답니다. 이후 그녀는 힘든 아이들에게 달려가는 목사가 되었습니다. 지금은 작고했지만, 그녀의 모든 고난은 하나님을 나타내는 '확실한 많은 증거'가 되어 지금도 많은 사람을 살리고 있습니다.

여러분도 고난받는 삶이 하나님을 증거하기에 가장 좋은 환경인 걸 믿으십니까?

🎁 내 고난에서 체험한 십자가와 부활을 다른 이에게 말해 줄 수 있습니까?

약속하신 것을 기다리기 위해 사도에게 분부하십니다

사도와 함께 모이사 그들에게 분부하여 이르시되……_행 1:4a

주님은 부활하신 후 40일 동안 제자들에게 나타나셔서 하나님 나라의 일을 말씀하셨습니다. 곧 승천하셔야 하는데, 예수님이 이 땅에 안 계시면 이제 누가 하나님의 다스리심을 알려 줍니까?

그래서 '사도와 함께 모이시고 그들에게 분부하셨다'고 합니다. 2절에도 택하신 사도들에게 성령으로 명하셨다고 했습니다.

사도행전은 예수 그리스도께서 교회를 통해 구원 사역을 이어

가시는 기록입니다. 그러므로 '사도'가 중요합니다.

예수님은 늘 대중설교를 하셨고 수많은 사람이 그분을 따랐지만, 아무나 제자 훈련 시키지 않으셨습니다. 왜 열두 제자를 따로 부르시고 훈련하셨겠습니까? 택하신 사도, 곧 하나님의 부르심을 받은 사람이 있다는 말입니다.

특별히 당시는 주님의 사역을 계승하기 위해 성령을 받아 증인으로서 능력을 갖추는 일이 시급했습니다. 그래서 사도를 명하시고 그들에게 분부하시며 끊임없이 양육하신 것입니다.

오늘날은 만인 사도 시대입니다. 하나님께서 예수 그리스도를 통해 우리에게 은혜와 사도의 직분을 주셨습니다(롬 1:5a). 십자가와 부활을 체험한 자, 구원받은 자라면 '나는 사도 못해', '나는 아무것도 할 줄 몰라' 이런 변명은 할 수 없습니다. 부활하신 주님을 위하여, 그의 이름을 위하여 믿어 순종해야 합니다(롬 1:5b). 나의 능력으로 순종하는 것이 아닙니다. 믿음이 나로 순종하도록 밀어붙입니다. 택하신 사도란 바로 이런 믿음의 사도입니다. 주님은 이런 사도들과 함께 모이기를 원하십니다.

제가 우리들교회를 개척하고 처음 목자 양육을 할 때입니다. 모이신 분들께 어느 초등학교를 나왔는지 물었습니다. 당시 남녀 합해서 서른 명쯤 되었는데, 저 혼자 소위 빛나는 초등학교 졸업장을 가졌더군요. 대부분 시골 출신에다 시골에서도 아주 깡촌에서 자란 분들이었습니다. 그런 분들이 서울 강남 한복판 휘문고 우리들교회에 입성해서 목자를 하고 있었습니다. 제가 초등학교부터 대학교에 이르기까지 빛나는 학교를 졸업했는데, '인생 말년에 이런 시골 사람들을 만나려고 내가 평생 헌신했나?' 하는 생각도 잠시 들었습니다.

그런데 여러분, 이게 참 중요합니다. 이 제자 동무들 중에도 특별히 영성이 있는 사람은 더 촌구석 출신이더란 말입니다. '시골에서 고생하며 도대체 어떻게 학교를 다녔을까……' 의아한 분들이 기적처럼 서울에 와서 대학 공부까지 하고 터를 잡고 사신 겁니다.

이때 제가 알게 됐습니다. 출신이 깡시골인 분들은 기본적으로 겸손하시더라고요. 또 시골 사람들은 한자리에 오래 앉아 있기도 잘합니다. 큐티도 얼마나 듬직하게 잘하는지 모릅니다. 반면에 큐티하는데도 기분이 좋았다가 나빴다가, 일관성이 없는 사람은 주로 서울 출신에다 과외 공부까지 한 분들이었습니다. 그렇다고 서울 출신인 분들을 욕하는 게 아닙니다. 괜스레 상처받지 마세요. "서울 출신인 게 죄냐!" 항변하시는 분도 있겠지만, 굳이 비교하자면 그렇다는 것입니다.

사도 바울은 소아시아의 중심인 길리기아 다소 시 출신에다 로마 시민권자였고, 저명한 율법학자인 가말리엘의 문하생이었습니다. 요즘으로 말하자면 KS마크를 떼놓은 당상입니다. 그러나 로마서 16장에서 바울이 유언하며 정말 보고 싶어 한 사람 중에는 다소 시 출신이나 로마 시민은 거의 없었습니다. 주로 노예나 여인들, 천막장이와 같은 당시로서는 보잘것없는 자들이었습니다.

그러니 우리들교회는 정말 성경적인 교회가 맞지 않습니까? 시골뜨기들이 강남 한복판에 입성해서 성령의 역사를 일으키고 있잖아요. 하나님의 택하심은 지위나 학력을 불문한다는 걸 보여 주고 있습니다.

제 초등학교 동창생 중에는 유명 인사도 많은데 아무도 교회를 안 다녔습니다. 가난하고 공부 못하는 애들, 코흘리개들만 교회를 나왔습니다. 저라고 좋아서 교회를 다녔겠습니까? 이상한 애들만 모여 있으니 정말 가기 싫었습니다. 그래도 하나님이 저를 축복하신 것은 제가 억지로라도 교회를 다녔기 때문입니다. 예배 반주를 해야 하니까 개근할 수밖에 없잖아요. 비록 봉사로 한 일이었지만 그때부터 제가 사명을 받은 겁니다. 그래서 직분이 무섭습니다.

교회는 학교나 사회와는 다릅니다. 교회에는 가난한 자도 있고, 부자도 있습니다. 병든 사람, 건강한 사람 다 있습니다. 말썽쟁이도 있고, 착한 사람도 있습니다. 이처럼 서로 다른 이들이 어우러져 자신과 반대인 사람을 섬기라고 가르치는 곳이 바로 교회입니다. 학교도, 사회도 다 끼리끼리 놉니다. 오직 교회만이 그것을 가르칠 수 있습니다. 이런 성경적 가치관을 가르치는 것이 부르심받은 제자들, 택하신 사도들이 할 일입니다.

제가 빛나는 학교를 졸업했다고 하나님이 저를 쓰시겠습니까? 제가 뭐가 훌륭해서, 본성이나 실력이 뛰어나서 명하고 가르치는 것이 아닙니다. 예수님처럼 저 역시 고난받았기에 성령으로 명할 수 있는 겁니다. 말씀으로 고난을 통과했기에 "저처럼 말씀 보면서 이혼하지 마세요", "자녀가 힘들게 해도 주님이 약속하신 것을 기다리세요. 그러려면 말씀을 알아야 하지 않겠어요?" 가르칠 수 있는 겁니다. 무엇보다 고난의 경험이 구원을 전하는 선봉장이라는 걸 제가 깨달았습니다.

여러분도 나의 고난을 들고 가서 다른 사람들에게 행하고 가르치고 분부하십시오. 누가 택하신 사도인가 분별하고, 나 역시 택하신 사도의 궤도에서 벗어나지 않기 위해 말씀 앞에서 끊임없이 분별당해야 합니다. 배우자를 고를 때도 성령으로 택함받은 사람인가, 아닌가 분별하면 좋겠습니다. 나의 자녀도, 진로도 분별하십시오.

✸ 나는 예수님이 함께 모이기를 원하시는 사도의 반열에 들어갔습니까?

약속하신 것을 기다리려면
예루살렘을 떠나지 말아야 합니다

……예루살렘을 떠나지 말고 내게서 들은 바 아버지께서 약속하신 것을 기다리라_행 1:4b

"예루살렘을 떠나지 말라" 말씀하십니다. 예루살렘이 어떤 곳입니까? 아브라함이 아들 이삭을 바친 모리아 산이 위치한 곳입니다 (창 22장). 다윗이 인구조사를 했다가 하나님께 야단맞고 전염병으로 7만 명의 백성을 잃은 뒤 제단을 쌓은 오르난의 타작마당이 예수님이 십자가를 지신 예루살렘의 골고다 언덕입니다(삼하 24장).

사랑하는 아들을 제물로 드리고, 백성의 죽음을 바라볼 수밖에 없던 그곳……. 인간적인 관점으로 보면 예루살렘은 슬픔과 죽음과 고통의 장소입니다. 그런데 성령이 임하자, 그곳이 전 세계를 구원한 골고다 언덕이 됐습니다.

제자들에게도 예루살렘은 좋은 추억의 장소가 아닙니다. 예수님이 그곳에서 돌아가셨고 무엇보다 그들이 예수님을 버리고 도망친, 배반의 장소이기도 합니다. 그러니 "예루살렘을 떠나지 말라"는 명령에 순종하기가 어려웠을 것입니다. 게다가 제자들은 대부분 갈릴리 출신이니까 더더욱 순종하기 힘들었겠죠.

하지만 생각해 보세요. 제자들이 죄책감에 눌려 이대로 예루살렘을 떠나 버린다면 앞으로 무슨 사역을 할 수 있겠습니까? 아무리 대의명분이 급하고 당장 해야 할 일이 있어도 그렇습니다. 하나님 나라의 증인이 되기로 작정한 이상 예루살렘을 떠나서는 안 됩니다. 예루살렘에서 약속하신 성령이 임하기를 기다려야 합니다. 성령이 임하지 않으면 부활의 참의미를 깨달을 수 없기 때문입니다. 성령이 임해야 나의 옛 사람이 죽고 부활로 나아갈 수 있습니다.

우리도 "예루살렘을 떠나지 말라"는 예수님의 분부를 가슴에 새겨야 합니다. 슬픔과 고통뿐인 가정, 회사, 학교라도 그곳이 나의 예루살렘입니다. 그곳에서 성령이 임하기를 기다리면 내가 있는 곳을 하나님이 성전으로 만드십니다. 어떤 힘든 곳이라도 주님을 붙드는 내가 있기에 속물(俗物)이 성물(聖物)이 되고 성화(聖化)됩니다.

4절 후반부를 다시 보면 "아버지께서 약속하신 것을 기다리라"

고 했습니다. 그러려면 미리 들은 약속이 있어야겠지요. 바로 성경 말씀이 약속입니다. 하나님 나라의 통치를 받으려면 성경을 통해 약속의 명령을 잘 들어야 합니다. 그리고 들은 후에는 잘 기다려야 합니다. 약속에는 반드시 기다림이 수반됩니다. 혹여 기다림이 길어진대도 하나님은 내 아버지이시기에 반드시 약속을 지키십니다.

사도 바울이 '내가 저주받아 그리스도에게서 끊어질지라도 골육친척의 구원을 원한다'고 기도했지만(롬 9:3), 2천 년이 지난 지금까지도 유대인들은 돌아오지 않고 있습니다. 그러니 여러분도 너무 안타까워하지 마세요. 오래 기다릴수록 약속이 이루어질 때 더 기쁘지 않겠습니까?

4절에 '함께 모이사'의 원어는 식사하고자 모일 때 쓰이는 단어로, 적은 수가 모였다는 뜻이 있습니다. 즉, "예루살렘을 떠나지 말고 내게서 들은 바 아버지께서 약속하신 것을 기다리라"는 예수님의 말씀을 들은 대상이 지극히 소수라는 말입니다. 수많은 사람이 예수님의 설교를 들었지만, 부활하신 주님은 진실한 성도에게만 보이기에 "기다리라"는 약속의 말씀에 반응하는 사람은 지극히 소수입니다.

남의 얘기가 아닙니다. 내가 당장 어려운 사건을 만났는데 누가 "좀 기다려 봐" 하면 여러분은 잘 기다립니까? '어떻게 기다려?'가 주제가 아닙니까?

우리들교회의 한 권사님이 로마서 말씀을 묵상하며 나누어 주신 큐티 간증입니다.

어려서부터 교회를 다니고 선교단체에서 훈련도 받았지만, 가정을 돌보지 않고 자녀를 고생시키는 아버지에 대한 상처로 성실해 보이는 남편과 불신결혼을 했습니다. 하나님을 열심히 믿었더니 복을 주셨다고 합리화하면서 남편이 가져다주는 물질의 복을 누리고 자녀들을 어떻게 하면 잘 키울지 궁리하며 살았습니다. 하나님은 브레이크 없는 자동차처럼 달려가던 저를 남편의 실직을 통해 제동을 걸어 주셨지만 '내가 기도하고 있으니 하나님이 회복시켜 주실 거야'라고 스스로를 위로하며 복음 속으로 밀치시는 하나님의 손길을 외면했습니다. 그러나 2년이 넘도록 아무것도 하지 않는 남편을 보면서 하나님이 제게 원하시는 게 뭔지 궁금해졌고, 기도하던 중에 믿지 않는 시부모님과 함께 살기로 결정했습니다.

하지만 날마다 쏟아지는 시부모님의 질책은 숨을 쉬기도 힘들 만큼 저의 영육을 피폐하게 했고 저는 남편의 실직과는 비교도 안 되는 고통을 겪게 되었습니다. 무엇보다 '예수 믿는 내가 사람을 미워하는 것'이 견딜 수 없는 지옥이었습니다. 너무나 죽을 것 같아서 살려 달라는 기도를 드렸는데 그 응답으로 『날마다 큐티하는 여자』라는 책을 선물로 받고 지금의 공동체로 인도되었습니다. '인간은 100% 죄인이다', '나를 힘들게 하는 시부모의 잘못보다 시부모를 미워한 내 죄가 더 크다'는 말씀을 들으며 나의 죄를 회개하였고(롬 3:23) 내가 한 것은 아무것도 없지만 전적인 하나님의 은혜로 값없이 의롭다 하심을 얻게 되니 환경은 달라진 것이 없는데 숨을 쉴 수 있게 되었습니다(롬 3:24). 하나님께 무관심하고 죄에도 무감각한 채 죽음을 향해 가고 있을 때 주님이 저를 구원하러 오신 것입니다.

그러나 예배를 드리며 하나님과 화목하는 복을 누리고 갈수록 "가까운 교회 놔두고 왜 멀리 가냐, 주일에 한 번만 가면 되지 왜 그리 자주 가냐"고 하시는 시부모님 때문에 난리가 났습니다. 그럴 때마다 불평과 원망 등 원치 않는 감정들로 부글거리는 저를 살린 것은 말씀이 있는 공동체였습니다. 또한 '다른 사람과의 화목을 위해 죽어지는 것이 구원받은 내가 할 일'이라고 가르쳐 주셔서 하나님을 모르는 남편과 시부모님의 구원을 위해 기도할 수 있었습니다. 그러던 중 여부스 성이 다윗 성이 되는 큐티 말씀을 주신 날(삼하 5장), 췌장암 진단을 받은 시아버지를 구원해 주시겠다는 약속의 말씀대로 시아버님이 예수님을 영접하고 천국에 가시는 기적을 베풀어 주셨습니다. "제사를 지내는 다른 종교로 바꾸라"는 자신의 명을 거역했다는 이유로 노하셔서 예배를 방해하고 핍박했던 시아버지가 예수님을 영접한 사실은 오직 값없이 베푸신 주님의 은혜입니다(롬 3:24). 아직도 형편없는 저이지만 그 은혜에 감격해서 남은 식구들의 구원의 통로 역할을 잘 감당하며 가길 원합니다.

할렐루야! 고난받는 가운데서 나의 예루살렘을 떠나지 않고 약속하신 말씀을 기억하며 기다렸더니 권사님 가정에 하나님 나라의 일이 실현됐습니다. 이 권사님처럼 여러분도 말씀을 적용하면 좋겠습니다. 다른 누가 적용하기를 바라지 말고 나부터 시작하면 됩니다.

✤ 나의 예루살렘, 곧 내가 떠나지 말아야 할 힘든 곳은 어디입니까? 그곳에서 약속하신 것을 기다리면서 내가 적용해야 할 일은 무엇입니까?

약속하신 것을 기다리려면
성령 세례를 받아야 합니다

요한은 물로 세례를 베풀었으나 너희는 몇 날이 못되어 성령으로 세례를 받으리라 하셨느니라_행 1:5

5절에서 예수님은 예루살렘을 떠나지 말아야 할 이유를 더 구체적으로 말씀해 주십니다. 제자들이 '몇 날이 못 되어 성령 세례를 받을 것'이기 때문입니다.

주님은 세례 요한이 베푼 물세례와 구별되는 '성령 세례'가 있다고 말씀하십니다. '성령 세례'는 제자들이 이전까지 전혀 알지 못한 세계입니다. 새로운 언어, 창조적인 언어입니다. 이 성령 세례의 결과로 성령 충만이 나타납니다. 출생이 일생에 단 한 번 일어나는 사건이듯, 성령 세례도 일회적인 사건입니다. 일종의 입문적인 경험으로 반복될 수도, 잃어버릴 수도 없는 것입니다. 하지만 성령 충만은 반복적이고 지속적인 경험입니다.

그렇다면 물세례와는 무엇이 다를까요? 세례 요한의 물세례는 죄인을 온전히 구원하고 영생을 주는 세례가 아니었습니다. 다만 자신의 죄를 회개하고 예수 그리스도께서 주시는 성령 세례를 받기 위한 준비 과정이었습니다. 성령 세례는 여기서 더 나아가 죄악 된 본성에서 벗어나 하나님의 성품을 닮은 새로운 사람으로 거듭나는 것입니다.

신앙에도 연륜이 필요합니다. 물세례에서 성령 충만으로까지 나아가려면 자기를 부인하고 자기 십자가를 지고 예수님을 따르는 훈련을 거쳐야 합니다. 따라서 성령 세례를 받지 못하면 시작조차 할 수 없는 길입니다.

아무리 성경을 줄줄 외워도 성령 세례를 받지 못한 사람은 딱 티가 납니다. 교회에 열심히 오기는 하는데 말씀을 좀체 적용하지 못합니다. 또 늘 핑곗거리가 많습니다. 누가 한마디 권면하면, 열 마디 핑계를 댑니다. 말씀을 못 알아듣고 딴소리를 합니다. 땅끝까지 내려가 본 경험이 없어서, 십자가에 못 박혀 본 경험이 없어서 그렇습니다.

몇 년 전, 성도 한 분이 제게 "사업이 힘들어졌으니 그간 내가 낸 헌금을 돌려달라" 요구하신 일이 있었습니다. "내 돈이니까 힘들 때 돌려주는 게 맞지 않느냐"는 겁니다. 교회에 다니신 지 꽤 오래된 분인데⋯⋯ 교회 창립 이래 저도 처음 겪는 일이었습니다.

그러니까 우리가 성령 세례를 받아야 합니다. 제자들보고 성령 세례를 받으라고 주님이 5절에 이르기까지 열심히 가르치신 것입니다.

그런데 제자들의 반응을 좀 보십시오.

그들이 모였을 때에 예수께 여쭈어 이르되 주께서 이스라엘 나라를 회복하심이 이 때니이까 하니 _행 1:6

이스라엘이 로마에 식민 지배를 받은 지 오래인데 로마는 여전히 막강해 보입니다. 그러니 제자들도 '언제 메시아가 와서 우리나라를 회복시켜 줄까……' 이것밖에 모릅니다. 또한 '로마 타도!'를 외치고 있지만 제자들 역시나 자기 민족을 중심으로 세계가 통일되기를 바라고 있습니다.

일본의 기독교 사상가인 우치무라 간조(內村鑑三)는 일본 기독교계에서 지금까지도 매우 존경받는 인물입니다. 그는 동경대학교의 전신인 제일고등중학교에서 교원으로 근무하던 시절 천황의 친필 서명에 경배하기를 거부했다는 이유로 강제 사직 처분을 받았습니다. 이 일이 그 유명한 '우치무라의 불경사건'입니다. 신앙심에서 비롯된 행동이었지만 그 후로 그는 많은 고초를 감내해야 했습니다. 사회로부터 천황을 반역했다는 비난이 쏟아졌고, 테러의 표적이 되어 아내와 자식까지 잃었습니다.

하지만 이런 그도 민족주의라는 한계를 넘어서지 못했습니다. 생전에 그는 이런 기록을 남겼습니다.

"나는 두 개의 J를 사랑한다. 하나는 예수(Jesus)이고 또 하나는 일본(Japan)이다. 나는 그중 어느 쪽을 보다 더 사랑하는지 알지 못한다."

또한 그의 묘비엔 이와 같은 글귀가 새겨져 있습니다.

"나는 일본을 위해서, 일본은 세계를 위해서, 세계는 그리스도를 위해서."

하나님을 사랑하면서도 일본을 중심으로 모든 것이 이루어지기를 바라는 마음이 그에게도 있었던 겁니다. 내 나라를 사랑하는 것까지는 좋습니다. 하지만 국수주의나 민족주의로 치달으면 치우친 것이지요.

우리도 그렇습니다. 자나 깨나 내 집, 내 자녀, 내 교회밖에 모릅니다. 우리 애들만큼은 명문대를 다녀야 하고, 좋은 회사에 취직해야 합니다. 우리 집은 잘살아야 하고, 우리 교회만 부흥해야 합니다. 하지만 그게 아니라는 말입니다. 우리 교회만 잘되면 되나요? 어디를 가든지 같은 언어를 쓰는 교회들이 되어야 하지 않습니까? 그것이 나도 살고 남도 살고 나아가 나라가, 세계가 사는 길입니다. '우리만 잘나가야 해!' 하다가는 훗날 믿음의 터전이 다 사라져 버릴 수도 있습니다.

아무리 예수를 믿어도 내 육의 회복만을 바라는 것이 우리의 현주소입니다. 말씀을 열심히 듣고는 "그래서 우리 애는 대학에 붙어요?", "우리 집은 언제 잘살게 됩니까?" 이런 것만 묻습니다. 우리 속에 아주 딱 달라붙어 있는 가치관입니다.

성령의 음성이 안 들리면 이런 가치관 하나, 습관 하나 고치는 것도 너무 어렵습니다. 혹자는 중력을 탈출하는 일만큼이나 어렵다고 말합니다. 뾰족한 펜을 바닥에 세우려 하면 세워집니까? 1초도 못 서 있습니다. 그런데 뾰족한 펜을 4억 년 동안 세워 두고 고정시킬 수 있는 힘이 중력이랍니다. 그만큼 중력이 대단한데, 가치관을 바꾸는 것이 그 중력을 탈출하는 일에 비할 정도라는 겁니다. 엄청난 에너지가 소비된다는 뜻이죠.

하지만 한번 바뀌면 그때부터는 쉬워집니다. 로켓을 발사할 때 대기권 안에서는 대단한 에너지가 필요하지만, 지구 밖을 나가면 무

중력 상태가 되어서 둥둥 떠다닙니다. 마찬가지로 내 가치관이 변하기 시작하면 그다음부터는 쉬워지는 겁니다. 순종도 쉬워지고, 섬김도 쉬워집니다.

내 힘으로는 나도, 남도 변하게 할 수 없습니다. 은혜받고 좀 변하는 것 같다가도 금세 되돌아갑니다. 그러니 눈물 뿌리며 가는 길밖에는 없습니다.

예수님이 그토록 가르치고 또 가르치셨건만 제자들은 여전히 육의 회복밖에 모릅니다. 어찌 이럴 수 있습니까? 하지만 이런 인간들(?)이 다 사도가 됐습니다. 그러니까 속 썩이고, 어쩌고저쩌고해도 교회 공동체에 딱 붙어 있는 사람은 괜찮은 사람인 겁니다. 돌이킬 기회가 있잖아요.

로마의 압제에서 벗어난다고 이스라엘이 회복됩니까? 병이 낫는대도 언젠가 죽을 인생입니다. 오직 성령을 받고 회개하는 것만이 진정한 회복입니다.

> 이르시되 때와 시기는 아버지께서 자기의 권한에 두셨으니 너희가
> 알 바 아니요_행 1:7

제자들이 허튼소리를 해도 주님은 그들을 끝까지 양육하십니다. "이스라엘을 회복하심이 이 때니이까?"라는 제자들의 물음에 대한 주님의 답은, "너희가 알 바 아니라!"입니다.

본문의 '때와 시기'는 각각 기간과 일시를 뜻하는 말로, 원어로는

'크로노스'와 '카이로스'입니다. 크로노스는 객관적인 시간으로서 종말이 오기 전에 있을, 보통 말세라 말하는 시간의 흐름을 말하고, 카이로스는 특별한 시점, 즉 예수님의 재림으로 이루어지는 종말의 시점을 말합니다. 주님이 이 두 개념을 모두 말씀하신 이유는 말세와 종말이 하나님의 계획을 따라 진행되고 있다는 걸 강조하기 위함입니다. 즉, 시간의 주인은 하나님이시라는 말입니다.

따라서 7절을 풀어서 말하면 이렇습니다.

"내가 언제 다시 올지, 언제 하나님 나라가 완성될지, 그 기간이 얼마나 남았는지 너희는 관심 두지 않아도 된다. 하나님이 지금의 환경을 주시고 기다리라고 하시니까 너희는 가만히 기다리기만 하면 돼. 너희가 알 바 아닌 회복의 때를 알려고 하는 것은 죄이고, 악이다!"

정말 그래요. 칠십, 팔십쯤에 내가 죽는다고 하면 별 느낌이 없습니다. 그런데 만약 '2045년 8월 15일에 당신은 죽습니다'라고 하나님이 알려 주신다면 기분이 좋습니까, 나쁩니까? 죽는 날을 받은 그 순간부터 아마 우리는 아무것도 못할 겁니다.

때와 시기에만 관심을 두는 것은 기복신앙입니다. 그러니 때와 시기를 알려 준다는 곳은 다 이단입니다. 그런 곳은 절대로 가시면 안 됩니다.

때와 시기는 하나님 아버지의 권한입니다. 주님이 때와 시기를 알려 주지 않으시는 것이 오히려 우리에겐 축복입니다. 설령 내년에 죽는다고 해도 모르고 사는 것이 축복입니다. 이 알 수 없는 때와 시기로 주님은 우리를 훈련하십니다. 때와 시기를 모르니까 우리가 훈련을 받는 겁니다. 그러니까 자꾸 "이 때니이까?" 묻지 말고 오늘 주시는 말씀에 순종하십시오. 당장 내일 주님이 오신대도 한 그루의 사과나무를 심고, 청소하고, 밥 먹고, 직장도 가야 합니다.

🎁 나는 어떤 때와 시기를 알고 싶습니까? 내 인생이 일주일 남았다고 한다면 무엇을 하겠습니까?

약속하신 것을 기다리기 위해 증인이 되어야 합니다

오직 성령이 너희에게 임하시면 너희가 권능을 받고 예루살렘과 온 유대와 사마리아와 땅 끝까지 이르러 내 증인이 되리라 하시니라
_행 1:8

때와 시기는 우리가 알 바 아닙니다. 가장 중요한 것은 오직 한 가지, 우리에게 '성령이 임하시는 것'입니다.

성령이 임하시는 것은, 구체적으로 내 생각이 하나님의 생각으로 바뀌는 것을 말합니다. 주님의 부활 사건이 나의 사건이 되는 것입니다. 그러면 우리가 '권능'을 받게 됩니다. 권능이라 하면 우리는 보통 은사나 방언과 같은 외적인 능력만을 떠올립니다. 그러나 진정한 권능은 자신과 남을 용서하고 사랑하는 능력입니다. 이런 권능이 생

기면 비로소 부활의 증인이 됩니다.

'증인'의 헬라어 원형은 '마르튀스'로, '순교자'와 그 어원이 같습니다. 그 기본 뜻은 수면으로 돌멩이를 던졌을 때 파동이 잇따라 퍼지는 모양을 가리킵니다.

변호사가 아무리 대단한 로스쿨을 나오고 언변이 뛰어나도, 법정 판결에 결정적 영향을 미치는 것은 증인의 말입니다. 사건 현장에 있었다는 것만으로 증인의 말은 엄청난 영향력을 가집니다. 증인이 세 살짜리라도, 그의 한 번의 고갯짓에 재판의 판도가 바뀝니다. 그런데 여러분은 왜 내 환경을 부끄러워하며 자꾸 바꾸려 합니까? 나보고 부활의 증인 되라고 하나님이 고르고 골라서 주신 환경인데, 왜 내 멋대로 내 환경을 짜깁기하느냐는 말입니다.

증인의 자격엔 별다른 게 없습니다. 자기를 부인하고 자기 십자가를 지며 주어진 환경에 순종하고 있으면, 마치 수면에 파동이 일듯 나에게서 구원의 소문이 일파만파 퍼져 나갑니다. 주님이 우리들교회를 쓰시는 이유도 바람, 부도와 같은 수치의 사건까지 있는 그대로 오픈하며 가기 때문이라고 생각합니다.

있는 모습 그대로 나아가야지, 자신을 과장하고 포장하면 증인으로 쓰임받을 수 없습니다. 내 죄가 보여야 내 환경을 부끄러워하지 않으며 있는 그대로 부활의 주님을 전하는 권능이 임합니다.

그러면 우리가 권능을 받아서 가장 먼저 증인이 되어야 할 곳은 어디입니까?

……예루살렘과 온 유대와 사마리아와 땅 끝까지 이르러 내 증인이
되리라 하시니라_행 1:8b

정답은 '가장 힘든 그곳'입니다. 성경은 '예루살렘 곧 내 가정과,
온 유대 곧 모든 교회와, 사마리아 곧 나의 원수와 그리고 땅끝까지 이
르러' 선교하라 합니다. 그렇다고 꼭 내 가정부터 복음화되어야 한다
는 말은 아닙니다. 누군가에게는 가정이 땅끝일 수도 있습니다.

앞서 이야기한 이민아 목사는 아프리카, 남미, 중국 등 전 세계의
힘든 아이들을 돕는 데 평생 헌신했습니다. 버려진 땅끝 아이들을 찾
아가는 것이 하나님이 자신에게 주신 사명이라고 생각했기 때문입니
다. 또한 그녀는 교회에서 여러 부류의 사람들과 사역하면서 자신을
이해해 주지 않는 사람, 상처만 주는 사람까지도 사랑으로 덮을 수 있
게 되었답니다. 이만하면 땅끝 선교에 이른 것 아니겠습니까? 그런데
하나님은 마지막으로 그녀를 가족에게 보내셨답니다. 그녀 인생의
진짜 땅끝은 가족이었던 겁니다.

그녀는 많은 선교지 중에 가족이 가장 힘든 땅이었다고 고백했
습니다. 너무 가까워 익숙하기도 하고, 사랑을 주기보다는 받고 싶은
관계이기에 그렇습니다.

이민아 목사의 생전 고백입니다.

모두가 저를 이해하지 못해도 부모님만은 무조건적으로 저를 사랑해 주
기를 바랐습니다. 하지만 그럴수록 상실감만 더 깊이 뿌리내릴 뿐이었죠.

그래도 포기하지 않고 하나님이 "네 부모를 공경하라, 네 이웃 사랑하기를 네 자신과 같이 사랑하라" 하시면 "네, 하나님을 따르겠습니다!" 하며 사랑하기로 결단하는 것이 가장 큰 기적임을 깨달았습니다.

제 맘처럼 가족이 잘 따라와 주지 않을 때는 가족을 구박하기도 하고 미워하기도 했습니다. 하지만 혼자만의 열심인 걸 깨닫고 이제는 부모님에게 보조를 맞추기로 했습니다. 내가 앞서면 기다려 드리고, 부모님이 너무 느리면 당기기도 하면서 '하나님은 살아 계시며 하나님이야말로 사랑이시라는 것을 함께 경험하며 가자'고 결심한 겁니다. 그런 제게 하나님은 말씀하셨습니다.

"나는 네가 혼자서 얼마나 맹렬히 믿음의 싸움을 싸우는지, 그 믿음으로 얼마나 빨리 나의 기적을 체험하는지에는 관심이 없다. 나는 네가 체험하는 나, 나의 능력과 기적과 사랑을 세상에 가서 전파하는 데 관심이 있다. 그동안 네가 전파하지 못한 예루살렘, 곧 너희 가정, 네 어머니, 아버지에게 가서 나를 전파하라!"

이후 그녀는 위암으로 투병하는 중에도 부모님에게 틈틈이 성경을 읽어 주며 사랑으로 다가갔습니다. 틈날 때마다 자신의 삶을 간증했습니다. 그 결과 무신론자였던 아버지가 "딸의 믿음이 나를 구원했다"고백하며 세례를 받는 놀라운 역사가 일어났습니다. 더 나아가 수많은 사람이 그녀가 전한 복음을 듣고 하나님께 헌신을 다짐했습니다. 그녀는 가정이라는 땅끝에서, 문자 그대로 땅끝까지 주님을 증언하다가 세상을 떠났습니다.

이처럼 우리가 가정에서부터 증인이 되면 저절로 지경이 넓어집니다. 저 역시 그렇잖아요. 무서운 시댁과 남편이라는 나의 예루살렘에 잘 머물러 있었더니, 하나님이 저의 지경을 넓히셔서 교회도 세워주시고 선교도 하게 하십니다. 말씀 그대로 땅끝 선교에까지 이르게 하셨습니다.

1974년, 여의도 엑스플로 대회(Explo Movement, 1974년 민족 복음화를 주제로 여의도광장에서 개최된 전도 및 결신 집회)에 많은 교인이 모인다고 하니까 구경 삼아서, 또 제가 가기를 너무 원하니까 남편이 함께 따라나서 주었습니다. 그날 비가 많이 왔습니다. 저는 조마조마했죠. 마지못해 왔는데 비까지 오니 남편이 얼마나 화가 났겠어요. '남편이 언제 가자고 할까……' 마음 졸이고만 있는데, 강단에서 "선교사 할 사람은 일어나라" 하는 겁니다. 남편 눈치가 보이고 무서워서 못 일어났습니다. 그다음 "보내는 선교사 할 사람 일어나라!" 했습니다. 그런데 그때는 웬 용기가 났는지 무서워도 일어났습니다. 그리고 그 결신대로 지금 저는 보내는 선교사를 하고 있습니다. 집순이던 제가 세계 선교사 대회의 주강사로까지 섬기게 됐습니다.

하나님은 가정에서 증인 되는 사명을 얼마나 중요하게 여기시는지 모릅니다. 그래서 저를 쓰시는 것 아니겠습니까?

제가 땅끝 선교를 한다고 거창한 사역을 하는 것은 아닙니다. 성도들에게 하나님 나라의 언어를 알게 하고자 성경을 읽게 하는 것밖에 없습니다. 그것뿐인데도 신기하게 교회가 부흥됩니다. 하나님 나라의 권능은 오직 성령받은 증인에게만 임하는데, 증인 된 성도가 많아서 그런 것 같습니다. 성도들에게 말씀을 읽게 하니까 제가 얼마나 편한지 모르겠습니다. 다들 성령의 증인이 되어서 알아서 전도하고 심방도 잘합니다. 그러니 저는 기도와 말씀 묵상에 더 전념할 수 있게 되었습니다.

여러분도 꿋꿋하게 자녀들에게 성경을 읽히십시오. 그러면 진리의 성령님이 권능으로 임하셔서 날이 갈수록 자녀와 말이 통하며 훗날이 편해질 줄 믿습니다. 내 식구에게 성경을 읽히겠다는 확실한 목표를 가지고 살면 모든 걸 얻게 될 것입니다. 급한 일보다 중요한 일이 바로 그것입니다.

본문 말씀대로 성령의 권능을 받은 증인들의 이야기를 소개합니다. 얼마 전, 한쪽은 삼혼, 한쪽은 재혼인 결혼식의 주례를 섰습니다. 축가는 그 부부가 속한 각 목장에서 준비했습니다. 무려 작사, 작곡까지 직접 했더군요. 그런데 그 가사가 참 재미있었습니다.

세 번째 세 번째 세 번째~♪
두 번째 두 번째 두 번째~♪
신(信)결혼은 첫 번째~♪
신결혼! 신결혼! 신결혼!

다 같이 옷을 맞추어 입고 나와 노래하는데 꼭 전문 합창단 같았습니다. 또 연습을 얼마나 열심히 했는지 누구 하나 웃지도 않고 아주 진지하게 불렀습니다. 하객 모두 박수를 치면서 환호했죠.

그런데 알고 보면 무서운 축가 아닙니까? 내 죄를 다 까발리는 노래잖아요. 웬걸요, 신랑 신부도 웃으며 듣습니다. 경고의 노래로 들은 겁니다. 그야말로 성령이 임한 증인들의 결혼식입니다. 결혼식에서 자신이 삼혼, 재혼이라고 밝히는 것도 놀랄 일이지만 저는 축가를 준비한 지체들의 정성에 감동했습니다. 재밌어서 웃다가 은혜받아 울다가…… 한 시간 동안 부흥회를 한 것 같습니다. 이것이 성령받고, 권능받은 증인들의 행전이 아닌가 싶습니다.

성령을 받는 것이 최고의 복입니다. 그러므로 성령이 임하게 해 달라고 기도하십시오. 우리가 성령을 받고 증인 되어 나아가면 다른 누군가에게도 성령이 전해지는 놀라운 역사가 일어날 줄 믿습니다.

🎁 성령받고 증인이 되라 하십니다. 나는 변호사같이 화려한 스펙을 갖춘 사람이 되고 싶습니까, 하나님의 증인이 되고 싶습니까?

하나님 나라의 통치를 받으려면
성경을 통해 약속의 명령을 잘 들어야 합니다.
그리고 들은 후에는 잘 기다려야 합니다.
약속에는 반드시 기다림이 수반됩니다.
혹여 기다림이 길어진대도 하나님은 내 아버지이시기에
반드시 약속을 지키십니다.

우리들 묵상과 적용

어려서부터 교회를 다니고 선교단체에서 훈련도 받았지만 아버지와 다르게 성실해 보이는 남자와 불신결혼을 했습니다. 결혼하면 교회에 나오겠노라고 남편이 약속했기에 큰 문제로 여기지 않았습니다. 오히려 남편이 가져다주는 물질을 누리며 '하나님을 열심히 믿었더니 복을 주셨다'라고 합리화했습니다.

그렇게 브레이크 없는 자동차처럼 질주하다가 남편이 실직하며 인생에 제동이 걸렸습니다. 이때라도 빨리 돌이켜야 했으나 저는 '하나님이 언제 회복시켜 주실까?' 하면서 오직 때와 시기에만 관심을 둘 뿐이었습니다(행 1:6~7). 그러다 남편의 실직 기간이 2년이 넘어가자 문득 '하나님이 내게 무엇을 원하실까?' 궁금해졌습니다. 나름 하나님께 순종하겠다면서 시부모님을 모시고 살기로 결정했죠. 그러나 이후로 저는 남편의 실직과는 비교도 안 되는, 시집살이라는 큰 흉년을 겪으며 나날이 영육이 피폐해졌습니다. 정말 죽을 것만 같아서 "살려 달라"는 기도밖에 나오지 않았습니다.

그런데 하나님이 그 기도에 응답하셨습니다. 『날마다 큐티하는 여자』라는 책을 보고 김양재 목사님이 인도하시는 큐티 모임을 알게 된 겁니다. 큐티 모임에 간 첫날, "예루살렘을 떠나지 말고 아버지께서 약속하신 것을 기다리라"(행 1:4)라는 말씀을 묵상하면서, 우리 가정에 약속하신 성령이 오시기 위해 이 모든 고난이 있어야 할 일임을 깨닫게 됐습니다. 또한 나를 힘들게 하는 시부모님보다 그분들을 미워한 내가 더한 죄인임을 깨닫고 회개하게 되었습니다.

그러자 환경은 바뀌지 않았지만 제 마음밭이 바뀌었습니다. 남편이 사무실을 열고 개업 예배를 드리던 날 일입니다. 제사 지내는 종교로 바꾸라는 자신의 명을 거역했다는 이유로 크게 노하신 시아버지가 온 동네가 떠나가도록 큰소리를 내며 예배를 방해하셨습니다. 평소 같았으면 속이 부글거렸을 테지만 말씀을 통해 고난도 하나님 나라의 일로 받아들이게(행 1:3) 되니 시아버지를 부드럽게 대할 수 있었습니다.

이처럼 제가 변하자 하나님께서 놀라운 구원의 일을 이루어 주셨습니다. 다윗이 여부스 사람을 쳐서 시온 산성이 다윗 성이 되는 말씀을 묵상하던 날(삼하 5:6~10), 시아버님이 췌장암 진단을 받으셨습니다. 청천벽력 같았지만 그날 말씀을 시아버님을 구원해 주시겠다는 하나님의 약속으로 받고 나아가자, 시아버님이 예수님을 영접하고 천국에 가시는 기적을 베풀어 주셨습니다. 할렐루야! 시아버님 장례를 교회장으로 드린 것이 지금도 꿈만 같습니다. 여전히 부족하지만 성령께서 제 삶을 이끌어 주실 줄 믿으며 오직 말씀에 순종하길 원합니다.

영혼의 기도

하나님 아버지, 하나님 나라의 확실한 많은 증거를 전하는 자가 되기 위해 고난받아야 한다고 말씀하십니다. 그러나 우리는 고난을 만나면 낙심만 될 뿐입니다. 어떤 고난에도 말씀으로 중심 잡는 한 사람이 되어야 하는데, 하나님의 영광을 전해야 할 때 우리가 그저 낙망하고만 있다면 주님은 얼마나 가슴 아프실까요……. 우리가 낙망의 자리에서 일어나 주님을 바라보게 하옵소서.

주여, "이스라엘 나라를 회복하심이 이 때니이까" 하는 제자들처럼 언제 회복될지에만 관심을 기울이는 우리를 불쌍히 여겨 주옵소서. "때와 시기는 너희가 알 바 아니라" 주님은 말씀하십니다. "오직 성령을 받고 증인이 되라" 하십니다. 우리가 이 말씀에 충성하게 하옵소서.

그러기 위해 성령이 임하기를 간절히 기도합니다. 성령님, 우리에게 임재하여 주옵소서. 이전엔 알지 못했던 성령 세례, 창조적인 성령 세례를 받기를 원합니다. 우리가 변화되는 것은 중력을 탈출하는 것만큼이나 어렵습니다. 중력에서 무중력으로 나아가는 그런 힘을 우리가 받아야겠습니다. 주님, 성령받게 도와주옵소서. 아버지, 역사하여 주옵소서.

주님, 성령받고 권능받아 내 가정에서부터 증인이 되라 하십니다. "너는 복이 될지라"(창 12:2) 하신 말씀처럼 우리가 가정에서 복의 근원이 되게 하옵소서. 그러기 위해 살아 계시는 하나님, 역사하시는 하나님을 신뢰하며 약속하신 것을 잘 기다리는 우리가 되게 하옵소서. 부활의 증인이 되어 주님을 잘 증거할 수 있도록 말에 힘을 더하여 주옵소서. 사랑하는 능력, 용서할 수 있는 권능을 더하셔서 힘든 식구를 찾아가게 하옵소서. 예수님 이름으로 기도드립니다. 아멘.

Chapter 3

어떤 기도에 힘써야 할까

: 성령의 힘쓰는 기도

사도행전 1장 9~15a절

하나님 아버지, 우리가 주님의 증인이 되기 위해
어떤 기도를 힘써 해야 하는지 알기 원합니다.
말씀하여 주옵소서. 듣겠습니다.

부활하신 주님은 40일 동안 제자들에게 나타나시며 하나님 나라의 일을 말씀하셨습니다(행 1:3). 마지막까지 제자 양육에 힘쓰셨습니다. 그리고 이제는 떠나실 때가 되었습니다. 본문 말씀을 보니, 예수께서 "말씀을 마치시고 제자들이 보는데 올려져" 가셨다고 합니다(행 1:9).

저 역시 이 땅과 작별할 날이 오겠지요. 그때, 제자들이 보는데 올려져 가신 주님처럼 저도 우리 성도들에게 천국 환송을 받으며 떠나기를 소원합니다. "김양재 목사는 천국에 갔어"라고 모두가 확신하는 인생이 되기를 간절히 소망합니다. 그래야 남은 우리 성도들이 그동안 제가 전한 말씀대로 고난의 십자가를 잘 지고 복음도 잘 전하지 않겠습니까.

하지만 장담할 수 없는 것이 인생이지요. 제 삶이 어찌 흘러갈지 저도 알지 못합니다. 그래서 기도해야 합니다. 날마다, 숨 쉬는 순간마다 마주하는 모든 일이 기도 제목입니다.

육신에는 한계가 있습니다. 누구나 언젠가는 삶의 종착역에 다다릅니다. 구름에 가리어 보이지 않게 될 날이 누구에게나 찾아옵니다(행 1:9). 그때 남은 사람들이 주님의 증인이 될 수 있도록 우리는 기도에 힘써야 합니다. 구체적으로 어떤 기도를 힘써 해야 할까요? 본문을 통해 살펴보겠습니다.

성령님을 기다리는 기도를 해야 합니다

이 말씀을 마치시고 그들이 보는데 올려져 가시니……_행 1:9a

'이 말씀'은 "오직 성령이 너희에게 임하시면 너희가 권능을 받고 예루살렘과 온 유대와 사마리아와 땅 끝까지 이르러 내 증인이 되리라" 하신 8절 말씀을 가리킵니다.

이번 장의 핵심은 '승천 교리'입니다. 미국의 장로교 목사인 게리 스캇 도슨(Gerrit Scott Dawson)은 "예수님의 승천은 우리 가운데 사셨던 그분 생애의 모든 혜택을 지금 누리게 해 주는 완성 단계"라고 했습니다. 그런데 많은 교회가 이 승천 교리를 거의 언급하지 않습니다. 예수님의 죽음과 부활에 대해서는 자주 설교하지만 승천은 잘 다루지 않는 주제입니다. 하지만 주님의 성도라면 이 승천의 의미가 무엇인지 반드시 알아야 한다고 생각합니다. 게리 스캇 도슨의 말을 다시 빌리자면, "승천 교리는 실제로 어떻게 우리가 예수 그리스도의 사역을 통해 삼위일체 하나님의 삶에 동참하는가를 이해하는 관문"이기 때문입니다(*Jesus Ascended: The Meaning of Christ's Continuing Incarnation*).

성부 하나님의 경륜은 너무나 대단하고 위대하기에 숨겨져 있습니다. 그 감추어진 경륜을 나타내시기 위해 성자 예수님이 이 땅에 오셔서 고난을 받으셨습니다. 하나님의 아들이신 예수님이 여인의 태 속의 한 점이 되어 말구유에서 나시는, 낮은 자리로 임하셨습니다. 나아가 곤고하고 가난한 자에게 소망을 주시고 억눌린 자, 갇힌 자를 풀어 주시며 우리 죄를 대속하시려 십자가에서 죽으시고 부활하셨습니다. 부활하신 뒤에도 승천 후 성령이 임하실 것을 가르치셔야 하기에 40일 동안 이 땅에 머무시며 제자들을 양육하셨습니다. 그렇게 예수님이 이 땅에서 마지막으로 가르치신 말씀이 지난 8절입니다.

그렇다면 왜 성령이 임하셔야 할까요? 우리가 죄 사함을 받고 구원을 얻으려면 반드시 성령이 역사하셔야 합니다. 그러면 죄 가운데 있는 불신자에게만 성령이 필요할까요? 그렇지 않습니다. 이미 구원받은 성도, 죄에 대하여 죽은 자라도(롬 6:11) 하나님을 의지하여 계속 죄와 싸워야 하기에 우리 모두에게는 성령이 필요합니다.

중량이 천 킬로그램에 달하는 무거운 물체가 짓눌러도 시체는 그 무게를 느끼지 못합니다. 마찬가지로 중생하지 못한 심령은 절대로 죄를 깨닫지 못합니다. 열심히 교회에 다닌다고 죄를 깨닫는 것도 아닙니다. 그리스도 예수와 합하여 세례를 받은 후에야(롬 6:3) 우리는 죄의 무게를 느끼게 됩니다. 그 전엔 영이 죽은 자이기에 마치 나병환자처럼 죄에 무감각합니다. 즉, 우리 안에 성령이 임하셔야 내 죄를 보고 아파하며 애통하게 되는 겁니다.

바울이 말한 "주와 함께 죽고 주와 함께 사는 것"(롬 6:8)이 바로 이것입니다. 거듭나기 전은 영이 죽은 인생이라면, 거듭난 후는 육이 죽은 인생입니다. 내가 그리스도와 함께 죽어야 비로소 육을 내려놓을 수 있게 됩니다.

물론 거듭났다고 모든 것을 척척 내려놓게 되는 건 아닙니다. 단번에 성화된 인격으로 변모되는 건 아니기 때문입니다. 주님을 확실히 만난 자라도 욕심에, 죄에 넘어질 수 있습니다.

그러나 길을 가다 돌부리에 걸려도, 폭풍을 만나도, 행여 원치 않는 죄에 빠져 있을지라도 하나님이 택하신 자는 반드시 목적지에 이르게 됩니다. 결코 옛 사람으로 되돌아가지 않습니다. 만약 다시 돌아간다면 택자가 아닌 겁니다.

이스라엘 백성을 보세요. 완고한 바로가, 서슬 푸른 홍해가 앞길을 가로막아도 결국 가나안 땅에 도착했잖아요. 택자라면 반드시 약속의 땅에 이르게 돼 있습니다. 하지만 내 힘으로는 구원의 여정을 완주할 수 없기에, 성령께서 효과적으로 우리를 도와주십니다.

성령의 원어인 '프뉴마'는 로마서에만 34번 쓰였습니다. 그중 8장에만 21번이 쓰였죠. 그래서 로마서 8장은 '성령장'이라고 불립니다. 로마서 8장에서 바울은 이와 같이 이야기합니다.

"피조물이 다 이제까지 함께 탄식하며 함께 고통을 겪고 있는 것을 우리가 아느니라…… 이와 같이 성령도 우리의 연약함을 도우시나니 우리는 마땅히 기도할 바를 알지 못하나 오직 성령이 말할 수 없는 탄식으로 우리를 위하여 친히 간구하시느니라"(롬 8:22, 26).

성령께서 연약한 우리의 탄식을 들으시고 자신도 말할 수 없는 탄식으로 우리를 위해 간구하신다고 합니다. 왜 탄식하십니까? 우리보고 더는 육신에 있지 말라고, 성령의 권능으로 증인이 되라고 탄식하십니다.

'탄식'은 '해산의 고통'이라는 뜻이고, '희망의 고통'을 의미하기도 합니다. 우리를 위해 해산의 고통으로 탄식하시는 성령님이 계시기에 우리가 증인의 자리로 나아갑니다. 그러므로 죄에 대한 우리의 탄식은 희망의 고통이라고 할 수 있습니다.

특별히 26절에는 '우리'라는 말이 세 번이나 나옵니다. 이는 성령께서 믿음의 '공동체' 가운데 역사하신다는 의미이기도 합니다.

그렇다면 성령의 역사는 언제 시작되어 언제까지 이를까요? 오순절 마가의 다락방에서 시작된(행 2장) 성령의 역사는 주님이 다시 오실 때까지 계속될 것입니다. 이것은 개인에게도 동일합니다. 내가 성령을 체험하는 그 순간부터 내 생명이 끝나는 날까지, 성령님은 시간과 공간을 초월하여 시대와 역사와 나라와 민족을 뛰어넘어 나를 효과적으로 도우십니다.

……구름이 그를 가리어 보이지 않게 하더라_행 1:9b

성경에서 구름은 하늘의 권세를 나타내는 데 자주 쓰였습니다. 예수님의 변화(마 17:5)와 승천(행 1:9), 재림(마 26:64)이라는 중요한 사건마다 영광스러운 임재를 나타내는 상징물로 구름이 등장하죠.

이번 장에서는 승천 교리를 다루겠다고 했습니다. 그래서 주님의 승천에 대해 더 자세히 이야기해 보고자 합니다. 조금 어려워도 잘 따라오시길 바랍니다.

게리 토마스(Gary Thomas)는 그의 저서 『거룩의 영성』에서 게리 스캇 도슨 목사의 말을 인용하여 승천에 대해 이와 같이 설명합니다.

승천은 예수님의 성육신과 십자가와 부활의 부속물 정도로 망각되어서는 안 된다. 그럴 때 우리는 뭔가 중요한 것을 잃게 된다. 무엇을 잃게 되는가? 게리 스캇 도슨 목사는 이렇게 답한다.

"승천하신 예수님은 곧 통치하시는 예수님이다. 승천의 모든 의미 중에 가장 으뜸은 예수께서 하나님 아버지의 오른편으로 올라가셔서 모든 이름과 권세 위에 높아지셨다는 것이다. 그분은 다스리신다."

"예수라면 어떻게 하실까?"라는 유명한 슬로건이 성육신에 머물러 있다면, 전혀 새롭고 더 적절한 질문이 승천을 통해 열린다. "예수님은 어떻게 하고 계신가?"

우리가 크리스마스를 기리면 믿음을 얻는다. 믿음의 뿌리가 성육신이라는 역사적 사건에 있음이 그로써 확인된다. 부활절을 기리면 확신이 생긴다. 그리스도께서 큰 희생으로 우리 죄를 씻으시고 죽음을 이기셨음이 확인된다. 승천을 기리면 희망을 얻고 변화로 나아가게 된다. 우리가 현재의 예수님을 점점 더 닮아 갈 수 있음이 그로써 확인된다.

승천이 없다면 우리는 주변을 둘러보며 그리스도께서 이 타락하고 깨어진 세상을 통치하시는 주이심을 망각할 수 있다. ……진척과 성과가 없음에 낙심하여 앞으로 예수께서 다시 오실 때 다스리시거나 과거에 죽음을 다스리신 것만이 아니라, 바로 지금 다스리고 계심을 망각할 수 있다. 없어서는 안 될 승천 교리는 우리에게 그 점을 상기시켜 준다. ……우리는 승천하여 지금도 다스리시는 그리스도를 섬긴다. ……이런 가장 깊은 희망이 있기에 우리는 최악의 실패와 고생을 보면서도 이렇게 선포할 수 있다. "그리스도께서 하늘에서 다스리고 계시니 모든 일이 잘되고 있다. 내 형편이 어떻다는 것인가? 나는 그리스도 안에 있으며 그분은 이미 승리하셨다. 그분 안에서 성령께서 나를 하늘에 보호하고 계신다." 예수님의 승천이야말로 우리가 어떤 형편 속에서도 평안을 누릴 수 있는 근거다.

그러므로 승천하신 그리스도를 체험하는 것이 정말 중요합니다. 어떻게 우리가 승천하신 주님을 체험합니까? 게리 토마스는 계속해 말합니다.

예수님은 그냥 나를 지켜보시며 그분을 닮으라 하시는 것이 아니다. 그분처럼 보고 말할 수 있도록 나를 도우시고자 성령을 보내셨고, 지금도 보내고 계시며 앞으로도 보내실 것이다. 예수님이 나를 통해 사신다는 것은 곧 성령이 나에게 오는 것이다.

게리 토마스 책에 이런 예화가 있습니다.

줄리 디 로시는 음주 운전자의 잘못으로 45살에 생명을 잃었습니다. 하지만 현대 의학의 기적으로 줄리의 몸은 35명의 삶에 유익을 끼쳤습니다. 장기 이식을 통해 절망 가운데 있던 사람들에게 살 소망을 밝혀 준 것입니다. 풋볼리그 쿼터백인 카슨 파머(Carson Hilton Palmer)도 그중 한 사람입니다.

카슨 파머는 무릎 부상으로 선수 생활이 끝날 뻔했지만, 의사들이 줄리의 힘줄로 그의 왼쪽 무릎을 재건했습니다. 그로써 줄리의 어머니는 "가족들이 텔레비전에서 카슨 파머를 보면 특별한 유대감을 느낀다"고, "손자는 그의 열렬한 팬이 되었다"고 말했습니다.

파머도 "타인의 몸의 일부로 다른 살아 있는 몸을 고칠 수 있다니 정말 신기하다"라면서 "평생 가도 이해하지 못할 일"이라고 했습니다. 나아가 그는 자신의 삶을 통해 줄리의 가정을 대변할 수 있음과 사랑받던 한 어머니이자 딸을 상기시켜 주는 존재가 될 수 있음에 고맙게 여긴다고 했습니다. 줄리 어머니 역시 "파머가 아니었다면 아무도 줄리 이야기를 들어 보지 못했을 것"이라며 감사했습니다.

마찬가지로 우리가 아니라면 예수님의 이야기를 들어 보지도, 예수님을 생각하지도 못할 사람들이 있습니다. 줄리의 몸 한 조각이 파머의 몸속에 살 듯이 하나님의 한 조각이 성령을 통하여 우리 안에 거하십니다. 그러므로 파머처럼 우리의 목표도 나를 위해 자신을 내어 주신 주님을 대변하는 것이어야 합니다.

게리 토마스는 말합니다.

그리스도께서 여전히 다스리고 (사실은 나를 통해 다스리고) 계시기에 그분이 현재도 통치하고 계심을 선포하는 것이 나의 목표여야 함을 예수님의 승천이 일깨워 준다. 기껏해야 나는 그리스도께서 현재 이 땅에서 하고 계신 일에 대한 표지판이요, 메신저일 뿐이다.

정말 그렇습니다. 우리는 예수님의 표지판이요, 메신저일 뿐입니다. 그런데 내가 뭐라도 된 것처럼 자기 자신을 내세우는 사람은 아직 승천하신 주님을 경험하지 못한 것입니다.

부활하신 주님은 '보는데 올려져' 가심으로 장차 우리가 누릴 영광을 확증해 주셨습니다. 예수님이 승천하여 우리 시야에서 떠나셨다고 우리가 주님을 못 봅니까? 육신의 눈으로는 볼 수 없지만, 거듭난 자는 믿음의 눈으로 얼마든지 주님을 볼 수 있습니다. 그러므로 승천하여 지금도 다스리시는 주님을 믿는 자는 결코 자신을 자랑삼지 않습니다. 그저 그분의 통치에 복종할 뿐입니다.

지난 장에서 제가 "생이 일주일 남았다면 무엇을 하겠냐?"는 질문을 드렸습니다. 우리들교회 각 목장에서 이 질문으로 나눔한 걸 읽었습니다. "자녀에게 예수 믿으라고 하겠다", "좀 더 시간이 있으면 좋겠다", "여행을 하겠다" 등등…… 참 다양한 답을 하셨더군요.

그런데 한 집사님이 이런 나눔을 하셨습니다.

결혼할 당시 아내는 대장암 4기였습니다. 시한부 판정을 받았지만 아내는 기적같이 2년을 더 살았습니다. 그런데 최근 암이 뇌로 전이되었다고 합니다. 그런 아내에게 해 줄 수 있는 일이 없어 안타깝습니다. 삶이 일주일 남았다면 무엇을 하겠느냐고 물으셨지요? 우리 부부에겐 정말 시간이 얼마 남지 않았습니다. 하지만 특별한 이별은 원하지 않습니다. 그저 주일예배, 수요예배, 목장예배 잘 드리며 여전한 방식으로 남은 시간을 보내고 싶습니다.

이분은 아내가 암을 앓는 사실을 알고도 결혼하셨습니다. 순애보 중의 순애보입니다. 그토록 사랑하는 아내를 떠나보내려니 얼마나 상실감이 클까, 걱정되었는데 죽음을 잘 받아들이고 계신 것 같아서 염려가 놓이더군요. 이분이 승천의 영광을 보았기에 이렇듯 평안할 수 있는 것 아니겠습니까!

육신은 구름이 가리어 보이지 않을 때가 옵니다. 하지만 승천하신 예수님을 믿는 자에게는 육신의 죽음이 곧 끝은 아닙니다. 단지 보이는 세계에서 보이지 않는 실존의 세계로 옮겨 가는 것뿐이죠. 천국의 지점(支店)에서 살다가 본점(本店)으로 가는 것뿐입니다. 인간의 시간에서 하나님의 시간으로 바뀌는 것입니다. 그러므로 죽음도 두려워할 필요가 없습니다.

🕯 승천의 영광을 보이신 주님이 떠나신 그대로 재림하실 것을 믿습니까? 지금은 믿지 못해도 훗날 남은 식구들에게 "성령님이 임하면 너희가 예수의 증인이 되리라" 전하며 이 땅을 떠나는 인생 되기를 소망합니까?

사명을 위한 기도를 해야 합니다

10 올라가실 때에 제자들이 자세히 하늘을 쳐다보고 있는데 흰 옷 입은 두 사람이 그들 곁에 서서 11 이르되 갈릴리 사람들아 어찌하

여 서서 하늘을 처다보느냐 너희 가운데서 하늘로 올려지신 이 예수는 하늘로 가심을 본 그대로 오시리라 하였느니라 _행 1:10~11

10절에 '자세히 보다'라는 말은 '정신없이 열중하여, 매우 몰입해서 계속 보고 있는 상태'를 의미합니다. 예수님이 하늘로 올라가시는 광경을 눈앞에서 보았으니 놀라고 신기했겠죠. 한편으로는 예수님은 떠나시고 자기들만 남겨졌으니 제자들은 두려웠을 것입니다. 그래서 하나같이 주님 가신 하늘만 계속 처다보고 있습니다.

우리가 예수님을 깊이 경험해도 그 은혜가 오래가지 못합니다. '그때는 그때고 지금은 지금'이라고 생각합니다. 그래서 예수님에 대해 말하고, 예수님의 존재를 믿고 예배하면서도 마치 예수를 모르는 사람처럼 일상에서 활력을 잃어버리곤 합니다.

지금 제자들이 딱 그렇습니다. 예수님을 경험했지만, 주님이 시야에서 사라지니까 상실감에 몸부림칩니다. 무기력감과 영적인 외로움에 시달리면서 그저 슬퍼만 하고 있습니다.

이처럼 제자들이 하늘만 계속 멍하니 바라보고 있으니까 주님이 천사들을 통해 그들을 책망하십니다. 제자들이 주님이 명하신 대로 성령의 권능을 받을 준비는 하지 않고, 주님의 증인으로서 사역할 생각은 하지 않고 그저 하늘만 바라보고 있으니까 책망을 들은 겁니다.

지난 6절에서 제자들은 '이스라엘 나라가 언제 회복될까', '어떻게 정치적 권력을 얻을 수 있을까'만 기대했습니다. 이처럼 땅의 것에만 매여 있는 그들을 예수님은 끝까지 양육하신 뒤 떠나셨죠. 그런데 이제 그들은 하늘만 쳐다보고 있습니다.

땅의 부흥만 꿈꾸는 사람도 그렇지만 오직 하늘만 바라보면서 아무것도 하지 않는 사람도 문제입니다. 경건주의에 빠져 있는 것입니다. 세속주의나, 경건주의나 치우쳐 있는 건 매한가지입니다.

또한 경건한 행위를 내세워 사행심을 채우려는 것도 하늘만 바라보는 것이라 할 수 있습니다. 예를 들어, 일등 자녀를 둔 엄마가 자녀 교육에 관한 간증집을 냈다고 합시다. 책에 보니 이 엄마는 자녀에게 성경을 암송시키고 자신은 새벽예배에 나가서 기도했다고 합니다. 그러면 너도나도 성경 암송법에 성경 속독법까지 자녀에게 가르치고, 새벽 기도만 쳐다봅니다. 그래도 매일 기도하니까, 자녀들에게 성경을 읽히니까 믿음 좋은 부모인 겁니까? '똑같이 따라 하면 우리 애도 공부 잘할까' 하는 속셈 아니겠습니까? 이야말로 경건을 이익의 방도로 생각하는 겁니다(딤전 6:5). 심지어 큐티도 그런 마음으로 하는 사람이 있더군요.

하는 일마다 기도 부탁을 하는 사람도 그래요. 그 자신부터 기도 받기에 합당한 삶을 살지 않는다면 이 역시 하늘만 쳐다보는 것이나 다름없습니다. 아직 성령이 임하지 않아서, 앉으나 서나 땅의 소원이 많아서 자꾸 기도 부탁을 하는 것이죠. '그래도 큰 차는 있어야 해, 집은 있어야 해. 애도 대학에 붙고 볼 일이야. 교회 다니는데 남들이 나를 업신여기면 안 되잖아⋯⋯.' 예수를 믿어도 도무지 자유함이 없으니까 맨날 같은 기도 제목만 내놓습니다.

한번 나를 돌아보세요. 한 부분에서 늘 같은 기도 제목을 내놓고 있다면 나도 하늘만 자세히 쳐다보는 사람입니다.

아직 제자들이 성령을 받지 못했습니다. 그래서 연약합니다. "때와 시기는 아버지께서 자기의 권한에 두셨으니 너희가 알 바 아니요!" (행 1:7) 조금 전에 주님께 야단맞고도 또 하늘만 쳐다보고 있습니다. 우리도 이런 제자들과 똑같습니다.

믿음은 바라는 것들의 실상이요 보이지 않는 것들의 증거입니다 (히 11:1). 그러므로 우리가 말씀을 자세히 보아야 하는데 맨날 사건만 쳐다보니까 날마다 놀라고, 헛된 것에 매달리게 됩니다.

승천은 열한 명의 제자만 보았지만, 재림 때는 허다한 증인이 능력과 큰 영광으로 오시는 주님을 보고 찬양하게 될 것입니다. 그러므로 승천의 영광은 재림의 영광에 비할 수 없습니다.

로마서 8장 18절에도 "생각하건대 현재의 고난은 장차 우리에게 나타날 영광과 비교할 수 없도다"라고 했습니다. 여기서 '생각하건대'라는 말의 원어는 '신중히 생각하다', '논리적인 결정을 내리다'라는 뜻입니다. 이 말을 따라 우리도 논리적으로 생각해 보자고요. 고난은 '현재'의 것입니다. 잠깐입니다. 주님도 극심한 십자가 고통은 여섯 시간만 겪으셨습니다. 죽음에 이르는 고난을 겪으셨지만 그 후 2천 년 동안 영광을 보이셨고 앞으로도 영광 가운데 계실 것입니다.

우리의 고난도 그래요. 우리가 태어나서 죽을 때까지 고통당한 대도 '현재의 고난'입니다. 그러므로 현재의 고난이란 걸 '생각'하고, 장차 영광과 '비교'해 보라는 말입니다. 그런데 우리가 이 생각과 비교를 거꾸로 하니까 지옥을 사는 것입니다.

10b ……흰 옷 입은 두 사람이 그들 곁에 서서 11 이르되 갈릴리 사람들아 어찌하여 서서 하늘을 쳐다보느냐 너희 가운데서 하늘로 올려지신 이 예수는 하늘로 가심을 본 그대로 오시리라 하였느니라

_행 1:10b~11

그래도 다행인 점은 제자들 옆에 천사가 있다는 겁니다. 10절에 '흰 옷 입은 두 사람'은 부활하신 주님의 무덤을 지키던 천사들로 보입니다. 이들은 막달라 마리아와 몇 여자들이 빈 무덤에서 주님의 시체를 찾자 "어찌하여 살아 있는 자를 죽은 자 가운데서 찾느냐"며 무리를 책망했습니다(눅 24:4~5). 이제는 하늘로 떠나신 예수님을 대신하여 그분의 뜻을 제자들에게 전하고 있습니다.

택한 자의 특징은 나를 책망해 줄 동역자가 곁에 있다는 것입니다. 우리는 태생적으로 교만하기에 천사 같은 지체들에게 때마다 책망을 듣는 것이 복 중의 복입니다. 만일 내 곁에 그런 지체가 없다면 내게도 천사를 허락해 달라고 기도하십시오. 나아가 나도 식구들을 사랑으로 책망하는 천사가 되게 해 달라고 간구하십시오. 내 마음대로 책망하면 악마가 되지만, 성령 안에서 책망하면 천사가 됩니다.

그런데 이 천사들이 제자들을 뭐라고 부릅니까? 11절을 보니 "갈릴리 사람들아" 하고 부릅니다. 신약성경 어디에도 그들의 지역적 기반을 언급하면서 제자들을 부르는 구절은 없습니다. 본문이 유일합니다. 그렇다면 궁금해지지요? 왜 천사들은 "사도들아"라고 부르지 않고 "갈릴리 사람들아" 했을까요?

이 말엔 '너희는 아직 사도의 자격이 없다. 어부와 세리에 불과하다'라는 의미가 담겨 있습니다. '주님이 명하신 사명을 수행하지 않으면 너희는 보잘것없는 갈릴리 출신 사람들밖에 안 된다'는 겁니다. 그러므로 "더는 자신에게 얽매여 있지 말고, 하늘 보좌에서 온 세계를 다스리실 예수 그리스도를 바라보라. 성령의 권능을 받아 예수의 증인이 되라"는 의미이기도 합니다.

하지만 당시 갈릴리 사람들이 출신의 한계를 뛰어넘기는 쉽지 않았습니다. 1500년 구약 역사에서 갈릴리는 예언자는커녕 단 한 사람의 인재도 배출하지 못한 영적 불모지였기 때문입니다. 오죽하면 나다나엘이 예수께서 갈릴리 나사렛 출신이라는 얘기를 듣고 "나사렛에서 무슨 선한 것이 날 수 있느냐"(요 1:46)라고 조롱했겠습니까. 그런데도 주님은 갈릴리 출신들을 제자 삼으시고, 그들에게 사명까지 맡기셨습니다.

만만한 사명도 아닙니다. "예루살렘과 온 유대와 사마리아 땅 끝까지 이르러 내 증인이 되리라"(행 1:8) 명하셨습니다. 예루살렘과 온 유대 사람은 영적 교만이 하늘을 찔러 제자들로서는 넘기 어려운 상대입니다. 반대로 사마리아는 앗수르와 인종 혼혈 정책을 맺은 이후 혈통의 순수성을 상실했다는 이유로 유대인들에게 대놓고 무시받는 족속이었습니다. 교만이 넘치는 곳, 열등감이 서린 곳…… 그 모든 곳에 갈릴리 출신 제자들을 보내시며, 성령의 권능으로 그 모든 난관을 넘으라고 분부하신 겁니다. 할렐루야! 그러니 우리도 성령으로 난관을 넘도록 기도해야 합니다.

보통 교회들이 세워진 지역에 기반을 두고 섬기기는 하지만 그 구성원들의 출신은 제각각입니다. 전라도 지역 교회라고 해서 전라도 성도만 있는 것은 아니잖아요. 그런데 요즘 교회에도 지역감정이 활개치는 것 같아 걱정입니다. 출신으로 차별하며 서로에게 날을 세웁니다.

여러분, 제발 그러지 좀 마세요. 하나님 나라는 시공을 초월하는 나라입니다. 사람, 지역, 민족, 국가를 넘어서는 나라입니다. 그러니 고향이 어디냐, 뿌리가 어디냐 그만 따지고 복음적으로 가면 안 될까요? 우리는 전라도도, 경상도도 아니라 '복음도(福音道)'가 뿌리인 자들입니다. 아시겠지요? 말씀이 들리는 사람은 지역감정마저 넘어서더라고요. 우리나라의 고질병이라고도 할 수 있는 지역감정 문제도 복음만이 해답인 것 같습니다.

천대받는 갈릴리 출신 제자들이어도 종국엔 위대한 열두 사도로 자리매김하지 않았습니까. 그들이 예수의 증인이 되어 열심히 전도한 결과, A.D. 166년에 로마제국에 있는 기독교인의 수가 유대교인의 수를 넘어섰다고 합니다. 기독교가 엄청난 성장을 이룬 겁니다. "우리가 정통"이라며 잘난 체하던 유대교를 뛰어넘었습니다. 이는 기독교가 역사에 뿌리를 두고 있지만, 하나님 나라는 이 순간에도 살아서 퍼져 나가고 있다는 걸 보여 줍니다.

워싱턴대학교 사회학과 교수인 로드니 스타크(Rodney Stark)는 이런 기독교의 부흥에 대해 다음과 같이 설명합니다.

"내가 믿기로 기독교가 역사상 가장 광범위하고 성공적인 부흥

운동의 하나가 된 것은 그 특유의 교리들 때문이다. 나아가 그 교리들이 실제로 육화되어서 기관의 활동과 개인의 행동을 지배했기 때문이다."

한마디로 기독교가 부흥한 것은 교인들이 삶으로 본을 보였기 때문이라는 겁니다. 실제로 초대교회 시절 전염병이 돌았을 때 기독교인들이 위험을 무릅쓰고 환자를 돌봤다고 합니다. 당시 어떤 종교도 그러지 못했습니다. 이런 희생과 섬김을 지켜보고 수많은 사람이 예수께로 나아왔습니다. 부흥의 불길이 얼마나 거셌는지, 어떤 교회는 1,500명이 넘는 과부와 빈자들이 모여들었다고 합니다. 교리서나 예배당도 없고, 총회나 노회 등 아무 체계도 없던 때에 가장 위대한 능력을 발휘한 것입니다.

🕯 나의 고난은 현재의 것임을 생각하며 장차 영광과 비교하고 있습니까? 나의 고난과 남의 영광을 비교하며 지옥을 살지는 않습니까? 여전히 내 일이 잘 풀리기만을 바라며 하늘만 자세히 쳐다보고 있지는 않습니까?

🕯 나는 갈릴리 출신이라는 열등감에 사로잡혀 있습니까? 어떤 열등감 때문에 사명을 위한 기도가 막혔습니까?

예루살렘으로 돌아가게 해 달라는 기도,
즉 현실을 인식하는 기도를 해야 합니다

제자들이 감람원이라 하는 산으로부터 예루살렘에 돌아오니 이 산
은 예루살렘에서 가까워 안식일에 가기 알맞은 길이라_행 1:12

'감람원이라 하는 산', 곧 감람산은 예루살렘 동쪽 기드론 시내
건너편에 자리 잡은 산입니다. 이곳에 예수님이 주로 활동하신 겟세
마네와 벳바게, 베다니 등이 위치해 있습니다. 저자인 누가는 이 감람
산과 예루살렘과의 거리를 '안식일에 가기 알맞은 길'이라고 설명합
니다. 이를 수치화하면 약 2천 규빗, 대략 1㎞ 거리입니다.

유대인들은 전통적으로 안식일에 여행할 수 있는 거리를 약 '2천
규빗'으로 규정했습니다. 그 유래는 이렇습니다. 이스라엘이 출애굽
한 후 광야를 여행할 때 안식일이 시작되는 금요일 해질녘이 되면 언
약궤가 멈추어 섰습니다. 이때 이스라엘 백성은 궤로부터 2천 규빗
정도 떨어진 곳에 자신들이 거할 장막을 세울 수 있었습니다. 이 거리
가 훗날 안식일에 걸을 수 있는 기준이 된 것이죠. 여기엔 '어떤 상황
이든지 안식일은 반드시 지켜야 한다'라는 의미가 담겨 있습니다.

안식일에 가기 알맞은 그곳, 감람산은 겸손의 왕이신 예수께서
나귀 새끼를 타시고 예루살렘을 향해 승리의 입성을 시작하신 곳이
었습니다(마 21:1). 이제는 주께서 고난과 죽음을 이기시고 만왕의 왕
으로서 천상의 예루살렘 입성을 시작하신 곳이 됐습니다.

그러면 한번 생각해 봅시다. 내가 이 감람산에서 영광스러운 승천을 체험했습니다. 나라면 너~무 자랑하고 싶지 않겠습니까? "예수님이 하늘로 올라가시는 걸 내가 코앞에서 목격했잖아~" 하면서 들로 산으로 썰(?)을 풀러 다니느라 정신없었을 겁니다.

그러나 제자들은 달랐습니다. "예루살렘을 떠나지 말라"(행 1:4)는 예수님의 명령을 기억하고 모두 예루살렘으로 돌아왔습니다. 결코 딴 길로 새지 않았습니다.

여러분도 주님의 영광을, 은혜를 깊이 체험했습니까? 그렇다면 나의 예루살렘, 곧 나의 힘든 현실로 돌아가야 합니다. 그곳에서 성령 받기를 기다려야 합니다. 성령받기 전에는 결코 나의 예루살렘을 떠나서는 안 됩니다.

나보고 행복이나 쾌락을 좇으며 살라고 주님이 영광을 체험케 하신 게 아닙니다. 힘들고 어려워도 내 예루살렘에 잘 매여 있으라고 은혜도 주시고, 말씀이 깨달아지는 기쁨도 맛보게 하십니다. 생각만 해도 힘든 그 사람, 괴로운 그 환경만 떠나면 무한한 영광이 기다리고 있을 것 같다고요? 천만의 말씀 만만의 콩떡입니다. 주님이 주신 환경을 떠나서 그 어디에 기쁨이 있겠습니까? 고난의 유익도, 영광의 기쁨도 오직 하나님께서 내게 줄로 재어 주신 환경 안에서만 누릴 수 있습니다. 내 모든 감람산의 체험을 힘입어 힘든 예루살렘으로 돌아가는 것. 그것이 안식일을 반드시 지키며 거룩하게 사는 비결입니다.

먼 지방에서 우리들교회 말씀을 듣고 있다는 한 분이 제게 이런 메일을 보내왔습니다.

저는 현재 이혼하고 두 아이와 함께 살고 있어요. 부모님은 무당이셨어요. 저는 그런 남다른 현실이 싫어서 결혼을 도피처 삼아 탈출하듯 집을 나왔어요. 그런데 시댁의 현실은 더 가관이더군요. 시아버지는 중증 장애인이고, 시어머니는 화투방을 전전하는 데다 시누이는 이단에, 시아주버님은 술에 빠져서 살고 있었습니다. 남편은 또 얼마나 속을 썩여 대는지……. 이런 극한의 고난에 다다라서야 저는 주님을 만났습니다. 인생이 너무 힘드니까 정말 열심을 다해 믿었어요. 3일 금식기도는 기본이요, 21일 금식기도에 40일 철야기도까지 불사하며 교회를 섬기는 데 누구보다 앞장섰습니다.

그런데 글쎄, 남편이 여자 문제까지 일으킨 거예요. 게다가 제게 이혼을 요구하기까지 했습니다. '그래, 외도는 분명한 이혼 사유니까 당장 이혼하자! 돈도 못 벌어다 주는 남편과 괴롭게 사느니 생활보호대상자로 사는 게 훨씬 낫겠다' 생각했죠. 그래서 고민도 없이 이혼했습니다. 남편이 매달 생활비 80만 원을 보내 주는 조건으로 말이죠. 하지만 이후 남편이 한 번도 약속을 지키지 않아서 소송을 준비했습니다. 그런데 어느 날, 우리들교회 설교를 듣는데 목사님이 이런 말씀을 하시는 거예요.

"이혼소송을 할 수 있는 돈이 있는 게 문제예요! 그래서 다들 고민도 없이 이혼하는 겁니다."

꼭 제게 주시는 말씀 같아서 소송을 포기하게 됐죠. 하지만 또다시 시련이 찾아왔어요. 저는 지금까지 아무리 힘들어도 십일조를 꼬박꼬박 냈습니다. 그래서 하나님이 때마다 위기를 잘 넘기게 해 주셨다고 생각했는데, 생활보호대상자를 대상으로 하는 LH 아파트에 납입금을 못 내서 우리 식구보고 나가라고 하는 겁니다. 집도 잃고, 갈 곳도 없고, 생활비도 없는데…… 생활보호대상자가 되면 아이 둘 데리고 적당히 일하고도 잘 살 줄 알았어요. 목사님, 이제 저는 어떻게 하지요?

참 사연이 구구절절하지요? 이분께 제가 이런 답변을 드렸습니다.

생활보호대상자가 무엇이 그리 낫다고 이혼을 하셨어요? 남편에게 현재 상황을 솔직히 말하고, 우리 자녀들을 아버지 없는 아이 만들 수 없으니 다시 합치자 하고 좀 견뎌 보세요. 그러면 길이 보일 것 같습니다. 그리고 제 책을 열심히 읽어 보시길 바라요. 인생의 목적은 행복이 아니고 거룩입니다.

금세 답이 왔습니다.

아이들 아빠와는 연락이 안 된 지 오래됐어요. 아마도 저와 관련된 연락처는 다 지워 버린 것 같아요. 그래도 목사님이 하라시니까 문자메시지라도 한번 보내 볼게요.

그리고 다음 날 온 메일입니다.

목사님, 남편에게 이렇게 메시지를 보냈어요.

'당신도 언젠가 갈 곳이 없어질 수 있겠죠? 만약 그런 때가 온다면 집으로 돌아오세요. 그것이 내가 아이들을 위해 해 줄 수 있는 최선인 것 같아요. 이제는 나와 상관없다고 할지라도 당신은 여전히 아이들 아빠니까요.'

그리고 목사님이 말씀해 주신 대로 제 사정을 상세히 말했어요. 아파트 납입금 고지서를 사진 찍어 보내며 "밀린 집세만 보내 주면 좋겠다"고 했어요. 절대 생활비를 달라는 건 아니라고……. 그랬더니 저를 차단한 줄만 알았는데 얼마 지나지 않아 이혼 후 처음으로 남편에게 전화가 왔어요. 지금 돈을 보내 주겠다고요. 엉엉 울면서 남편에게 고맙다고 했죠. 그러자 오후에 또 전화가 와서 앞으로 더 돈을 보내 주겠다고 하는 거예요.

'가정을 회복하자, 남편을 기다리겠다.' 이런 말은 죽어도 못 할 줄 알았어요. 퇴폐 이발소나 다니며 바람피우고 성병 걸려 오는 남편하고 다시 합치는 건 절대 있을 수 없는 일이라고, 그런 걸 요구하실 만큼 잔인한 하나님이 아니실 거라고 생각했어요. 그런데 그것도 하나님께 맡겨 드릴 일이었다는 걸 이제야 깨달았어요. 성령님이 도와주지 않으셨다면 결코 할 수 없는 적용이었어요.

목사님 책을 읽어 보라고 하셔서 『상처가 별이 되어』를 읽었어요. 그 책의 한 구절이 제 마음을 흔들더라고요.

"복음은 악한 세상에서 우리를 잘되게 하기 위한 것이 아니라 악한 세계에서 우리를 건지기 위한 것입니다. 우리를 악한 세상에서 구별하여 건지시기 위해 예수님께서 자기 몸을 드려 죽으셨습니다."

목사님, 정말 정말 감사드립니다(큰절). 처음 메일을 드렸는데 외면하지 않아 주셔서 감사해요. 목사님 말씀에 순종했더니 다 잘 해결되었어요.

여러분, 이런 걸 기적이라고 하는 겁니다. 이분은 금식기도, 철야기도를 열심히 하면서 어찌 그리 쉽게 이혼을 하셨을까요? 그래도 제 말 한마디에 난생처음 남편에게 사과했다고 하시니 소망이 있습니다. 말 한마디가 천 냥 빚을 갚지 않습니까. 여러분도 이처럼 힘든 나의 예루살렘으로 돌아가기를 바랍니다.

🎁 승천의 영광을 체험했다면 나의 힘든 현실, 나의 예루살렘으로 돌아가기를 기도해야 합니다. 나는 예루살렘을 떠나게 해 달라고 기도합니까, 예루살렘에 잘 머무르게 해 달라고 기도합니까?

더불어 마음을 같이하는 기도를 해야 합니다

갈릴리 사람들인 제자들이 해야 할 일은 성령이 오시기를 기도하는 것입니다. 제자들이 드디어 구체적으로 기도하기 시작했습니다. 예수님이 체포되실 때 우왕좌왕하던 그들의 모습과 비교해 보면 정말 놀라운 변화가 아닐 수 없습니다.

13 들어가 그들이 유하는 다락방으로 올라가니 베드로, 요한, 야고

보, 안드레와 빌립, 도마와 바돌로매, 마태와 및 알패오의 아들 야고보, 셀롯인 시몬, 야고보의 아들 유다가 다 거기 있어 14 여자들과 예수의 어머니 마리아와 예수의 아우들과 더불어 마음을 같이하여 오로지 기도에 힘쓰더라 15a 모인 무리의 수가 약 백이십 명이나 되더라……_행 1:13~15a

주님은 원래 12명의 제자를 사도로 택하셨습니다. 그중에 '유다'라는 이름을 가진 자가 둘입니다. 유다는 '찬송'이라는 거룩한 뜻을 지닌 이름입니다. 한 유다는 끝까지 믿음을 지켜 사도로 남았고, 다른 유다는 예수님을 배반하여 저주를 받았습니다. 예수님께 직접 훈련받은 제자들 사이에도 이처럼 마음을 같이하지 못하는 비극이 일어났습니다.

그러므로 여러분, 마지막까지 믿음의 자리를 꼭 지키기 바랍니다. 더불어 나의 식구들도 그 이름이 다 생명책에 올라갈 수 있도록 예배의 자리로 꼭 초청하기를 바랍니다. 거절해도 계속 "오라" 하면서 때마다, 시마다 초청하십시오. '예배 한 번 온다고 뭐가 달라지겠어? 차차 전도하지 뭐……' 하고 안일하게 생각해선 안 됩니다. '하늘나라 명부에 내 식구들의 이름이 올라가느냐, 마느냐'가 달린 문제입니다.

비록 가룟 유다는 불행의 길로 가 버렸지만, 그 외에 제자들과 예수님의 어머니, 예수님의 아우들은 더불어 마음을 같이하며 기도에 힘썼습니다.

그런데 13절을 한번 자세히 보세요. 베드로와 요한, 야고보에게는 각각 반점(,)이 붙어 있는데 어떤 제자들은 '안드레와 빌립, 도마와 바돌로매'처럼 짝지어서 이름을 기록했습니다. (다른 번역 성경은 반점의 위치가 다르기도 합니다.)

그 이유가 뭘까, 제가 또 'THINK' 해 보았지요. 함께 기도하려면 서로 아픔을 나누어야 합니다. 삶을 나누어야 합니다. 그런데 아무리 주님의 제자들이라도 서로 공감하는 부분이 다를 수 있잖아요.

베드로, 요한, 야고보는 서로 관심사가 같았을 것 같습니다. 변화산 사건과 겟세마네 사건 등을 같이 겪었기 때문입니다. 나아가 이들은 다 주님의 수제자입니다. 따라서 '따로 또는 같이'가 가능한 제자들이었습니다.

간혹 같은 지역 출신끼리, 같은 학벌끼리 모여 기도하고 사역하는 걸 봅니다. 저는 이런 '끼리끼리'는 좀 지양해야 한다고 생각합니다. 그러나 영적으로 더 '파워풀' 한 사역을 하기 위해서 짝꿍 기도는 할 수 있습니다. 혼자 골방 기도도 해야 하지만 때로는 짝꿍 기도도 하고, 나아가 15절처럼 120명이 함께하는 합심 기도도 해야 합니다. 각자가 증인의 길을 잘 가기 위해 이렇게 저렇게, 여러 가지 방법으로 기도할 수 있다는 겁니다. 다만 출처를 모르는 사람이 함께 기도하자고 접근해 올 때는 조심해야 합니다. 무작정 따라가선 안 됩니다.

여럿이 마음을 같이하여 기도에 힘쓰기가 어디 쉽습니까? 특별히 남녀 차별이 만연했던 초대교회 시절에 남녀가 한자리에 모여 함께 먹고 교제하고 기도하는 건 있을 수 없는 일이었습니다.

14절의 '여자들'은 갈릴리에서 예수님을 믿게 된 후로 계속해서

주님을 따르던 자들입니다. 이들은 이후로도 남자들 못지않게 초대
교회에서 중추적 역할을 하며 어떤 모임에도 빠지지 않았습니다. 아
마도 교회가 시작되면서 '남녀'라는 구분이 사라졌다고 봅니다. 남성
위주의 사회 속에서 예수께서 여인들을 가르치고 고치고 제자 삼으
신 정신을 초대교회가 이어받은 것이죠.

　하지만 성경은 그 여자들의 이름은 기록하지 않았습니다. 그중엔
오롯이 기도에만 집중한 여인도 있을 테고, 식사 준비 등으로 공동체
를 섬긴 여인도 있을 텐데 그들이 누구누구라고 구체적으로 밝히지 않
습니다. 그러면 어떻습니까? 주님은 그들 모두를 기뻐하시리라고 믿
습니다.

　그런데 딱 한 명 이름이 기록된 여인이 있습니다. 예수님의 어머
니인 마리아입니다. 누가는 그의 복음서에서도 다른 복음서가 다루
지 않은 마리아의 잉태와 출산 과정을 상세히 밝힘으로써 그녀에 대
한 깊은 관심을 드러냈습니다(눅 1, 2장). 그만큼 마리아가 초대교회에
서 중요한 인물이었던 것 같습니다.

　하지만 그녀 역시 다른 사람과 동일하게 기도하는 자로 나온다는
점을 우리는 주목해야 합니다. 즉, 마리아는 예배의 대상이 아니라는
말입니다. 그녀도 우리와 똑같이 구원이 필요한 한 인간이었습니다.

　또한 마리아와 함께 기록된 '아우들'을 직역하면 '형제들'입니다.
과거에 이들은 메시아로 오신 예수님을 몰라보고 미쳤다고 치부했습
니다(막 3:21). 예수님의 혈육이어도 성령이 임하지 않아서 눈앞에 계
신 주님을 몰라봤습니다.

그러니 예수님이 십자가에 달리셨을 때 이들은 누구보다 비참하지 않았을까요? 또, 후에 예수님이 부활하셨다는 소식을 듣고 형제로서 자랑스럽게 느꼈을 것입니다. 그런 양극단의 감정 사이에서 혼란스러워할 때 주님이 동생인 야고보에게 자신을 보이셨습니다(고전 15:7). 아마도 이 사건이 형제들이 회심하는 데 큰 영향을 미친 걸로 보입니다. 비로소 예수님과 진정한 가족, 영원한 가족이 됐습니다.

성경에 주님이 가족을 전도하셨다는 기록은 없습니다. 그러나 주님이 대중에게 천국 복음을 전하시기에 앞서 가족에게 복음을 가르치고 전파하셨음을 성경이 간접적으로 보여 준다고 생각합니다. 야고보서를 보세요. 꼭 산상수훈의 팔복 설교(마 5:3~16)를 좌르륵 펼쳐 놓은 것 같습니다. 이는 예수님께서 평소에 그를 양육하셨기 때문입니다. 그 결과, 가장 가까운 식구들이 다 변화됐습니다.

대단한 믿음의 조상이라도 자식 농사엔 속수무책인 걸 봅니다. 아브라함의 아들 이스마엘이나 이삭의 아들 에서가 얼마나 속을 썩였는지, 여러분도 잘 아시죠? 그런데 예수님의 형제들은 한결같이 사도들과 어깨를 나란히 견주는 신앙의 위인들이 됐습니다. 야고보는 초대교회의 기둥이라 불렸고(갈 2:9), 또 다른 형제인 유다도 초대교회 지도자를 지내며 유다서를 기록했습니다.

이처럼 기도는 제자들, 여자들, 예수님의 모친과 형제까지 그 누구라도 차별하지 않고 모두 한마음으로 하는 것이 중요합니다. 서로가 한마음을 품으면 공동체의 정체성과 방향을 분명히 제시할 수 있게 됩니다.

그러면 우리는 어떻게 '오로지 기도에 힘쓸' 수 있을까요?

지난 4절에서 주님은 제자들에게 "아버지께서 약속하신 성령을 기다리라" 말씀하셨습니다. 제자들이 오로지 기도에 힘쓸 수 있었던 것은 그 약속을 붙들었기 때문입니다. 우리도 그래요. 주님의 약속을 붙들며 기도해야 합니다. 그래서 성경을 알아야 합니다. 성경을 모르면 주님의 약속을 알 수 없고, 약속을 모르면 자신의 육적인 필요만을 위해 기도하게 됩니다. 성경을 좔좔 읽어야 기도도 좔좔 하게 되는데, 말씀 없이 기도하면 금세 육적인 기도로 빠지게 마련입니다.

오래 앉아서 큰소리로 기도한다고 기도를 잘하는 게 아닙니다. 약속의 말씀을 자신의 소원과 일치시키는 기도가 100% 응답받는 기도입니다.

내가 사장이라고 생각해 보세요. 내 훈시를 잘 듣고 기억하여 말하는 사원에게 떡 하나라도 더 주고 싶지 않겠습니까? 그러므로 하나님이 무엇을, 어떻게 약속하셨는지 분명히 찾아야 합니다. 구체적인 약속을 붙들기 위해서 열심히 큐티해야 합니다. 그래서 기도의 결론도 '큐티'입니다.

우리들교회 부부목장 보고서에서 읽은 한 목자님의 나눔입니다. 본문 말씀처럼 공동체의 힘쓰는 기도가 이분에게 필요할 것 같아서 여러분에게도 나눕니다.

아내와 저는 7년 연애 끝에 결혼했습니다. 오래 사귀고 결혼했기에 다툼이 없을 줄만 알았는데 웬걸요, 부부싸움이 끊이질 않았습니다.

급기야 이혼 얘기까지 오가자 우리 부부는 친구 부부의 권유로 우리들교회에 오게 됐습니다.

처음엔 설교 때마다 졸다가 어느 날 한 성도님이 낙태죄를 고백하는 간증을 듣고 제 죄가 보여 울었습니다. 그것이 하나님을 반하는 일인 줄도 모르고 우리 부부도 생명을 낙태하는 죄를 지었기 때문입니다. 그렇게 하루하루 내 죄를 보며 가자 어느새 저는 목자, 아내는 부목자로 공동체를 섬기게 되었습니다.

그러나 우리 부부의 관계는 좋아질 듯 말 듯, 잘 회복되지 않았습니다. 아내는 생후 6개월에 아버지에게 버림받고 친할머니 손에 자랐습니다. 생모가 누군지도 모르고, 형제도 없고, 아버지와 친할머니마저 돌아가셔서 하늘 아래 가족이라고는 저밖에 없습니다. 이런 가정환경 탓에 아내는 일생 버림받았다는 거절감에 시달렸습니다. 그래서 애정결핍과 집착이 심하고, 우울증과 무기력증에 빠져 삽니다.

문제는 아내의 상실감에 어떻게 다가가야 하는지를 모르겠다는 것입니다. 이 여자는 내 말이면 무조건 들어줄 거라며 쉽게 보고 결혼했는데, 결혼 후 제 뜻대로 되는 일이 아무것도 없습니다. 예고도 없이 감정이 뚝 떨어지는 아내가 두렵습니다. 아내의 아픔에 공감해 주고 싶지만 잘 안 됩니다. 아내는 우울감이 깊어지면 한없이 잠에 빠져듭니다. 아침 8시까지 출근해야 하는데 제가 여러 번 깨워야 겨우 일어납니다. 하루는 우리 집에서 목장예배가 있어 아내에게 식사를 준비해 달라고 부탁했습니다. 그러자 "시켜 먹으면 안돼?" 하더군요. "내가 재료 사와서 요리할 테니 그냥 있어" 했더니 정말 그냥 있었습니다. 안방에서 핸드폰만 들여다보면서요. 그러고는 목장 식구들이 오기 전에 혼자 밥을 먹는 겁니다. "그러지 말고 목장 식구들이랑 같이 먹자" 했지만 들은 체 만 체했습니다.

아내는 멍하니 핸드폰만 보면서 술 마시는 것이 일상입니다. 자꾸 마트에 가서 칵테일을 사 오기에 그러지 말라고 몇 번 권했다가 싸움만 났습니다. 아내는 뭘 하려고도 하지 않습니다. 산책을 가자고 해도 안 나갑니다. 아내의 얘기를 듣다 보면 늪에 빠지는 기분입니다. 얘기가 삼사십 분이 넘어가면 "그만하라"는 말이 저도 모르게 나옵니다. 정말 어떻게 해야 할지 모르겠습니다. 저도 같이 우울로 떨어질까 봐 두렵습니다. 제 믿음이 확실하지도 않으니 이러지도 저러지도 못하겠고…… 마음이 불편합니다.

여러분이 이 남편이라면 어떨 것 같으세요? '나는 이런 아내와는 못 산다' 하시겠습니까? 다음은 이분의 아내 집사님이 여자목장에서 나누신 내용입니다.

모범생인 남편은 공부를 잘했습니다. 또 매사 부지런합니다. 반면에 저는 게으르고 잠만 자는 데다 집착적인 성향이 강해서 자꾸 남편을 소유하려 했습니다. 남편은 지쳤는지 어느 날 이혼하자 하더군요. 그렇게 우리 부부는 골이 깊어질 대로 깊어져 우리들교회에 오게 되었어요. 저는 이곳에 와서야 우울증임을 알고 치료받기 시작했습니다. 그 전까지는 제가 어떤 상태인지, 남편이 얼마나 고통받았을지 전혀 몰랐어요. 또 가정과 부모가 어때야 하는지도 교회에 와서야 배웠습니다. 이전엔 집안일이 하찮게 여겨져서 하기 싫었어요.

저의 아픈 과거를 생각하면 지금은 천국인데 우울이 마음 바탕에 자리해서인지 별로 행복하지 않아요. 인간관계도 어려워요. 저 자신도 믿지 못하겠고, 하나님으로도 빈 마음이 채워지지 않아요. 말씀이 다 책망으로만 들리고, 말씀대로 살지 못하니 괴롭고, 사람을 만나는 것도 싫어요.

이런 저를 남편만은 이해해 줬으면 좋겠는데…… 내가 힘들어서 우는데도 자기 할 일만 하는 남편을 보면 정말 독하게 여겨집니다.

목장예배 일도 그래요. 두 달이나 우리 집에서 드렸는데, 남편이 또 우리 집에서 예배를 드리자고 하더군요. 육체적으로도, 심리적으로도 너무 부담이 됐어요. 그래서 "배달시켜 먹자"고 했더니, 남편이 대뜸 "피곤하게 구네" 하는 거예요. 결국 두 분만 목장에 오셨는데 시켜 먹었으면 더 편하지 않았겠어요? 내 아픔은 정말 몰라주는 것 같아 또 슬픔이 몰려왔어요. 이 남자라면 내가 의지할 수 있겠다고 생각해서 결혼했는데…… 남편 때문에 상실감을 더 크게 느끼는 것 같아요.

이 아내 집사님은 꼭 하늘만 자세히 쳐다보고 있는 제자들 같습니다. 자라온 환경에서 비롯된 '갈릴리 열등감'을 극복하시면 좋겠지만 그것이 맘대로 되는 일은 아니지요. 이해합니다. 부모 얼굴도 모르고 자랐는데 그 상처가 얼마나 크겠어요.

그래서 저는 남편 집사님께 권면드리고 싶어요. 물론 그 고충을 이해하지 못하는 건 아닙니다. 그래도 남편분은 목자시잖아요. 목자인데도 여전히 성령을 못 받고 물에 물 탄 듯 술에 술 탄 듯 해서야 되겠습니까? 이 고난 가운데서 아직 주님을 못 만나신 것 같습니다. 약속의 말씀을 붙들고 힘써 기도하면서 아내를 잘 섬기시길 바라요. 깨어서 가정을 중수하시길 바랍니다.

여러분, 그래도 이 부부에게 소망이 있습니다. 공동체에서 이렇게 터놓고 나누며 가기 때문입니다. 공동체가 없다면 누구에게 이런 얘기를 하겠습니까? 우리들교회가 별 얘기 다 할 수 있는 공동체라서 참 감사합니다.

오늘 기도가 초대교회의 지표로 등장합니다. 예수님을 떠나보낸 상실감에 두려울 때 제자들은 함께 모여 힘써 기도했습니다. 여러분도 이 부부를 위해 하나님의 인도하심을 구하며 힘써 기도해 주시길 바랍니다. 고난의 끝이 안 보이는 것 같아도 반드시 끝이 있는 줄 믿습니다. 이들이 주께 고침을 받고 간증하는 부부가 되기를 기도합니다. 우울증을 앓는 우리의 모든 식구에게도 성령이 임하여 그들이 상실감의 굴레에서, 결핍의 굴레에서 이제는 벗어나기를 기도합니다.

🎁 더불어 마음을 같이하는 형제, 친척, 지체가 있습니까? 그에게 믿음이 있는 줄 알지만 나의 편견 때문에 마음을 열지 못하는 사람은 누구입니까?

🎁 오로지 힘써 기도하기 위해 약속의 말씀을 붙들고 있습니까?

약속의 말씀을
자신의 소원과 일치시키는 기도가
100% 응답받는 기도입니다.

우리들 묵상과 적용

저는 어머니의 얼굴을 본 적이 없습니다. 아버지는 태어난 지 6개월도 안 된 저를 친할머니 손에 맡겨 두고는 '나 몰라라' 하셨습니다. 할머니는 술만 드시면 제게 "아빠 찾아서 나가!"라고 소리를 지르곤 하셨습니다. 불안하고 외로웠던 저는 남의 말을 잘 들어야 버림받지 않는다는 생각에 늘 사람의 눈치를 살피며 살았습니다.

성인이 되어 부지런하고 믿음직해 보이는 남자를 만나 결혼했습니다. 그러나 남편은 통화가 안 되면 수십 번이고 전화하는 저를 지겨워했습니다. "제발 헤어지자!", "다른 남자를 만나라" 하며 폭언을 퍼붓기도 했습니다. 남편이 이혼을 생각할 때 우리 부부는 교회로 인도받았습니다. 그렇게 내디딘 첫 부부목장에서 저는 '부부'와 '가족'이 무엇인지를 배웠습니다. 나아가 나 때문에 남편이 얼마나 고통받았을지 깨달아져 남편에게 미안한 마음이 들었습니다. 딸을 낳은 뒤로 숨은 우울함이 드러나 아이도 돌보지 않고 누워만 있었는데, 그런 저를 목장 식구들이 신경정신과에 데려가 주었습니다. 또한 목장예배를 드리기 위해 음식을 만들고 집 안을 치우며 무너진 일상이 점점 회복됐습니다. 딸이 두 돌이 됐을 즈음엔 일도 시작해 무기력에서 일어나는 듯했습니다.

그러다 둘째 아이가 에드워드증후군 진단을 받고 태어난 지 한 달 반 만에 천국에 가는 청천벽력 같은 사건이 왔습니다. 연이어 친할머니마저 돌아가셨습니다. 돌아보면 하나님은 이 고난을 통해 제게 생명의 길을 보여 주셨습니다. 평생 절에 다니시던 할머니가 저를 통해 복음을 영접하고 천국에 가신 것입니다. 그런데도 저는 주님이 떠나신 하늘만 쳐다보는 제자들처럼(행 1:9~10) 그저 혼자 남았다는 슬픔에 젖어 있었습니다. 안 그래도 힘든데 남편이 저를 더욱 외롭게 했습니다. 내가 슬퍼서 우는데도 남편은 그저 자기 할 일만 하더군요. 그런 남편을 보면서 독한 마음이 올라왔습니다.

그러던 지난 명절날, 남편은 근무라 아이를 데리고 홀로 시댁에 가는데 갑자기 서러운 마음이 복받쳤습니다. 그래서 목장 채팅방에 '왜 이렇게 슬프고 외로운지, 왜 이리 억울한지 모르겠다' 메시지를 남기고는 "주님, 살려 주세요" 외치며 기도했습니다. 그런데 이게 웬일일까요. 그 주일 담임목사님이 설교하실 때 저희 부부의 나눔을 읽어 주신 겁니다. 더불어 저희 가정을 위해 온 성도가 마음을 같이하여 기도해 주었습니다(행 1:13~14). 이 기도에 힘입어 이제는 갈릴리 출신이라는 열등감을 벗고 하나님께 쓰임받는 제가 되길 원합니다. 하늘만 바라보지 않고 제게 허락하신 예루살렘에서 아내의 역할, 엄마의 역할에 최선을 다하길 원합니다.

영혼의 기도

하나님 아버지, 주님께 양육받고 승천의 영광을 체험하는 큰 은혜를 허락해 주셔서 감사합니다. 그런데 주님, 우리의 믿음이 참 연약합니다. 주님이 시야에서 사라지니 그때는 그때고 지금은 지금이라 합니다. 은혜를 모르는 자와 다름없이 슬픔과 연민과 상처, 무력감과 우울감에 사로잡혀 살아갑니다. 그저 하늘만 자세히 쳐다보면서, 갈릴리의 열등감에 매여 나의 고난과 세상의 성공을 비교하고 있습니다. 주여, 불쌍히 여겨 주옵소서.

이렇게 장차 이루어질 영광을 보지 못해 날마다 비교하는 우리 때문에 성령님이 말할 수 없는 탄식으로 간구하신다고 합니다. 우리를 위해 해산의 고통으로 탄식하신다고 합니다. 그런 성령님을 따라 우리도 지체들을 위해 오로지 기도에 힘쓰기를 원합니다.

제게 많은 지체를 허락하셨지만 아직 저 때문에 예수님께 마음을 열지 못하는 형제와 친척들이 있습니다. 오직 삶으로 가르친 것만 남는다고 하셨습니다. 제 삶이 주께서 원하시는 그 부분까지 이르지 못했기 때문 아니겠습니까. 주여, 저로 인해 실족한 사람이 있다면 불쌍히 여겨 주옵소서. 제가 더욱 기도에 힘쓰게 도와주옵소서. 나아가 약속의 말씀을 붙들고 주님 다시 오실 날을 기다리며 증인 되기에 힘쓰는, 오로지 기도에 힘쓰는 우리가 되게 하옵소서.

앞서 소개한 목자님 부부를 위해 기도합니다. 그 아내 집사님의 상실감과 슬픔과 연민을 누가 치료해 줄 수 있겠습니까. 앞을 봐도 옆을 봐도 그분이 얼마나 외롭겠습니까. 하나님 아버지, 아내 집사님을 찾아가셔서 성령이 임하게 도와주옵소서. 그분에게 손을 얹으사 구원받고 우울증에서 놓이게 하옵소서. 남편분이 성령받게 도와주옵소서.

나아가 우울증을 앓는 우리 식구들도 고침받게 하옵소서. 살아나게 하옵소서. 그들에게도 손을 얹으사 구원받고 고침받게 하옵소서. 그들이 사명을 찾게 도와주옵소서. 주님이 원하시면 나을 수 있나이다. 우울증이 물러가게 도와주옵소서. 나사렛 예수의 이름으로 병이 물러가게 하옵소서. 일어날 힘 전혀 없는 한 사람, '나는 안된다' 하는 그 한 사람이 이 말씀을 듣고 살아나게 하옵소서. 그 한 사람 때문에 제가 말씀을 전하오니 그가 일어나게 도와주옵소서. 예수님 이름으로 기도드립니다. 아멘.

Chapter 4

누가 사도행전의 주인공인가
: 성령의 사도행전

사도행전 1장 15~26절

하나님 아버지, 우리 한 사람, 한 사람이
사도행전의 주인공임을 깨닫기 원합니다.
말씀하여 주옵소서. 듣겠습니다.

예수님께서 "약속하신 성령을 기다리라"는 말씀을 남기시고 승천하시자, 이전과 달리 제자들은 그 약속을 붙들며 오로지 기도에 힘쓰게 되었습니다. 그 기도의 내용도 자신의 육적인 필요를 채우려는 것이 아니었습니다. 그것은 나를 위해 해산의 고통으로 탄식하시는 성령님을 기다리는 기도였습니다. 내 현재의 고난을 남의 영광과 비교하지 않게 해 달라는 사명의 기도요, 그 사명을 나의 예루살렘에서 잘 감당하겠다는 현실을 인식하는 기도였습니다. 편견을 버리고 믿음의 형제들과 더불어 마음을 같이하는 기도였습니다.

이처럼 제자들이 간절히 기도하자, 성령이 임하시기 전에 할 일을 가르쳐 주시는 것이 본문 말씀입니다. 여러분, 성령은 그냥 임하지 않으십니다.

그런데 이쯤 되니 궁금해집니다. 지금까지 묵상한 말씀을 상기해 보세요. 주님은 택하신 사도들에게 '성령으로 명하'시고(행 1:2) '성령으로 세례를 받으리라'(행 1:5) 하시고, 성령으로 '권능을 받고 내 증인이 되리라'(행 1:8) 말씀하셨습니다. 뒤이어 묵상할 2장에는 약속하신 대로 오순절에 성령이 임하신 사건을 기록했습니다. 이렇듯 온통 성령 이야기뿐인데 왜 이 책을 성령행전이라 하지 않고, '사도행전'이라고 이름 붙였을까요?

사도행전을 자세히 읽어 보세요. 하나님은 성령이 아니라 성령을 받을 사도들, 곧 성령받아야 할 우리에게 더 관심을 기울이시고 양육해 가시는 걸 알 수 있습니다. 그래서 "사도행전"입니다. 그런 의미에서 '사도행전' 이야기를 나누어 보고자 합니다.

사도행전은 120명으로 시작했습니다

> 모인 무리의 수가 약 백이십 명이나 되더라 그 때에 베드로가 그 형제들 가운데 일어서서 이르되_행 1:15

주님이 승천하신 후에 기도회에 모인 수가 '120명'입니다. 적다면 적고 많다면 많은 수입니다.

당시 그 지역(주변) 인구가 50~60만 명 정도였는데 그중에 120명이 모였습니다. 주님이 오병이어 기적을 통해 5천 명을 먹이셨고, 5백여 사람이 주님의 부활을 보았는데도(고전 15:6) 승천을 보고 기도한 사람은 120명뿐입니다. 이런 관점으로 보면 적은 수입니다.

그런데 사도행전의 저자는 "모인 무리의 수가 백이십 명이'나' 되더라"고 합니다. 이유가 뭘까요? 한 사람이 모였대도 누가 왔는지, 누가 기도하는지가 중요합니다. 성경을 보면 시대마다 쓰인 한 사람이 있습니다. 하나님은 어떤 사람을 쓰셨습니까? '나의 모든 것이 주님의 것'이라고 고백하며 온전히 헌신하는 한 사람을 쓰셨습니다. 그

한 사람으로 인해 복음으로 전 세계가 변화되는 구원의 역사가 일어났습니다.

본문이 바로 그런 의미입니다. 허튼사람 없이 오직 주님께 헌신하는 120명이 모였기에 "백이십 명이나"라고 표현한 것이죠.

그 120명 가운데 베드로도 있습니다. 베드로는 예수님의 수제자였지만, 그 타이틀이 무색하게도 세 번이나 주님을 부인했습니다. 한마디로 실패한 제자라고 할 수 있습니다. 욕먹어도 쌉니다. 이런 모임엔 감히 얼굴을 내밀 수도 없는 사람입니다.

그런데 예수님이 떠나시자 베드로가 사도로서 리더십을 행사하고 있습니다. 어떻게 이런 일이 가능했을까요?

비록 주님을 배반했지만, 베드로는 자신의 죄를 처절히 회개하며 통곡했습니다(눅 22:62). 부활하신 주님이 제자들을 찾아와 양육해 주실 때엔 마음이 열려 성경이 깨달아지는 은혜를 경험했습니다(눅 24:45). 그리고 그 은혜에 힘입어서 "예루살렘을 떠나지 말라"(행 1:4)는 주님의 말씀에 순종했습니다. 내가 주님을 버리고 부인한 곳, 머물러 있는 것만으로도 수치스러운 그곳 예루살렘을 베드로는 결코 떠나지 않았습니다. 그 결과, 주님은 베드로를 다시 세워 주셨습니다. 약속하신 것을 기다리는 120명 중 한 사람으로, 주님을 위해 온전히 헌신하는 사도들의 대표로 회복시키셨습니다.

저는 이 책을 보는 그 한 분에게도 이런 변화가 일어나기를 진심으로 기도합니다. 그 한 분을 통해 한국교회에 새로운 사도행전이 쓰이기를 진심으로 소원합니다.

✦ 나는 예루살렘을 떠나지 않고 성령이 임하시길 기다리며 간절히 기도하는 120명 가운데 한 사람입니까?

사도행전은 성경이 응하는 행전입니다

형제들아 성령이 다윗의 입을 통하여 예수 잡는 자들의 길잡이가 된 유다를 가리켜 미리 말씀하신 성경이 응하였으니 마땅하도다
_행 1:16

급하고 혈기 많던 베드로가 "형제들아" 하고 부르며 부드럽게 설교를 시작합니다. 그런데 그 내용이 심상치 않습니다. 기억하고 싶지 않은 유다 이야기를 꺼냅니다.

"성령으로 세례를 받으리라" 주께서 약속하시고, 그 약속대로 성령이 임한 오순절 사건 사이에 유다가 언급되는 데는 다 이유가 있습니다. 그만큼 중요한 문제이기 때문입니다. 성령이 오신 때는 이 땅에서 주님의 교회가 처음으로 부흥하기 시작한 시기였습니다. 그러므로 성령을 부어 주시기 전, 하나님은 더 힘 있게 그리스도를 전하기 위해 당신의 백성을 준비시키셔야 했습니다.

주께 헌신하는 이들이 120명이나 모인 공동체지만 부족한 부분이 있었습니다. 가룟 유다의 빈자리를 채워야 했죠. 그리고 그 일을 위해 공동체가 가장 먼저 할 일이 회개라는 걸, 베드로가 기도에 힘쓰면

서 깨달았습니다. 엄밀히 말하면 성령께서 깨닫게 해 주셨습니다.

물론 베드로는 회개했지만, 그의 회개는 자신을 넘어 궁극적으로는 하나님 나라를 위한 것이었습니다. 그러므로 나 한 사람의 회개로 끝나선 안 된다는 걸 베드로는 알았습니다.

베드로는 같은 제자였던 유다의 문제를 짚고 넘어가야 했습니다. 유다의 문제는 유다 개인의 것이 아니라 공동체의 문제였습니다. 유다는 예수님이 재정을 맡기실 정도로 유능하고 신뢰받는 제자였습니다. 그 믿음직했던 동료가 스승을 팔고 자살까지 했습니다. 그 일은 제자들에게 씻을 수 없는 상처를 안겨 줬죠. 시간이 지났어도 유다의 배반은 여전히 뼈아픈 고통입니다. 들추면 괴로우니까 침묵으로 일관하면서 문제를 덮어 두고 있었을 뿐입니다.

그러나 성령님은 이 공동체가 유다 문제를 공론화하여 치유받아야 사명이 시작될 수 있다고 보셨습니다. 그러므로 공동체가 함께 "유다의 죄가 곧 내 죄"임을 공개적으로 고백하고 회개하라고 하십니다. 예수님이 실패하신 것처럼 보이는 이 문제를 제자 공동체가 함께 정면 돌파하여 해결해야만 다음 진도로 나아갈 수 있다고 하십니다.

제자들에게 유다의 사건은 무덤까지 가져가고 싶은 비밀이었을 것입니다. 하지만 19절을 미리 보면 '예루살렘에 사는 모든 사람에게 그 일이 이미 알리어졌다'고 합니다. 한 제자는 예수님을 팔아먹고, 다른 제자들은 도망가 버리고, 그들이 버린 예수님은 십자가에서 돌아가셨습니다. 세상에, 이런 창피한 일이 없습니다.

그러면 궁금하지 않으세요? 왜 하나님은 이런 상황에서 교회를 시작하게 하셨을까요? 여러분도 한번 'Think' 해 보세요.

하나님의 생각은 이래요. 모든 사람이 알게 된 나의 수치를 어떻게 처리해야 하는지, 하나님은 제자들에게 보여 주기를 원하셨습니다.

그런데 말이지요, 다른 제자도 있는데 하나님은 왜 하필 베드로에게 유다 이야기를 하게 하실까요? 베드로가 유다 이야기를 꺼낼 자격이 됩니까? 그는 고통당하시는 예수님 앞에서 세 번이나 그분을 부인하고 저주하기까지 했습니다. 예수님의 십자가 길을 막았다가 "사탄"이라는 소리도 들었습니다(마 16:23). 행위로만 보면 유다나 베드로나 막상막하입니다.

하지만 죄에 대한 반응이 서로 달랐습니다. 유다는 후회하며 자살했지만, 베드로는 회개한 뒤 성령이 임하여 완전히 새사람이 됐습니다.

그래도 그렇지요. 베드로 입장에선 유다 이야기를 하기가 껄끄러웠을 겁니다. 유다의 죄목인 배반이 베드로에게도 아킬레스건이지 않습니까. 그럼에도 그는 담대히 이야기합니다. 유다의 배반은 "성령이 다윗의 입을 통하여" 하신 말씀이 응한 일이라고 말합니다. 인간적인 부끄러움을 넘어서서, 객관적이고 구속사적으로 유다의 사건을 해석해 줍니다.

우리도 때로는 구원을 위해 하기 싫은 이야기도 할 수 있어야 합니다. 저도 성도들에게 듣기 좋은 말보다 듣기 싫어하는 말을 할 때가 더 많습니다. "이상한 남편이라도 순종하세요." "내 죄를 보세요." "내 현실은 내가 살아온 날의 결론이에요." 이런 얘기를 누가 좋아하겠습니까? 또, 제가 여러분보다 행위가 훌륭해서 이런 말씀을 전합니까? 아닙니다. 행위가 기준이라면 그 누가 복음을 전할 수 있겠어요.

"그리스도 예수 안에 있는 자에게는 결코 정죄함이 없나니"(롬 8:1)라고 했습니다. 내가 부도를 맞고, 바람피우고, 살인을 저질렀어도 예수 믿고 죄 사함을 받았다면 그 후론 정죄함이 없어야 합니다. 그런데 여전히 과거에 머물러 있으니까 여러분이 복음의 'ㅂ' 자도 못 꺼내는 것이에요.

주님은 베드로가 사역을 본격적으로 시작하기 전에, 제자 공동체에 성령을 부어 주시기 전에 그들이 유다의 문제를 직면하기를 원하셨습니다.

가룟 유다의 배신은 구약성경에 예언된 일이었습니다.

"내가 신뢰하여 내 떡을 나눠 먹던 나의 가까운 친구도 나를 대적하여 그의 발꿈치를 들었나이다"(시 41:9).

이는 다윗이 자신을 배신한 아히도벨을 가리켜 뒷발질하여 주인을 다치게 하는 짐승에 비유한 말씀입니다. 성령은 이 다윗의 고백을 통해 예수님과 가까운 제자가 예수님을 배반할 것을 예언하셨습니다. 나아가 이 말씀은 우리 모두에게 주신 것이기도 합니다. 우리도 얼마든지 배신하고 배신당할 수 있지 않습니까? 하지만 지난날 베드로에겐 이 말씀이 내 이야기, 우리 공동체의 이야기로 들리지 않았습니다. 아직 성령받기 전이라 말씀엔 까막눈이었던 겁니다. 예수님이 날마다 집중 양육을 해 주셨는데도 말씀을 좀체 깨닫지 못했습니다.

예수님은 유다에게도 깨우칠 기회를 주셨습니다. 마태복음 26장을 보면, 마지막 성만찬 자리에서 주님이 "나와 함께 그릇에 손을 넣는 그가 나를 팔리라"고 하시며 유다를 가리켜 말씀하십니다. 그러나 유다는 "나는 아니지요?" 하며 모르는 척을 합니다. 주님이 "네가 말하였도다"라고 대놓고 가르쳐 주셔도 모르쇠를 잡습니다. 다른 제자들 역시 예수님이 무슨 말씀을 하시는지 당최 모릅니다. 어찌 이럴 수 있습니까! 주님의 말씀이 성령의 음성으로 들리지 않는 겁니다.

유다는 끝까지 말씀을 거역했습니다. 이것은 성령을 거역한 것입니다. 성령을 거역하는 죄는 결코 용서받지 못하리라고 했습니다 (마 12:32).

오늘날 가룟 유다처럼 성령을 거역하다가 끝내 스스로 목숨을 끊는 사람이 점점 늘고 있습니다. 우리나라는 하루 평균 38명이 자살하는, 이른바 자살 왕국이 됐습니다. 정말 어쩌면 좋습니까! 기도하지 않으면 안 됩니다.

반면에 베드로는 모든 일이 성경이 응한 사건임을 마침내 깨달았습니다. 여러분도 힘든 일이 와야 "오, 이제야 말씀이 들려요" 하지 않습니까? 베드로도 그래요. 예수님을 부인한 죄인이 되고 보니까, 예수님이 돌아가시고 나니까 그 전까지 들리지 않던 말씀이 딱 들립니다. 성경 말씀이 하나같이 내 이야기입니다.

'주님이 너희 중 한 사람이 나를 팔리라 하신 말씀이 이것이구나!', '가장 가까운 자가 나를 대적하리라는 성경 말씀이 이렇게 응했구나!', '유다의 배반도, 내가 주님을 부인한 일도 기록된 말씀이 이루어진 것이구나!'

여러분, 뭐든지 성경대로, 말씀대로 이루어집니다. 제 남편이 구원받고 떠난 일도 성경이 응한 사건이었습니다. 저도 몰랐지만 성경을 차례차례 읽다 보니까 제 얘기가 다 성경에 있지 뭡니까! 기쁜 일도 슬픈 일도, 심판도 축복도 다 성경대로 이루어지는 일입니다. 그래서 성경이 응하는 인생이라고 고백하는 사람이 사도행전의 주인공입니다. 성경이 내 이야기로 들리지 않으면 나도, 남도 살릴 수 없습니다.

오순절 이전에 베드로는 이미 성령을 받았다고 봅니다. 혈기 많고 무식하던 베드로가 성경을 좔좔 외우며, 이렇게 유다 사건을 성경적으로 설명하지 않습니까. 말씀에 순종하려면 머리와 가슴이 일치해야 하는데, 과거와 다르게 베드로가 더는 감정에 치우치지 않습니다. 세상에 끌려가던 자에서 이제는 세상을 끌고 가는 자가 되어서 통찰력 있게 말씀을 전합니다.

베드로뿐만 아니라 말씀을 잘 깨닫는 사람을 보면 뭔가 다릅니다. 한마디를 해도 정말 재미있고 진솔합니다. 그래서 저는 성경을 읽는 우리가 이 시대의 지성이라고 자부합니다.

이 사람은 본래 우리 수 가운데 참여하여 이 직무의 한 부분을 맡았던 자라_행 1:17

'본래 우리 수', 그러니까 우리 공동체 사람 중에도 이렇게 배반할 자가 있습니다. 처음부터 함께했어도 그가 배반할 자라는 걸 끝까지 모릅니다. 사탄은 늘 정체를 알 수 없게 다가오는 법입니다. 그렇다고 '누가 나를 배반할까?' 의심의 눈초리를 켜라는 말은 아닙니다. 설령 누가 배반한대도 우리는 그를 끝까지 사랑하며 가야 합니다.

> 18 (이 사람이 불의의 삯으로 밭을 사고 후에 몸이 곤두박질하여 배가 터져 창자가 다 흘러 나온지라 19 이 일이 예루살렘에 사는 모든 사람에게 알리어져 그들의 말로는 그 밭을 아겔다마라 하니 이는 피밭이라는 뜻이라)_행 1:18~19

마태복음 27장 5절에는 유다가 '스스로 목을 매어 죽었다'라고 기록했습니다. 본문은 유다의 죽음을 더 구체적으로 묘사합니다. '몸이 곤두박질하여 배가 터져 창자가 다 흘러나온지라.' 표현이 섬뜩하기까지 하지요? 유다가 자신이 산 밭에서 목을 매었는데, 아마도 목을 맸던 줄이 끊어지면서 몸이 곤두박질한 것으로 보입니다. 그때 어딘가에 부딪혀 내장까지 파열된 것이죠. 어쨌든 비참한 죽음인 것만은 분명합니다.

그 광경을 본 사람들이 이런 소문을 내지 않았겠습니까? "아유, 저 밭에서 유다가 창자가 터져 죽었잖아." 그래서 그때부터 그곳 이름이 '피밭'으로 불리게 됐습니다.

마태복음 27장에도 이 피밭 이야기가 나옵니다. 그런데 원어 성경을 보면 피밭에 쓰인 단어가 서로 다릅니다. 마태는 '큰 밭'으로, 누가는 '작은 땅 조각'으로 묘사하고 있죠. 왜 같은 땅을 다르게 표현했을까요? 사도행전은 이 피밭을 유다의 핏값으로, 마태복음은 예수님의 핏값으로 본 겁니다. 예수님의 핏값이 우리의 죗값을 덮습니다. 아무리 큰 죄를 지은 자라도 예수님의 보혈로 구원받을 수 있습니다. 그러나 유다는 그 기회를 놓쳐 버렸습니다

그래도 한때 유다는 주님의 제자 아니었습니까. 그런데도 왜 그는 자살을 택했을까요? 여러분, 죄의 결과가 얼마나 참담한지 모릅니다. 죄짓기 전에는 은 삼십이 커 보였습니다. 그래서 앞뒤 따지지 않고 취했습니다. 그런데 이후 죄책감이 걷잡을 수 없이 몰려듭니다. 예수님을 배반하고 그분을 죽음으로까지 몰아넣었으니 그 정죄감이 이루 말할 수 없습니다. 예수님을 넘겨주고서 받은 그 돈이 갑자기 싫어집니다. 성전에 돈을 내동댕이치고 나왔지만 아무것도 해결되지 않습니다. 나 자신도 싫고 다 싫습니다. 내게 모든 책임이 있는 것만 같습니다. 살아야 할 이유가 없어 보입니다. 그래서 스스로 목숨을 끊어 버렸습니다.

여러분 중에 아직도 '일단 저질러 놓고 회개하자' 하는 사람이 있습니까? 그래서 무작정 돈을 취하고, 여자를 취하고, 도박을 취합니까? 죄의 결과가 얼마나 비참한지 유다를 한번 보세요.

하지만 그렇게 멋모르고 죄를 지었대도 괜찮습니다. 주님께 돌아오기만 하면 됩니다. 이 세상에서 가장 패역한 자는 "나는 최선을 다했다, 내가 책임지겠다" 하면서 자기를 죽이는 사람입니다. 유다가 얼마나 이기적입니까? 남은 식구들이야 어찌 되든지 나밖에 모릅니다. 잠시의 고통을 못 견뎌서 가장 무서운 죄를 지었습니다.

✜ 내가 먼저 회개하고, 나아가 공동체까지 회개하게 하는 인생이 성경이 응하는 인생입니다. 나의 회개가 공동체로까지 확장되고 있습니까? 베드로가 그리했듯이, 내가 처리하고 가야 할 유다의 문제는 무엇입니까?

✜ 은 삼십에 주님을 팔고 자살한 유다처럼 나는 무슨 부당한 일을 저지르고 세상과 나 자신까지 미워하고 있습니까? 유다와 같이 기막힌 죄를 지었지만 죄 사함을 받고, 성령받은 당당함으로 복음을 전하고 있습니까?

사도행전은 하나님의 절대주권과 인간의 자유의지를 분별하는 행전입니다

시편에 기록하였으되 그의 거처를 황폐하게 하시며 거기 거하는 자가 없게 하소서 하였고 또 일렀으되 그의 직분을 타인이 취하게 하소서 하였도다_행 1:20

가룟 유다에 대해 좀 더 생각해 보겠습니다.

베드로는 시편 69편과 109편 말씀을 인용하여 유다에 관해 설명합니다. 유다는 자기 발로 제자 공동체에서 떨어져 나와 주님을 팔았습니다. 그러고 받은 불의의 삯으로 자기를 위해 밭을 샀습니다. 결국 자기 욕심 때문에 끝까지 성령을 거역한 겁니다. 그 결과, 그는 제자라는 직분마저 빼앗겼습니다.

그래도 주님께 죄를 자복하고 돌아왔다면 구원을 받았을 텐데, 유다는 끝까지 자기 생각대로 했습니다. 자신이 다 책임지려 했습니다. 그 결과 택한 길이 자살입니다. 대개 죄책감에 눌린 사람들이 그렇습니다. 책임은 지는데 회개는 하지 않습니다. "내가 다 책임지겠다" 하면서 자살로 끝맺는 사람들을 우리가 얼마나 많이 보았습니까. 예수 없이 내 힘으로 책임지려 하는 것도 악입니다. 유다처럼 자기를 죽일 수 있습니다.

예수님을 죽인 대제사장 가야바와 안나스도 대단한 직분을 가졌지만 회개하고 돌아왔다는 기록이 없습니다. 그들도 성령을 거역한 죄인입니다. 그들이 예수님을 죽인 살인자라면, 유다는 자기를 죽인 자살자입니다.

그런데 가룟 유다 얘기만 나오면 꼭 이렇게 묻는 사람이 있습니다.

"하나님이 모든 것을 작정하지 않으셨습니까? 그런데 왜 유다에게 책임을 묻습니까?"

사실, 우리 모두가 가진 질문이기도 합니다. 혹자는 유다가 불쌍하지 않느냐고, 유다가 아니라면 누가 구속사의 악역을 감당했겠느냐고 따집니다. 심지어 유다보고 구속 사역의 숨은 공로자라고 말하는 사람도 보았습니다.

물론 하나님은 가룟 유다가 예수님을 팔 것을 미리 알고 계셨습니다. 유다의 배반은 하나님이 성경에 미리 기록하신 말씀이 응한 사건입니다. 그러나 우리가 오해해선 안 됩니다. 유다에게 말씀이 응하기는 했지만, 그 말씀은 비단 유다만이 아니라 그리스도를 대적할 수 있는 모든 사람을 염두에 두고 하신 것입니다.

유다는 예수님의 제자였습니다. 예수님을 따르며 곳곳에서 성령의 역사를 목도한 사람이고, 예수님께서 복음을 전하라고 파송한 제자이기도 했습니다. 주님은 유다를 포기하지 않으시고 마지막까지 그에게 회개할 기회를 주셨습니다. 끝까지 그를 사랑하셨습니다. 그러나 유다가 끝내 죄의 길로 갔습니다.

십계명의 마지막 계명은 "탐내지 말라"(출 20:17)입니다. 골로새서 3장 5절에서는 "탐심은 우상 숭배니라"고 했습니다. 예수님께 영생의 비결을 물은 부자 청년은 돈을 포기하지 못해서 근심하며 돌아갔습니다(마 19:16~22). 예수님의 제자인 유다도 탐심 때문에 주님을 배반했습니다.

유다는 비단 은 삼십만 탐한 게 아닙니다. 그는 예수님과 함께 사회를 개혁하여 영웅이 되기를 꿈꿨습니다. 돈과 더불어 명예까지 탐한 것입니다. 이런 탐심이 유다로 하여금 성령을 가로막고 거스르게 했습니다.

그러니까 하나님께서 무작정 유다를 어두운 운명으로 몰아넣으신 게 아닙니다. 유다가 배반하리라는 걸 하나님은 미리 알고 계셨지만, 그 모든 걸 계획하고 실행한 것은 어디까지나 유다 자신입니다. 유다가 자신의 자유의지를 따라서 행한 일입니다. 하나님의 예정하심은 절대주권이지만, 내가 무엇을 선택하느냐는 자유의지에 달려 있다는 말입니다.

25절을 미리 보면 "유다는 이 직무를 버리고 제 곳으로 갔나이다"라고 합니다. 유다가 예수님을 판 것은 결국 자기 소견에 옳은 대로 행한 그 자신의 선택이었습니다. 따라서 베드로는 한때 동료 제자였다고 유다를 동정하지 않습니다. 유다를 객관적으로 보고 "그가 사도의 직분을 버렸기에 타인이 그것을 취할 수밖에 없다"라고 단호하게 발표합니다. 하나님의 섭리와 유다가 자유의지로 택한 일을 혼동하지 않았습니다. 우리도 이처럼 구속사적인 시각을 가지고 사람을 분별해야 합니다.

언제나 끼고도는 것은 사랑이 아닙니다. 주님의 시각으로 보는 것이 참사랑입니다. 그래서 때로는 냉혹하게 정리해야 할 사람도 있습니다. 유다를 동정해선 안 됩니다. 유다는 육이 된 자이기에 철저히 끊어야 합니다.

교회에서 직분을 줄 때도 그래요. 이런 단호함이 있어야 주님의 교회가 세워집니다. 구속사적인 시각이 없으니까 자꾸 인간적으로 유다를 불쌍하다고 합니다. "그래도 친구 아이가~" 하면서 같이 가야한다고 합니다. 말씀으로 분별해야 하는데, 인정(人情)을 내세워 안 세워야 할 사람을 세우니까 교회에 분쟁이 끊이지 않는 겁니다.

한편으론 그래요. 직분자를 세우기도 어렵지만, 직분을 지켜 내기도 참 어려운 것 같습니다. 우리들교회 한 부목자님의 나눔입니다. 이분은 오랫동안 목자를 지내셨다가 최근 부목자로 내려가셨습니다.

우리들교회 지체들에게 성령님이 운행하시고 역사하시는 것을 자주 보았습니다. 그런데 그다음엔 항상 이런 의문이 따라붙습니다.

'그래서 어쩌란 말인가?'

남에게는 성령님이 잘 역사하시는데 왜 나에게는 역사하지 않으실까요? 어떤 때는 '교회를 다닌 10년 동안 내가 뭘 착각하며 산 것은 아닐까', '스스로를 속이고 산 건 아닐까' 하는 생각마저 듭니다.

곁에서 이분의 나눔을 듣던 한 장로님이 의아해 물었죠.

"집사님이 목자이실 때 거쳐 간 분들을 만나 보면 다들 집사님께 은혜받았다고 얘기하시던데요?"

그러자 이분이 더 시무룩해져서는 이렇게 나눴습니다.

문제는 지금 제게 성령님이 역사하지 않으신다는 거예요. 남을 위해서는 잘했는데, 왜 저는 안되는지 모르겠어요.

이분은 남에게는 은혜를 끼치면서 정작 본인은 은혜가 막혔습니다. 참고로 이분은 S대 출신 의사입니다. 또 다른 부목자님은 결혼 후 10년이 넘도록 자녀가 없다가 최근에 아이가 생겼는데 그때부터 예수님이 안 믿어진다고 합니다. 이분도 S대 출신 교수님으로, 목자로 섬기다 부목자로 내려온 분입니다. 우리들교회 개척 때부터 오셔서 아직도 양육을 안 받으신 한 집사님도 S대 출신입니다. 이렇게 주로 찬란한 스펙을 가지신 분들이 목자로 섬기기를 어려워하시더라고요. 육이 무너지지 않으니까 성령님이 그 안에 거하실 수 없는 것입니다. 내가 조금 배웠다고 좀체 깨지지를 못합니다. 그러니 그 좋은 학벌을 가지고도 영치(靈痴)에 머물러 계신 겁니다.

그래도 다들 이렇게 솔직히 나누고 가시니 감사합니다. 이런 얘기를 공개적으로 해도 이분들이 떠나지 않으실 걸 아니까 저도 거침없이 합니다. 이분들이 또 그만큼의 믿음은 있습니다.

🎁 하나님의 절대주권과 인간의 자유의지가 합하여 믿음이라는 역사가 일어나는 것을 압니까? 내 의지로 선택하고는 하나님을 탓하고 있는 일은 무엇입니까?

사도행전은 사도의 행전입니다

이제 베드로는 가룟 유다를 대신하여 열두 사도의 일원이 될 사람을 뽑습니다. 어떤 사람이 사도가 될 수 있을까요?

21 이러하므로 요한의 세례로부터 우리 가운데서 올려져 가신 날까지 주 예수께서 우리 가운데 출입하실 때에 22 항상 우리와 함께 다니던 사람 중에 하나를 세워 우리와 더불어 예수께서 부활하심을 증언할 사람이 되게 하여야 하리라 하거늘_행 1:21~22

21, 22절은 사도의 자격에 대한 성경의 정의라고 생각합니다. 사도의 자격은 첫째, 예수께서 부활하심을 증언할 사람이어야 합니다.

둘째로, 예수께서 요한에게 세례를 받으신 때부터 승천하실 때까지 곁에서 모든 것을 목격한 증인이어야 합니다.

언뜻 보면 예수님을 직접 목격한 사람만이 사도가 될 수 있는 것 같습니다. 그래서 '아, 나는 사도가 될 수 없구나' 하고 실망했습니까? 오히려 기뻐한 건 아니시죠?

우리가 큐티할 때 무엇이 중요하지요? 말씀에 담긴 하나님의 뜻을 생각해 봐야 하잖아요. 사도행전이 말하는 사도의 조건은 '다른 사도들과 온전히 하나 되어 일할 수 있는가' 이것이 핵심입니다. 사도의 사명은 예수의 부활을 증거하는 것입니다. 따라서 예수님의 부활을 믿는 증인으로서 다른 복음의 일꾼들과 더불어 헌신할 수 있는 사람이라면 누구나 사도가 될 수 있습니다.

23 그들이 두 사람을 내세우니 하나는 바사바라고도 하고 별명은 유스도라고 하는 요셉이요 하나는 맛디아라 24 그들이 기도하여 이르되 뭇 사람의 마음을 아시는 주여 이 두 사람 중에 누가 주님께 택하신 바 되어 25 봉사와 및 사도의 직무를 대신할 자인지를 보이시옵소서 유다는 이 직무를 버리고 제 곳으로 갔나이다 하고_행 1:23~25

베드로는 사도를 뽑는 문제에서도 성령의 인도를 분명히 받고자 합니다. 우리가 어떻게 성령의 인도를 받을 수 있을까요? 하나님의 말씀을 올바로 이해하고 깨닫고, 그 말씀 속에서 확신을 얻는 것이 곧 성령의 인도를 받는 길입니다. 그래서 성경을 멀리하는 사람은 성령의 인도를 받기가 어렵습니다. 그렇다고 내가 만족할 만큼 성경을 보고, 내 마음에 흡족하게 기도한다고 성령께서 인도해 주시는 것도 아닙니다. 성령의 인도하심은 전적인 하나님의 선물입니다.

24절에 '그들이 기도하여 이르되'라고 합니다. 베드로는 말씀을 묵상하고 기도하면서 성령의 인도하심을 구했습니다. 그래서 자신이 무엇을 해야 할지 정확히 알았습니다.

반면에 유다는 어땠습니까? 자기 직무를 버리고 '제 곳'으로 갔습니다. 즉, 자기 생각을 따라간 겁니다. 우리가 사도직을 감당하려면 자기 생각에 갇혀선 안 됩니다. 하나님의 말씀이 있고, 믿음의 선배가 있는데도 묻지 않고 내 생각에만 갇혀서 내가 하고 싶은 대로만 하는 건 '죄'입니다.

간혹 열심히 신앙생활 하지만 자기 생각에 사로잡혀 사는 분들을 봅니다. 안타깝게도 그런 분과는 대화가 잘 안 통합니다. 그분들의 특징이 무엇입니까? "내 길로 가야 돈이 생기고, 내 길로 가야 자식 공부도 잘 시키고, 승진이 된다!"며 목청을 높입니다. 그 길이 죽을 길인지도 모르고 꿋꿋이 가는 겁니다.

유다가 그렇잖아요. 예수님께 3년이나 양육받았는데도 예수님을 팔아먹고 제 곳으로 갔습니다. 거기가 얼마나 무서운 곳인지도 모르고 말이죠. 이렇게 예수님이 말려도 안 되는 사람이 있으니 어쩝니까!

우리들교회 성도들 사이에 생긴 일입니다.

옷 가게를 하시는 A 집사님이 B 집사님을 아르바이트 자리로 고용했습니다. 그런데 B 집사님이 일한 지 석 달 만에 바로 옆자리에 옷 가게를 낸다고 하는 겁니다. 이런 일이 생길 줄은 꿈에도 모르고 A 집사님은 B 집사님에게 자신의 거래처까지 가르쳐 주었습니다. 이런 배신이 없습니다. 상도덕도 없어 보입니다.

이러기까지 두 분 다 말씀의 인도를 받지 않았답니다. 공동체에 물어보지도 않았습니다. 그러다 아주 난처한 일을 만난 것이죠. 그런데 말이죠, 주변에서 두 분 다 우리들교회를 다니는 걸 알고 이 일이 어찌 해결될지 아주 궁금해한다는 겁니다. '우리들교회는 이런 일을 잘 해결한다는데 과연 어떻게 처리할지 한번 보자' 한답니다.

여러분, 어떻게 하면 좋겠습니까? 어떻게 해야 제 곳이 아닌 성령의 인도를 따라가는 걸까요?

이후 먼저 옷 가게를 내신 A 집사님이 그간 수요예배를 안 오다가, 마음고생이 너무 심하니까 그 주 수요예배를 참석하셨답니다. 그런데 그 예배에서 "악을 선으로 갚으라"는 말씀에 큰 은혜를 받았다는 겁니다. 할렐루야! 저도 이 A 집사님이 먼저 중심 잡고 가시면 좋겠습니다.

일본의 소설가 미우라 아야코(三浦綾子)의 이야기입니다. 미우라 부부는 북해도에서 잡화점을 운영했습니다. 그런데 장사가 잘되니까 이웃이 주변에 똑같은 잡화점을 냈습니다. 앞에 집사님들 얘기와 똑 닮았지요? 이때 미우라 아야코는 분개하지 않았습니다. 오히려 '우리가 바쁜 줄 알고 이웃이 가게를 내 주었구나' 생각했답니다. 그래서 자기 가게에 오는 손님을 그리로 다 보내고, 거래처도 알려 주었습니다. 그러고는 시간이 남아 소설을 쓰기 시작했습니다. 그 소설이 1964년《아사히신문》천만 엔 현상 모집에 당선된 『빙점』입니다.

당시 천만 엔을 지금 가치로 환산하면 40억도 넘을 겁니다. 미우라 아야코가 믿음을 따라 적용했더니 하나님께서 천문학적인 돈을 보내 주셨습니다.

저는 장사에 대해선 잘 모르지만, 옷 가게는 몰려 있어야 잘된다고들 하더군요. 그러니까 두 분이 상부상조하시면 좋겠습니다. 우리들교회 성도 이름을 걸고, 목장에서 처방 잘 받고 성령의 인도를 따라서 해결하시기를 바랍니다. 두 분 모두 제 곳으로 가지 마시고 '하나님의 곳'으로 가셔서 우리들교회 명성을 드높여 주시기를 축원합니다. 주변에서 '우리들교회가 이 일을 어떻게 처리하나 보자' 한다니, 유다 얘기를 공언한 베드로처럼 저도 공개적으로 이 얘기를 내놓습니다.

제비 뽑아 맛디아를 얻으니 그가 열한 사도의 수에 들어가니라

_행 1:26

'맛디아'는 '여호와의 선물'이라는 뜻의 히브리식 이름입니다. 유다를 대신할 제자로 이 맛디아가 선출됩니다.

그런데 그를 어떻게 뽑았습니까? '제비 뽑아' 얻었다고 합니다. 제비뽑기는 하나님의 뜻을 묻기 위해 구약시대부터 흔히 쓰이던 방법입니다. 제비뽑기라는 방식보다는 그것에 담긴 의미가 중요하죠. 잠언 16장 33절에서 "제비는 사람이 뽑으나 모든 일을 작정하기는 여호와께 있느니라"고 했습니다. 즉, 제비뽑기로 결정했다는 것은 하나

님께 모든 것을 맡긴다는 의미였습니다.

그런데 본문 이후 신약시대부터는 이 제비뽑기 방법을 잘 사용하지 않습니다. 모든 것이 희미했던 구약시대와는 달리 성령께서 하나님의 소명(召命)을 개인과 교회에 뚜렷이 나타내 주시기 때문입니다. 말씀과 공동체 교제를 통해서 하나님께서 세우시는 자가 누구인지 분별하게 하십니다.

마침내 유다의 빈자리가 채워졌습니다.

"……그가 열한 사도의 수에 들어가니라."

이번 장에서 제일 중요한 구절입니다. 성령이 강림하시기 전에 맛디아를 뽑아서 사도의 수를 채우는 일이 가장 중요했습니다. 즉, 사역하기 전에 사람이 준비되어야 한다는 것입니다.

우리는 성령의 권능이 임하면 자꾸 육적으로 적용하려 합니다. 성령을 힘입어서 내가 교회도 부흥시키고 선교, 결혼, 사업 뭐든지 잘할 수 있으리라고 믿습니다.

실제로 성령의 역사로 내 문제가 해결되면 '이제는 내 일을 하겠다'면서 교회의 발길을 딱 끊는 분들을 종종 봅니다. "그러지 말고 교회 공동체에, 목장에 잘 붙어 가세요" 하면, "내가 평생 목장예배만 드리다가 끝날 인생이 아니라"고 합니다. "세상에 나가 더 큰일을 하겠다"고, "여기서 받은 은혜를 밖에 나가서 나누면 되지 않느냐"고 합니다. 물론 그런 적용도 필요하겠지요. 하지만 그것도 성령의 인도를 받아야 합니다. 그러지 않는다면 그저 내 욕심을 채우려는 합리화에 불과하지요.

지금까지 온통 성령 이야기뿐인데 왜 '성령행전'이라 하지 않고 '사도행전'이라고 하겠습니까? 사람이 중요하기 때문입니다. 한 사람이 없으면 주의 일을 할 수 없기에 제자 공동체도 그 한 사람을 채우는 일부터 시작했습니다. 성령받고 가장 먼저 일어나는 변화는 사람에게 관심이 생기는 것입니다. 만일 내가 사람에게 관심이 없다면, 사람보다도 일이 우선순위라면 다시 신앙을 점검해 보기를 바랍니다.

저도 한 사람이 중요하다고 날마다 외칩니다. 그중에도 일어날 힘 없는 한 사람이 중요합니다. 예수님을 세 번이나 부인했던 베드로가 성령이 임하고 백팔십도 달라지지 않았습니까? '사도들이 어떻게 달라졌는가.' 이것이 사도행전의 주제입니다. '우리 한 사람, 한 사람이 성령받고 어떻게 달라지는가.' 그 자취에 대한 기록이 바로 사도행전입니다.

따라서 성령이 주인공 같지만 사도행전의 진짜 주인공은 '나', '우리'입니다. 우리가 각자의 행전을 잘 써 가도록 보혜사 성령께서 도우시는 것이죠.

유다를 대신할 사도로 맛디아가 뽑혔지만 이후 그는 성경에 다시 등장하지 않습니다. 맛디아가 언급된 건 이 본문뿐입니다. 다른 제자들도 그렇습니다. 베드로, 야고보, 요한을 제외한 아홉 명의 제자는 지난 1장 13절을 마지막으로 더는 성경에서 언급되지 않죠.

이것은 유다의 빈자리에 누구라도 들어갈 수 있다는 걸 의미합니다. 열두 제자만이 아니라 사도와 같은 신앙을 가졌다면 그 누구든지 사도의 반열에 들 수 있다는 뜻입니다. 이를 방증하듯 이후 사도행전은 스데반, 빌립, 바나바, 바울 등 복음의 증인들 이야기로 가득 채워져 있습니다. 훗날 바울은 정말로 사도의 직분을 얻기도 했죠.

사도행전 묵상을 시작하면서 성령받지 못한 이들에 대한 애통함이 더 불붙는 듯합니다. 그래서 이번에도 믿음이 연약한 한 집사님의 나눔을 소개해 드리려 합니다.

이분은 교회에 등록하신 지 얼마 안 된 초신자입니다. 일류 기업에 다니는 소위 엘리트인데, 젊은 나이에 암에 걸려 투병 중이십니다. 설상가상 아내에게 과거의 불륜을 들키고 부부관계까지 나빠졌습니다. 아래는 이분 부부가 속한 목장의 보고서를 일부 발췌한 내용입니다.

나눔 제목 - 나의 섬김은 사명입니까, 봉사입니까?

남편 : 저는 전혀 섬기지 못하는 것 같아요. 회사도 그만두고 싶고, 가정에서도 가족을 어떻게 섬겨야 하는지 잘 모르겠습니다.

아내 : 남편이 아프고 바람까지 피웠는데도 저는 여전히 남편의 기에 눌려 살아요. 남편의 성격이 워낙 강하다 보니 늘 남편의 눈치를 보게 되고 내가 하고 싶은 일도 못 해요. 언제까지 참고 살아야 하는지 잘 모르겠어요.

목자 : 그러면 남편 집사님은 아내가 원하는 것을 해 주시면 되겠네요.

부목자 : 남편 집사님은 바람 사건에 대해 아내에게 사과는 하셨어요?

남편 : 아직 사과하지 못했어요.

목자 : 저는 과거 보직해임을 당한 적이 있어요. 왜 이런 일이 왔나, 처

음엔 해석이 안 되어 죽을 것만 같았는데 오직 말씀으로 살아났습니다. '나의 깨지지 않는 부분 때문에 하나님이 어쩔 수 없이 이런 고난을 주셨구나' 깨달아진 후부터 제 인생을 바라보는 시각이 달라졌습니다. 집사님도 말씀으로 삶이 해석되어야 합니다. 그래야 아내에게 사과도 할 수 있습니다. 진심이 담기지 않는 사과는 안 하느니만 못합니다. 아내는 남편이 가만히 있어도 기에 눌리는 법입니다. 그동안 아내가 얼마나 힘들었겠습니까? 아내를 인정해 주세요. 남편의 기운이 너무 세면 도리어 아내분이 병들어 죽을 수도 있어요.

남편 : 아내에게 미안하긴 합니다. 하지만 저는 어디로 돌아가야 할지 잘 모르겠습니다. 어릴 적부터 교회를 다녔지만 교회로 돌아가고 싶은 생각은 안 듭니다. 오히려 교회를 다니는 나 자신이 나약하게 느껴지고 병신 같아 보입니다. 자꾸 남 탓만 하게 됩니다.

목자 : 돌아갈 곳이 없다는 건 돌아가고 싶다는 말입니다. 집사님은 애정결핍이 심한데 그동안 자신을 직면하지 못하고 방어만 하며 살아온 것 같아요. 스스로 병신 같다고 말하지만, 진짜 병신은 자기가 병신이라는 생각 자체를 못합니다. 오직 한 가지, 아내와 딸과 행복한 가정을 이루게 해 달라고 기도하세요. 그만 억울해하고, 그만 탓하세요. 남 탓하고 억울해하고 원망하…… 이런 것들이 우리를 하나님께 나아가지 못하게 하는 가장 큰 대적입니다. 그러면 더 지질해 보일 뿐입니다. 믿음은 바라는 것들의 실상이라고 했습니다. 집사님이 바라는 게 행복 아닙니까? 우리는 주님 없이는 행복해질 수 없는 인생입니다. 이제는 인생의 목적을 수정해야 할 때예요.

암 투병과 가정불화라는 한계상황에도 이분은 주님께로 돌아오고 싶은 생각이 없다고 합니다. 성령이 임하지 않으면 이처럼 문제가 해석도, 해결도 안 되고 남 탓하다가 끝내 자신까지 미워하는 악순환에 빠지게 마련입니다. 그러나 저는 이런 분들도 변하여 자신의 사도행전을 써 나가기를 간절히 기도합니다.

사도행전은 120명이라는 적은 수로 시작됐습니다. 그러나 앞으로 보겠지만, 성령을 받은 그들을 통하여 3천 명, 5천 명이 주께 돌아오는 놀라운 역사가 일어납니다.

내가 일어날 힘 하나 없는 그 한 사람입니까? 성령을 구하십시오. 사도행전을 묵상하는 동안 성령받게 해 달라고 간구하십시오. 우리 모두에게 성령이 임하기를 축원합니다.

✠ 나는 성령행전을 쓰고 있습니까, 사도행전을 쓰고 있습니까? 늘 사람보다는 일을 우선하지 않습니까? 한 사람, 한 영혼에게 관심을 기울입니까? 내가 사도행전의 주인공임을 믿습니까?

언제나 끼고도는 것은 사랑이 아닙니다.
주님의 시각으로 보는 것이 참사랑입니다.
그래서 때로는 냉혹하게 정리해야 할 사람도 있습니다.

우리들 묵상과 적용

실패 없는 자녀로 키우기 위해 조기유학을 감행했는데 4년 만에 남편에게 이혼하자는 소리를 들었습니다. 그럼에도 한국으로 돌아오지 못하다가 친정아버지가 갑작스럽게 소천하시고 남편이 실직하면서 귀국하게 됐습니다. 남편의 빚을 청산하며 오갈 데가 없어진 우리 식구는 시부모님 댁에 들어가 살게 되었습니다. 그런데 제가 시어머니와 자주 갈등을 빚자, 남편은 "너만 이 집에서 나가면 된다" 하며 윽박지르곤 했습니다. 그럴 때마다 저는 외롭고 비참한 마음이 들었습니다.

오기가 든 저는 '자녀들은 내 힘으로 책임지겠다' 하면서 교회 집사님이 운영하는 옷 가게에서 아르바이트를 시작했습니다. 저보다 어린 사장 집사님은 저를 친언니처럼 잘 대해 주고, 저의 형편을 듣고 함께 안타까워해 주었습니다. 그런데 아르바이트를 시작한 지 한 달이 지났을 즈음, 외국에 사는 친언니가 저의 미래가 답답하다며 가게 얻을 돈과 물건을 다 보내 줄 테니 옷 가게를 시작해 보라고 했습니다. 문제는 제가 얻으려는 가게가 아르바이트를 했던 곳 바로 옆집이라는 겁니다. 사장 집사님께는 너무 죄송하지만, 언니가 변심할까 두려워 이내 계약했습니다. 모든 사실을 알게 된 사장 집사님은 분노하셨습니다. 갈수록 갈등이 깊어지자 저는 교회를 떠날까 고민하게 됐습니다.

그렇게 유다처럼 제 곳으로 갈 뻔하다가(행 1:15) 그 주일 설교 말씀이 성령의 음성으로 들려 베드로처럼 회개하게 되었습니다. 저는 어린 날 상처와 피해의식에 싸여 늘 부모님을 탓했고, 자녀들에겐 왜 곡된 사랑만 주었습니다. 또한, 아내의 자리를 지키지 못하고 남편을 외롭게 했으며, 질서를 거스르고 시부모님을 공경하지 못했습니다. 더불어 제게 진심으로 대해 주신 사장 집사님의 마음을 모르는 체하고 제 욕심대로 행했습니다. 제가 산 가게가 꼭 불의의 대가로 산 유다 의 피밭 같아서 눈물이 났습니다(행 1:19).

베드로는 수치와 패배로 얼룩진 예루살렘을 떠나지 않고 회개하며 성령님이 임하길 기다렸습니다. 저도 내 생각에 갇혀 있지 않고 실패한 것 같은 이 일을 정면 돌파하여 성령을 받고 열한 사도의 수에 들어가길 간절히 소망합니다(행 1:26). 나의 문제를 드러내서 치유받게 하시고 사명이 시작될 수 있게 기회를 주신 하나님, 감사합니다.

영혼의 기도

사도행전을 주신 아버지 하나님을 찬양합니다. 우리보고 사도행전을 잘 써내려 가라고 성령이 말할 수 없는 탄식으로 우리를 위하여 간구하신다고 합니다. 우리가 변화되기를 원하시며 성령께서 해산의 고통으로 간구하신다고 합니다.

그러나 주님, 우리는 너무 연약합니다. 유다가 자유의지로 끝까지 죄의 길을 갔듯이, 우리도 성령을 거스르는 선택을 합니다. 오늘 내게 온 사건은 그 모든 선택의 결론이요, 내가 살아온 날의 결론인데도 우리는 자꾸 하나님을 탓합니다. 하나님이 나를 이 어두움에 몰아넣으셨다고 합니다. 주여, 나의 탐심 때문에 모든 일이 온 것을 인정하고, 하나님 자리에 내가 어떤 욕심을 올려 두고 있는지 보게 해 주옵소서.

주님, '성령행전'이 아니라 '사도행전'인 것은 사람이 중요하기 때문이라 하셨습니다. 유다의 빈자리를 채우는 데 성경이 이 많은 구절을 할애한 것은 '한 사람'이 그만큼 중요하기 때문입니다. 주님, 한 사람, 그 중에서도 일어날 힘 없는 한 사람이 사도행전의 주인공인 걸 우리가 알게 해 주옵소서. 내가 바로 사도행전의 주인공임을 믿게 해 주옵소서.

주님, 제 곳과 하나님의 곳 사이에서 갈팡질팡하는 여러 집사님의 얘기를 나누었습니다. 오랫동안 교회를 다녀도 아직 양육도 받지 않고, 직분 지키기를 힘들어하는 지체들이 있습니다. 한계상황에도 주님께 돌아오지 못하겠다는 집사님도 계십니다. 주여, 그들에게 말씀이 들리게 해 주시고, 성령 세례를 받게 도와주옵소서. 성령께서 손을 얹어 주셔서 그들 모두가 구원받고 살아나게 해 주옵소서.

주여, 성령받은 120명이 3천 명, 5천 명을 돌아오게 하는 놀라운 역사를 일으켰습니다. 우리에게도 이 역사가 일어나게 하옵소서. 우리가 각자의 사도행전을 잘 써내려 가게 하옵소서. 살아 계시는 하나님, 역사하시는 하나님께서 이 일을 이루실 줄 믿습니다. 예수님 이름으로 기도드립니다. 아멘.

PART
2

성령의 선물을
받으리니

Chapter 5

성령이 오셨네!

: 성령의 강림

사도행전 2장 1~13절

하나님 아버지, 성령이 임하기를 원합니다.
성령 안에서 우리가 하나 되기를 원합니다.
말씀하여 주옵소서. 듣겠습니다.

사도행전에서 가장 중요한 사건을 꼽으라면 '오순절 성령 강림'일 것입니다. 이 사건을 어떻게 이해하느냐에 따라서 신앙 스타일이 달라지는 것 같습니다.

구약시대엔 아주 특별한 경우에만, 그리고 소수의 사람에게만 하나님의 영이 임했습니다. 그런데 예수님이 승천하신 후 오순절 날, 성령이 그리스도의 공동체에 '공개적으로' 임합니다. 땅끝까지 이르러 천하 만민에게 복음을 전해야 할 주의 제자들에게 하나님께서 초자연적인 성령의 권능을 부어 주신 것입니다. 이 오순절 성령 강림을 통하여 이 땅에 교회가 태동하고 성장하게 되었습니다.

이번 장에서는 오순절 성령 강림의 의미에 대해서 자세히 살펴보겠습니다.

약속하신 성령을 기다리기 위해 한곳에 모여야 합니다

오순절 날이 이미 이르매⋯⋯_행 2:1a

'오순절'은 구약의 3대 절기로, 유월절 후 안식일 다음 날로부터

50일째 되는 날입니다. 유월절로부터 7주가 지난 날이라 하여 '칠칠절'이라고도 부릅니다.

'이미 이르매'는 원어로 '그리고 가득 채워졌을 때'라는 의미입니다. 따라서 본절을 직역하면 "오순절 날이 가득 채워졌을 때"입니다.

누가는 시점에 대해 아주 특별하게 묘사하고 있습니다. 그러면 우리는 그것이 알고 싶어집니다. 과연 무엇이 채워졌다는 걸까요?

예수께서는 유월절 전날 밤에 잡히시고 그다음 날 수난을 당하시고 사흘 만에 부활하셨습니다. 이후 40일 동안 제자들을 양육하시고 승천하셨습니다. 그로부터 열흘이 더 지난 후 오순절 날이 되었습니다. 누가는 마치 이 모든 사건이 오순절 날을 향하여 채워져 온 것처럼 표현합니다. 그로써 주님의 십자가 수난과 성령 강림이 별개의 사건이 아니라는 사실을 강조하죠.

우리 죄를 깨끗케 하시고, 우리에게 성령을 보내 주시려고 주님은 십자가에서 죽기까지 헌신하셨습니다. 내 인생에도 성령이 강림하시려면 십자가 앞에서 나의 자아가 죽어야 합니다. 말씀으로 양육받으며 나를 넘어 공동체를 자복하게 하는 회개를 해야 합니다. 기도에 힘쓰며 약속하신 성령이 오시기까지 기다림으로 채워 가야 합니다. 성령이 '이미' 이르렀지만 '아직' 이르지 않은 부분이 있기에 우리는 늘 겸손히 걸어가야 합니다.

……그들이 다같이 한 곳에 모였더니_행 2:1b

오순절이 이르매 그들이 다 같이 한곳에 모였다고 합니다. 본문에 이어지는 베드로의 오순절 설교를 보면, 이때가 '제삼 시'라고 합니다(행 2:15). 제삼 시는 우리나라 시간으로 오전 아홉 시입니다. 어떻게 이들은 이렇듯 이른 아침부터 한곳에 모일 수 있었을까요?

이들은 '약속하신 성령을 기다리라'는 예수님의 말씀을 믿고, 예수님이 승천하신 날부터 한곳에 모여 기도하기에 힘썼습니다. 오순절 날도 여느 날처럼 기도에 힘쓰기 위해 이른 아침부터 모였을 겁니다. 성령 강림 이후에도 이들은 예수님이 부활하신 날을 주일(主日)로 삼고 매 주일 함께 모여 예배를 드렸습니다.

'다 같이 모인 한곳'에 성령이 임하셨습니다. 그러므로 주일에 성도들이 한곳에 모이는 것이 얼마나 중요한지 모릅니다. 2절을 미리 보면, 기도나 찬송할 때가 아닌 '그들이 앉은' 때에 성령이 임했다고 합니다. 말씀을 강론할 때, 설교할 때, 약속의 말씀을 기다리며 모두가 한곳에 모여 앉은 그때에 성령이 임하신 겁니다.

주님은 '우리들교회'라는 한곳에 모인 우리에게도 성령을 부어 주셨습니다. 개척 준비모임 때부터 지금까지 저는 모든 예배마다 성령의 임재를 느꼈습니다. 한 주일도 빠지지 않고 성령이 운행하시는 예배를 드렸다고 생각합니다. 저만이 아니라 우리 성도들도 그리 생각하리라고 믿습니다.

구원은 개인에게 임하지만 주님은 교회로 일하십니다. 주님은 우리가 한곳에서 예배드리며 말씀을 들으면서 서로 한마음이 되기까지 기다리십니다. 다락방에 모인 120명의 성도들도 한 번 모이는 데 그치지 않았습니다. 구원의 절기인 유월절로부터 7주가 지난 날인 오순절까지 끊임없이 모이며 성령을 기다렸고 이후로도 모이기에 힘썼습니다(행 2:46).

그러므로 저는 여러분에게 주일예배, 수요예배, 목장예배(구역예배)만큼은 빠지지 말고 시간을 지켜 모이기를 권면드립니다. 이 핑계, 저 핑계 대며 자꾸 예배를 빠지는 사람은 성령을 받으려야 받을 수가 없습니다.

하루는 제가 예고도 없이 한 목장을 방문했습니다. 목장예배를 드리는 집 문 앞에 이르기까지 정말 아무런 언질도 주지 않았죠. 그러자 다들 저를 보고는 너무 놀라서 아주 난리가 났습니다. 한 집사님은 꼭 스타를 만난 것처럼 기뻐하시더군요. 어떤 집사님은 그 전까지 십일조를 한 번도 안 내다가 목장예배 전날 두 달 치를 냈는데 '그 응답을 받았구나' 했답니다.

담임목사를 보고도 이렇게 좋아하는데 성령님이 우리 목장에 임하신다면 얼마나 기쁘겠습니까. 제가 방문한 것과는 차원이 다른 은혜입니다.

여러분, 성령의 권능이 충만하기를 원합니까? 날마다 기도하십시오. 특별히 공예배에서, 목장예배에서 서로 한마음으로 기도하면 우리 교회에, 목장에 성령께서 충만하게 임하십니다. 어떤 분들은 '꼭 교회에서 예배해야 하냐, 온라인예배도 예배 아니냐' 합니다. 정말 모르시는 소리예요. 한곳에 모여 드리는 예배와 기도에 주님이 얼마나 크게 역사하시는지 모릅니다.

우리들교회의 한 집사님 이야기입니다.

이분은 목자님이신데도 예배를 마치기도 전에, 마지막 기도 시간은 패스하고 예배당을 나온답니다. 내가 왜 그럴까, 원인을 추적해 봤더니 한 지체를 상담해 주다가 이 지경(?)에 이르렀다는 겁니다. 예배 때마다 상담을 요청하는 지체가 있어서 종종 기도 시간에 나가서 얘기를 들어 주었는데 이후로 그것이 습관이 된 겁니다. 그래서인지 이분은 기도 생활도 엉망이랍니다. 식기도나 목원을 위해 가끔 기도하는 걸 빼고는 거의 기도하지 않는다고요.

이분이 어떻게 기도 생활을 회복할 수 있을지 묻자, 한 권사님이 이런 권면을 하셨습니다.

"열심히 큐티하시고, 예배 후 찬양이 끝날 때까지 예배당에 앉아 있는 적용을 해 보세요. 그러다 보면 기도가 터져 나올 거예요. 목자님이 예배 중간에 나가지 못하도록 제가 지키겠습니다."

정말 그래요. 예배 중간에 홀랑 나가 버리는데 내가 무슨 기도를 할 수 있겠습니까. 한곳에서 모여 드리는 예배, '끝까지' 영과 진리로 드리는 예배에 성령께서 임하십니다.

🎁 나는 한 주간 어떤 모임을 어떤 목적으로 다녀왔습니까?

🎁 사람들에게 치이기도 싫고, 내 시간을 뺏기기도 싫다면서 혼자 말씀 보고 기도하며 성숙도, 열매도 없는 신앙생활을 하지는 않습니까? 다 함께 한곳에 모여 찬양하고 기도하고 말씀을 듣는 것이 성령이 충만히 임하는 조건임을 믿습니까?

✤ 나는 공예배를 중요하게 생각합니까? 예배 순서마다 영과 진리로 참여하고 있습니까?

오순절 성령 강림에는 확실한 체험이 있습니다

홀연히 하늘로부터 급하고 강한 바람 같은 소리가 있어 그들이 앉은 온 집에 가득하며_행 2:2

원어로 바람은 '프노에스', 성령은 '프뉴마'입니다. 두 단어가 철자와 발음까지 비슷합니다. 실제로 성령과 바람은 닮은 점이 많습니다. 분명히 존재하나 보이지는 않고, 도처에서 느낄 수 있으며, 영원히 멈추지 않습니다.

누가는 성령이 강림하시는 현장을 묘사하며 급하고 강한 바람 소리가 홀연히 들렸다고 합니다. 하지만 성령의 역사는 매우 주관적인 것이기도 하지요. 그래서 누가는 바람 '같은' 소리라 하고, 3절에는 '마치' 불의 혀'처럼'이라는 표현을 썼습니다.

주님을 영접한 뒤 날마다 큐티하고 기도하고 전도하면서 온 제게도 남편의 죽음이라는 사건이 홀연히 닥쳤습니다. 하지만 그동안 제가 말씀으로 준비되었기 때문에 홀연히 찾아온 사건도 말씀으로 해석할 수 있었습니다.

여러분 집에도 급하고 강한 바람 같은 사건이 가득합니까? 그 사건을 어떻게 받아들이고 있습니까? 열심히 큐티하고 예배드렸는데도 태풍 같은 사건이 몰아쳤다며 낙심하고 있습니까, 아니면 성령이 임하시는 사건이라고 해석합니까?

> 마치 불의 혀처럼 갈라지는 것들이 그들에게 보여 각 사람 위에 하나씩 임하여 있더니_행 2:3

성령이 마치 불의 혀 같은 모습으로 임합니다. '혀'는 언어와 복음 전파를, '불'은 정결함과 하나님의 임재를 상징합니다. 이는 예수께서 "성령과 불로 너희에게 세례를 베푸실 것"이라는 세례 요한의 예언이 성취된 것이기도 합니다(마 3:11).

활활 타오르는 불이 얼마나 빠른 속도로 물체를 태워 버리는지 모릅니다. 또 얼마나 뜨거운지 잠깐만 스쳐도 살이 뎁니다. 마찬가지로 불의 혀 같은 성령이 임하면 나의 죄를 신속히 태워 내가 정결하게 됩니다. 나아가 불빛과 같이 다른 사람을 비추게 됩니다. 뜨거운 열정과 마음을 녹이는 따뜻함으로 복음을 전하는 인생이 됩니다.

그래서 불의 혀 같은 사건이 오는 것이 성령을 받는 비결입니다. 뜨거운 불 속에서 나는 녹아지고 주님만 바라보게 되기 때문입니다.

한편 불의 혀처럼 갈라지는 것이 '각 사람' 위에 하나씩 임하였다고 합니다. 무리가 모였지만 성령은 '각 사람'에게 임했습니다.

가만 보면, 교회를 다닌 지 오래됐는데도 성령을 받지 못하는 사람이 있습니다. 대부분 '교회 다니는 것만 해도 어디야' 하며 안주하는 분들이 그렇더군요. 물론 교회에 머물러 계시는 것만으로도 참 훌륭합니다. 그러나 저는 거기서 더 나아가 여러분 각 사람에게 성령이 임하기를 간절히 기도합니다.

성령이 임하지 않으면 우리는 '교훈과 책망과 바르게 함과 의로 교육함'을 받을 수가 없습니다(딤후 3:16). 성령이 임한 사람의 특징은 누구에게 어떤 말을 들어도 교훈과 책망과 바르게 함과 의로 교육함으로 받는다는 것입니다. 반면에 미성숙한 사람은 하나님에게든지, 사람에게든지 좋은 말만 들으려 합니다.

> 그들이 다 성령의 충만함을 받고 성령이 말하게 하심을 따라 다른 언어들로 말하기를 시작하니라_행 2:4

그들이 '다' 성령의 충만함을 받았다고 합니다. 각 사람이 성령을 받아야 하고 동시에 '다', 공동체적으로도 성령을 받아야 합니다. 앞서 2절에도 성령이 '온 집'에 가득했다고 했지요. 믿음으로 하나 된 공동체는 성령을 받는 주요한 통로가 됩니다.

한편 성령의 충만함을 받은 이들에게 어떤 일이 일어났습니까? '성령이 말하게 하심을 따라 그들이 다른 언어들로 말하기를 시작하니라'고 합니다. 예수와 진리로 충만해져서, 지금까지 하지 못한 언어를 쓰기 시작합니다.

앞서도 이야기했지만, 성령의 역사는 주관적인 체험입니다. 그래서 누가도 '~같은', '마치 ~처럼'이라는 주관적인 표현을 썼다고 했습니다. 그런 한편 누가는 성령의 역사를 아주 객관적으로 묘사하기도 했습니다. 본문을 다시 보면, 성령이 바람같이 '들리고' 온 집에 '가득하고' 불의 혀처럼 '보이고', 성령받은 이들이 다른 언어로 '말했다'라면서, 마치 영화의 한 장면처럼 성령의 역사를 시청각적으로 설명합니다. 언뜻 읽으면 모순된 설명 같지요? 왜 이랬다저랬다 하는 겁니까. 누가가 실수한 걸까요?

결론적으로는 이것도 맞고, 저것도 맞습니다. 분명 성령의 임재는 주관적인 체험입니다. 그러나 성령이 충만한 사람은 그의 안에 내주하시는 성령이 객관적으로도 나타나게 마련입니다. 즉, 내 안에 성령이 가득한 걸 다른 사람도 보고 듣고 느끼게 되는 겁니다. 이것이 성령을 확실히 체험한 사람의 특징입니다.

그런데 이 성령 세례에 대해 오해하는 분이 여전히 많은 것 같습니다. 한 성도님이 저의 사도행전 설교를 듣고는 자신이 알던 성령론과 사뭇 달라서 굉장히 마음이 불편했다고 하시더군요. 그분의 요지는 이렇습니다. "예수를 주(主)라 시인하며 세례를 받는 것은 성령이 임하지 않으면 할 수 없는 일인데, 목사님 설교를 들으면 물세례와 성령 세례가 따로 있는 것 같다"는 겁니다. 여러분 중에도 이런 의문을 가진 분이 있지요?

성령 세례는 우리가 죄 사함을 받고 회개함으로 예수를 구주로 받아들일 때 일어나는 일회적인 사건입니다. 하나님의 선물로, 성령 세례 없이는 우리는 예수를 그리스도라고 고백할 수 없습니다.

한편 물세례는 내가 죄에 대하여 죽고 그리스도로 말미암아 다시 태어났음을 공표하는 외적인 의식입니다. 그러나 물세례는 구원과 직접적인 연관성이 없습니다.

또, 물세례와 성령 세례가 동시에 이루어지는 것도 아닙니다. 물론 동시에 일어날 수도 있지만, 따로 일어날 수도 있습니다. 성령 세례가 먼저 일어난 후 물세례를 받는 경우도 많이 보았습니다.

성령 세례와 성령 충만도 다릅니다. 예를 들어, 컵에 물이 담기는 것이 성령 세례라면, 그 물이 넘쳐흘러 옆 사람에게까지 물을 나누어 주게 되는 것이 성령 충만입니다. 물을 간직하기만 하고 나누어 주지 않는다면, 내 컵에 물이 충만한지 아닌지 우리가 모르지 않습니까?

물세례는 내가 주님의 신부가 되었음을 공표하는 결혼식이라고도 할 수 있습니다. 그런데 결혼식을 올렸다고 행복한 결혼생활이 보장되는 것은 아니잖아요. 신랑이신 주님과 동행하려면 내 안에 주님을 깊이 사랑하는 본질적인 기쁨이 있어야 합니다. 성령 세례를 받아야 내 안에 주님을 향한 사랑이 샘솟게 되죠. 나아가 그 사랑이 유지되려면 성령의 충만함을 받아야 합니다.

하지만 이 모든 과정이 차례차례 이루어지는 것은 아닙니다. 언제 성령 세례를 받고, 성령 충만함을 받을지 그 기한과 때는 우리가 알 수 없습니다. 성령님은 인격적이고 초월적인 분이기에 우리 생각대로 역사하지는 않으십니다.

그런데 우리는 성령에 대해 자꾸 오해합니다. 오순절 성령 강림에 대해서도 그래요. 성령이 오순절에 처음 오신 것은 아닙니다. 성령은 창세 전부터 계셨고, 지금도 계시며, 영원히 계실 것입니다.

제자들은 오순절 이전에 이미 성령 세례를 받았다고 봅니다. 성령의 역사가 아니라면 예수를 그리스도로 믿고 시인할 수 없기 때문입니다. 하지만 성령을 받았어도 제자들은 뭔가 부족했습니다. 이 땅에 교회가 세워지기 위해서 그들에겐 훈련의 시간이 필요했습니다.

제자들을 비롯한 다락방에 모인 120명의 성도는 드러나지 않은 교회였습니다. 오순절 날, 주님은 이들에게 약속하신 성령 세례를 주시고, 성령의 충만함을 받게 하셨습니다. 교회를 세우시고자 특별한 성령 충만을 이들에게 허락하신 것입니다. 이로써 마침내 이 땅에 교회가 탄생하게 되었죠.

오순절 성령 강림은 역사상 한 번 있었던 표적입니다. 그러므로 그때와 똑같은 불과 바람을 내게도 보여 달라고 외치는 것은 잘못된 일입니다. 성령은 이미 우리에게 오셨습니다. 우리에게 더 중요한 일은 하나님의 말씀을 아는 것이요, 믿음으로 살아내는 것입니다. 불같은 신앙 체험을 해야만 믿음이 성숙해지는 것은 아닙니다.

우리들교회의 한 집사님이 이런 나눔을 하셨습니다.

신앙생활을 시작했을 무렵, 한 기도원에서 성령이 불같이 임하는 체험을 하고는 너무 기뻤습니다. 그래서 지갑에 있는 돈을 전부 털어 헌금 바구니에 넣고 내려왔습니다. 그러고도 흥분이 가라앉지 않았어요. 지나가는 바람에까지 인사하고 싶고, 잠을 자지 않아도 기운이 넘칠 만큼 기뻤습니다.

하지만 그 기쁨은 얼마 가지 못했습니다. 잠시 후부터 저는 열심히 교회를 배신하기 시작했어요. 믿음 없이 행위만 내세우는 신앙생활을 하다 보니까 내 의(義)가 하늘을 찔렀죠. 그래서 담임목사님의 부당함을 고발하는 무리에 끼어서 목사님을 얼마나 고발했는지 몰라요. 훗날 회개하긴 했지만, 그때 목사님께 갖은 비난의 말을 쏟아 냈던 일이 제 평생의 가시가 됐습니다.

이때 곁에서 나눔을 들으시던 한 장로님이 이분에게 이런 권면을 해 주셨습니다.

'성령을 받았는가 아닌가, 성령 충만한가 아닌가'를 우리가 어떻게 알 수 있을까요? 저는 '행위로 구원받으려 하는가, 아닌가' 이것이 기준인 것 같아요. 예수를 믿지 않는 세상 친구들을 보면 보통 두 부류로 나뉩니다. 첫 번째는 '나는 죄가 많아서 교회에 못 간다'고 말하는 부류예요. 두 번째는 기독교를 '개독교'라 부르면서 '교인들이 더 악하다' 말하는 부류이죠. 어느 쪽이든지 행위로만 판단하는 건 매한가지입니다.

그렇다면 성령의 충만함을 받은 이들은 무엇을 합니까?
방언 등 여러 은사로 성령 체험이 시작될 수 있기는 합니다. 그러나 하나님께서 우리를 성령 충만하게 하시는 궁극적인 이유는 다른 사람을 주께로 인도하라는 뜻입니다. 그래서 4절을 다시 보면, 그들이 '말하기를 시작했다'고 합니다. 모두 입이 열렸습니다. 특별히 "성령이 말하게" 하셨다고 하는데, 이는 그들이 하나님의 말씀으로 충만해졌다는 뜻입니다. 입이 열려 수다를 떠는 게 아니라, 하나님의 큰 일을 이야기했습니다(행 2:11).

여러분은 입이 열렸습니까, 닫혔습니까? 성령 충만하다고 자부하지만 '깨달은 말씀을, 은혜를 나눠 보라'고 하면 꿀 먹은 벙어리가 되지는 않습니까? 그렇다면 아직 나는 성령으로 충만하지 못한 겁니다.

저에겐 특별한 은사가 없습니다. 특별한 성령 체험을 한 적도 없습니다. 하지만 말씀을 전파하고 기도하고 전도하며 늘 하나님의 큰 일을 말하고 있습니다. 제가 언변이 좋은 것도 아니에요. '무슨 얘기를 하나, 할 말이 하나도 없는데……' 하다가도 막상 사람들을 만나면 성령께서 할 말을 끊임없이 생각나게 해 주시는 걸 제가 평생 경험하고 있습니다. 설교할 때도 그래요. '오늘 설교는 어떻게 해야 하나……' 막막하다가도 강단에 서면 성령이 저를 주장해 주십니다. 이것이 바로 '성령 충만'이 아닌가 합니다.

> ……성령이 말하게 하심을 따라 다른 언어들로 말하기를 시작하니라_행 2:4b

4절 후반부를 다시 봅니다. 성령 충만함을 받고 말하기를 시작한 이들에게서 또 한 가지 특징이 나타납니다. 모두 자기 언어가 아니라 '다른 언어들'로 말했다고 합니다. 개역한글판 성경은 이 '다른 언어들'을 방언이라고 번역했습니다. 우리는 방언이라 하면 "랄랄랄라~", "쌀라쌀라~" 이런 것만을 떠올립니다. 그래서 이 오순절 성령 강림 본문만 나오면 "나도 성령 충만함을 받아서 방언 좀 받자!" 이런 묵상만 합니다.

그렇다고 방언이 필요 없다는 얘기는 아닙니다. 저도 방언을 받았습니다. 우리들교회 예배에서는 방언으로 기도하는 시간도 갖습니다. 여러분이 다 방언을 받고 조금이나마 성령을 체험해 보기를 저도 바랍니다.

하지만 그보다 중요한 건 주님이 방언을 주시는 이유를 아는 것입니다. '다른 언어'의 참의미를 아는 것입니다. 그 이유도 모르고 그저 방언 같은 은사나 체험만을 바라는 신앙생활에 머물러 있다면 미성숙한 성도입니다. 예수께서 나를 위해 죽으신 걸 모르니까, 성경이 내게 주시는 음성으로 들리지 않으니까 그저 육적인 체험만 바라는 것이죠.

베드로가 성경을 내게 주시는 음성으로 듣고서 어떤 일부터 시작했습니까? 그로서는 정말 하기 힘든 가룟 유다 이야기를 꺼내어 모두에게 회개를 불러일으켰습니다. 나아가 사도 수를 채우며 한 사람을 중요하게 여기게 됐습니다. 성령 충만함을 받은 사람은 이처럼 언어부터 달라집니다. 불의 언어, 따뜻함의 언어, 죄를 사해 주는 언어가 그에게서 시작됩니다. 주관적인 은혜가 객관적인 은혜로 나타나는 것입니다.

🎁 내게 주관적으로 임한 성령의 은혜가 객관적으로 나타나고 있습니까? 다시 말해, 하나님이 내게 허락하신 은혜를 간증하고 깨달은 말씀을 나누며 다른 사람에게 은혜를 끼치고 있습니까?

오순절 성령 강림은 난 곳 방언으로 차별 없이 임했습니다

그 때에 경건한 유대인들이 천하 각국으로부터 와서 예루살렘에 머물러 있더니 _행 2:5

주님의 말씀에 순종하여 나의 예루살렘, 곧 수치와 통곡의 사건으로 얼룩진 그곳에서 기다렸더니 마침내 때가 왔습니다. 경건한 유대인들에게 내게 임한 성령을 보이게 됐습니다.

저 역시 그랬어요. 고된 시집살이와 험난한 결혼생활 속에서도 나의 예루살렘인 집에 죽기 살기로 머물러 있었더니, 남편이 소천했을 때 정말 많은 사람이 저를 보러 왔습니다. 그날이 주일이었는데 우리 집이 교회 바로 옆에 있는 고로 다들 예배를 마치고 조문을 와 주신 겁니다. 지인들뿐만 아니라 저를 전혀 모르던 교인까지도 오셨죠. 젊은 집사의 남편이 갑자기 죽었다고 하니 궁금하기도 하고, 교회에서 잘 드러나지 않던 얌전한 사람이 그런 일을 당했다니까 위로차 오신 것입니다.

당시 저는 교회 활동을 전혀 하지 못했기에 시쳇말로 존재감이라곤 정말 1도 없는 성도였습니다. 그런데도 예루살렘에서 잘 기다리고 있었더니, 천하 각국으로부터 온 경건한 사람들에게 나의 예루살렘을 증거하게 됐습니다. 힘든 자리에 순종한 그 한 가지를 하나님께서 가장 효과적인 전도의 재료로 삼아 주신 겁니다.

6 이 소리가 나매 큰 무리가 모여 각각 자기의 방언으로 제자들이 말

하는 것을 듣고 소동하여 7 다 놀라 신기하게 여겨 이르되 보라 이

말하는 사람들이 다 갈릴리 사람이 아니냐_행 2:6~7

5절에 천하 각국으로부터 온 유대인 중 대부분은 바벨론 포로 시
절 흩어져 살게 된 나그네, 곧 디아스포라(diaspora)입니다. 당시 이들
은 유대의 3대 절기(유월절, 오순절, 초막절) 중 하나인 오순절을 지키고자
예루살렘에 모여 있었습니다.

이들은 비록 흩어져 살아도 자기 민족에 대한 자부심이 대단했
습니다. 또한 식민지 백성이었지만 히브리어, 헬라어에 능통하고 현
재 자신들이 살고 있는 나라말도 유창하게 했습니다. 즉, 아주 경건한
데다 몇 개 국어까지 구사하는, 엘리트 유대인들이라고 할 수 있죠.

그러니 무식한 어부에다 보잘것없는 갈릴리 출신인 제자들이 천
하 각국 언어로 말하는 걸 목격하고서 그들이 얼마나 놀랐겠습니까.
신기하다 못해 아주 기가 찼을 겁니다. 하나님의 역사라고 인정하지
않으려야 않을 수 없었을 것입니다.

앞서 제 남편이 천국에 간 날 많은 사람이 우리 집에 모였다고 했
습니다. 교회를 오가며 들르신 조문객들로 집 안이 가득 찼습니다. 그
중에는 경건하신 목사님들도 여럿 계셨죠. 그런데 그 만장하신 분들
앞에서 무식한 제가 에스겔 말씀으로 간증을 늘어놓았으니, 그야말
로 '자기의 방언으로 말하는 제자들'의 실사판이지 않았을까요?

홀연히 남편을 잃었으면 잠잠히 있는 게 마땅한데 30대 젊은 여

집사가, 게다가 생기기는 딱 '김새침'에다 '김얌전'인 사람이 "에스겔 몇 장 몇 절 말씀이 어쩌고저쩌고~" 하니 정말로 제가 방언하는 것처럼 보였을 테죠. "저 사람 갈릴리 사람 아니냐? 평신도 아니냐, 집순이 아니냐, 게다가 여자 아니냐? 교회에서 훈련도 안 받았는데, 직분도 없는데……" 하며 다들 저를 신기하게 여겼습니다. "그동안 신학 공부했어요?" 하고 묻는 분도 있었습니다.

남편이 속을 썩인 것도 아니고 성실하게 살다가 젊은 나이에, 그 것도 하루 만에 갔으니 보통의 아내라면 땅을 치며 통곡하는 것이 정상입니다. 그런데 웬걸요, 오히려 남편이 구원받아 기쁘다면서 "할렐루야!" 외치는 저를 보고 사람들이 얼마나 놀랐겠습니까. 또, 병원장 부인의 입에서 성경 말씀이 줄줄이 나오니 더더욱 신기했을 겁니다.

베드로도 그래요. 곧 묵상하겠지만 그 무식했던 베드로가 얼마나 설교를 잘하는지 모릅니다. 성경을 꿰서 좔좔 이야기합니다. 베드로가 성령 충만함을 받고 말씀으로 충만해졌습니다. 말씀으로 말하기를 시작했습니다.

베드로나 저나 그 비결이 뭡니까? 끊임없이 예수님께 훈련받으며, 말씀을 귀 기울여 듣고 기다리고 인내하며 왔기 때문입니다. 하나님이 그런 작은 순종을 보시고 고난 가운데서도 나눠 줄 것만 있는 인생으로 탈바꿈시켜 주신 겁니다.

홀연히 임한 남편의 죽음이 제게는 오순절 성령 강림 사건입니다. 불의 혀처럼 갈라지고 아픈 사건이었지만, 저로 전 세계를 향해 나아가게 한 이정표가 된 사건이기도 합니다.

여러분도 불의 혀처럼 갈라지는 듯한 아픔을 겪고 있습니까? 그 사건을 말씀으로 해석하여 사람을 살리는 재료로 내놓고 있습니까? 주관적인 체험을 객관적으로 증거하며 나아가고 있다면 내 인생에 오순절 성령 강림이 이미 일어난 겁니다.

그런데 말이죠, 교회를 오래 다녀도 자기 사건을 말씀으로 해석하고 적용하는 사람을 별로 못 봤습니다. 그동안 제가 말씀을 전하면서 얻은 결론이 그래요. 다들 다른 사람의 간증은 신기하게 여기면서 자기 사건에서는 꼭 딴소리를 합니다. 불같은 고난이 닥쳐도 어찌 그리 말씀이 안 들리는지, 그것이 궁금할 뿐입니다. 그래서 누구든지 방언을, 다른 언어를 쓸 수 있다는 걸 보여 주시려고 하나님이 갈릴리 출신인 저에게 말씀 사역을 시키신 것 아닌가 합니다.

나아가 제자들의 입에서 터져 나온 방언이 '자기의 방언', 곧 그곳에 모인 유대인 무리의 난 곳 방언이라 합니다(행 2:8). 이는 그들의 방언이 '모두가 알아들을 수 있는 언어'였다는 것입니다. 9절부터 보면 바대인과 메대인, 엘람인에서부터 아라비아인들까지 제자들이 자기들의 언어로 방언하는 걸 듣고 놀라 당황했다고 합니다. 방언이라고 못 알아듣는 언어, 천상의 언어를 쓴 것이 아니라, 모두를 인격적으로 설득시키는 언어를 쓴 것입니다.

이 세상 사람들이 다 알아들을 수 있는 언어란 구체적으로 무엇입니까? 모두를 이해시킬 수 있는 건 사랑의 언어, 믿음의 언어밖에는 없습니다. 왜, 난생처음 본 사람이라도 믿는 사람끼리는 절로 통하는 게 있잖아요. 비행기에서 아프리카 콩고 사람을 만났다고 생각해 보세요. "Are you christian?" 물었는데 상대가 "Yes" 하면, "Me too!" 하면서 손뼉을 치며 반가워하지 않습니까?

반면에 한 이불 덮고 자는 부부라도 평생 말이 안 통하기도 합니다. 같은 한국어를 쓰는데도 귀가 절벽이 돼서 서로 말을 못 알아듣습니다. 사랑할 수 없어도 하나님 때문에 사랑하고 이해하며 용서하는 것이 최고의 방언인데, 서로 내가 하고 싶은 얘기만 하니까 말이 통하지 않는 겁니다.

그래서 날마다 큐티해야 합니다. 내게 말씀이 있으면 어떤 막힌 관계도 뻥 뚫리게 마련입니다.

� 내게 돈이나 학벌, 직분이 없다는 이유로 내가 전하는 간증과 복음이 신기하게 여겨진 적이 있습니까? 나의 육적인 결핍 때문에 사람들에게 무시를 받아도 하나님 때문에 사랑하고 용서합니까? 누구와도 통하는 믿음의 언어, 보편적인 언어를 씁니까?

오순절 성령 강림은
흩어진 언어가 한 언어가 된 사건입니다

하나님은 자기 형상대로 인간을 창조하시고 인간에게 복을 주시면서 "생육하고 번성하여 땅에 충만하라, 세상을 다스리라" 명령하셨습니다(창 1:27~28). 그런데 인간이 자기 주제를 망각하고 하나님보다 높아지고자 바벨탑을 쌓았습니다. 이에 하나님이 진노하셔서 온 땅의 언어를 혼잡하게 하심으로 인류를 온 지면으로 흩으셨습니다 (창 11:1~9). 즉, 인간의 죄로 인하여 인류의 언어가 나뉘게 된 것입니다.

그러나 예수님께서 십자가에서 죽으심으로 인간을 죄에서 구원하시고, 흩어진 언어를 다시 하나 되게 하셨습니다. 오순절 성령 강림은 그것을 입증하는 사건이었습니다. 성령의 충만함을 입은 제자들이 천하 각국의 언어로 말하게 된 것이 그 증거입니다. 제각기 다른 우리가 한 언어를 쓰며 충만해지는 길은 오직 예수 그리스도밖에 없습니다.

그런데 우리는 어떻습니까? 여전히 바벨탑 쌓기에만 열심입니다. 이생의 자랑을 좇아서 스펙쌓기에 열중하고, 오로지 육신의 정욕, 안목의 정욕을 좇아 결혼합니다.

저 역시 그랬습니다. 오직 '나'를 높이기에 힘쓰며 살았습니다. 그래서 얼마나 뜨거운 용광로를 지났는지 모릅니다. 주 안에서 한 언어가 되기까지 수많은 연단을 받아야 했습니다. 특별히 주님은 때마다 제게 무서운 사람을 붙이셔서 혹독히 훈련받게 하셨습니다. 제가 바라던 대로 돈 있고, 사회적 지위도 있는 집안으로 시집을 갔지만 그곳에서 언어가 통하지 않는 고통이 무엇인지를 톡톡히 경험했습니다.

복음을 들고 나아가 흩어진 언어를 하나 되게 하는 사명을 성도에게 주셨습니다. 예수께서 이미 구원을 이루어 주셨지만 아직 이루어 가야 할 구원이 있습니다. 그래서 전도와 선교를 통해 복음을 전파하는 임무를 우리에게 맡기셨습니다. 어디든 성경만 들고 가면 전도할 수 있지만, 가장 효과적인 전도 방법은 삶으로 다가가는 것입니다.

예수님도 성육신하여 우리에게 오시지 않았습니까. 예수님처럼 우리도 삶으로 전할 때 복음이 전파됩니다. 서로 다른 언어를 쓰며 흩어졌던 우리 가정이, 사회와 나라가 하나가 됩니다.

> 우리가 우리 각 사람이 난 곳 방언으로 듣게 되는 것이 어찌 됨이냐
> _행 2:8

같은 설교를 들어도 반응은 제각각입니다. "어머, 딱 나에게 주시는 말씀이네!" 하고 기뻐하며 듣는 분이 있는가 하면, "내 남편이, 내 아내가, 내 자녀가 이 설교를 들었어야 하는데……" 하며 남에게 하는 소리로만 듣는 분도 있습니다.

우리들교회 성도들도 그래요. "목사님, 누구에게 듣고 제 이야기를 하신 거예요?" 하면서 내게 주신 설교로 듣고 감격하시는 분이 있는가 하면, "아까 그 얘기 나 들으라고 한 소리예요? 누가 나를 꼰질렀어요?" 하면서 다짜고짜 따지시는 분도 있죠. 설교가 죄를 꼬집는 것 같아 찔리기는 하는데 내 이야기로 듣기는 딱 싫은 겁니다.

여러분은 어떻습니까? 주일 말씀, 오늘 묵상한 큐티 말씀이 '어, 나에게 하시는 이야기네' 하고 다가왔습니까? 교회 지체가 전해 주는 간증에 깊이 공감되세요? 그렇다면 하나님께서 여러분의 인격을 만져 주신 겁니다. 하나님께서 여러분을 부르고 계신 것이에요.

'각 사람이 난 곳 방언으로 듣게 되는 것'이라는 말씀이 바로 그런 의미입니다. 어떤 얘기를 들어도 그것이 나에게 임한 말씀으로 들

리는 겁니다. 상대는 자기 이야기를 하는데, 내게도 그것이 나의 이야기로 들립니다. 상대의 간증이 내가 난 곳 방언으로, 내 고향 언어로 들리는 것이죠. 나와 환경이 달라도 상대의 이야기가 나의 처지에 딱 맞게, 내가 알아들을 수 있는 소리로 들리는 것입니다.

그래서 제가 저의 이야기를 나누기 시작했습니다. 문자 그대로 방언을 할 수도 있지만, 저는 구원을 위해 자신의 간증을 내놓는 것이야말로 참된 방언이라고 생각합니다. 저의 간증이 누군가에게 난 곳 방언으로 들려, 그 한 사람이 살아난다면 이보다 쓰임받는 방언이 어디 있겠습니까!

저는 어디를 가든지 제 간증을 전합니다. 그때마다 학생은 학생대로, 교수는 교수대로 지위의 고하, 빈부를 막론하고 각자 자기 처지에서 알아듣고 은혜받는 걸 봅니다. 또, 제가 전하면서도 제가 가장 은혜를 받습니다. 그러다 보니 처음엔 처지가 비슷한 사람에게만 복음을 전하다가 지금은 나와 전혀 다른 사람에게까지 은혜를 끼치게 됐습니다. 지경이 엄청나게 넓어졌습니다.

> 9 우리는 바대인과 메대인과 엘람인과 또 메소보다미아, 유대와 갑바도기아, 본도와 아시아, 10 브루기아와 밤빌리아, 애굽과 및 구레네에 가까운 리비야 여러 지방에 사는 사람들과 로마로부터 온 나그네 곧 유대인과 유대교에 들어온 사람들 11 그레데인과 아라비아인들이라 우리가 다 우리의 각 언어로 하나님의 큰 일을 말함을 듣는도다 하고 _행 2:9~11

제자들도 지경이 넓어졌습니다. '모든 길은 로마로 통한다' 말하던 시대에 로마로부터 온 나그네만 아니라 먼저 믿은 경건한 유대인들에게까지 하나님의 큰 일을 말하게 됐습니다. 내가 확신 있게 성령의 임함을 전할 때, 이처럼 다른 사람에게까지 역사가 일어납니다.

그러면 어떻게 우리가 이런 뜨거움과 충만함으로 나아갈 수 있을까요? 베드로처럼 죽었다 살아나고 때로는 수치도 당하면서 믿음의 훈련을 거쳐야 합니다. 그래야 누가 뭐라 하든 열심히 복음을 전하게 됩니다.

앞에서 오순절 성령 강림은 하나님 안에서 온 인류가 하나로 회복되었음을 보여 준 사건이라고 했습니다. 그러므로 진정한 성령 충만은 내가 도무지 용서할 수 없고 이해할 수 없는 사람까지도 이해하고 사랑하게 되는 것입니다. '이해하지 못하는 사람, 미운 사람이 있는가, 없는가'로 '내가 성령 충만한가, 아닌가'를 가늠할 수 있습니다. 여전히 너무 미운 사람이 있다면 아직 나는 성령의 충만함을 받지 못한 겁니다.

앉은 자리에서 10시간은 거뜬히 기도하고, 날마다 큐티하고, 방언을 좔좔 한대도 그렇습니다. 좋고 싫은 것이 분명하고 용납할 수 없는 사람이 있다면 아직 나는 성령으로 충만하지 못한 것이에요. 반면에 갑자기 모든 사람이 예뻐 보이기 시작하면 그날이 곧 내가 새 방언을 말하는 날인 줄 믿습니다(막 16:17).

12 다 놀라며 당황하여 서로 이르되 이 어찌 된 일이냐 하며 13 또 어

떤 이들은 조롱하여 이르되 그들이 새 술에 취하였다 하더라

_행 2:12~13

12절에 '놀라며 당황하여'라는 말은 정신적으로 큰 충격을 받고서 어찌할 바를 모르는 상태를 가리킵니다.

'이 어찌 된 일이냐…….'

자기 나라 언어로 복음을 전하는 제자들을 보고 경건한 유대인들이 그야말로 충격에 싸였습니다. 어안이 벙벙해졌습니다.

예수 그리스도 외에는 "다른 이로써는 구원을 받을 수 없나니 천하 사람 중에 구원을 받을 만한 다른 이름을 우리에게 주신 일이 없음이라"고 했습니다(행 4:12). 이보다 쉽게 알아들을 만한 복음 진리가 어디에 있겠습니까. 나를 대속해 주신 예수님을 믿기만 하면 우리가 구원을 얻습니다. 그런데도 많은 사람이 이 쉬운 진리를 못 알아듣습니다. 그래서 하나님이 성도들에게 엄청난 고난을 허락하시는 것입니다. 그 고난 속에서 하나님을 보이며 세상에 충격을 안겨 주는 존재가 되라고 말입니다.

그러면 우리가 어떻게 충격을 줄 수 있을까요? 사랑할 만한 사람만 사랑하고 미운 사람은 기어코 미워하는 건 누구나 합니다. 짐승도 합니다. 남들은 죽었다가 깨어나도 하지 못할 순종, 곧 사랑할 수 없는 사람을 사랑하고 용서할 때 세상이 우리를 보고 놀라지 않겠습니까?

히브리 기독교인들은 로마의 핍박을 피해 약 300년 동안 카타콤(지하 묘지)에 숨어 살면서도 결코 로마인들을 저주하지 않았습니다. 도

리어 그들에게 선을 베풀었습니다. 그 결과 A.D. 313년 로마가 기독교를 공인하는 놀라운 역사가 일어났습니다. 약소민족 중의 약소민족인 히브리인들이 거대한 로마제국을 무너뜨린 것입니다. 우리 성도들도 그래요. 내가 어떤 언어를 쓰고, 어떤 표정을 짓느냐에 따라서 나의 로마가 달라질 것입니다. 성도에겐 그리스도의 신비를 보여야 할 책임이 있습니다.

로마서 11장 25절을 보면 "이 신비는 이방인의 충만한 수가 들어오기까지 이스라엘의 '더러는' 우둔하게 된 것이라"고 합니다. 예수님을 죽인 유대인들도 일부만 우둔하다고 하는데 우리가 누구를 손가락질할 수 있겠습니까? 이 그리스도의 비밀을 깨닫기를 바랍니다. 세상에 충격을 주는 성도가 되십시오. 그런 성도가 점점 희귀해지는 시대에 우리가 살고 있습니다. 특별히 교양과 기복에 찬 영혼을 흔드는 전도자들이 점점 희귀해지는 시대가 됐습니다.

교회사를 보면 성령 운동은 늘 빈민층에서 일어났습니다. 그러다 보니 현세의 복을 간절히 구하는 신앙 풍조가 생겨났죠. 그래서 믿음의 족보를 가진 유대인들은 오순절파를 아주 무시합니다. 방언 신유와 같은 은사를 성령 충만과 동일시하는 것도 현세의 복만을 구하며 거기에 안주하려는 신앙 태도입니다.

물론 은사 자체가 나쁜 것은 아닙니다. 하지만 은사만으로는 성령의 충만함을 보일 수 없습니다. 은사를 통해 성령 충만으로 나아가야 하는 겁니다. 신앙이 성숙하는 과정에서 방언, 신유와 같은 은사를 받을 수 있습니다. 그러나 세상이 그 은사를 보고서 감화를 받는 것은 아니라는 말입니다. 그보다 막힌 관계가 뚫리고 흩어진 관계가 하나 될 때, 고난 속에서도 원망하거나 낙심하지 않을 때, 그런 나를 보고 세상은 하나님의 큰 일을 보게 될 것입니다. 그러므로 원수를 사랑하고 용서하게 되는 것이 진정한 성령 충만 맞습니다.

그러면 말이죠, 우리가 성령으로 충만해져서 사랑할 수 없는 사람을 사랑하고 용서하게 되면 세상의 조롱이 그칠까요? 그러면 정말 좋겠지만 그래도 세상은 우리를 조롱할 겁니다. 본문에서도 방언하는 제자들을 보고서 '어떤 이들은 조롱했다' 하지 않습니까? 성령 충만한 자라고 인정하면서도 조롱하는 것입니다.

성령받지 않은 사람은 성령받은 사람을 절대 이해하지 못합니다. 물과 기름처럼 서로 섞이려야 섞일 수 없습니다. 그러니 나를 몰라준다고 싸우려 들지 마세요. 더불어 성령을 힘입은 선한 적용이라도, 방언과 같은 은사도 때와 장소를 가려서 하기를 바랍니다. 그것이 쓸데없는 조롱을 피하는 길입니다.

저도 과거에 그랬어요. 여자이고 평신도 집사라는 이유로 복음을 전할 때마다 얼마나 조롱받았는지 모릅니다. 그런데 제가 전한 복음을 듣고 영혼이 살아나고 가정이 회복되니까 다들 저를 인정하지 않으려야 않을 수 없었을 겁니다. 지금도 저를 조롱하는 사람들이 있겠지요? 뭐, 어떻습니까! 그러거나 말거나 우리는 더욱 성령 충만으로, 말씀 충만으로, 사랑 충만, 감사 충만으로 나아가면 되는 것이에요.

우리들교회에 출석하시는 한 의사 집사님의 나눔입니다.

아침마다 병원 직원들과 함께 큐티를 합니다. 병원장이다 보니 부하 직원뿐인데, 저는 서슴지 않고 그들 앞에서 제 삶을 털어놓습니다. 과거에 외도를 저지른 이야기, 이혼한 이야기, 재혼한 이야기…… 숨기지 않고 다 이야기합니다. 처음엔 다들 놀라는 표정이었습니다. 하지만 지금은 귀 기울여 듣고 재미있어합니다. 저처럼 자신들의 이야기를 솔직히 내놓기도 합니다.

예전이라면 결코 하지 못했을 일입니다. 그러나 무덤까지 가져갈 이야기를 이웃들에게 나누고 회개하며 가는 것이 증인의 사명이라고 믿습니다. 회개야말로 그리스도의 신비를 보이는 언어, 성령 충만한 언어라고 생각합니다.

여러분, 성령 충만한 사람은 이처럼 매일 나누어 줄 것이 있습니다. 방언도 좋지만 사람을 살리려면 나의 것을 나누어 주어야 합니다.

또 다른 나눔을 소개합니다. 오순절 성령 강림은 흩어진 언어가 주 안에서 한 언어가 된 사건이라고 했지요. 우리와 육적 언어는 다르지만 주 안에서 한 언어를 쓰고 계신 한 외국인 집사님의 간증입니다.

기독교 문학을 전공한 저는 C.S. 루이스와 같은 저명한 작가가 되기를 꿈꿨습니다. 또한 이혼 가정에서 자랐기에 '나는 완벽한 부인을 만나 행복한 가정을 이루리라'는 가족신화에 젖어 살았습니다.

그러다 대학생 때 한 유부녀를 만나 사랑에 빠졌습니다. 그녀는 남편과 이혼하고 저와 새 가정을 꾸렸습니다. 한 가정을 파괴하는 일이 얼마나 큰 죄인지 당시엔 정말 몰랐습니다. 그저 나의 행복만 중요했죠. 하지만 그런 행복은 얼마 가지 못했습니다. 아내는 알코올의존증을 앓다가 끝내 세상을 떠났고, 저는 아내를 살해한 혐의를 받고 경찰 조사를 받았습니다. 그토록 사랑해서 한 결혼의 결말이 이런 것이라니…….

이후 저는 다른 여자와 동거하여 딸까지 낳았지만 비자 문제로 미국에서 쫓겨날 형편에 처했습니다. 그렇게 가족신화가 처참히 무너지고, 살 곳도 직장도 잃고, 먹을 것마저 없게 되자 저는 하나님을 원망하기 시작했습니다. 내게 실수하신 것이라며 하나님을 탓하고, 다른 사람을 탓했습니다. 그러다 해외 취업 사이트에 구직 신청을 냈는데, 희망 나라를 '차이나'로 선택한다는 것이 그만 잘못 클릭하여 '코리아'로 오게 됐습니다. 그렇게 어쩌다 온 한국에서 지금의 아내를 만났고, 아내를 따라 우리들교회에 오게 됐습니다. 이곳에 와서야 제가 얼마나 죄인인지 인정하게 됐습니다. 몰랐던 죄들이 깨달아지면서 저로 인해 상처받았을 첫 부인의 전남편에게 진심으로 사과하는 편지를 보내기도 했습니다. 첫 결혼 후 40년이 지나고 나서야 비로소 사죄한 것입니다.

현재 저는 국제 고등학교에서 교장으로 일하고 있습니다. 교회에서는 외국인 목장의 목자로 섬기고 있습니다. 교장직보다 목자직이 열 배는 더 어렵지만, 목장에서 다양한 목원들을 섬기면서 교장직을 잘 수행할 수 있는 지혜를 얻습니다. 그러므로 이 목자의 자리를 잘 지키는 것이 저의 사명입니다.

이분이 우리들교회에 처음 오셨을 때는 예배 통역자가 따로 없었습니다. 그런데도 이분은 모든 예배에 참석하셨습니다. 주일예배만 아니라 수요예배, 목장예배에도 빠지지 않으셨죠. 당시 수요예배는 3시간을 훌쩍 넘기곤 했는데 미동도 않고 끝까지 자리를 지키셨습니다. 그래서 하루는 제가 물었죠.

"한국말도 잘 모르시는데 말씀이 들리세요?"

그러자 "소울(soul)로 듣습니다" 하시는 겁니다.

이분은 어려서부터 교회를 다니며 성경을 읽었지만, 늘 자기중심적으로 살며 악한 선택만 했습니다. 그런데 뒤늦게 자기 죄를 깨닫고 자신의 첫 결혼 때문에 상처받았을 피해자에게 사과 편지를 쓰셨답니다. 40년 만에 비로소 성령 충만의 언어를 쓰게 된 겁니다. 그리고 지금까지 겸손히 교회 청소와 분리수거를 담당하고 계십니다.

이분만 그런 게 아닙니다. 이분이 인도하는 외국인 목장에는 자신을 드러내지 않고 묵묵히 섬기시는 분이 많습니다. 목장 보고서를 읽어 보니 '나의 사명이 무엇인가'라는 질문에 한 집사님은 '가족을 사랑하는 것', '결혼생활을 잘 인내하는 것'이라고 나누셨습니다. 다른 집사님은 전에는 미국에서 백만장자가 되기를 꿈꿨는데 이제는 교회에 잘 붙어 가는 것이 사명이랍니다. 우리와 육적 언어는 달라도 똑같은 영적 언어를 쓰고 있지 않습니까. 할렐루야!

여러분에게도 진정한 오순절 성령 강림이 일어나기를 기도합니다. 성령의 충만함을 받고 홀연히 찾아온 불같은 사건에서도 말씀으로 살아나길 바랍니다. 성령이 말하게 하심을 따라 말씀으로 말하기

를 시작하는 인생, 성령 충만한 언어, 사랑의 언어를 쓰는 인생이 되기
를 진심으로 축원합니다.

- 육적으로 최고의 만족을 주는 관계일지라도 믿음이 통하지 않아서 애통
  합니까? 오직 성령이 임해야만 막힌 관계가 뚫리는 것을 믿고 성령받기
  를 간구합니까? 나의 언어는 흩어졌습니까, 하나가 되고 있습니까?
- 설교나 간증을 들을 때 내게 임한 말씀으로 알아듣습니까? '저 말씀은
  우리 남편(부인)이 들어야 하는데……' 하면서 남에게 임한 말씀으로 듣
  지는 않습니까? 설교자나 간증자가 내 흉을 보는 것 같아서, 혹은 잘난
  척하는 것만 같아서 기분이 나쁩니까?
- 나와 환경, 출신 등이 너무 달라서 내가 이해하지 못하는 사람은 누구입
  니까? 주고받은 상처가 많아서 도저히 용서할 수 없는 사람, 미운 사람
  은 누구입니까? "미안하다, 사랑한다, 고맙다"라는 성령 충만한 언어를
  잘 씁니까?

막힌 관계가 뚫리고 흩어진 관계가 하나 될 때,
고난 속에서도 원망하거나 낙심하지 않을 때,
그런 나를 보고 세상은 하나님의 큰 일을 보게 될 것입니다.
그러므로 원수를 사랑하고 용서하게 되는 것이
진정한 성령 충만 맞습니다.

우리들 묵상과 적용

저는 캐나다인입니다. 부모님의 이혼으로 상처가 많은 저는 '완벽한 가정'을 이루기를 늘 꿈꾸었습니다. 대학생 시절 유부녀와 사랑에 빠졌고 그녀는 저와 결혼하고자 남편과 이혼을 감행했습니다. 그러나 한 가정을 파괴하고 시작한 결혼생활은 그리 행복하지 못했습니다. 아내는 알코올의존증을 앓다 죽고 저는 아내를 살해했다는 혐의를 받고 경찰 조사를 받았습니다. 다행히 무혐의로 풀려났지만, 이런 급하고 강한 바람 소리 같은 사건 속에서도(행 2:2) 저는 하나님을 찾지 않았습니다. 이후 다른 여자와 동거하며 딸아이까지 낳았습니다. 또다시 '완벽한 가정'이라는 성을 쌓고자 한 겁니다. 그러나 동거녀는 결혼을 거부하며 아이만을 원했습니다. 당시 저는 미국에서 일하고 있었는데 설상가상 비자 문제로 미국 땅에서 쫓겨나게 됐습니다. 이때도 저는 돌이키지 못하고 그저 낙심하며 하나님을 원망했습니다.

이후 직장을 찾아 한국에 오게 되었고 이곳에서 지금의 아내를 만났습니다. 연애 시절 아내와 큐티를 나누며 저는 처음으로 '죄'에 대해 생각하게 되었습니다. 아내와 결혼 후엔 교회 공동체에 정착하여 말씀을 깊이 묵상하게 되었습니다. 90분의 주일예배, 3시간의 수요예배, 7시간의 목장예배를 꿋꿋이 참석하며 성령이 임하시는 은혜를 경험했습니다. 한국말을 잘 못하지만 영이 통하니까 모든 말씀이 제게

난 곳 방언으로 들렸습니다(행 2:8). 성령을 받고 흩어진 언어가 한 언어가 되니 교회 생활이 기쁘기가 그지없었습니다. 꼭 고향에 온 것같이 편안했습니다.

하지만 이후로도 오랫동안 저는 공동체에서 저의 수치를 드러내지 못했습니다. 당시 교회에서 유일한 외국인으로 유명해졌기에 선뜻 제 죄를 고백하기가 어려웠습니다. 그런데 얼마 전 말씀의 은혜를 받고 죄가 깨달아져 첫 아내의 전남편에게 40년 만에 용서를 구하는 메일을 보냈습니다. 성령 충만은 막힌 관계가 뚫리는 것이라 하셨는데, 하나님께서 말씀을 따라 나아가도록 저를 인도해 주신 것입니다.

현재 저는 외국인 목장의 목자로 섬기고 있습니다. 또 백수였다가 하나님의 은혜로 국제학교 교장직을 맡게 됐습니다. 요즘 학생들을 훈육하는 일이 가장 어렵다고들 하지만, 목자를 하면서 훈련을 세게(?) 받아서인지 힘들어도 잘 감당하며 가는 것 같습니다. 늘 아이들을 기다려 주고 사랑의 언어를 쓰려고 노력합니다. 그 결과 학교로부터 신뢰를 얻었습니다. 죄 많은 저를 성령 충만하게, 말씀 충만하게 인도해 가시는 하나님, 사랑합니다.

영혼의 기도

하나님 아버지, 사도행전을 묵상하면서 "성령으로 세례를 받으리라", "약속하신 것을 기다리라"는 말씀을 계속 들었습니다. 주님이 말씀하신 진정한 성령 세례를 우리가 받기를 소망합니다.

주님, 참된 방언은 구원을 위해 나의 이야기를 내놓는 것이라고 하셨습니다. 나의 간증이 누군가에게 난 곳 방언으로 들려, 그 한 사람을 살린다면 그것이 가장 쓰임받는 방언이라 하셨습니다.

주님, 저의 인생을 돌아보아도 그렇습니다. 열심히 큐티하고 신앙생활을 했는데도 남편의 죽음이라는 불의 혀처럼 갈라지는 사건이 제게 홀연히 임했습니다. 그러나 그 일을 통해 갈릴리 사람인 제가, 집 순이에 평신도였던 제가 천하 각국으로부터 모인 경건한 사람들에게 하나님의 큰 일을 말하는 역사가 일어났습니다. 저의 간증이 그들에게 난 곳 방언으로 들리는 역사가 일어났습니다. 그러니 남편의 죽음이 제게는 오순절 성령 강림 사건 아니겠습니까!

주님, 제가 경험한 이 놀라운 은혜를 모두에게 허락해 주시기를 구합니다. 내게 찾아온 환난이 슬픈 일이 아니라 성령이 강림하시는 사건임을 알게 하옵소서. 주님의 말씀으로 나의 고난을 잘 해석하게 하옵소서. 고난의 사건을 통해 성령의 충만함을 받고 말씀으로 충만해져서 사람 살리는 사명으로 나아가게 하옵소서. 사랑할 수 없는 사람에게도 사랑의 언어를 쓰며 세상은 할 수 없는 적용을 하게 하옵소서. 그리하여 막힌 관계가 뚫려 세상에 주님의 충만함을 보이게 하옵소서. 말씀과 사랑, 감사로 충만해지는 오순절 성령 강림이 우리에게도 일어나게 하옵소서.

주님, 우리에게 방언의 은사도 허락해 주시기를 구합니다. 아직 하나님이 믿어지지 않는 분이 있다면 방언을 받고 조금이나마 하나님의 실체를 보게 하옵소서. 주여, 역사하여 주옵소서. 예수님 이름으로 기도드립니다. 아멘.

Chapter 6

나는 충만한 사람일까?

: 성령의 충만

사도행전 2장 13~21절

하나님 아버지, 진정한 성령 충만이 무엇인지 알고
성령 충만한 삶을 살기 원합니다.
말씀하여 주옵소서. 듣겠습니다.

일명 '김영란법'으로 한때 나라가 소란했습니다. 정확한 명칭은 '부정청탁 및 금품 등 수수의 금지에 관한 법률'로, 공공기관이 공정하게 직무를 수행할 수 있도록 공직자에 대한 과잉된 접대나 금품 수수를 금지한 법을 말합니다. 이 법에 의하면, 공직자에 대한 식사 접대비는 3만 원을(현재는 5만 원으로 상향), 경조사비나 선물 비용은 5만 원을 넘어서는 안 됩니다. 이에 따라 관공서 주변 식당가에 29,900원짜리 김영란 메뉴가 생기는 등 웃지 못할 해프닝이 벌어지기도 했습니다. 그만큼 공직 사회가 비리와 긴밀히 연루되어 있음을 보여 주는 법입니다.

그런데 과연 공직자만 그럴까요? 김영란법이 막 시행됐을 때 그 필요성을 증명하기라도 하듯 한 목사님이 교단 입후보를 부탁하려고 2천만 원을 건넸다가 고발당하는 일이 있었습니다. 지금도 교계엔 비리 문제가 끊이지 않습니다.

교회를 개척할 당시 '우리들교회에 주신 사명은 무엇일까?' 깊이 고민하며 라합처럼 개혁의 길목을 여는 교회가 되기를 기도했습니다. 과연 주님은 그 기도대로 이루어 주셨습니다. 환난당하고 빚지고 원통한 이들이 모여 어떻게 영혼을 살리는지, 주 안에서 자유한 한 사람이 얼마나 많은 사람을 도울 수 있는지 우리들교회를 통해 보여 주셨습니다. 모든 일에 말씀을 따라가고자 노력한 결과라고 생각합니다.

여러분, 어떤 교회가 건강한 교회입니까? 멋있고 잘난 사람들이 모여서 교양 있게 성경 공부하는 교회일까요? 그렇지 않습니다. 환난 당하고 빚지고 원통한 자들이 모여서 주의 일을 하는 교회야말로 진짜 건강한 교회라고 생각합니다. 물론 문제도 생기겠지요. 말 그대로 '환난당하고 빚지고 원통한 자들'이 모였으니 저마다 상처도 많을 테고, 그중엔 성격이 아주 모난 사람도 있지 않겠습니까?

빌레몬서는 바울이 골로새 교회의 지도자인 빌레몬에게 그의 종 오네시모를 용서해 주기를 청하고자 쓴 서신입니다. 오네시모는 주인 빌레몬의 물건을 훔쳐 로마로 도망갔다가 바울을 만나 회심한 자입니다. 우리 교회 안에도 이 오네시모 같은 지체들이 얼마나 많습니까? 우리 목장에도 노예근성을 벗어 버리지 못해 말끝마다 "나를 무시하네?" 하면서 열등감을 발산하는 지체가 있지 않습니까? 혹은 내가 그런 사람은 아닙니까? 이런 뿌리 깊은 열등감을 우리가 교회 말고 어디에서 훈련받을 수 있겠습니까! 내 부족한 모습까지도 솔직히 보이며, 서로 말씀으로 진단하고 처방하고 치료해 주는 곳이 교회입니다. 그래서 아픈 사람이 득실득실한 교회가 최고로 좋은 교회입니다. 아픈 사람이 많은 곳에 명의(名醫)가 있지 않습니까?

그러니까 '저 인간만은 목장에서 안 만났으면……' 하지 말고, 그 사람이 성령을 받고 변화되도록 도우십시오. 그런 목자와 목장이 우리 교회를 건강하게 만듭니다. '내게 미운 사람, 용서하지 못하는 사람이 있는가, 없는가.' 이것이 성령 충만의 지표라고 했습니다. 내가 정말 성령 충만한가 스스로 진단해 보시기를 바랍니다.

어떤 분이 자라 한 마리를 선물 받았습니다. 자라가 살 집으로 널찍하고 움푹한 사기그릇을 마련해 준 뒤 책상 위에 두고서 여름 내내 보았답니다. 그러다 아주 우스운 광경을 보게 됐습니다. 이 자라 녀석이 그릇을 오르다가 툭 떨어지고 다시 오르다 떨어지기를 반복하는 겁니다. 자꾸 미끄러지는데도 다시 오르려 끝없이 버둥대는 모습을 보며 참 안됐다는 생각까지 들었답니다.

우리 신앙도 비슷한 것 같습니다. 성령을 받았어도 인생의 장벽을 잘 넘어가지 못합니다. 미끄러운 그릇을 오르는 자라처럼 기 쓰며 오르다가 떨어지기를 반복하죠. 내 힘으론 아무것도 해결되지 않는데, 끝까지 열심을 부리다가 끝내 한계상황을 맞기도 합니다.

내 신앙의 유익을 위해 방언이나 신유의 은사를 받는 것도 좋지만, 세상은 막힌 것이 뚫릴 때 감화한다고 했습니다. 내가 굉장한 고난을 당하는데도 결코 원망하거나 낙심하지 않는 모습을 보고 세상이 하나님의 큰 일을 보게 된다고 했습니다. 하지만 연약한 우리가 어찌 그리 살 수 있겠습니까? 인간의 힘으로는 불가능합니다. 하나님께서 도와주셔야 하죠. 그렇지 않으면 사기그릇 속 자라처럼 버둥거리다 끝날 뿐입니다.

하나님은 범사에 하나님을 인정하는 사람에게 성령이 충만한 은혜를 허락하십니다. 우리가 성령 충만함을 받아야 어떤 장벽을 만나든지 넘어갈 수 있습니다. 이번 장에서는 성령 충만에 대해 더 구체적으로 알아보겠습니다.

성령 충만을 조롱하는 사람이 있습니다

또 어떤 이들은 조롱하여 이르되 그들이 새 술에 취하였다 하더라
_행 2:13

성령으로 충만해지면 내게 해를 끼친 사람, 도무지 사랑할 수 없는 사람까지도 사랑하고 용서하게 된다고 했습니다. 하지만 그렇다고 모두가 박수 쳐 주는 것은 아닙니다.

우리들교회에서는 이상한 광경이 종종 펼쳐집니다. 바람난 남편에게 "나 때문에 당신이 수고한다"면서 도리어 아내가 무릎을 꿇고 용서를 구합니다. 버려도 시원찮을 남편 아닙니까? 이 아내 집사님들이 이처럼 이해 못 할 행동을 하는 이유가 뭘까요? 배우자의 배신이라는 아픈 고난을 겪으며, 내 죄를 깨닫고 하나님과 더 깊이 교제하게 되었기 때문입니다. 불의 혀처럼 갈라지는 사건 속에서 성령 세례를 받고 성령의 충만함을 입었기 때문입니다.

하지만 그럴수록 남편은 아내를 더욱 비웃고 조롱합니다. "예수 믿더니 이상해졌다, 광신(狂信) 아니냐?", "시간 낭비하지 말고 이혼이나 해 달라" 하면서 아내의 진심을 헌신짝 취급합니다.

그만큼 세상은 성령의 역사에 무지합니다. 그래서 성령의 역사를 설명하려면 인내가 필요합니다. 나아가 하나님의 말씀이 필요합니다. 내 거룩한 행실의 이유가 무엇인지, 왜 사과를 받아야 할 사람이 거꾸로 사과하는지 말씀을 가지고서 설명해 줘야 합니다.

이어지는 14절부터는 베드로의 오순절 설교입니다. 베드로는 오순절 성령 강림에 의문을 품은 백성을 향해 구약성경을 가지고서 설명합니다. 우리도 복음에 의문을 품은 사람들에게 언제든 대답해 줄 말이 있도록 영과 진리로 성경을 읽고 연구해야 합니다.

14 베드로가 열한 사도와 함께 서서 소리를 높여 이르되 유대인들과 예루살렘에 사는 모든 사람들아 이 일을 너희로 알게 할 것이니 내 말에 귀를 기울이라 15 때가 제 삼 시니 너희 생각과 같이 이 사람들이 취한 것이 아니라_행 2:14~15

베드로 혼자서 설교한 것이 아닙니다. '열한 사도가 함께 서서' 소리를 높였습니다. 설교는 개인적인 것이 아니라 공동체적인 것입니다. 제 설교도 그래요. 말씀 강해만 아니라 그 말씀을 따라 살아내는 성도들의 이야기가 녹아져 있지요. 그래서 우리들교회 설교를 '공동체 고백'이라 부릅니다. 열한 사도가 베드로와 함께 섰듯이, 제가 설교할 때도 우리들교회 성도와 목장이 함께 서서 소리를 높이고 있다고 생각합니다.

왜 열한 사도가 함께 섰을까, 또 다른 이유도 생각해 보았어요. 유대인들이 성령의 역사를 직접 보고도 이해하지 못하니까 베드로와 더불어 성령에 대해 객관적으로 설명해 줄 여러 동역자가 필요했던 것이죠. 왜, 어떠한 사실을 두고 여러 사람이 함께 소리를 높일 때 그 사실이 더욱 객관성을 갖잖아요. 여러분에게도 이처럼 저와 '함께 서서 소리를 높이는' 사명을 주신 줄 믿습니다.

여종 앞에서 벌벌 떨며 예수님을 부인했던 베드로가 성령을 받고 담대해져서 만인 앞에서 설교합니다. 바람같이, 불의 혀처럼 주관적으로 임한 성령을 성경 말씀으로 객관적으로 증거합니다. 성령 충만이란 무엇인지, 성경을 인용해 정확히 설명하고 있습니다. 교회사에서 첫 설교입니다.

저도 꼭 베드로 같았습니다. 시집살이할 때 무학자이신 시어머니와 도우미분들을 제가 얼마나 무서워했는지 몰라요. 두 도우미가 자꾸 저를 트집 잡아 시어머께 고자질하니까 그들에게 잘 보이려고 아첨을 떨기도 했습니다. 그랬던 제가 오늘날 여러분 앞에 담대히 나아가 설교하는 인생이 됐습니다.

제가 잘나서 담대해졌나요? 베드로도, 저도 그릇 안에서 버둥대는 자라와 같습니다. 내 힘으로는 막힌 벽을 넘어갈 수 없습니다. 성령이 넘게 해 주시니까 할 수 있는 겁니다. 그렇지 않다면 어떻게 지질한 베드로가 경건하고 잘난 유대인들 앞에서 "내 말에 귀를 기울이라" 말할 수 있겠습니까? 어찌 제가 평신도 신분으로 목회자 세미나의 강사로 설 수 있었겠습니까?

한 집사님이 시어머께 복음을 전했다가 "네가 제대로 살면 내가 예수 믿겠다"라는 말을 들었답니다. 그 말인즉슨 '네가 내 아들, 내 손주들 잘 받들면 내가 믿을게'라는 뜻이죠.

그런데 여러분, 내가 잘하면 정말 상대가 예수를 믿나요? 꼭 그렇지는 않잖아요. 물론 며느리로서 시어머께 도리를 다해야겠지만, 이럴 때는 좀 강한 태도로 나가야 합니다. "어머니, 예수 안 믿으시면 지옥 가세요. 이 세상에서 구원보다 더 중요한 일은 없어요. 제 행위를 보고 언제 예수 믿으시겠냐고요!" 사랑하니까 더 담대히 전해야 하는 것입니다.

그런데 우리 현실은 어떻습니까? 행위 이야기만 나오면 쥐구멍으로 들어가고 싶습니다. 우리가 가까운 사람에게 복음을 전하지 못하는 이유가 여기에 있어요. 시댁에 반찬이라도 하나 더 해 가야, 장인 장모에게 용돈이라도 두둑히 드려야 내 말을 좀 들어 줄 것 같습니다. 그러니까 복음을 전하기가 아예 싫은 겁니다. "너, 예수 믿는다며? 교회 다닌다며, 큐티한다며? 그러면 본을 좀 보여 봐. 네가 시부모님 모셔" 하면서 내게 뭘 요구하고 책임지라고 할까 봐 "내 말에 귀를 기울이라" 하기가 어렵습니다. 예수 믿는다고 하면 모두가 나를 도마 위에 올려 두고 씹어 대니까 더 말이 안 나옵니다.

그런데 여러분, 베드로를 한번 생각해 보세요. 베드로도, 가룟 유다도 똑같이 주님을 배반했습니다. 세상은 "모든 죄를 내가 책임지겠다"면서 자살한 유다를 멋있다고 치켜세웁니다. 반면에 베드로에겐 "어디, 죄인이 뻔뻔하게 나와서 설교하느냐"면서 날 선 비판을 서슴지 않습니다. 그러나 누가 뭐래도 사도행전의 주역은 베드로 아닙니까? 3년간 예수님 곁에서 말씀을 듣고 훈련받은 베드로가 모두가 덮어 둔 가룟 유다 문제를 처리한 뒤 비로소 말씀 사역이 시작되는 것이 사도행전 2장의 이야기입니다. 그 모든 과정을 지나오며 지금 베드로가 이렇게 말하고 있는 겁니다.

"가룟 유다도 나도 예수님을 배반했다. 그러나 유다는 끝내 예수님을 떠났지만 나는 주님을 믿는다. 예수 믿는 것이 최고다. 행위로는 구원받을 수 없고 주 예수를 믿는 것이 최고의 경건이며 선이다!"

세상은 '네가 잘하면 내가 예수 믿겠다'고 하지만 누군가의 마음에 딱 맞게 살기란 쉽지 않습니다. 그러니 결코 행위로는 복음을 전할 수 없습니다. 그런데 우리가 예수를 믿어도 옳고 그름으로만 생각하기에 세상이 말하는 것처럼 행위를 쌓아야 복음이 전해질 것만 같습니다. 그래서 옳고 그름으로 판단하는 것이 성령 충만함을 받는 데 제일 큰 방해꾼입니다.

옳고 그름에 매여 있으면 내 믿음이 조롱받을 수 있다는 사실을 인정하지 못합니다. 자나 깨나 그저 조롱받지 않는 것이 인생의 목적입니다. 그래서 성경도 성령 충만을 조롱하는 자가 있다는 이야기부터 하는 겁니다.

📖 상대가 구원받길 바라며 간절히 간증을 전했지만 도리어 조롱을 받은 적이 있습니까? 그럴 때 하나님을 알리기 위해 함께 서서 소리 높여 외쳐 줄 지체가 있습니까? 나부터 함께 서서 복음을 외쳐 주는 지체가 되려고 노력합니까? 열심히 복음을 전하는 지체들을 보면서 "뭐 그리 요란하게 믿느냐" 하며 조롱하는 자는 아닙니까?

🎁 나의 부족함이 트집 잡히며 조롱받을까 두려워서 찾아온 전도의 기회를 외면하지는 않습니까?

성령 충만은 말씀 충만입니다

때가 제 삼 시니 너희 생각과 같이 이 사람들이 취한 것이 아니라

_행 2:15

베드로는 '이 성령의 역사가 술에 취해 일어난 일이 아니라'고 설명합니다. 우리도 복음을 전하다 보면 괜한 오해를 받기도 합니다. 그럴 때, 베드로처럼 너희 생각과 다른 것이 있다고 부드럽게 설명할 수 있어야 합니다.

"우리는 술에 취한 게 아니에요. 오전 아홉 시밖에 안 됐는데 어찌 이른 아침부터 술 먹고 취하겠습니까?"

이처럼 객관적이고 온유하게 설명해 주는 것이 신앙 인격입니다. 예를 들어, 내가 빚을 많이 졌다고 합시다. 식구들에게 복음을 전했더니 나보고 "빚진 주제에 뭐 잘났다고 예수를 믿으라는 거야?" 합니다. 그렇대도 "네, 제가 빚을 많이 졌어요" 하고 온유하게 대답하라는 겁니다. "그렇지만 예수 믿고 달라져서 이제는 열심히 빚을 갚으려고 해요" 하고 내가 부드럽게 대응한다면 상대의 닫힌 마음이 열리지 않겠습니까?

그런데 대부분 "내가 빚 갚는 데 당신이 보태 준 것 있냐!" 하면서 혈기를 내기 일쑤입니다. 가만 보면 정말 내게 보탬이 안 되는 사람들이 얄미운 말을 잘하긴 합니다. 그래도 화를 버럭 내서는 안 됩니다. 우리가 전하는 복음이 얼마나 대단한 것입니까. 그러니까 조롱 좀 받

더라도 예수님을 생각하면서 참아야 하는데, 전도하려다가 되레 싸우고 돌아오는 사람이 한둘이 아닙니다.

'빚진 주제에, 공부 못한 주제에, 바람피운 주제에…….' 내 과거를 문제 삼아 복음을 훼방하는 사람이 꼭 있습니다. 그래도 열 번에 아홉 번은 그를 부드럽게 대하려고 노력해 보세요. 그러지 않고 자꾸 억하심정을 품으니까 "네가 나한테 뭘 보태 줬냐!"라는 말부터 나가는 겁니다. 하나님과 관계가 막혀 있어서 인간관계도 막히고, 말씀 적용도 안되는 거예요.

베드로는 "너희가 취했다" 하는 자들을 향해 "너희 생각을 뛰어넘는 것이 있다"고 했습니다. 누가 뭐라든 이렇게 보편적인 언어로, 온유한 태도로 나아가는 것이 세상을 끌고 가는 능력입니다.

이는 곧 선지자 요엘을 통하여 말씀하신 것이니 일렀으되_행 2:16

"너희 생각과 같이 이 사람들이 취한 것이 아니라!"
"제가 예수를 몰라서 빚졌지만 최선을 다해 빚을 갚겠어요."
성령 충만을 조롱하는 세상 사람들에게 온유하게 대답했다면, 그다음 우리가 할 일은 무엇일까요? 성경을 통해 그들의 오해를 풀어 주는 것입니다. 그들이 이해하지 못하는 성령의 역사를 성경으로 설명해 줘야 해요. 어떤 문제도 성경으로 해석해 주는 것이 가장 훌륭한 설명입니다.

베드로도 그래요. 성령의 충만함을 받은 제자들이 각국 언어로 방언한 일을 성경을 인용하여 설명하고 있습니다. 베드로가 성령의 충만함을 받고 말씀으로 충만해진 걸 알 수 있습니다.

"이는 곧 선지자 요엘을 통하여 말씀하신 것"이란 말은 오순절 성령 강림이 우연히 일어난 사건이 아니라는 뜻입니다. 성경에 기록된 말씀이 성취된 일임을 강조하고 있죠. 특별히 베드로는 유대인들에게 익숙한 구약의 요엘서를 예로 들어서 설명하고 있습니다.

우리가 예수를 믿게 된 것도 그래요. 우연이 아닙니다. 누구 때문에 우리가 주님을 만나게 된 것도 아닙니다. 교회가 좋아서, 큐티가 좋아서 우리가 주님을 믿는 것도 아닙니다. 오직 하나님이 우리를 사랑하심으로 택하셨기 때문입니다.

베드로처럼 성령 충만함을 받고 말씀으로 충만해져서 자신의 인생을 성경으로 설명하는 한 권사님의 큐티 간증입니다.

저는 일류대를 졸업한 후 부유한 집안의 남자를 만나 결혼하고 부부가 함께 유학도 다녀왔습니다. 겉보기엔 모든 것을 갖춘 인생이지요. 그러나 저의 결혼생활은 지옥 그 자체였습니다. 남편은 혈기가 아주 대단했습니다. 화가 나면 말릴 사람이 없고 폭력도 서슴지 않았습니다. 그런 남편의 심기를 건드리지 않으려 제가 얼마나 가슴 졸이며 살았는지 모릅니다. 하루도 마음 편한 날이 없었어요. 게다가 남편은 바람까지 피웠습니다. 우리가 7년 연애하고 결혼했는데 결혼 후 25년을 외도하면서 저를 외면했습니다.

그런데 이 남편이 교회만 가면 180도 달라지는 겁니다. 마치 사이좋은 부부인 양 제 어깨 위에 손을 얹기도 하고, 커피를 타 주고, 음식을 퍼다 나르고…… 세상에, 이런 스윗한 남자가 없죠. 그러니 '저 아내는 저렇게 다정하고 돈도 잘 버는 남편과 살면서 왜 날로 표정이 어두워질까' 남들은 의아했을 겁니다. 저를 이상한 여자로 보았겠죠.

하지만 누구에게도 제 이야기를 할 수 없었어요. 교양과 자기방어로 무장하면서 수치를 가리기에만 바빴습니다.

레위기 1장의 번제에 관한 규례를 보면, 제물을 드리는 자는 "번제물의 머리에 안수할지니 그를 위하여 기쁘게 받으심이 되어 그를 위하여 속죄가 될 것이라"고 합니다(레 1:4). 제물이 대신 죽음으로써 제물 드린 자가 죄 사함을 얻게 된다는 뜻입니다.

이 말씀처럼 교양으로 똘똘 뭉쳐 있던 제가 변화되기 시작한 건 목장에서 제 얘기를 제물로 내어놓은 후부터입니다. 목장에서 제 얘기를 나누면서 내가 얼마나 몹쓸 죄인인지 깨달아졌고, 그럴수록 나 같은 죄인을 살리시려 자신을 희생제물로 드리신 예수님의 사랑이 크게 다가왔습니다. 나아가 나도 제물이 되어 내 속의 세상 가치관이 불태워지기를 소망했습니다.

하루는 목장에서 남편의 바람에 대해 나눴는데 한 남자 집사님이 이러시는 겁니다. 아주 단호한 말투로요.

"남편이 바람피우는 건 그 아내에게 문제가 있기 때문입니다!"

순간 '이런 얘기를 듣자고 나눈 게 아닌데 내가 괜한 얘기를 했나……' 후회가 밀려들었죠. 그러다 여전히 사람에게 인정받길 바라는 저를 보고 '정말 남편이 나 때문에 바람을 피우는 것이 맞구나, 내가 남편을 밖으로 내몰았구나' 더 확실히 알게 됐습니다.

목자로 섬기면서 끊임없이 제 얘기를 나누며 갑니다. 목장예배 때마다 나를 제물로 내놓고, 내 죄를 각 떠서(레 1:6) 번제로 드리는 걸 하나님도 기뻐하신다고 생각해요. 그러나 아직 교양을 다 버리지 못해서 나를 제대로 각 뜨지 못하고 전부 불사르지도 못합니다(레 1:9). 그래서 목장에서 계속 배우는 중이에요.

실례로 이런 일이 있었습니다. 그날도 남편과 있은 일을 나누다가 남편이 제게 "열여덟 X"라 욕을 했다고 이야기했습니다. 그러자 한 목원이 갑자기 눈물을 터뜨리며 이런 말씀을 하시는 거예요.

"저만 남편에게 그런 욕을 듣고 사는 줄 알고 정말 죽고 싶었어요. 그런데 S대를 나와 모든 것을 갖추신 목자님도 그런 욕을 듣는다니…… 이제는 어떤 욕도 들을 수 있을 것 같아요."

그동안 제가 남편이 욕했다는 얘기를 수없이 나눴는데, 이 목원은 '뭐, 언성 좀 높이고 싫은 소리 하는 정도겠지'라고 생각했다는 거예요. 왜 오픈이 구체적이어야 하는지 이때 깨달았습니다.

세상이 들으면 얼마나 조롱할 이야기입니까? 간증에서도 언급했지만 이 권사님은 S대 출신에다 미모까지 갖춘 재원 중의 재원입니다. 그런 사람이 남편에게 욕먹고 매까지 맞았다니…… "예수 믿는데 왜 이리도 되는 일이 없어" 하고 조롱할 자가 있지 않겠습니까?

그러나 신앙은 내 생각을 뛰어넘는 것입니다. 이 세상을 끌고 가는 능력이라고 했습니다. 이 권사님은 부목자와 목자를 지내고 지금은 목자들을 이끄는 중직자가 되셨습니다. 자기를 제물로 드리며 수많은 사람을 껴안게 된 겁니다. 이보다 성령 충만한 사역자가 어디 있겠습니까! 고난 속에서 말씀을 묵상하며 그 말씀으로 내 삶을 설명하며 온 것뿐인데 이분의 지경이 이렇게 넓어졌습니다. 생각하건대 현재의 고난은 장차 우리에게 나타날 영광과 비교할 수 없습니다(롬 8:18). 할렐루야!

여러분에게도 동일한 은혜가 임하길 축원합니다. 성경으로 조목조목 해석한 내 인생을 제물로 내놓을 때, 그것이 흠 없는 제물이 되어 하나님 앞에 향기로운 냄새가 될 줄 믿습니다(레 1:9, 13, 17).

✤ 내가 어렵게 간증을 전했는데 "너, 술 취했냐?", "미쳤냐?" 하고 조롱받은 경험이 있습니까? 그런 사람에게 어떻게 대응합니까? 상대가 내 심장을 후벼 파는 소리를 해도 평안한 말투와 쉬운 말로 성령의 역사에 대해 반복해서 설명해 줍니까? 몇 번을 반복해서 설명했습니까, 그 수도 한번 헤아려 보십시오.

✤ 나의 모든 사건을 성경으로 설명하기 위해 늘 말씀으로 준비되어 있습니까? 나의 말씀 묵상이 다른 사람을 돕고 전도하는 데 쓰이고 있습니까?

성령 충만은 내 인생의 말세에 임합니다

하나님이 말씀하시기를 말세에 내가 내 영을 모든 육체에 부어 주리
니······_행 2:17a

17절부터 21절까지는 베드로가 성령 강림에 관한 요엘 선지자
의 예언(욜 2:28~32)을 인용한 내용입니다.

베드로는 하나님께서 '말세(末世)에' 자신의 영을 모든 육체에 부
어 주리라 약속하셨다고 말합니다. 여기서 말하는 말세란 언제일까
요? 베드로가 설교하고 있는 이때도, 우리가 살아가는 현재도 말세입
니다. 즉, 말세는 주님이 이 땅에 오신 때부터 오실 때까지의 기간을
말합니다.

베드로가 특별히 말세를 언급한 이유는, 성령 강림이 바로 말세
에 속한 사건이란 걸 강조하기 위해서입니다. 그런데 말세와 종말, 주
님의 재림을 떼놓고 생각할 수는 없잖아요. 따라서 성령 강림은 주님
의 재림이 가까웠음을 경고하는 사건이라고도 할 수 있습니다.

이 세상이 끝나는 것만 종말이 아닙니다. 개인에게는 내 인생이
끝나는 날이 종말 아니겠습니까? 그러므로 우리는 늘 말세를 살고 있
다고 말할 수 있습니다. 그러면 이 '말세'를 우리는 어떻게 살아가야
할까요?

인생은 끝이 있음을, 한계가 있음을 인식하고 주님의 재림을 준
비하는 것이야말로 말세를 대하는 가장 바람직한 태도입니다. 다시

말하면, 오늘을 마지막처럼 살아가는 것이죠.

인생의 한계를 인정하지 않는 사람은 죽을 때까지 말세가 뭔지도 모르고 살다가 지옥에 갑니다. 말세를 사는 인생임을 인정하는 것만으로도 얼마나 축복인지 모릅니다.

한글 성경은 영을 '부어 주리니'라고 번역했지만, 원어는 '쏟는다'라는 의미에 더 가깝습니다. 성경에서는 하나님께서 성령을 보내실 때와 더불어 하나님이 진노를 발하실 때도 이 말이 쓰였습니다.

왜, 그렇지 않습니까? 똑같은 고난을 당해도 그것을 구원의 사건으로 여기고 성령받는 사람이 있는가 하면, 심판의 사건으로 보고 진노에 머물러 있는 사람도 있습니다. 내게 강 같은 은혜가 부어지든지, 강 같은 심판이 쏟아지든지 둘 중 하나입니다.

영을 '부어 주시는' 것은 하나님 시점이고, 우리 시점으로는 '샘솟는다'라는 표현이 맞을 겁니다. 주님을 사모하는 자에게는 늘 은혜의 샘이 솟구치도록 하나님께서 영을 부어 주십니다. 그것을 성령 충만이라 합니다.

그러면 내 신앙이 뜨뜻미지근한 건 하나님이 내게 영을 부어 주시지 않아서일까요? 그렇지 않아요. '구원인가, 진노인가'는 내게 달려 있습니다. 영적으로 나태해지는 것은 전적으로 내게 책임이 있습니다.

어떤 분이 목자가 하기 싫다고 직분을 홀랑 내려놓았답니다. 그때부터 그분이 아예 큐티를 손놓았다는 얘기를 들었습니다. '자리가 사람을 만든다'라는 말도 있듯이, 직분이 나의 믿음을 지켜 주는 면이 있어요. 목자로서 목장을 인도하려면 설교 한 자라도 더 들어야 하고, 큐티도 열심히 해야 하지 않습니까? 그러면서 점점 내가 거듭납니다. 하지만 목자의 자리를 지키는 건 누가 도와줄 수 없는 문제잖아요. '직분에 충성하느냐, 마느냐'는 내게 달려 있습니다.

> 17b ······너희의 자녀들은 예언할 것이요 너희의 젊은이들은 환상을 보고 너희의 늙은이들은 꿈을 꾸리라 18 그 때에 내가 내 영을 내 남종과 여종들에게 부어 주리니 그들이 예언할 것이요_행 2:17b~18

구약시대에는 선지자같이 특별한 사람만 예언하고 환상을 보고 꿈을 꾸었습니다. 그러나 지금은 다릅니다. 성령을 사모하는 자, 그 마음속에 성령을 모신 모든 자에게 거룩한 권능을 허락해 주십니다.

자녀들은 앞날을 모르고, 젊은이들은 쾌락 속에 살고, 노인들은 꿈이 없는 것이 이 세상의 특징입니다. 자녀 문제와 청년 문제, 노인 문제는 가고 오는 모든 세대에서 늘 나타나는 사회현상입니다. 어떤 사회보장제도나 교육제도로도, 최고의 기관들도 이 문제들을 완전히 해결하지는 못했습니다.

저는 소위 '빛나는 졸업장'이라 불릴 만한 초등학교를 나왔습니다. 동창생 중에는 장차관 자녀도 많았습니다. 하지만 그들의 인생이 평탄하지 못한 걸 보았습니다. 최고 가문, 최고 학교가 인생의 문제까지 해결해 주지는 못하는 겁니다.

그러나 하나님께서 자신의 영을 부어 주시면 우리의 모든 문제가 해결됩니다. 자녀 문제도, 청년 문제, 노인 문제도 다 해결됩니다. 어떻게 해결해 주십니까?

"자녀들은 예언하고 젊은이들은 환상을 보고, 늙은이들은 꿈을 꾸게 되리라!"

앞날을 모르는 것이 자녀들의 특징이라고 했습니다. 어린아이들은 삶의 경험이 없어 미련하고 지식도 미천합니다(잠 22:15). 그러나 성령이 임한 자녀들은 다릅니다.

한 초등학생이 우리들교회 홈페이지에 이런 큐티 나눔을 올렸습니다.

추석에 엄마가 친척들로부터 용돈을 얼마 받았는지 물으셨어요. 저는 9천 원 받은 것만 말하고 외할머니에게 2만 원을 받은 사실은 감추었어요. 그런데 아나니아와 삽비라가 재산의 얼마를 감추었다가 하나님께 징계를 받아 죽은 말씀을 보고 깜짝 놀랐어요(행 5:1~6). 하나님이 "너도 아나니아와 삽비라처럼 마음이 거짓됐다"라고 저를 야단치시는 것 같았죠. 그래서 엄마에게 용돈 액수를 솔직히 털어놓게 됐어요.

이 어린아이가 말씀으로 자기 죄를 보고 돌이켰습니다. 할렐루야! 어른도 이런 나눔을 하기가 어렵습니다. 어려서부터 성경을 보니까 어린아이라도 성경적 가치관이 들어갑니다. 아이는 이 경험을 평생 잊지 못할 겁니다.

이처럼 어려서부터 말씀을 묵상하는 자녀들은 앞날을 하나하나 말씀으로 예언받고, 진로도 말씀을 따라 결정합니다. 그래서 어려서부터 성경을 보아야 합니다. 그런데 여러분은 왜 자녀에게 성경을 안 가르칩니까? 맨날 "공부 잘해서 출세해라" 가르치면서 "큐티하라"고 하면 자녀들이 그 말을 듣겠습니까?

우리는 말세를 사는 인생입니다. 한계가 있는 인생입니다. 이 땅의 삶이 영원하리라고 착각하니까 자녀들에게 기복을 가르치고 자녀가 성공하기만 기원하는 것입니다. 그런 부모의 기도는 헛된 울림밖에 안 됩니다. 내 한계를 인정해야 자녀들에게 진심으로 "큐티하라" 말할 수 있습니다.

젊은이들은 또 어떤가요? 자기가 최고라고 착각하며 자신만을 위해 삽니다. 또 젊은 날의 즐거움이 영원하리라 믿으며 쾌락을 좇아서 살아갑니다. 목표도, 비전도 없는 젊은이도 허다합니다. 요즘 청년들에게 "왜 사느냐?"고 물으면 열에 여덟아홉은 "모른다"고 대답한답니다.

그러나 주의 젊은이들은 '환상'을 봅니다. 여기서 환상이란 '비전'입니다. 향방 없이 살던 젊은이도 주님을 만나면 비전을 품게 됩니다.

여러분이 이 책을 읽고 있는 순간에도 시간은 과거로 흘러들고 있습니다. 우리에게 있는 것은 오늘과 내일뿐입니다. 오늘을 어떻게 사느냐가 중요합니다. 오늘이 내일을 만들기 때문입니다. 그러므로 비전을 가지십시오! 세상적인 것 말고 거룩한 비전을 품기를 바랍니다. '내가 어디서 무엇을 하느냐'보다 중요한 것은 '무엇 때문에 그 일을 하느냐'입니다.

우리 자녀들에게 거룩한 비전을 심어 주고 있습니까? '공부할 시간도 없는데 무슨 큐티고 예배냐?' 하면서 도리어 자녀들의 거룩한 길을 막는 부모는 아닙니까?

늙은이들의 특징은 늘 섭섭한 게 많다는 것입니다. 나이가 들수록 누가 내게 잘못하고, 서운하게 한 기억만 또렷해져서 그렇다는 겁니다. 제가 지어낸 얘기가 아니라 통계자료에 나온 내용입니다. 그래서 남편이 속 썩인 부인들이 치매에 걸리면 그렇게 남편을 괴롭힌답니다. 그런데 이렇게 과거에 묻혀 슬픈 일만 곱씹는 노인들도 하나님이 영을 부어 주시면 꿈을 꾸는 역사가 일어납니다.

제가 그 산증인 아니겠습니까? 저는 남편에게 서운한 마음이 조금도 없습니다. 미운 마음도 없습니다. 남편의 잘못을 곱씹으면서 '과거에 그 인간이 그랬지……' 뒤끝 작렬하지도 않습니다. 제가 남편에게 당한(?) 이야기를 종종 하지만 그때마다 어떻게 말씀을 적용하며 왔는지 여러분에게 객관적으로 설명하려는 것뿐이지, 당한 것이 억울하고 슬퍼서 읊어 대는 건 아닙니다. 오히려 남편이 밟아 줘서 이렇듯 제가 꿈을 나눠 주는 인생이 되지 않았습니까? 한 영혼이 구원되고, 한 가정이 회복된다면 나의 무엇인들 내놓지 못하겠습니까!

여러분, 한 영혼, 한 사람이 정말 중요합니다. 가룟 유다를 대신할 맛디아를 뽑으며 사도행전이 시작되지 않았습니까? 막힌 관계가 뚫려야 사도행전이 시작됩니다. '성령을 받은 우리가 각자 어떻게 행전을 써내려 갈 것인가?' 이것이 사도행전의 핵심이라고 했습니다. 한 사람을 귀히 여겨야 우리가 날마다 사도행전을 쓸 수 있습니다. 반면에 한 사람과 막히면 지난 모든 열매가 헛것이 될 수 있습니다. 사역도 헛것이 됩니다. 하나님께서 한 사람 살리라고 자녀들은 예언하고, 청년들은 비전을 품고, 노인들은 꿈을 꾸게 하십니다.

그러므로 내 곁의 한 사람, 나의 부모, 나의 자녀, 나의 배우자를 참고 인내하며 기다려 주십시오. 특별히 부부는 한 몸이라 하셨습니다(창 2:24). 하나님이 교회보다도 먼저 창조하신 것이 가정입니다. 내 가정의 한 사람을 귀히 여기는 그 마음을 하나님은 영원토록 축복하십니다.

🏛 세상에 쉽게 물드는 어린 자녀, 청년이 됐어도 뚜렷한 삶의 목표 없이 무기력하게 사는 자녀, 과거에 갇혀서 원망과 후회로 사는 부모 때문에 힘이 듭니까? 그 모든 말세의 인생이 구원을 얻을 길은 성령 충만밖에 없음을 믿습니까? 나에게는 어떤 예언과 환상과 꿈이 성령과 함께 임했습니까?

성령 충만은 구원의 역사입니다

19 또 내가 위로 하늘에서는 기사를 아래로 땅에서는 징조를 베풀리니 곧 피와 불과 연기로다 20 주의 크고 영화로운 날이 이르기 전에 해가 변하여 어두워지고 달이 변하여 피가 되리라_행 2:19~20

성령이 임한 때는 늘 환난의 때였습니다. 예수님이 이 땅에 오셨을 때도 여러 환난이 있었습니다. 마찬가지로 주님이 재림하실 때도 피와 불과 연기와 같은 여러 환난이 나타날 것입니다.

우리 인생도 그래요. 환난이 임해야 성령이 임합니다. 나의 해와 달인 재물과 건강, 배우자, 자녀, 직장 등이 어두워져야 비로소 우리가 예수님께로 시선을 돌리잖아요. 자녀 문제, 청년과 노인 문제는 어떤 인생도 피할 수 없다고 했습니다. 누구나 환난을 겪지만 하나님의 영을 받은 사람, 곧 위에 속한 사람은 그 속에서도 하늘의 기사를 보고 주의 크고 영화로운 날을 맞이하게 될 것입니다.

하지만 안타깝게도 피와 불과 연기 속에서 심판을 맞이하는 인생이 허다합니다. 그들은 땅에 속하여 땅만 쳐다보며 살기에 인생의 문제 앞에 피만 철철 흘릴 뿐입니다. 그런 한 사람을 찾아가 살리라고 하나님이 우리에게 성령을 주시고, 말씀을 주십니다. 베드로처럼 조롱당해도 끊임없이 말씀을 전한 믿음의 선배들이 있기에 오늘날 전 세계에 복음이 전파됐습니다. 우리에게도 같은 사명을 주셨습니다. 전파하는 자가 있어야 그들이 예수를 믿고 살아나지 않겠습니까.

그러면 어떻게 복음을 전해야 할까요? "예수 천국! 불신 지옥!" 목 터져라 외치면 될까요?

> 누구든지 주의 이름을 부르는 자는 구원을 받으리라 하였느니라
> _행 2:21

우리 주님은 어떤 상황에서도 구원을 이루십니다. 도무지 해결

할 수 없는 문제에 빠졌다고 해도, 피와 불과 연기 속에 있더라도 그렇습니다. 누구든지 주의 이름을 부르는 자는 구원을 받습니다.

출애굽기 15장 26절에 "너희가 너희 하나님 나 여호와의 말을 들어 순종하고 내가 보기에 의를 행하며 내 계명에 귀를 기울이며 내 모든 규례를 지키면 내가 애굽 사람에게 내린 모든 질병 중 하나도 너희에게 내리지 아니하리니"라고 하셨습니다. 하나님께서 우리를 골탕 먹이려고 해를 어둡게, 달이 변하여 피가 되게 하시는 것이 아니에요. 도리어 고난을 통해 우리를 세상으로부터 돌이켜 영화롭게 하시려는 뜻입니다.

그러므로 어떤 피와 불과 연기 속에 있더라도 주님께 돌이키기만 하면 삽니다. 누구든지 회개하고 주님을 영접하는 자는 구원을 얻을 수 있습니다. 할렐루야! 이보다 기쁜 소식이 어디 있습니까? 이것이 바로 우리가 전해야 할 복음의 내용입니다. 주의 이름을 모르는 자에게 "주의 이름을 부르라 그리하면 살리라"고 복음을 전해야 합니다.

물론 세상의 죄를 비판하고 지옥 심판도 전해야 합니다. 하지만 그것만이 복음의 전부가 아니에요. 더불어 그 해결책도 함께 전해야 합니다. "누구든지 주의 이름을 부르는 자는 구원을 받으리라"는 기쁜 소식을 함께 전해야 합니다. 그러지 않으면 상대에게는 복음이 협박으로밖에 들리지 않을 겁니다. 협박으로는 누구도 변화시킬 수 없습니다.

나의 막힌 생각이 뚫리고 막힌 관계가 뚫리는 것이 성령 충만이라고 했습니다. 이해할 수 없는 사람까지 사랑하고 용서하게 되는 것이 성령 충만이라고 했습니다. 그러니 전도한답시고 "회개하라! 독사의 자식들아" 무섭게 외치기만 해서는 안 됩니다.

간혹 핵심을 찔러 줘야 한다면서 고난당해 괴로워하는 사람 앞에서 이러는 분이 있더라고요.

"네 과거를 생각해 봐, 네가 지은 죄를 생각해 봐. 네 삶의 결론 아니겠어?"

가뜩이나 아픈 사람에게 더 큰 상처를 안겨주는 꼴이죠. 정말 이러시면 안 됩니다.

말씀으로 내 이야기를 간증하면서, 상대에게도 말씀을 가지고서 해석, 진단, 처방을 해 주는 것이 가장 효과적인 전도입니다. 내가 말씀의 능력을 확신하며 복음을 전할 때, 듣는 자에게 나의 이야기가 난곳 방언으로 들리게 될 것입니다. 그러기 위해서는 평소 구약과 신약의 약을 잘 먹으며 성령으로 충만해져야겠지요.

내가 열심히 복음을 전하는데도 상대방이 못 알아듣는다면 '내게 확신이 없거나, 전하는 능력이 없거나' 둘 중 하나입니다. 전도는 정말 소유나 학벌과는 상관없고, 확신의 문제라는 생각이 듭니다. 내게 구원의 확신이 있는지, 사기그릇 속의 자라처럼 내 신앙도 제자리 걸음만 하고 있지는 않은지 한번 돌아보세요.

제가 참 건강해 보이지 않습니까? 영생화장품을 발라서 늘 혈색이 좋고 건강해 보인다는 얘기를 자주 들었습니다. 실제로 건강하기도 했고요. 그런데 그리스도의 신비를 보여야 할 일이 왔습니다. 건강검진 결과 유방암이 발견된 것이에요. 작은 종양들이지만 부위가 넓다고 합니다. 그러나 다행히 다른 곳으로 전이되지는 않아서 여러분이 염려하실 정도는 아닙니다.

"육체의 연단은 약간의 유익이 있으나 경건은 범사에 유익하니……"(딤전 4:8a)라고 했는데, 제가 경건은 범사에 유익하다는 말씀만 붙들고 육체의 연단은 하지 않으니 하나님께서 치우치지 말라고 이런 병을 주셨다고 생각합니다. 더불어 지난 13년간 안식년 한번 지내지 않고 달려왔기에, 약간의 병을 주셔서 억지로라도 쉬게 하시려는 뜻인 줄 믿습니다. 그동안 육신을 학대한 면이 없지 않아서 잠시 쉬면서 저를 돌아보겠습니다.

요즘 우리들교회는 레위기를 묵상하고 있습니다. 제사에 쓰일 제물을 각 뜨고 내장을 불로 태우듯, 제 몸도 각 뜨고 불태워 암이 싹 없어지기를 소원합니다. 그리하여 흠 없는 제물로 하나님 앞에 향기로운 냄새가 되기를 소원합니다. 번제, 소제, 화목제, 속죄제, 속건제 잘 드리는 제사장이 되라고 잠시 제게 아픔을 주셨습니다. '여호와 라파' 하나님이 치료의 광선을 쏘아 주시기를 기도합니다. "애굽 사람에게 내린 질병 중 하나도 너희에게 내리지 아니하리라"(출 15:26) 말씀하셨으니, 그 가치관을 가지고 믿는 자로서 여러분에게 그리스도의 신비를 보이기를 원합니다.

사실 암 진단을 받았을 때 제가 가장 염려한 건 성도들입니다. 성도들이 큰일이라도 난 것처럼 걱정하실까 봐요. 여러분, 큰일 하나도 안 났습니다. 과거에도 제가 질병의 고난을 겪었습니다. 또다시 육체의 아픔을 더하셔서 아픈 지체들의 마음을 체휼하게 해 주시니 감사합니다. 하나님이 허락하신 일이니, 인생의 하프타임을 지나며 다시금 주님의 신비와 영광을 알게 하시는 하나님을 찬양할 뿐입니다.

"주의 크고 영화로운 날이 이르기 전에 해가 변하여 어두워지고 달이 변하여 피가 되리라"고 하셨습니다. 세상은 제 병을 진노의 사건으로 여기겠지요? 그러나 여러분은 이것이 애굽의 질병이 아니라 주의 크고 영화로운 날이 이르는 사건인 걸 믿고 함께 그 영광에 참여하실 줄 믿습니다.

'성령 충만'이라는 설교를 전하면서 제 병을 이야기할 수 있어서 정말 감사합니다. 예전부터 제 한계를 인정하며 왔지만, 또 한 번 한계를 인정하라고 이런 사건을 주신 것만 같아서 감사합니다. 주의 이름을 부르라고 이런 사건을 주셨습니다. 성령 충만하여 꿈을 꾸는 저와 여러분 되기를 소원합니다.

✠ 나는 피와 불과 연기의 사건에서 크고 영화로운 구원을 체험하고 있습니까? 피를 철철 흘리며 뒹굴고 있습니까? 주의 이름을 부르며 구원을 얻기를 바랍니다.

한 사람을 귀히 여겨야 우리가 날마다
사도행전을 쓸 수 있습니다.
반면에 한 사람과 막히면 지난 모든 열매가
헛것이 될 수 있습니다. 사역도 헛것이 됩니다.
하나님께서 한 사람 살리라고 자녀들은 예언하고,
청년들은 비전을 품고, 노인들은 꿈을 꾸게 하십니다.

우리들 묵상과 적용

7년을 열렬히 연애하며 결혼했건만 남편은 바람을 피우며 오래도록 저를 외롭게 했습니다. 또한 저의 모든 것을 못마땅해하며 혈기를 폭발하기 일쑤였습니다. 함께 교회에 다녔지만 성경책을 집어 던지기도 하고, 예배당에 도착할 때까지 제게 욕을 퍼붓곤 했습니다. 그러나 교인들은 남편이 이처럼 혈기 많은 사람인지 전혀 몰랐습니다. 교회에 도착한 순간부터 남편은 180도 달라지기 때문입니다. 교회 문턱을 넘자마자 다정히 제 어깨 위에 손을 올리고, 손수 커피를 타 주고, 음식도 퍼다 날라 주는 세상에 둘도 없는 좋은 남편으로 변신(?)을 했습니다. 그러니 저를 보고 '돈도 잘 벌고 다정한 남편과 살면서 왜 저 집사님은 날로 표정이 어두워지나' 모두가 의아했을 겁니다. 솔직히 털어놓자니 제 교양이 허락하지 않고 속으로만 끙끙 앓으며 지냈습니다.

제가 변하기 시작한 건 성령을 받고 목장에서 제 얘기를 내어놓은 후부터입니다. "제 남편은 바람을 피웁니다. 저는 남편의 사랑을 받지 못하는 여자입니다. 남편에게 욕을 듣고 맞기도 합니다." 말씀을 통해 저의 수치를 드러내자 오히려 평안이 찾아왔습니다. 그런데 어느 날, 제 나눔을 들은 한 남자 집사님이 "남편이 바람을 피우는 건 분명히 그 아내에게 문제가 있기 때문입니다" 하시더군요. 순간 조롱당한 것만 같아(행 2:13) '괜히 얘기했나' 후회가 밀려들었습니다. 하지만 곧 '내가 여전히 인정에 연연하는구나' 깨닫게 됐습니다.

또 하루는 목장에서 "남편이 내게 '열여덟 X'라고 욕을 했다"고 나누었더니 갑자기 한 집사님이 울음을 터뜨리셨습니다. 이유를 물으니 "저만 남편에게 그런 욕을 듣고 사는 것 같아서 죽고 싶었는데 S대 나온 목자님도 그렇다 하니 이제는 어떤 욕도 잘 들을 수 있겠다" 하셨습니다. 그때 깨달았죠. '나를 제물로 각 떠 번제로 드리는 것이 나의 사명이구나, 이것이 하나님이 가장 기뻐하시는 일이구나!'

이처럼 제가 교양을 버리고 사명을 따라 살고자 하니 하나님께서 인생에 구원의 샘이 흘러넘치게 하십니다. 몇 년 전엔 큰아들이 여자 친구와 교제하다가 혼전 임신을 한 사건이 일어났습니다. 갑작스러운 고난에 마음이 낮아진 아들은 울면서 남편에게 그 소식을 알렸습니다. 그런데 놀랍게도, 남편은 "내 죄로 인한 일"이라면서 아들의 사건을 통해 자신의 죄를 인정했습니다. 저는 아들에게 진노의 사건이 아님을 알려 주고 아들의 여자 친구에게는 복음을 전했습니다. 그러자 또다시 놀랍게도 여자 친구가 복음을 받아들이고 예배를 사모하게 됐습니다. 할렐루야! 부족한 저를 구원의 일에 쓰임받게 해 주시는 하나님, 사랑합니다.

영혼의 기도

하나님 아버지, 성령 충만을 설명하기 위해 우리의 간증을 전할 때 조롱과 수치를 당할 수 있다고 말씀하십니다. 그렇더라도 부드럽고 평안하고 쉬운 말로 열 번이라도 다시 설명해 줘야 하는데 그러지 못하는 것이 우리의 현실입니다.

저 역시 성령의 충만함으로 사역했다고 하지만 오직 성령의 힘으로만 한 것은 아니기에 하나님께서 그 책임을 물으셨다고 생각합니다. 제게 암이라는 질병을 주셔서 인생의 한계를 다시 한 번 겪게 하십니다. 이 땅에서 잘 서 있기를 제가 늘 간절히 기도했기에 그 기도에 대한 응답이라고 믿습니다. 이 사건을 통해 말세를 사는 인생임을 다시금 깨닫게 하시고, 무엇을 회개해야 하는가 생각하게 하시니 감사합니다. 성령은 피와 불과 연기 속에서 임한다고 하셨으니, 이 고난을 통하여 다시 한 번 저를 돌아보겠습니다. 이 사건이 하나님이 쓰시는 사건이 될 줄 믿습니다. 아픈 지체들의 친구가 되어 함께 가라고 이 일을 허락하셨다고 믿습니다.

저를 직시하며 입으로만 하는 회개가 얼마나 많았는가 돌아보게 됐습니다. 이 피와 불과 연기를 지나며 하나님이 기뻐하시는 제사장이 되기를 소원합니다. 저 자신을 번제, 소제, 화목제, 속죄제, 속건제의 제물로 내어놓는 제사장이 되기를 간절히 소원합니다.

우리 성도들에게 성령이 임하여, 그들이 성령 충만함으로 저의 사건을 잘 해석할 수 있도록 도와주옵소서. 각자의 자리에서 말씀이 난 곳 방언으로 들려 나도 살고 남도 살리는 성도들이 되기를 간절히 소원합니다. 주님, 질병의 고통에 신음하는 주의 성도들을 돌아봐 주옵소서. 그들이 주의 말씀으로 살아날 수 있도록 역사하여 주옵소서. 예수님 이름으로 기도드립니다. 아멘.

Chapter 7

잘 살고 잘 죽고 잘 살아나는 법

: 성령의 설교

사도행전 2장 22~36절

하나님 아버지, 부족하고 형편없어도
성령의 설교를 전하는 우리가 되기를 원합니다.
말씀하여 주옵소서. 듣겠습니다.

'성령 충만'이라는 제목으로 베드로의 오순절 설교 본문을 강해하며 제 암 소식을 전했습니다. 이후 강단에 다시 섰지만 곧바로 사도행전 강해를 이어 가지는 않았습니다. 계시록과 열왕기상 말씀을 전했고, 순서대로라면 열왕기하 말씀을 설교했어야 합니다. 그런데 고민이 되었습니다. 열왕기하는 하나님께 범죄한 남유다와 북이스라엘 왕국의 멸망 이야기를 다루고 있습니다. 계속 망하는 이야기를 전해야 하는데, 성령 없이는 참 듣기 힘든 설교 아니겠습니까? 그래서 성령을 받자는 의미로 다시 사도행전 설교를 이어 가게 됐습니다.

성령이 임하자, 혈기 충천하고 무식했던 베드로가 '성령의 설교'를 합니다. 성령의 설교는 어떤 것인지 본문을 통해 다섯 가지로 살펴보겠습니다.

성령의 설교는 잘 들립니다

이스라엘 사람들아 이 말을 들으라……_행 2:22a

본문의 오순절 설교는 베드로의 첫 공식적인 설교입니다. 하나님의 약속과 성취, 그리스도의 죽음과 부활, 승천에 대해 다루고 있죠. 베드로는 예수님께 들은 구속사로 구약성경을 해석하며 유대인들이 십자가에 못 박은 예수를 하나님이 어떻게 주와 그리스도가 되게 하셨는지 전합니다. 이와 같이 오직 예수님만을 전하는 설교가 성령의 설교입니다.

성령 충만한 자의 특징은 예수님에 대해 말하지 않고는 견딜 수 없다는 것이에요. 그래서 베드로도 "모든 사람들아"(행 2:14), "이스라엘 사람들아"(행 2:22), "형제들아"(행 2:29) 하고 주의를 끌면서 청중에게 "들으라" 합니다.

본문에서는 특별히 '이스라엘 사람'에게 '들으라' 합니다. 하나님의 백성이고 성경에 박식한 이스라엘 사람들이 성령의 역사에는 무지하기 때문입니다.

하지만 내가 "들으라" 한다고 상대가 나의 말에 귀 기울이는 것은 아니잖아요. 내 말을 듣기는커녕 성령받지 못한 어떤 사람들은 무작정 복음을 공격하기도 합니다. 그럴 때 우리는 분이 나서 못 견딥니다. 그러면 어떻게 '잘 듣게' 할 수 있을까요?

답은 간단합니다. 내가 먼저 잘 들으면 됩니다. 내가 먼저 주의 말씀을 잘 듣고 상대의 얘기를 잘 들어 주면 됩니다. 그러면 상대방이 나를 딱 신뢰하고 내 말에 귀 기울이게 되지요. 그래서 저는 여러분이 목장에 꼭 가시길 권해요. 목장에서 지체들과 삶을 나누면서 저절로 듣는 훈련이 되지 않습니까? 또 다양한 사람과 부대끼면서 대인관계도 배우게 됩니다. 목장에서 끊임없이 연단을 받다 보면 어디에서도 잘 듣고, 잘 전하고, 잘 들리게 하는 우리가 되리라고 믿습니다.

성경의 마지막 책인 요한계시록 역시 "성령을 힘입어 교회가 하는 말씀을 '들으라'" 하며 끝맺습니다(계 22:17~19). 말씀을 잘 듣는 것이 잘 전하는 비결이기 때문입니다. 제가 성령으로 충만할 때에 하나님께서 항암이라는 산으로 저를 연단하신 것은 '이제는 잘 듣고 성령이 말하게 하신 바만 따라서 설교하라', '네 말, 네 힘으로 설교하지 말고 오직 예수님만 전하라, 성령의 설교를 하라'는 뜻이었습니다.

베드로처럼 조롱받아도 모든 부류의 사람에게 성령의 설교를 전하는 저와 여러분이 되기를 기도합니다.

🕯 나는 성령의 설교가 잘 들립니까? 잘 안 들린다면 설교자가 설교를 잘하지 못해서입니까, 내가 성령받지 못해서입니까?

🕯 목장에서 나의 아픈 이야기까지 잘 나누고, 남이 듣기 싫은 이야기를 해도 잘 듣습니까? 그렇다면 나는 성령을 받은 것입니다.

성령의 설교는 잘 살게 합니다

……너희도 아는 바와 같이 하나님께서 나사렛 예수로 큰 권능과 기사와 표적을 너희 가운데서 베푸사 너희 앞에서 그를 증언하셨느니라_행 2:22b

22절부터 24절까지는 베드로가 전하는 복음의 핵심 내용이라 할 수 있습니다. 베드로는 자신이 말하려는 바를 예수님의 삶을 통해 설명합니다. 예수님의 삶이 우리에게 가장 좋은 본이 되기 때문입니다.

특별히 베드로는 "너희도 아는 바와 같이"라고 말하며 본론으로 들어가고 있습니다. 복음을 전할 때도 전략이 필요합니다. 내가 복음에 대해 더 잘 안다고 무턱대고 결론 내리고 내 목소리만 높여선 안 됩니다. 상대가 복음을 이해하고 받아들일 수 있는 접촉점을 찾아 점진적으로 설득해 가야 하죠. 예수님을 세 번 부인하고 회복된 후에 베드로에게 이런 지혜가 생겼습니다.

예수님을 전하는 말에서도 그의 지혜가 돋보입니다. 사랑하는 주님에 대해 그가 증언하는 첫마디는 '나사렛 예수'입니다. "하나님께서 목수의 아들이요, 멸시받는 나사렛 동네에서 자란 예수님에게 큰 권능과 기사와 표적을 베풀게 하셨다"라고 말하죠. 유대인들이 예수님을 비하하려고 흔히 사용했던 '나사렛'이라는 지명을 언급하며, 예수님이 유대인들에 의해 고초를 당한 사실을 강조합니다.

'큰 권능과 기사와 표적'이라는 표현도 그래요. 세 단어가 결합된 이 말은 예수님의 사역에 대해서만 쓰인 고유한 표현입니다. 예수님이 메시아이심을 강조하는 말이죠.

하나님께서 예수님을 통해 큰 권능과 기사와 표적을 베푸심으로 하나님은 예수님을, 예수님은 하나님을 증언하셨습니다. 베드로는 성령님을 힘입어 그 사실을 증언하고 있습니다. 어디서나 삼위일체로 일하시는 하나님입니다.

권능의 본질은 하나님의 위대한 능력을 보이는 것입니다. 기사의 효력은 놀라움을 불러일으키는 것이고, 표적의 목적은 눈에 보이지 않는 영적인 진리를 드러내는 것입니다. 주님은 승천하신 뒤에도 성령님을 통해 우리 삶에 큰 권능과 기사와 표적을 행하고 계십니다.

유대인들이 나사렛 출신이라는 이유로 예수님을 멸시했듯 저 역시 무시당할 만한 것투성이입니다. 그러나 주님은 제게도 큰 권능과 기사와 표적을 베풀어 주셨습니다. 암이라는 고난을 통해 주님이 제게 어떻게 역사하셨는지, 베드로처럼 저도 예수님의 이야기를 좀 하겠습니다. 여러분도 이 말을 들어 보세요.

세상은 심판이라 여길 암 사건을 겪으면서 저는 내 현재의 이유를 깨닫게 됐습니다. 이것이 하나님이 제게 베푸신 큰 권능입니다. 암이 발견된 후 '내 열심과 내 힘으로 인내한 부분이 있어서 하나님께서 책임을 물으셨구나……' 저를 돌아보게 되었어요. 뭐든지 내 힘으로 하는 것은 죄입니다.

이후 항암을 하며 참 고통스러웠습니다. 그런데 힘들수록 말씀이 더 깊이 깨달아지는 것 아니겠습니까. 이것은 정말 놀라운 기사였습니다. 암이 나은 것보다 암을 잘 해석하며 가는 것이 제게는 기적이었습니다. 영적 진리인 말씀이 제게 표적이 된 것입니다.

제가 암 소식을 전하던 날 설교 본문은 "주의 크고 영화로운 날이 이르기 전에 해가 변하여 어두워지고 달이 변하여 피가 되리라"(행 2:20)는 말씀이었습니다. 누군가에게는 암에 걸린 것이 달이 변하여 피가 되는 진노의 사건이겠지요. 그러나 "누구든지 주의 이름을 부르는 자는 구원을 받으리라"(행 2:21) 하셨습니다. 그 말씀을 따라 제 암이 구원의 권세가 되어서 그리스도의 신비를 보이게 해 달라고 성도들에게 기도를 요청했습니다. 그리고 성도들의 기도가 응답되어 과연 암을 통해 그리스도의 신비를 보이며 부활의 영광을 드러내게 하셨습니다.

우리는 하나님의 능력을 외적인 것에만 국한하여 생각하곤 합니다. 외적으로 형통해야 은혜를 누리며 살고 있다고 여기죠. 하지만 그보다는 내적인 깨달음이 더 중요합니다. 하나님의 말씀으로 내 현재의 이유를 깨달아야 암에 걸렸어도 잘 사는, 진정한 권능과 기사와 표적을 맛보게 되는 겁니다.

항암의 고통 속에서도 제가 깨달은 말씀을 나누며 여전한 방식으로 살았더니 주님은 외적인 권능과 기사와 표적도 보여 주셨습니다.

항암이 끝난 뒤 '찬송'이라는 제목으로 룻기 4장 말씀을 설교하던 날, 자연임신이 거의 불가능하다던 아들 내외에게 아이가 생겼다는 소식을 들었습니다. 당시 설교를 따라 태명을 '찬송'이라 짓고, 3월에 잉태된 아이라고 '삼월이'라고도 불렀습니다. 조금은 여성스러운(?) 태명대로 하나님은 딸을 주셨습니다. 주신 말씀을 따라서 구속사의 주인공 '유다'와 태명인 '찬송'을 합쳐 '유송'이라고 손녀 이름을 지었습니다.

유송이가 세상의 빛을 보기까지 역경도 많았습니다. 기형아 검사 결과 고위험군이라고 했습니다. 나중에는 양수과다증이라 위험하다고 했습니다. 그래도 아이를 낳을 것이기에 이후론 어떤 검사도 하지 않았습니다. '하나님이 하실 일을 보이라고 이런 고난을 주시는구나' 깨달아지고, 노산이기도 해서 기도가 간절히 나왔습니다. 그렇게 하루하루 기다렸더니, 하나님께서 건강한 아이를 주셨습니다. 때마다 요동하지 않고 기도하면서 왔기에 이런 권능과 기사와 표적을 보이셨다고 생각합니다.

여러분 중에도 비슷한 고난에 처한 부부가 있을 것입니다. 흔들리지 말고 말씀을 붙들며 기도하시기를 바랍니다. 그러면 하나님께서 건강한 아이를 주기도 하시고, 그리 아니하셔도 끝까지 인도하실 것이에요. 어떤 일이 있어도 생명은 낳아야 합니다.

🕯 내 삶을 통해 모두에게 보이신 하나님의 권능과 기사와 표적은 무엇입니까? 즉, 베드로처럼 예수님만 전하며 하나님 능력과 놀라움과 말씀의 표적을 보인 일이 있습니까?

성령의 설교는 잘 죽게 합니다

잘 사는 것이 잘 죽는 길입니다. 앞서 예수님보다 좋은 삶의 본보기가 없다고 했지요. 그렇다면 잘 사신 예수님은 어떻게 죽으셨는지 한번 보겠습니다.

그가 하나님께서 정하신 뜻과 미리 아신 대로 내준 바 되었거늘 너희가 법 없는 자들의 손을 빌려 못 박아 죽였으나 _행 2:23

예수님처럼 우리가 권능과 기사와 표적을 보이며 잘 산다고 세상이 하나님의 능력을 인정하는 것은 아닙니다. 오히려 세상은 권능과 기사와 표적을 행한 예수님을 못 박아 죽였습니다. 그러나 그 모든 것은 성부 하나님께서 예정하신 구속 계획을 따라서 이루어진 일이었습니다. 아버지가 정한 뜻이 있어서 아들을 죽는 데 내어 준 것입니다. 성자 예수님은 근본 하나님의 본체시나(빌 2:6), 우리를 사랑하시므로 성부 하나님의 의지에 철저히 복종하셨습니다.

그런데 왜 유대 지도자들은 권능을 베푸신 예수님을 그토록 죽이려 했을까요? 예수께서 실제 삶으로 말씀을 가르치시니까 수많은 백성이 그분을 따랐습니다. 유대 지도자들에게 그런 예수님이 얼마나 눈엣가시였겠습니까. 삶으론 예수님을 따라갈 수 없고, 가만두자니 기득권을 뺏길 것만 같으니까 죽이는 것밖에는 길이 없다고 생각했습니다.

북이스라엘 왕가의 아합과 이세벨이 그랬습니다. 하나님의 선지자 엘리야를 위협하고, 말씀의 원칙을 따라 사는 나봇을 죽였습니다.

우리도 그렇지 않습니까? 예배에 참석해 설교를 듣는 것까진 좋은데, 목장엔 가기 싫습니다. 목장에 속하면 내 삶을 오픈해야 하고 말씀대로 살아내야 할 것만 같습니다. 적당히 경건의 모양만 내고 싶고 말씀을 삶에까지 연결시키고 싶지는 않습니다. 불편합니다.

유대 지도자들은 그 불편함이 살의로까지 발전했습니다. 창조주 예수님은 그들의 완악함을 다 아시고도 순종하셨습니다. 하나님이 정하신 뜻대로 죽으셨습니다.

성도의 삶도 그래요. 구원을 위해서 알면서도 죽어야 하는 일이 얼마나 많은지 모릅니다. 집회를 다니다 보면 우리들교회 성도들의 간증을 듣고 살아나셨다는 분을 종종 만납니다. 그 간증들도 사실은 다 죽어진 이야기입니다.

잘 사는 것이 잘 죽는 길이라 했습니다. 그러면 어떤 삶이 잘 사는 삶입니까? 스펙·학벌·재물을 쌓으면 잘 살다가 잘 죽게 될까요? 그렇지 않습니다. 십자가에 못 박히는 것이야말로 가장 잘 사는 길입니다. 죽은 자도 살리는 능력을 지니신 예수님께서 세상을 위해 하신 일이 무엇입니까? 십자가를 지셨습니다. 나의 대단함을 보여 주는 것이 권능이 아니에요. 사랑하고 인내하고 희생하며 죽어지는 것이 진정한 권능입니다. '내가 얼마나 사랑했고, 얼마나 인내했고, 얼마나 희생했고, 얼마나 죽어졌는가?' 이것이 '내가 얼마나 잘 살았는가'를 가늠하는 지표입니다.

그러므로 아내가 더 똑똑하고 돈을 잘 번다고 능력 없는 남편을 무시하고 바람피운 남편을 버려서는 안 됩니다. 그런 아내는 바보입니다. 똑똑한 아내가 모자란 남편을 섬기는 것이 죽는 길 같아도 오히려 사는 길입니다. 남편에게 복종하는 것이 여자의 면류관입니다. 왜냐하면 '여자의 머리는 남자요, 남자의 머리는 그리스도'이기 때문입니다(고전 11:3). 그것이 성경의 원리입니다.

남자들도 그래요. 남자에게는 일이 우상인데, 상사를 오직 능력으로 판단하면서 무시하는 사람이 많습니다. 그런 사람도 바보라 이 말입니다. 무능한 부모, 완악한 남편, 권위적인 상사에게 내가 순종하며 죽어지면, 다른 사람들이 그런 나를 통해서 주님의 권능과 기사와 표적을 보게 될 것이에요. '와, 인간의 힘으로는 못 참아 줄 저 상사를 김 대리는 어떻게 저리 웃는 얼굴로 대할 수 있을까?' 하면서 모두가 놀라지 않겠어요? 그러니 기사입니다. 또, '예수 믿는 사람은 뭔가 달라!' 하면서 주님의 권능과 말씀의 표적을 보게 될 것입니다.

하나님은 늘 질서를 통해 우리를 훈련하십니다. 질서와 관계에 순종하는 것. 이것이 곧 죽는 것이고, 리더십의 전부라고 해도 과언이 아닙니다. 세상도 결국 그런 사람에게 점수를 주게 돼 있습니다. '너, 틀렸어!' 하며 만날 상사를 고발하며 자리를 박차고 나가는 사람을 누가 신뢰하겠어요?

하지만 우리는 잘 순종하지 못합니다. 성령이 임하지 않으면 못 죽습니다. 이런 설교도 성령이 임하지 않으면 못 듣습니다. "뭐라고요? 목사님이 내 남편이랑 살아 봤어요?", "목사님이 우리 사장을 알아요?" 이런 푸념을 늘어놓는 성도가 우리들교회에도 얼마나 많은지 몰라요.

그래서 우리에겐 예수님이 죽어 주신 이야기, 성령의 설교가 날마다 필요합니다. 자신을 내어 주기까지 우리를 사랑하신 주님의 말씀을 날마다 들어야 해요.

특별히 주님은 가정의 중요성에 대해 얼마나 강조하셨는지 모릅니다. 하나님은 교회보다 가정을 먼저 창조하셨습니다. 잘난 가인이 아니라 다른 씨 셋을 통해 믿음의 가정을 세우시고 약속의 계보를 이어 가게 하셨습니다. 그리고 "그 때에 사람들이 비로소 여호와의 이름을 불렀더라"(창 4:26)고 했습니다. 그러므로 어떤 모멸을 받을지라도 가정을 지켜 내야 합니다. 그것이 남는 장사입니다. 아무리 내가 잘나가도 가정을 버리면 밑지는 장사입니다. 앞으로 남을지는 몰라도 뒤로는 자손 대대로 밑지는 겁니다. 이 땅에서 가정을 지키는 것보다 더 중요한 프로젝트는 없습니다.

누구도 대신해 줄 수 없는 투병의 시간을 지나면서, 저 역시 죽어짐을 배웠습니다. 무서운 남편과 살며 죽어졌다고 생각했는데, 무서운 항암의 고통을 마주하면서 죽어질 부분이 또 보였습니다. 저의 또 다른 모습을 직면하게 된 것입니다.

초기이긴 하지만 종양이 곳곳에 흩어져 있어서 아주 고약한 암이라고 했습니다. 독한 항암제를 여섯 번이나 맞는, 듣기만 해도 무시무시한 치료를 받았죠. 암이 구원의 권세인 걸 믿지만, 너무 아프고 늘 갇혀 있다 보니 힘들고 외로웠습니다. 그러면서 암에 걸린 분들을 생각하게 되었습니다.

같은 암이라도 항암치료를 하느냐, 안 하느냐에 따라 겪는 고통의 정도가 다릅니다. 항암의 고통은 이루 말할 수 없었습니다. 이전에 알던 것과는 또 달랐습니다. 24시간 통증이 지속되며 잠도 오지 않는, 실제적인 고통을 제가 경험했습니다.

그러면서 항암보다 높은 산이 바로 저 자신임이 깨달아졌습니다. '내게 사랑이 없었구나, 힘든 분들을 공감하는 마음이 참 부족했구나……' 깨닫게 되었습니다. 제 사랑의 깊이가 너무 얄팍했습니다.

여러분, 제가 좀 온유해 보이지 않나요? 뭐든지 잘 참을 것 같고 얼굴만 봐도 '김인내'라고 쓰여 있습니다. 그런데 말이죠, 사실 내가 구원 때문에 참는 것인지, 사람이 무서워서 참는 것인지 헷갈려서 해야 할 말을 하지 못할 때도 많았어요. 그러고는 그것을 사랑이라고 착각했습니다. 물론 사랑해서 그런 것도 맞아요. 하지만 때로는 단호해야 하는데, 할 말을 못 하고 화내지 않는 걸 사랑이라고 굳게 믿은 것이에요. 그 모든 것이 참사랑이 아니었음을 고통 속에서 깨달았습니다. 하나님께서 항암으로 저를 다루지 않으셨다면 아마 깨닫기 어려웠을 것입니다.

설교를 전하는 사람은 그 말씀에 책임을 져야 하고, 그 길엔 끝이 없음을 새삼 깨달았습니다. 제가 전한 만큼 살지 못했는데, 바쁘니까 미처 저를 돌아보지 못했어요. 암을 앓으며 무인지경(無人之境)이 되고서야 비로소 저 자신을 직면하게 되었습니다. '사람의 방언과 천사의 말을 할지라도 사랑이 없으면 울리는 꽹과리가 된다'고 했습니다(고전 13:1). '그동안 내가 꽹과리를 울리고 있지 않았나…….' 주님께서 생각지 못한 회개를 하게 하셨습니다. 레위기와 민수기 말씀을 통해서는 '네 몸과 마음을 각 뜨고 화제를 드리고 번제를 드리는 시간이 필요하다'라고 말씀해 주셨습니다.

나 자신을 깨닫는 것이 가장 죽는 길 아니겠습니까? 저도 자신을 직면하기가 정말 힘들었습니다. 인정하기 어려웠지만 제가 전한 말씀만큼 제 삶이 따라오지 못하는 걸 보게 됐어요. '주님 뜻대로 살아왔는데 왜 나를 이토록 아프게 하시는가' 의문도 없지 않았는데, 이렇게 아픔을 겪어야 말씀의 거울 앞에 자신을 직면하게 되나 봅니다.

사랑하는 아들 압살롬이 반역했을 때 다윗이 무엇을 할 수 있었 겠습니까? 아무것도 할 수 없어서 자신을 직면했을 것이에요. 그저 '불쌍히 여겨 주옵소서' 기도할 수밖에 없었을 것입니다. 그것이 최고 의 기도라는 걸 항암을 통해 제가 체험했습니다.

그저 아프다가 끝날 고난일 수 있었습니다. 그러나 항암보다 높 이 솟은 산이 저 자신이라는 사실을 깨달은 후로 힘든 항암도 이기기 가 쉬워졌어요. 과연 잘 죽어지는 것이란 무엇인지 스스로 돌아볼 기 회를 하나님께서 주셨다고 생각합니다.

유다 백성에게 회개를 외치던 예레미야 선지자는 끝내 멸망한 예루살렘 성을 바라보며 이렇게 울부짖었습니다.

"활을 당겨 나를 화살의 과녁으로 삼으심이여 화살통의 화살들 로 내 허리를 맞추셨도다"(애 3:12~13).

과거 아우슈비츠에서 학살당한 유대인들은 이 시를 읽으며 자신 들의 고난을 생각했다고 합니다. 그러나 그 아픈 역사를 지나고도 유 대인들은 자신을 돌아보기는커녕 여전히 예수님을 부인합니다. 실제 죽임을 당했는데도 여전히 죽어지지 못합니다. 예수님의 고향 식구 들 아닙니까? 그런데 너무 잘살고 잘나서 성령의 설교가 도무지 들리 지 않습니다. 나사렛 예수의 권능을 무시합니다.

비단 유대인들만 그런 것이 아니에요. 몇십여 년 전만 해도 세 계 최대 빈민국이던 대한민국이 이제는 세계 10위권 경제 대국이 되 었습니다. 우리나라가 이만큼 잘살게 된 것은 이름 없는 선교사 한 사 람이 이 땅에 예수씨를 심었기 때문입니다. 그런데 배부르고 등 따스해지니 유대인들처럼 그 은혜를 다 잊어버렸습니다. 죽음 같은 일제 강점기 수난을 겪고도 기독교를 개독교라 부르며 예수님을 무시합니다. 하나님이 세우신 질서보다 인권이 왕 노릇 하는 세상이 됐습니다. 이러다 어렵게 이룬 민주주의를 잃어버리게 될까 봐 염려됩니다. 우리가 무엇을 회개해야 할까요?

🔖 하나님께서 정하신 뜻을 알고도 내가 죽어지지 못하고 고집을 부리는 일은 무엇입니까?

성령의 설교는 다시 살아나게 합니다

하나님께서 그를 사망의 고통에서 풀어 살리셨으니 이는 그가 사망에 매여 있을 수 없었음이라 _행 2:24

고통의 원어에는 '사냥꾼의 덫'이란 뜻이 있습니다. 이 땅에서 가장 큰 고통은 사망입니다. 이 세상은 우리를 삼키고자 입을 쩍 벌리고 있는 거대한 공동묘지와도 같습니다. 그 넓은 사망의 덫에서 풀려날 수 있는 사람은 아무도 없습니다. 우리를 풀어 살리실 수 있는 오직 한 분은 하나님뿐입니다.

그리스도의 부활은 사망에 대한 승리 선언입니다. 베드로는 예수님의 부활을 다윗의 부활 신앙과 연결하여 설명합니다.

25 다윗이 그를 가리켜 이르되 내가 항상 내 앞에 계신 주를 뵈었음이여 나로 요동하지 않게 하기 위하여 그가 내 우편에 계시도다 26 그러므로 내 마음이 기뻐하였고 내 혀도 즐거워하였으며 육체도 희망에 거하리니 27 이는 내 영혼을 음부에 버리지 아니하시며 주의 거룩한 자로 썩음을 당하지 않게 하실 것임이로다 28 주께서 생명의 길을 내게 보이셨으니 주 앞에서 내게 기쁨이 충만하게 하시리로다 하였으므로_행 2:25~28

25절부터 28절까지는 다윗의 시인 시편 16편을 인용한 말씀입니다.

다윗은 "항상 내 앞에 계신 주를 뵈었다"고 합니다. 다윗은 십 대 나이에 만군의 여호와의 이름으로 나아가 블레셋 거인 장수인 골리앗을 물리쳤습니다. 그러나 사울 왕의 시기를 받고 도망자 신세로 전락하고 말죠. 서른 살에 이스라엘 통일왕국의 왕이 되기까지, 열다섯 광야를 거치며 도피 생활을 이어 갔습니다. 와중엔 대적들이 보는 앞에서 침을 흘리며 미친 사람처럼 행세하여 겨우 목숨을 부지한 일도 있었습니다. 왕위에 오른 뒤엔 그만 유혹에 넘어져 간음에 살인까지 저질렀습니다. 그 일로 하나님께 징계를 받고 분수령적인 회개를 했습니다. 그러나 이후로도 시련은 끊이지 않았습니다. 가장 사랑하는 아들 압살롬이 반역을 일으켜 성을 버리고 맨발로 울며 피신하는 수치를 겪죠.

그런데도 다윗은 "항상 내 앞에 계신 주를 뵈었다"고 고백했습니다. 어찌 그럴 수 있습니까? 다윗에게 하나님만이 상급이 되었기 때문입니다. 이것이 바로 부활 신앙이요, 다시 살아나는 고백입니다.

다윗이 고초를 겪을 때마다 그의 앞에 계신 하나님이 늘 도와주셨습니다. 그럼에도 압살롬이 반역했을 때는 다윗이 앞에 계신 주님을 보기가 정말 어려웠을 것 같아요. 눈에 넣어도 아프지 않을 아들이 내게 칼을 겨눕니다. 이길 수도, 질 수도 없는 싸움입니다. 다윗이 구속사를 깨닫기까지 압살롬이 가장 수고했다고 봅니다. 여러분에게도 이처럼 죽일 수도, 살릴 수도 없는 식구가 있습니까?

우리들교회의 한 권사님은 조현병을 앓는 막냇동생을 20년이나 돌봤습니다. 그 세월이 얼마나 고달팠는지 "밭 가는 자들이 내 등을 갈아 그 고랑을 길게 짓는"(시 129:3) 고통이었노라고 고백하셨습니다. 그러나 권사님은 그 고난을 통해 주님을 깊이 만나고서 이미 이긴 싸움이라는 확신을 가지게 되셨답니다. 본문 28절 말씀처럼 주께서 권사님에게 생명의 길을 보이신 것입니다. 이제는 자신의 고난을 약재료 삼아 많은 사람을 주께로 인도하는 사명을 감당하고 계십니다.

예수님을 믿는다고 힘든 식구들이 당장에 예뻐 보이진 않지요. 죽일 수도, 살릴 수도 없는 그 한 사람을 날마다 대면하는 건 죽음과도 같은 고통입니다. 그래도 믿음의 공동체에 잘 붙어 가는 것이 다시 살아나는 최고의 비결이라 믿습니다. 그래야 내 앞에 계신 주님을 볼 수 있기 때문이에요. 공동체 지체들과 함께 날마다 말씀과 간증을 보고 듣다 보면 어느 날 육신의 둑이 터지고 주님을 보는 날이 올 줄 믿습니다.

베드로 역시나 부족해도 항상 앞에 계신 주를 바라보았습니다. 그는 누구보다 가까이에서 예수님의 삶을 목격하고도 세 번이나 예수님을 부인했습니다. 사명을 뒤로하고 다시 물고기를 잡으러 돌아가기도 했습니다. 그러나 갈릴리 바닷가로 찾아오신 예수님 앞에서 "내가 주님을 사랑하나이다" 고백하고 돌이킨 뒤 성령의 설교를 전하는 사도로 거듭났습니다. 이후로는 복음을 전하다가 감옥에 갇히는 등 수많은 시련을 겪었습니다. 전승에 의하면 베드로는 "늙어서는 네 팔을 벌리리라"(요 21:18)는 예수님의 예언대로 네로 황제 때 십자가에 거꾸로 못 박혀 순교했다고 합니다.

성령 충만하다가도 육신의 근심이 충만해질 수 있습니다. 소망에 가득 찼다가도 절망이 넘칠 수 있습니다. 다윗의 인생만 보아도 그렇잖아요. 그러나 그때마다 믿음의 주요, 또 온전하게 하시는 이인 예수를 바라보면 다시 살아날 줄 믿습니다(히 12:2).

〈교회오빠〉의 주인공이자 우리들교회 집사였던 고(故) 이관희 집사님이 생전 투병하실 때 이런 얘기를 나누어 주셨습니다.

죽음에 자유로우면 모든 것에 자유로울 줄 알았어요. 하지만 그렇지 않더군요. 죽음은 하나님 앞에 서는 것이고 제게 주신 사명이기도 합니다. 이 죽음에는 제가 참 자유한데 실생활에선 작은 일에도 염려가 됩니다.

하루는 아버님을 뵈러 병원에 가면서 문득 이런 걱정이 들었어요.

'아버님보다는 내가 더 살아야 하는데, 내가 먼저 하늘나라에 가면 아

버님 가시는 마지막 길을 누가 지킬까…….'
죽음이라는 태산 같은 고난에 비하면 사소한 고민이지만 결코 무시할
수 없는 실질적인 두려움이기도 합니다. 요즘은 이런 고민을 하나님
앞에서 솔직히 토해 내고 있어요.

이야말로 "내 앞에 계신 주를 보는" 적용이라고 생각합니다. 예
수를 믿어도 우리가 작은 돌부리에 얼마나 쉬이 걸려 넘어집니까. 낙
심하지도, 자책하지도 말고 주님을 붙드시기를 바랍니다.

> 형제들아 내가 조상 다윗에 대하여 담대히 말할 수 있노니 다윗이
> 죽어 장사되어 그 묘가 오늘까지 우리 중에 있도다_행 2:29

다윗은 "내가 항상 내 앞에 계신 주를 뵈었음이여 나로 요동하지
않게 하기 위하여 그가 내 우편에 계시도다"라고 고백했습니다. 여기
서 '나'는 누구를 말합니까? 또 27절에 음부에 버려지지 아니하고 썩
음을 당하지 않는 '거룩한 자'는 누구를 가리킬까요? 다윗의 시니까
다윗을 의미할까요? 다윗은 이미 죽었습니다. 그가 죽어 장사되어 그
묘가 오늘까지 우리 중에 있다고 합니다.

> 30 그는 선지자라 하나님이 이미 맹세하사 그 자손 중에서 한 사람
> 을 그 위에 앉게 하리라 하심을 알고 31 미리 본 고로 그리스도의 부
> 활을 말하되 그가 음부에 버림이 되지 않고 그의 육신이 썩음을 당

하지 아니하시리라 하더니 32 이 예수를 하나님이 살리신지라 우리
가 다 이 일에 증인이로다 _행 2:30~32

다윗 자신의 이야기가 아닙니다. 이미 천 년 전에 다윗은 예수 그
리스도께서 죽으시고 부활하실 것을 보았습니다. 하나님께서 다시
살리신 그리스도를 '미리' 본 고로, '미리' 이야기한 것이죠.

그렇습니다. 시편에서도 예수 그리스도의 부활을 예언했습니다.
그리고 그 말씀대로 성취되어 다윗이 미리 본 그리스도의 부활을 베
드로가 목격하고 전합니다. 이처럼 미리 알고 보고 기록한 말씀을 나
도 보고 알고 깨달아서 전하는 것이 성령의 설교입니다.

하나님께서 예수님을 살리실 것을 다윗은 미리 알았고, 베드로도
알고, 우리도 알게 됐습니다. 그러므로 우리가 다 이 일의 증인입니다.

베드로와 제자들은 부활하신 주님을 직접 보았지만, 그분의 능
력에 대해선 잘 몰랐습니다. 그런데 오순절 성령 강림을 통해 주님이
자신의 능력을 나타내사 제자들에게 성령의 권능을 허락하셨습니다.
그리고 그 권능은 오직 교회를 위해 주신 것이었습니다. 예루살렘과
온 유대와 사마리아와 땅 끝까지 이르러 부활의 증인이 되라고 주신
것이었습니다. 우리도 그런 부활의 증인으로 살아가야 합니다. 인생
이 짧습니다.

그런데 베드로가 성령의 권능을 받고 전하는 첫 설교의 내용이
무엇입니까? 다시 사신 그리스도, 예수의 부활입니다. 이것이 바로 성
령의 설교의 핵심입니다. 이 다시 사는 부활을 전하라고 오순절 성령

강림 사건도 허락하신 것이에요. 예수 그리스도의 삶과 십자가 죽음과 부활을 말하지 않는다면 성령의 설교라고 할 수 없습니다. 신유나 방언 같은 체험만 강조한다면 기복적인 성령 운동 설교밖에 안 됩니다.

그렇다면 우리도 예수님이 나를 위해 죽으시고 사흘 만에 살아나서서 구원자가 되셨다는 걸 외쳐야 하지 않습니까? 굳이 강요하지 않아도 성령이 임한 사람은 저절로 외치게 됩니다. 예수님에 대해 한마디 외칠 말이 없다면 아직 나는 성령받지 못한 겁니다. 부활의 주님을 만나지 못한 것이에요.

"이 천국 복음이 모든 민족에게 증언되기 위하여 온 세상에 전파되리니 그제야 끝이 오리라"(마 24:14)고 했습니다. 인생의 모든 문제도 그래요. 복음이 전파되어야 비로소 끝납니다. 우리가 화평할 길도 '복음이 전파되는 것'입니다.

갈등의 골이 깊어서 서로 헐뜯기 바쁜 형제가 있다고 합시다. 그런데 한 사람에게 복음이 임해서 그의 마음속에 미움이 그치게 됐습니다. 물론 반가운 일이지요. 하지만 한 사람 울며불며 회개한다고, 어그러진 관계가 회복되지는 않잖아요. 다른 형제에게도 복음이 들어가야, 복음으로 둘이 한마음 돼야 온전한 화해를 할 수 있습니다. 즉, 서로에게 복음이 전파되어야 비로소 갈등이 종결됩니다.

사람과 사람 사이에서만 아니라 나라끼리도 얼마나 갈등이 많습니까. 종교, 영토 문제 등으로 충돌하며 전쟁도 빈번히 일어납니다. 우리만 해도 여전히 반일 감정이 대단하잖아요. 이 모든 갈등을 끝낼 길도 오직 복음입니다. 우리나라에도, 일본에도 복음이 필요합니다. 이

곳저곳 복음이 필요하지 않은 곳이 없습니다. 그러므로 우리가 부활의 증인이 되어서 성령의 설교를 늘, 쉬지 않고 전해야 합니다.

얼마 전, 일흔두 살의 성도님께서 제게 이런 편지를 보내셨어요.

목사님, 교회에 등록한 지 14년 만에 좋은 소식을 전해 드리게 되어 얼마나 기쁜지 몰라요! 치매를 앓으시는 94세 어머니를 돌봐야 해서 남편과 반절의 합가를 했어요. 이혼하고 15년 동안 떨어져 살다 다시 만난 남편은 많이 망가져 있었어요. 노숙자 저리 가라 할 행색에다가 얼굴은 할아버지가 다 되었더군요. 그런 남편을 보는 순간 죽도록 미운 마음은 눈 녹듯 사라지고 눈물이 왈칵 쏟아졌습니다. 너무나 불쌍했어요.

요즘은 그간 교회에서 배운 대로 남편에게 사랑의 언어를 쓰려고 노력해요. 마치 살얼음판을 걷듯 매일매일 얼마나 조심하며 사는지 몰라요. 교회 공동체가 없었다면 저는 이미 이 세상 사람이 아니었을 거예요. 마치 새로 태어난 듯 남편의 옷을 빨고, 청소하고, 된장찌개를 끓여 정성스럽게 상을 차리면서 스스로도 낯선 시간을 보내고 있어요. 불평하지도 않고 입술의 감사 제사를 지내면서 말이죠.

이분이 이혼하고 교회를 오셨는데 남편이 의처증이 심해 도저히 함께 살 수 없다고 하셨습니다. 제가 "다시 합치시라" 하면 "목사님은 우리 남편을 모른다"고 딱 잘라 거절하곤 하셨죠. 그래도 공동체에 잘 머물러 계시더니 이런 믿음의 역사가 일어났습니다. 15년이나 교류도 없었고 게다가 노숙자가 다 된 남편을 어찌 다시 받아들일 수 있겠습니까. 말씀 잘 듣고, 잘 살고, 잘 죽어서 다시 살게 되셨습니다. 할렐루야!

여러분도 혹여 이혼했더라도, 기다렸다가 다시 합치시길 바라요. 호적을 더럽히지 마세요. 잘 죽어지면 다시 사는 놀라운 역사가 일어납니다. 이것이 바로 복음입니다.

🎁 나는 좌절과 절망 가운데서도 항상 내 앞에 계신 주님을 보며 요동하지 않고 다시 살아나고 있습니까?

🎁 내게는 주님만이 상급입니까? 세상이 상급입니까?

성령의 설교는 높아지게 합니다

하나님이 오른손으로 예수를 높이시매 그가 약속하신 성령을 아버지께 받아서 너희가 보고 듣는 이것을 부어 주셨느니라_행 2:33

베드로는 '하나님께서 오른손으로 부활하신 예수를 높이셨다'고 말합니다. 히브리인들에게 오른손은 능력을 상징합니다. 따라서 '오른손으로 높이셨다'라는 것은, 예수님을 가장 영광스러운 직분으로, 우리의 구세주요, 통치자로 높이셨다는 의미입니다.

이 33절 한 절에 성부, 성자, 성령 삼위 하나님이 모두 등장하니다. 죽으시고 다시 사신 성자 예수님을 성부와 성령께서 함께 일어나 찬양합니다. 이보다 더한 승리가 어디 있겠습니까? 이것이 성령 강림의 핵심이요, 성령 설교의 핵심입니다.

우리도 그래요. 말씀을 따라 잘 살고 잘 죽으면 성부, 성자, 성령님께서 우리를 높여 주실 줄 믿습니다. 훗날 천국에 입성했을 때 삼위하나님이 보좌 위에서 뛰어 내려오셔서 우리를 영접해 주실 줄 믿습니다.

잘 살고 잘 죽는 것은 좁은 길입니다. 낮은 길입니다. 그러나 남보다 좀 못하면 어떻습니까? 거지 바디매오와 나사로는 이 땅에서 정말 보잘것없는 인생을 살았습니다. 그러나 하나님은 이들을 의인이라고 칭해 주셨습니다. 하나님을 의지하는 자라고 높여 주셨습니다. 우리에게도 이런 높아짐이 기다리고 있을 줄 믿습니다.

> 34 다윗은 하늘에 올라가지 못하였으나 친히 말하여 이르되 주께서 내 주에게 말씀하시기를 35 내가 네 원수로 네 발등상이 되게 하기까지 너는 내 우편에 앉아 있으라 하셨도다 하였으니 36 그런즉 이스라엘 온 집은 확실히 알지니 너희가 십자가에 못 박은 이 예수를 하나님이 주와 그리스도가 되게 하셨느니라 하니라_행 2:34~36

베드로는 또다시 다윗의 시를 인용합니다. 시편 110편 1절을 예로 들어 설명하고 있죠.

다윗은 승천하지 못했습니다. '죽어 장사되어 그 묘가 오늘까지 우리 중에 있다'고 했습니다(행 2:29). 그렇다면 다윗이 '주'라 부르는 이는 누구입니까? 첫 번째 주는 하나님이고, 두 번째 주는 예수님을 가리킵니다. 다윗은 하나님의 우편에 앉으신 예수님을 '내 주'라고 불렀습니다.

시편 110편은 이 땅에서 권능을 행하시다 십자가에서 죽으시고, 부활하여 하늘에 오르사 하나님 우편에 앉아 계시다가 다시 오셔서 사탄을 완전히 정복하실 예수 그리스도에 대한 이야기입니다. 베드로는 이 다윗의 시를 인용하여 "그런 예수를 너희 이스라엘 온 집이 죽였다"고 고발하고 있죠.

그러면 이쯤에서 우리는 그것이 궁금합니다. 어떻게 다윗은 예수님을 미리 보고 '내 주'라고 고백할 수 있었을까요?

이 시편은 다윗이 인생 후반부에 쓴 시라고 알려져 있습니다. 그러니까 다윗이 갖은 고난을 겪은 뒤에 메시아 예수님을 알아보게 된 겁니다. 우리가 죽어지지 못하면, 십자가를 겪지 못하면 예수님을 메시아로 고백하기 어렵습니다. '오직 예수'가 될 수 없습니다.

여러분, 육이 무너져야 영이 세워집니다. 이것은 정말 진리 중의 진리 같아요. 주님은 육이 무너져 비로소 거룩을 향해 나아가는 자를 아름답게 높이십니다.

베드로도 보세요. 그 무식했던 베드로가 갖은 고난을 지난 뒤에 어떻게 달라졌습니까? 요엘서와 시편을 자유자재로 인용하면서, 신학에서 가장 중요한 이슈라 할 수 있는 예수 그리스도의 삶과 죽음과 부활을 아주 조직적이고도 체계적으로 설명하고 있습니다. 말씀을 줄줄 꿰며 성령의 설교를 전합니다.

여러분 모두가 이런 증인이 되기를 축원합니다. 어떤 고난 가운데 있든지 잘 살고 잘 죽어지고 잘 살아나서 성령의 설교를 전파하는 여러분이 되시길 축원합니다. 우리가 성령을 받아 성령의 설교를 전하게 될 때 우리의 언어에도, 삶에도 군더더기가 사라질 것이에요. 나아가 우리 가정과 교회와 사회와 나라에 성령의 역사가 이루어질 것입니다.

🎁 육이 무너진 뒤 영이 살아난 경험이 있습니까? 나는 예수님을 '내 주', '메시아'로 고백합니까? '나는 왜 이런 고난을 당해야 하냐'며 예수님을 원망하지는 않습니까?

우리들 묵상과 적용

저는 그동안 실직 위기에 있거나 실직한 이들에게 위로의 말을 건네면서도 속으로는 저들이 열심히 살지 않았기 때문이라며 판단했습니다. 그러던 어느 날, 저는 회사로부터 갑작스러운 해고 통보를 받았습니다. 실직 위기에 놓이자, 누구보다 치열하게 살면서 세상에서도 인성을 받아왔기에 충격을 받고 자존심이 크게 상했습니다.

회사 대표에게 "1년간 시간을 줄 테니 다른 곳을 알아보라"는 말을 들을 때만 해도 금방 새 직장을 구할 수 있으리라 생각했습니다. 소위 명문대 출신에 공인회계사 자격증도 있고, 컨설팅에서 현장까지 아우르는 다양한 경험도 있으니 저에게 관심을 보이는 회사가 많을 것이라 여겼습니다. 헤드헌터들도 제 이력에 큰 관심을 보이며 "어디든 될 것 같다"고 해 주었습니다. 그때만 해도 '나는 믿는 사람이니까, 주님이 큰 권능과 기사와 표적을 베풀어 곧 좋은 직장으로 인도하시겠지!' 생각했습니다(행 2:22). 하지만 여러 번 될 듯하다가도 떨어지고 직장에서는 곧 나갈 사람이라는 소문이 퍼지니 운신이 여의치 않았습니다. 게다가 저와 불협화음이던 임직원들이 되도록 마주치지 않으면 좋겠다는 이야기를 전해 듣고 사무실 문밖출입을 거의 하지 않았습니다. 점심도 사내 식당을 이용하지 못하고 아내가 싸 준 도시락으로 혼자 때웠습니다.

저는 늘 세상의 중심에 서고자 노력했고, 노력한 만큼 세상에서 인정도 받았습니다. 이런 변방의 삶은 제 인생 계획에는 없었습니다. 하나님 눈으로 보면 저는 모든 것을 내 힘으로 이루었다고 목소리를 높이는, 은혜를 모르는 죄인에 불과할 것입니다. 입술로는 죄인이라 하면서도 속으로는 '나 정도면 훌륭한 죄인'이라고 여기는 더 악한 죄인임을 고백합니다. 이런 제 마음을 꿰뚫어 보신 하나님은 속지 않으시고, 아직은 때가 아니라고 하시며 마치 음부에 버림받고 썩음을 당하는 듯한 이 시간을 더 견디라고 하시는 것 같습니다(행 2:27).

일주일은커녕 당장 내일 일도 그려지지 않지만, 오늘 하루만 말씀대로 살아가려고 합니다. 평소보다 아침에 더 일찍 출근해서 여전한 방식으로 일하고, 점심에는 아내의 요리 솜씨에 감탄하며 도시락을 맛나게 먹겠습니다. 제 앞에 계셔서 저로 요동하지 않게 하시는 주님을 의지하여 오늘 하루도 기쁘게 살아내겠습니다(행 2:25, 28).

영혼의 기도

하나님 아버지, 다시 시작하는 사도행전을 통해서 성령의 행전을 써 내려 가기를 원합니다. 주님의 말씀대로 살지 못해서 항암이라는 높은 산을 제게 허락하셨습니다. 그러나 여전히 제가 잘 살지 못하고 잘 죽지 못하는 것을 주께서 아십니다. 겉모양뿐인 온유함으로 저의 두려움을 포장합니다.

주여, 두렵다는 것은 사랑하지 못한다는 것 아니겠습니까? 화내지 않는 것이 사랑인 줄 알았습니다. 주님의 사랑은 넓이와 높이와 깊이가 끝이 없습니다. 그에 비해 저의 사랑은 얼마나 얄팍한지요……. 저 자신을 직면할수록 선한 것이 없음을 봅니다.

그래도 주님, 항상 내 앞에 계시는 주님을 바라봅니다. 참 형편없는 저이지만 주께서 여기까지 오게 하셨습니다. 주님, 내놓을 것 하나 없는 저를 불쌍히 여겨 주옵소서. 이제는 정말 내 생각을 전부 내려놓고 주님이 말씀하시는 성령의 설교만 하게 도와주옵소서.

이 나라를 불쌍히 여겨 주시고, 성경 말씀이 성령의 말씀으로 들릴 수 있도록 역사하여 주옵소서. 예수님 이름으로 기도드립니다. 아멘.

사도
행전

Chapter 8

말씀에 찔림을 받았다면?

: 성령의 선물

사도행전 2장 36~41절

하나님 아버지,
우리가 성령의 선물을 받고
"어찌할꼬" 회개하기를 원합니다.
말씀하여 주옵소서. 듣겠습니다.

제가 암 소식을 전하면서 "암이 구원의 권세가 되어 그리스도의 신비를 보이게 해 달라"고 기도했습니다. 그리고 사도행전을 다시 시작하며 전한 첫 설교는, 성령받은 베드로가 예수 그리스도에 대해 전하는 본문이었습니다. 이 땅에서 권능과 기사와 표적을 행하시다 십자가에서 죽으시고, 다시 사셔서 하늘로 올라가 높임을 받고 우리에게 성령을 보내 주신 예수 그리스도에 대해 전했습니다. 과연 제가 기도한 대로 그리스도의 신비를 보이게 해 주신 것 같아서 참 감사합니다.

이제 주님은 '성령의 선물'을 약속하십니다(행 2:38). 성령의 충만함을 받아 성령의 설교를 하니까 성령의 선물을 주십니다. 저도 잘 살고 잘 죽고 다시 살아서 하나님께 높임을 받는 인생이 되기를 원합니다. 그리하여 제가 전하는 말씀이 성령의 설교가 되어 여러분에게도 성령의 선물이 전달되길 소원합니다.

선물은 공짜로 주어지는 것입니다. 하나님이 주시는 성령의 선물도 '공짜'입니다. 또한 누구나 받을 수 있습니다. 하지만 모두가 받지는 못합니다. 본문을 깊이 묵상하며 성령의 선물에 대해 자세히 살펴보겠습니다.

성령의 선물은 '찔림'을 받는 것입니다

> 36 그런즉 이스라엘 온 집은 확실히 알지니 너희가 십자가에 못 박은 이 예수를 하나님이 주와 그리스도가 되게 하셨느니라 하니라 37a 그들이 이 말을 듣고 마음에 찔려……_행 2:36~37a

유대인들이 '이 말을 듣고' 마음에 '찔렸다'고 합니다. 앞서 그들은 무슨 말을 들었습니까? 베드로의 설교를 요약하면 이렇습니다.

오순절 성령 강림은 난데없이 일어난 사건이 아닙니다. 구약의 요엘서에 기록된 것처럼 성경에 이미 약속된 일이었습니다. 이스라엘 사람들이 다 아는 바와 같이 예수께서는 권능과 기사와 표적을 베푸시며 삶으로 본을 보이셨습니다. 또, 하나님께서 정하신 뜻을 따라 십자가에서 죽으심으로 잘 죽는 본을 보여 주셨습니다. 하나님께서 그를 사망의 고통에서 풀어 살리심으로 다시 사셨고, 하늘로 올라가 높임을 받으사 약속하신 성령을 보내 주셨습니다. 그런데 유대인들이 어찌했습니까? 하나님이 주와 그리스도가 되게 하신 예수님을 십자가에 못 박았습니다.

이전까지만 해도 유대인들은 예수님의 죽음에 전혀 책임을 느끼지 않았습니다. '빌라도의 판결을 따라서 로마 군병들이 집행한 일이지, 나와 무슨 상관이람' 하고 부러 잊었을지도 모릅니다. 죄인의 전형적인 모습입니다. 그런데 로마 총독도 아니요, 로마 군병도 유대 제사장도 아닌 "소위 하나님을 믿는다는 너희 이스라엘이 메시아 예수를 죽였다"는 베드로의 직격탄에 유대인들이 정곡을 찔렸습니다.

제게 구속사가 뭐냐고 묻는 분들이 종종 계십니다. 다른 것이 구속사가 아니에요. 이처럼 예수님의 십자가를 나와 상관없게 여기다가 내가 예수를 못 박은 자임이 깨달아지는 것이 바로 구속사(救贖史)입니다. 이 구속사가 깨달아져야 마음에 찔림도 받습니다. 구속사를 깨닫지 못하면 빌라도나 로마 군병을 탓하는 자밖에 안 되는 것입니다. '남편이 이러저러해서 나는 이혼할 수밖에 없어', '저 사람이 거짓말해서 벌어진 사고야!' 하고 만날 남 탓만 하니까 평생 내 죄가 안 보입니다. 예수님의 십자가가 남의 집 이야기입니다.

'마음에 찔려'라는 헬라어 표현을 의역하면 '청중이 진정성 있게, 아주 깊이 있게 반응했다'는 의미입니다. 오직 예수님만을 전한 베드로의 설교가 백성의 마음을 깊이 찔렀습니다. 겁 많고 무식했던 베드로가 어찌 이런 놀라운 말씀 전도자가 될 수 있었을까요? 이는 베드로에게서 비롯된 능력이 아닙니다. 성령의 선물입니다.

더 나아가 청중이 말씀을 듣고 찔림을 받은 것 역시 성령의 선물입니다.

"하나님의 말씀은 살아 있고 활력이 있어 좌우에 날선 어떤 검보다도 예리하여 혼과 영과 및 관절과 골수를 찔러 쪼개기까지 하며 또 마음의 생각과 뜻을 판단하나니 지으신 것이 하나도 그 앞에 나타나지 않음이 없고 우리의 결산을 받으실 이의 눈 앞에 만물이 벌거벗은 것 같이 드러나느니라"(히 4:12~13).

하나님의 말씀 앞에 서면 인정하고 싶지 않은 내 죄가 다 드러납니다. 미움과 시기, 질투, 음란을 마음속에 꼭꼭 숨겨 두고 겉으론 교양 있게 아무 일 없는 체해도 소용없습니다. 하나님의 말씀은 우리 마음의 생각과 뜻까지 판단하기에 말씀 앞에서는 모든 것이 벌거벗은 것같이 드러납니다.

어두운 곳에서는 시각장애인이 훨씬 잘 걸어갑니다. 어두움에 익숙하기 때문입니다. 마찬가지로 죄악으로 깜깜한 세상에서는 영적 시력이 어두운 사람이 더 잘 걸어 다닙니다. 장애물에 걸려 넘어지는 법도 없고 어디서나 거침없이 활보합니다. 매사 수완도 좋습니다. 그러니 자기의 수치와 더러움을 좀체 보지 못합니다.

그래서 한 번이라도 인생의 걸림돌에 넘어져 말씀 앞에 서는 것이 축복입니다. 한줄기 말씀의 빛이 내리쬐면 나의 모든 것을 찔러 쪼개고 벌거벗은 것같이 드러내니까 절로 부끄러움을 느끼게 됩니다. 그 과정이 아프고 힘들지만, 구원을 갈망하면서 기꺼이 내 죄를 보고 애통하는 자에게 하나님께서 때마다 성령의 선물을 주십니다. 내 현재의 이유를 깨닫게 하시고, 말씀으로 내 삶을 간증하게 하십니다. 이것이 권능이요, 기사와 표적 아니겠습니까? 그러므로 말씀을 듣고 찔림을 받는 것보다 더 좋은 일은 세상에 없습니다.

유명한 뮤지컬 연출가인 로버트 요한슨(Robert Johanson)은 자신에게 가장 큰 칭찬은 관객의 눈물이라고 했습니다. 본문 말씀을 빌려 이야기하자면 관객이 자신의 극을 보고 마음에 찔림을 받을 때 기쁘다는 뜻이겠지요.

그런데 말이죠, 훌륭하다는 음악회와 전시회를 제가 수없이 갔

지만 감명을 받아서 눈물을 흘린 적은 거의 없는 것 같아요. 반면에 고
등학교 체육관에서, 게다가 허름한 플라스틱 의자에 앉아서 드리는
우리들교회 예배에서는 눈물을 안 흘린 날이 없습니다. 제 부족함이
보이니까, 누구보다 제가 먼저 찔림을 받으니까 눈물이 납니다.

이렇게 제가 한결같이 애통한 것이 정말 신비 중의 신비입니다.
저는 감성과 이성 중에서 이성에 좀 더 가까운 사람이라 할 수 있습니
다. 주변 사람들이 다 그렇게 평가합니다. 그런데 강단에만 서면 눈물
이 납니다. 그런 저보고 여자라서, 과부라서 슬퍼한다고 하시는 분도
있습니다. 이번 주도 그런 말을 들었습니다. 정말 그런 것이 아니에요.
'예수님 앞에만 서면 나는 왜 작아지나요' 하는 마음이 절로 들기 때문
입니다. 대단한 필하모닉의 연주를 듣고도 제가 안 우는데, 우리들교
회 찬양을 듣고, 간증을 듣고 웁니다. 명색이 제가 음악을 한 사람인데
말입니다.

🕯 나는 성령의 말씀에 찔림을 받습니까? 그저 지나가는 말에 찔림을 받고
괴로워하지는 않습니까?

성령의 선물은 "어찌할꼬" 하고 묻는 것입니다

그들이 이 말을 듣고 마음에 찔려 베드로와 다른 사도들에게 물어
이르되 형제들아 우리가 어찌할꼬 하거늘_행 2:37

요한계시록 2장을 보면, 하나님께서 버가모 교회를 "사탄의 권좌가 있는 데라" 하며 꾸짖으십니다. 그리고 날 선 검으로 그들을 수술하겠노라고 말씀하시죠(계 2:12~17). 수술이 필요하다는 것은 피고름이 존재한다는 얘기입니다. 주님의 교회인데도 그곳에 사탄의 권좌가 똬리를 틀고 있습니다. 그 피고름을, 죄악을 잘라 내야 교회가 삽니다. 우리도 자신의 더러운 피고름을 보아야 합니다. 그런 사람이 "어찌할꼬"라고 물을 수 있습니다.

유대인들은 자신들이 예수를 죽였다고 생각하지 않았습니다. 그런데 성령의 선물이 임하자, 예수를 십자가의 못 박은 내 속의 피고름이 보입니다. "어찌할꼬"가 절로 나옵니다.

여러분은 이렇게 말씀하시는 주님의 음성이 들립니까?

"너는 네 속의 더러움은 보지 못한다. 열심히 헌신하고 봉사하지만 영광은 네가 다 받고 수치와 조롱은 다 내게 돌리지 않니? 그러고는 '나를 위해 죽어 주신 예수님'이라고 입으로만 부르짖고 있다!"

설교를 통해, 큐티 말씀과 목장예배를 통해, 지체들의 간증을 통해 주님은 끊임없이 이렇게 말씀하고 계십니다. '나에게 주시는 말씀인데……' 하고 그 음성이 들리는 사람이 자기의 피고름을 보고 "어찌할꼬" 묻게 되는 겁니다.

눈 깜빡이 시인이라 불린 미즈노 겐조(水野源三)는 열한 살에 뇌성마비 진단을 받은 뒤 전신이 마비되고 언어능력을 전부 상실했습니다. 그는 자신의 시에서 이와 같이 고백했습니다.

나사렛 예수를 나사렛 예수를

십자가에 못 박으라고

나도 외쳤습니다

나도 외쳤습니다

주여 주여 용서하소서

성령이 임하면 미즈노 겐조와 같이 아무 죄 없어 보이는 사람도 찔림을 받고 '어찌할꼬, 내가 예수를 죽였습니다' 고백하는 신비가 일어납니다. 그래서 불신자와 신자 사이에선 신자가 무조건 잘못한 것이고, 신자와 신자 사이에선 믿음이 더 좋은 사람이 무조건 잘못한 것입니다. 믿음이 있는 사람이 먼저 죄를 봐야 합니다.

이 원리로 따지면 저는 담임목사니까 잘못이 제일 많은 사람 아니겠습니까? 한데 저도 연약해서 잘못을 쉬이 인정하지 못합니다. 그래서 "어찌할꼬"가 절로 나옵니다.

하나님을 믿는다면서 매사에 "나는 잘못 없어" 하는 사람은 성령의 선물을 받지 못한 겁니다. 온 나라, 온 사회가 "나는 잘못 없다" 합니다. 오늘날 불치병입니다.

찔림을 받은 유대인들에게 구체적으로 어떤 변화가 일어났습니까? 갈릴리 사람, 비천한 어부라며 한때 예수님의 제자들을 상대조차 하지 않던 그들이 제자들보고 "형제여" 합니다. "어찌할꼬" 묻는 그들의 태도에서 간절함이 묻어납니다.

'주님을 보고 듣고 만진 사람은 공동체와 사귐이 있다'고 했습니다(요일 1:1.3). 성령의 손길로 유대인들이 찔림을 받고서 그토록 무시하던 하나님의 사역자와 교회를 귀히 여기게 됐습니다.

교회를 다니는데도 입만 열면 교회를 비판하고 공동체를 우습게 여기는 사람이 있습니다. 아직 성령을 받지 못해서 그렇습니다. 우리가 다 그래요. 돈 잃고, 명예 잃고, 건강을 잃어야 성령의 설교가 들립니다. 경건을 가장하고 교양·체면 내세우며 살다가, 부도나고 자녀가 속 썩이고 바람피우다 들통나서 더는 숨을 데가 없어져야만 믿음의 형제들에게 묻게 되지요. "어찌할꼬, 어떻게 해요? 나 좀 살려 줘요!" 그제야 내 피고름을 보게 됩니다. 돈을, 사람을 의지한 추하고 부끄러운 내 실체를 보게 됩니다. 육이 무너져야 영이 세워진다는 말이 바로 이것입니다.

하나님의 영광을 본 이사야는 "화로다 나여 망하게 되었도다"라고 고백했습니다. 이 역시 "어찌할꼬"의 고백입니다. 그러자 천사가 제단에 핀 숯을 그의 입술에 대며 "네 죄가 사해졌다" 선포합니다. 그 후 하나님께서 이사야에게 소명을 주시죠(사 6장). 우리는 소명을 그냥 받지 못해요. 우리에게 소명받을 만한 무슨 자격이 있습니까? '주여, 어찌하오리까!'라는 고백 없이는 불가능합니다.

그런데 우리는 교회를 다녀도 찔림이 없습니다. "어찌할꼬" 하지 못 합니다. 공동체엔 관심 없고, 구원에 애통하지도 않습니다. 그래도 복은 받고 싶어서 꼬박 교회에 나와 앉아 있습니다. 물론 아예 안 오는 것보다는 낫지만, 찔림도 애통함도 없어서 성령받은 이들을 "술 취했다" 조롱하는 교인들이 오늘날 교회에도 얼마나 많은지 몰라요.

우리들교회만 해도 그래요. 목자인데도 제 설교가 어렵다고 아우성인 분이 많습니다. 특히 남자 목자들이 그렇습니다. 예배에서 은혜를 뜨겁게 받은 뒤 목자 모임을 인도하려고 들어가면 그런 몇몇 소방수들이 열기를 확 꺼뜨립니다. 제가 절망해서 나올 때가 한두 번이 아니었어요. 그래도 10년, 20년 기다리다 보니까 그런 분들도 다 변하셨습니다. 여러분 곁에도 비슷한 식구가 있다면 은근과 끈기를 가지고 기다려 주세요. 반드시 변합니다.

저부터 먼저 성령의 설교를 전하고 죽어져 삶의 열매를 보이면 여러분 모두가 성령받지 않겠습니까? 이 책을 읽는 모든 분이 반드시 성령을 받기를 바랍니다. "내가 주님을 십자가에 못 박았다"고백하는 성령의 선물을 받길 간절히 바랍니다. "내가 언제 못 박았냐!" 그러지 마시고요. 제가 죽은 뒤에라도 꼭 성령을 받으십시오. 그것이 저의 소원이고, 유언입니다. '목사님이 자신이 죽은 뒤에라도 성령받으라 했는데, 이제 성령받아야지' 기억하고 반드시 그렇게 되시길 축원합니다! 지금은 이 말씀이 안 들려도, 시간의 주인은 하나님이시니까 훗날엔 들릴 줄 믿습니다.

✣ 나는 돈이 없어서 "어찌할꼬" 합니까, 성령의 찔림을 받고 "어찌할꼬" 합니까?

성령의 선물은 회개입니다

베드로가 이르되 너희가 회개하여 각각 예수 그리스도의 이름으로
세례를 받고 죄 사함을 받으라 그리하면 성령의 선물을 받으리니
_행 2:38

"어찌할꼬" 하는 너희에게 베드로는 "회개하라"고 합니다. 구원은
개인에게 임하기에 "너희가 회개하여 '각각' 예수 이름으로 세례를 받
고 죄 사함을 받으라"고 전합니다. "그리하면 성령의 선물을 받으리
라"고 합니다.

그런데 여기서 생각해 볼 점이 있습니다. 세례를 받은 후 죄 사함
을 받는 것입니까? 순서를 따져 보자면 죄 사함을 받은 후에 세례를
받는 것이 더 맞지 않습니까? "죄 사함을 받으라 그리하면 성령의 선
물을 받으리라"는 말씀도 그래요. 우리가 죄 사함을 얻어야만 성령의
선물을 주시겠다는 의미일까요? 그렇지 않습니다. 조금 딱딱하지만
잠깐 교리를 설명하고 넘어갈게요.

결론부터 말하면 본문에 기록된 순서대로 이루어질 수도 있고,
아닐 수도 있습니다. 본문을 원어 성경으로 보면 '그리하면'은 '그리
고'라고 번역하는 것이 더 맞습니다. 즉, 회개하고 세례받고 죄 사함과
성령의 선물을 받는 것이 인과 구조가 아니라 병렬 구조라는 말입니
다. 각각 따로따로 이루어지기도 하고, 또 동시에 이루어지기도 합니
다. 우리 믿음의 분량이 각각 다르기에 그렇습니다. 또한 이 네 가지는

한 번 일어났다가 끝나는 일회적인 역사도 아닙니다. 천국에 가는 그 날까지 끊임없이 일어나는 일입니다.

물세례를 받은 초신자, 곧 처음 예수를 믿은 사람은 막 태어난 아기라고 할 수 있습니다. 이때는 하나님이 돈 주시고 건강 주시고 자녀를 주시는 걸 구원이라고 생각합니다. 구원의 참의미를 잘 모르죠.

주를 믿는 성도에게 구원은 이미 이루어졌습니다. 그러나 아직 이루어 가야 할 구원이 있습니다. 즉, 이미 구원을 받았지만 아직 구원이 완성된 것은 아니라는 말입니다. 주님은 우리가 예수를 주로 시인하는 데서 더 나아가 성숙하여 성화(聖化)에 이르기를 원하십니다. 그때까지 끊임없이 우리를 견인해 가시죠. '그리스도의 장성한 분량이 충만한 데까지 이르라'(엡 4:13)는 말씀처럼 우리가 예수 그리스도를 따라 사명 감당하는 인생에 이르기를 원하십니다.

그러면 우리의 사명은 무엇입니까? 세상에 속한 사람들을 세상 밖으로 출애굽시켜서 하나님 나라에 이르도록 인도하는 것입니다. 그러려면 세상을 좋아하는 사람들 앞에서 세상을 뛰어넘는 본을 보여 줘야 하지요. 그런데 세상에 몸담고 살면서 세상을 뛰어넘기가 어디 쉽습니까? 예수를 믿어도 우리는 이 세상이 너무 좋습니다. 그래서 끝없이 회개해야 합니다.

베드로의 오순절 설교의 주대상은 유대인, 이스라엘 형제들입니다. 이들은 얼마 전까지 예수님을 십자가에 못 박으라고 외치던 자들입니다. 그러나 성령의 설교에 반응해 자신들이 죄 사함을 받아야 할 죄인임을 인정하고 공개적으로 믿음을 고백하는 세례의식에 참여했습니다. 그런데 생각해 보세요. 이 사실이 유대인 공동체에 알려지면 어떻게 되겠습니까? 유대 공동체에서 즉시 출교당할 것입니다. 그뿐 아니라 죽음의 위협을 받을지도 모릅니다. 그래서 하나님이 이전엔 알지 못했던 기쁨, 성령의 선물을 이들에게 징표로 주신 것이에요. 이들이 죽음을 불사하고 세례를 받았기 때문입니다. 나아가 이제 전 세계로 복음이 퍼져 나가야 하기에 사명 잘 감당하라고 오순절 때부터 이런 유례없는 은혜를 허락하셨습니다.

베드로의 설교를 들은 유대인들은 이미 찔림을 받고 '어찌할꼬' 하는 회개의 상태에 있었습니다. 그런데도 왜 베드로는 "회개하리" 할까요?

베드로의 설교는 죄를 알려 주는 설교였습니다. 무엇 때문에 예수님이 죽으셨는지 알려 주는 설교였습니다. "너희가 바라던 메시아의 꿈을 예수님이 이뤄 주지 않았다고 십자가에 못 박은 것 아니냐!" 고발하는 설교였습니다. 그러니까 "너희 마음에 회개의 영이 임했다면 더더욱 진정한 회개를 하라"는 처방을 내린 것입니다. 그래야 그들이 앞으로 진실하게 복음을 전할 수 있기 때문입니다.

그러면 진정한 회개란 어떤 것입니까? 우리는 예수를 믿어도 악한 세상에서 탈출하고 싶어 하지 않아요. 이 땅에서 잘 먹고 잘사는 것이 우리의 소원입니다. 이런 본성은 죽는 날까지 사라지지 않을 겁니다. 그러나 앞서 이야기했지만, 하나님은 그런 우리에게 세상을 구원으로 이끌라는 사명을 주셨습니다. 그러기 위해서는 우리가 먼저 세상을 뛰어넘는 본을 보여야 하죠. 세상 때가 잔뜩 묻은 내 방식, 내 생각을 내려놓아야 합니다. 한마디로 '죽어져야' 합니다. 이것이 예수 그리스도의 이름으로 받는 세례요, 참된 회개입니다. 내가 예수님을 십자가에 못 박은 자라는 걸 날마다 인정하는 회개를 하라는 말입니다. 성령의 선물로 주어지는 회개는 이와 같이 본질적인 것입니다.

우리들교회의 한 목자님의 나눔입니다. '예수 믿고 무엇이 변했나' 자신을 돌아보다가 이분은 이전엔 없던 안식을 누리고 있음을 깨달았답니다. 교회를 다니기 전에는 부유한 사람들을 보면 마음이 불편하고 부당하다는 생각마저 들었답니다. 그런데 지금은 그런 비교의식이 사라졌다는 거예요. 외모 콤플렉스도 심했는데 이제는 외모로 비교하지 않게 되었답니다. 그래서 '이런 문제에서는 내가 졸업(?)하지 않았나' 하는 생각이 든다는 겁니다.

사실, 저는 이분이 완전히 세상을 졸업했다고 생각하지 않아요. '다 되었다'라고 말할 수 없는 인생 아닙니까? 하지만 이처럼 조금씩, 조금씩 출애굽하면서 가치관이 바뀌는 것이 성령의 회개입니다.

이분이 아직 졸업을 못 했다고 생각하는 이유는, 교회 다닌 지도 꽤 되었고 목자님이신데도 아직 술을 못 끊으셨습니다. 끊으려고 부단히 노력하지만 끊었다가 마셨다가 여전히 반복하고 계신답니다.

이분만 그럽니까? 우리도 예수를 믿지만 삶에서 능력이 잘 나타나지 않을 때가 많아요. 왜 그럴까요? 진정한 성령의 선물은 내가 죽어지는 것인데, 죽어지지 않기 때문입니다. 회개하고 세례받고 나서도 안되는 것이 너무 많습니다. 몸이 죄를 기억해서 나도 모르게 좇아갑니다. 어찌 그리도 안 변하는지 '조금 나아졌나?' 하고 보면 제자리입니다. 정말 안 변하고, 안 변하고, 안 변합니다. 이것이 우리의 아픔이요, 슬픔입니다.

하지만 그래도 괜찮습니다. 정말이지 질기게도 안 변하는 나 자신을 보면서 아파할 때, 성령께서 운행하셔서 내 속의 피고름을 보게 되기 때문입니다. 믿음의 분량이 아주 적다 하더라도 정녕 성령을 받은 사람은 어떤 상황에서도 자기 죄를 봅니다.

제 인생을 돌아보아도 그래요. 결국엔 회개하게 되더라고요. 남편이 때려도 제가 회개를 했습니다. 어떤 경우에도 내가 주님을 십자가에 못 박은 자임을 깨닫게 되는 것. 이것이 우리를 효과직으로 도우시는 성령의 선물입니다.

암에 걸려도 그렇습니다. 질병의 고통 속에서도 자신을 직면하며 내 죄를 보는 자가 성령의 선물을 받은 사람입니다. 우리가 '혈과 육을 상대하는 것이 아니요 공중의 권세 잡은 자와 씨름하며 죽어질' 때 죄 사함의 은혜를 경험하게 됩니다. 그러니까 무조건 암은 나아야 한다면서 여기저기 복채 뿌리며 기도받으러 다니지 좀 마세요. 그런 기복신앙을 이제는 넘어서길 바랍니다.

우리는 '성령의 선물' 하면 방언, 신유와 같은 신비한 은사들을 먼저 떠올립니다. 그런데 본문의 '성령의 선물'을 원어로 보면 복수가 아닌 단수입니다. 성령의 선물이 은사를 말한다면 복수형으로 쓰여야 맞습니다. 다른 무엇이 선물이 아닙니다. 성령 자체가 선물입니다.

그러면 왜 우리에게 성령을 선물로 주십니까? 죄 사함을 받고 깨끗해져서 새로운 삶, 거룩한 삶을 살라는 뜻입니다. 즉, 인생의 목적을 거룩에 두고 살라는 뜻이에요. 사도행전 3장 19절에도 "너희가 회개하고 돌이켜 너희 죄 없이 함을 받으라 이같이 하면 새롭게 되는 날이 주 앞으로부터 이를 것이요"라고 했습니다. 26장 18절에도 "죄 사함과 나를 믿어 거룩하게 된 무리 가운데서 기업을 얻게 하리라"고 했습니다. 이미 구원이 이르렀지만 아직 이뤄 가야 할 구원이 우리에게 있어요. 남은 구원을 이루기까지 날마다 회개하며 거룩을 향해 가는 것이 성도의 여정인데, 성령 없이는 우리가 그 길을 갈 수가 없는 겁니다.

그러니 물세례는 받았지만 믿음이 차지도 뜨겁지도 않은 분이 있다면 성령의 선물을 구하십시오. 또 오래 교회를 다니고 직분까지 얻었지만 내가 성령을 받았는지 아닌지 헷갈리는 분이 있다면, 역시 성령의 선물을 구하십시오. 우리가 믿음의 경주를 온전히 마치려면 강력한 성령 세례가 필요합니다.

우리가 그렇지 않습니까? 분명 주님을 믿는데도 자꾸만 주님을 부인하고 원망합니다. 고난을 만나면 여전히 화부터 나고 슬픕니다. 그 XX를 용서한 줄 알았는데 마주치면 또 속이 부글부글 끓습니다. 하나님 나라를 갈망하면서도 이 세상이 영원할 것만 같아서 자꾸 세상으로 달려갑니다. 죽는 날까지 그런 자신과의 싸움이 계속될 것이에요.

"오호라, 나는 곤고한 사람이로다 이 사망의 몸에서 누가 나를 건저내랴!"(롬 7:24).

바울의 이 탄식도 거듭난 후의 고백입니다. 대(大)사도 바울도 그럴진대, 우리에게도 이런 고백이 터져 나와야 정상 아니겠습니까? 예수를 믿어도 안되는 것투성인 나를 보고 절망하며 '예수께서 죽으심으로 죽을 몸인 나를 살리셨구나' 깨닫고 회개하게 됩니다. 이것이 성령의 선물입니다.

"자기를 부인하고 자기 십자가를 지고 나를 따르라"(막 8:34). 주께서 말씀하셨지만, 자기를 쳐서 복종하기가 이 세상에서 가장 어렵습니다(고전 9:27). 윤리적인 죄는 겉으로 드러나니까 금세 인정됩니다. 그런데 음란·시기·질투·미움과 같은 본질적인 죄는 안 보이니까 직면하기도, 인정하기도 어렵습니다. 그래서 하나님이 우리를 고통 속에 두시는 것이에요. 꼼짝할 수 없는 환경에 누워서 우리 속에 숨은 죄를 드러내고 연단해 가시는 것이죠. 사도 바울에게 그러하셨듯, 사명 잘 감당하라고 우리를 훈련해 가시는 것입니다. 택자라면 내가 당하는 고통만큼 죄가 보이고 회개하게 돼 있습니다. 그러니까 이 짧은 인생에서 고난을 겪는 것이 얼마나 축복입니까!

'고난'이라 하면 바울 사도를 따라갈 자가 없습니다. 고린도후서를 보면 바울이 어떤 고초를 겪었는지 낱낱이 기록돼 있죠.

"유대인들에게 사십에서 하나 감한 매를 다섯 번 맞았으며, 세 번 태장으로 맞고 한 번 돌로 맞고 세 번 파선하고 일 주야를 깊은 바다에서 지냈으며, 여러 번 여행하면서 강의 위험과 강도의 위험과 동족의 위험과 이방인의 위험과 시내의 위험과 광야의 위험과 바다의 위험과 거짓 형제 중의 위험을 당하고, 또 수고하며 애쓰고 여러 번 자지 못하고 주리며 목마르고 여러 번 굶고 춥고 헐벗었노라"(고후 11:24~27).

그런데 이어지는 글을 보면 "이 외의 일은 고사하고 아직도 날마다 내 속에 눌리는 일이 있으니 곧 모든 교회를 위하여 염려하는 것이라"(고후 11:28)고 합니다. 즉, 어떤 고난보다도 교회에 대한 염려로 바울의 마음이 짓눌렸다는 것입니다.

저 역시 그랬습니다. 항암이라는 고난의 터널을 지나면서도 앉으나 서나 교회 걱정만 했습니다. 교회를 위해 염려하면서 항암보다도 더 높은 산이 바로 저 자신임이 비로소 깨달아졌습니다. 태산처럼 큰 사명이 앞에 있는데 자격 없는 제가 교회를 끌고 가야 하니, 날마다 모든 것이 회개되었습니다. 교회만 살릴 수 있다면 저는 죽어도 될 것 같다는 마음이었어요. 단지 외형적인 교회만 염려한 것이 아닙니다. 무형의 교회를 향한 마음이 불붙듯 일며 제가 얼마나 부족하고 사랑 없는 자인지를 날마다 돌아보게 되었습니다. 그렇게 '구주와 함께 죽었으니 구주와 함께 나 살았도다' 하는 믿음으로 최선을 다해 투병했습니다. 그 결과 지금은 육체가 거듭나 다시 살아난 기분입니다. 육신이 죽어지는 이 경험이 제게는 참 필요했습니다. 찔림을 받고 "어찌할꼬" 회개하면서 세상 소망을 조금은 내려놓게 된 항암 기간이었습니다.

우리는 세상을 한꺼번에 내려놓지 못해요. 저도 항암을 하면서 조금 내려놓고, 또 조금 내려놓으며 왔습니다. 세상을 사랑하는 영혼들을 세상으로부터 탈출시켜야 하는 사명이 제게 주어졌는데 저부터 세상을 뛰어넘지 못하니 날마다 회개가 터져 나왔습니다. 제가 회개하는 만큼 한 사람이 돌아오고, 또 돌아왔습니다.

이 땅에 완전무결한 사람은 없어요. 저 역시 형편없는 사람입니다. 그러나 이처럼 날마다 회개하며 나아가게 하시는 것이 성령의 선물 아닐까 합니다. 여러분도 이런 성령의 선물을 받으시길 바랍니다. 그래서 강에서 바다로, 점점 믿음의 지경이 넓어지는 놀라운 역사가 일어나길 바랍니다. 육적인 부흥도 좋지만, 죽은 자가 살아나는 역사가 여러분에게 왕성하게 일어나기를 축원합니다.

🎁 나는 어떤 회개를 합니까? 그저 입으로만 '잘못했다' 말하는 회개는 아닙니까? 내가 예수를 못 박은 자임이 깨달아지는 것이 성령의 선물입니다. 이런 성령의 회개를 합니까?

성령의 선물은 3천 명 안에 들어가는 것, 곧 믿음의 공동체에 속하는 축복입니다

이 약속은 너희와 너희 자녀와 모든 먼 데 사람 곧 주 우리 하나님이 얼마든지 부르시는 자들에게 하신 것이라 하고_행 2:39

앞서 베드로는 "너희가 회개하여 각각 예수 그리스도의 이름으로 세례를 받고 죄 사함을 받으라 그리하면 성령의 선물을 받으리라"는 주님의 약속을 전했습니다. 이 약속은 시대와 장소를 초월합니다. 국적, 인종, 성별, 나이 등을 따라 차별을 두지도 않습니다. 구원은 누구에게나 유효한 우주적인 약속입니다. 그래서 '먼 데 사람', 대한민국에 사는 우리에게까지 복음이 전해지지 않았습니까?

하나님께서 베드로를 통해 이 사실을 명시하시는 것은 이스라엘로 하여금 이제 전 세계로 나가서 복음을 전하라는 뜻이었습니다.

> 또 여러 말로 확증하며 권하여 이르되 너희가 이 패역한 세대에서
> 구원을 받으라 하니 _행 2:40

베드로는 청중을 향해 "이 패역한 세대에서 구원을 받으라" 합니다. 특별히 베드로가 '여러 말'로 확증하며 권했다고 합니다. 베드로가 그럴 수 있는 것은 그동안 시행착오를 수없이 겪었기 때문입니다. 그러면 여러 말이란 구체적으로 어떤 얘기일까요?

아마도 베드로는 이 패역한 세대와 하나님 나라를 비교하면서 자신의 간증을 전했을 것입니다. "나 역시 가룟 유다와 같이 예수님을 부인한 죄인이지만 유다처럼 후회하며 자살하지 않고 회개하여 새사람이 되었다"라고 자기 얘기를 했을 것이에요. 이 회개의 고백은 베드로로서는 전하지 않을 수 없는 중요한 간증입니다.

그뿐만이 아닙니다.

"나는 예수님의 수제자였지만 내 죄를 보지 못했습니다. 그래서 예수님의 죽음과 부활을 목격하고도 다시 물고기 잡으러 바다로 나갔습니다. 주님이 그런 나를 찾아오셔서 회복시켜 주셨습니다."

"성령을 기다리며 주님을 저주하고 부인한 치욕적인 나의 죄를 오픈하고, 유다를 대신할 사도로 맛디아를 뽑아 세웠더니 주께서 약속하신 대로 내게 성령이 임했습니다!"

이런 여러 말로 권하지 않았을까요?

본문의 '패역한 세대'는 '심판 아래 놓인 악하고 음란한 세대'를 가리킵니다. 패역한 세대에겐 패역한 공동체가 함께하게 마련입니다. 북이스라엘의 아합과 이세벨과 함께한 850명의 바알·아세라 선지자들처럼 '끼리끼리' 공동체가 존재하게 마련이지요(왕상 18장). 우리가 패역한 세대에서 구원을 받을 길은 이 바알 공동체에서 예수 공동체로 옮겨 가는 것뿐입니다.

그런데 바알 공동체가 예수 공동체를 좋아할 리는 만무하지요. 새 공동체로 옮겨 가려면 패역한 옛 세상을 탈출해야 하는데, 바알 공동체가 때마다 우리 발목을 붙듭니다.

제가 불신결혼을 말리는 이유가 바로 이것이에요. 불신자와 멍에를 함께 매려다가는 평생 세상을 탈출하지 못하는 비극이 벌어질 수도 있습니다.

그 말을 받은 사람들은 세례를 받으매 이 날에 신도의 수가 삼천이나 더하더라_행 2:41

베드로의 설교를 듣고 믿는 사람의 수가 3천이나 더해졌습니다. 당시 예수께서 행하신 기적뿐만 아니라 그분의 죽음과 부활을 목격한 자가 많았습니다. 하지만 그것만으로 그들은 변하지 않았습니다. 성령의 설교, 곧 예수에 관한 '말씀'이 선포되자 변했습니다. 이 3천 명을 '성령받은 사람들'이라 하지 않고 "그 말을, 즉 말씀을 받은 사람들"이라 기록한 것에 우리는 주목해야 합니다.

성령님은 늘 말씀을 통해 역사하십니다. 베드로가 전한 설교의 결과가 그 사실을 증명하고 있잖아요. 사도 바울도 "내 말과 내 전도함이 설득력 있는 지혜의 말로 하지 아니하고 다만 성령의 나타나심과 능력으로 하여"라고 했습니다(고전 2:4). 따라서 '말씀'과 '성령'과 '능력'은 한 단어라 해도 과언이 아닙니다. 성령이 임하면 말씀이 들리고 능력이 임합니다. 그 능력을 힘입어서 우리가 전도하는 것이죠.

베드로의 설교를 들은 자들을 가리켜 '말씀을 받은 자'라고 했습니다. 어떤 말씀을 받았습니까? 앞서 그들이 "너희가 예수를 십자가에 못 박았다"는 베드로의 말을 듣고 마음에 찔렸다고 했습니다. 여러분도 이 말씀에 내 아픈 곳을 찔렸습니까? 아니면 도무지 와닿지 않습니까? 예수님의 십자가를 그저 추상적으로 생각하니까 내 얘기로 들리지 않는 것입니다.

이렇게 한번 적용해 보세요. 나의 배우자가, 나의 자녀가 방황하며 죽어 가는데도 '나와 무슨 상관이야? 자기가 잘못해서 아픈 것이지……' 하고 여기진 않습니까? 그렇다면 나 역시 예수님을 십자가에 못 박고 있는 것입니다.

정말이지 내 죄를 못 보면 아무것도 해결되지 않습니다. 반면에 베드로의 설교를 성령의 음성으로 들은 신도들을 보세요. 그 즉시 자기 죄를 보고 베드로의 권면대로 세례를 받았습니다. 말씀으로 아픈 데를 수술받고 살아난 겁니다.

120명에서 시작한 초대교회가 갑자기 3천 명의 새신자를 받게 됐습니다. 인간의 논리로는 설명할 수 없는 일입니다. 이어지는 4장에서는 약 5천 명이 믿었다고 하고(행 4:4), 그다음부턴 믿는 자가 기하급수적으로 늘어나서 따로 그 수를 기록하지 않았습니다. 더는 숫자가 의미 없어진 것이죠. 3천 명에서 시작하여 2천 년이 흘러 먼 데인 우리에게까지 복음이 전해지는 폭발적인 부흥을 이루었습니다.

여러분, 성령의 설교가 이렇게나 파워풀합니다. 예수님께서 십자가에서 죽으심으로 이런 놀라운 역사가 일어났습니다. 나도 복음을 위해 죽고자 하면 나의 삶에, 우리 가정에 놀라운 일이 일어날 것이에요.

'3천 명'은 남자만 셈하여 기록한 수입니다. 여자와 아이들까지 합한다면 당시 신도 수가 만 명이 넘었을 것입니다. 따라서 예루살렘 곳곳에 있는 연못에서 합동으로 세례를 받았을 것으로 보입니다. 예루살렘 교회에 전무후무한 성령의 역사가 일어났습니다.

우리들교회에도 비슷한 일이 있었습니다. 사실 항암 중에도 매일 설교하러 뛰어오고 싶었지만 '무조건 쉬라' 하시는 성도들의 권면을 따라 제가 참았습니다. 그러나 그저 쉰 것만은 아니에요. 2017년엔 모자를 쓰고서 부활절 예배를 인도하기도 하고, 목회자 세미나와 교회 창립주일 전도대회도 섬겼습니다.

그리고 그해 6월 아주 특별한 행사가 있었습니다. 제가 안식에 들어간 6개월 동안 세례식을 하지 못했는데, 세례받기만 기다리는 분이 너무 많아져 첫 주 토요일인 6월 3일에 합동 세례식을 거행했습니다. 성령의 선물을 받은 성도들이 각자 회개하며, 죄 사함의 권세를 가지고 여러 말로 확증하면서 가니까 담임목사가 부재중이어도 오히려 성도 수가 10%나 늘고, 세례받는 자도 늘어서 그날 무려 200명이나 세례를 받았습니다. 요즘같이 패역한 시대에 정말 감사한 일이 아닐 수 없습니다.

초대교회의 문을 연 이 3천 명이 왜 세례를 받았습니까? 자기의 억울함을 풀고자 받은 것이 아닙니다. 누가 미워서, 삶이 힘들어서 어떤 기적을 바라고 받은 것도 아닙니다. 특별한 은사를 사모한 것도 아니었어요. 성령의 설교를 듣고 찔림받아서 "어찌할꼬" 하며 마음을 찢는 회개를 했기 때문입니다. 이처럼 통회·자복하는 사람 3천 명이 모인 공동체야말로 진정한 성령의 선물, 성령의 공동체 아니겠습니까!

당시 예루살렘에 오순절을 지키러 모인 10만 명에서 3천 명이 회심했습니다. 통계로는 3%가 돌이켰으니 놀라운 사건입니다. 그런데 뒤집어 생각해 보자고요. 10만 명이 소위 하나님을 믿는다는 경건한 유대인인 걸 감안하면 많은 수라고는 말할 수 없지 않습니까?

오늘날 교회들도 그래요. 매주 하나님을 믿는다는 수많은 사람이 모이지만 그중 3천 명에 해당하는 이들은 몇이나 될까요? 먼 교회 얘기가 아니라 우리들교회 성도 중에도 16년이나 교회를 출석하고도 아직 부활이 믿어지지 않는다는 교수님이 계십니다. 죽음을 경험해 보지 못해서 부활의 말씀이 와닿지 않으시는 것입니다.

수많은 사람이 모였어도 하나님은 회개하는 3천 명만 보십니다. '3천 명도 많은 수인데 나는 잊으시면 어쩌나……' 합니까? 하나님은 누구도 놓치는 법 없이 회개하는 한 사람, 한 사람을 주목하고 알아보십니다. 내가 아무리 숨어 있어도 다 알아보십니다.

우리들교회에 출석하시는 한 목자님의 나눔입니다.

목사님께서 사도행전 말씀을 다시 이어 가신다기에 몇 년 전에 들은 사도행전 강해를 찾아서 다시 들어 보았습니다. 오순절 성령강림과 방언의 은사에 대한 말씀을 다시 들으면서 스스로를 돌아보았어요. 암이 낫는 것보다도 말씀으로 삶이 해석되는 것이 축복이라 하셨는데, 저는 말씀을 제대로 들어 본 적 없이 교회에 왔습니다. 하지만 창세기의 요셉 이야기를 들으며 '나도 사이가 나쁜 형제들과 화해해야겠다' 결심도 하고, 양육훈련을 받으면서는 신용 회복을 위해 빚 갚는 적용을 시작했습니다. 그리고 8년이 지난 지금, 빚을 거의 갚았습니다.
우리 가족 모두가 저보고 3개월 이상 교회를 못 다닐 거라고 말했습니다. 그런데 3개월을 넘기고 지금까지도 교회를 잘 다니고 있으니 이야말로 기적이지요. 연약한 저를 포기하지 않고 이끌어 가시는 주님, 감사합니다.

할렐루야! 이분이야말로 성령의 선물을 '찐'으로 받은 분 아니겠습니까? 전날 들은 설교도 기억하지 못하는 사람이 허다한데 이전 사도행전 설교들을 다 찾아 들으셨다는 것부터 성령의 선물을 받으셨다는 증거입니다. 3개월을 훌쩍 넘어 지금은 목자로도 섬기고 계시니 이 얼마나 은혜입니까! 물세례가 성령 세례로 바뀌었습니다. 지금처럼 나의 부족함을 보면서 가면 여러 말로 확증하고 권면하며 다른 사람을 구원으로 이끄는 성령의 선물도 받으실 줄 믿습니다.

나아가 여러분에게도 이런 동일한 은혜가 임하기를 소원합니다. 통회하고 자복하는 3천 명의 공동체에 여러분이 들어가기를, 말씀에 찔림을 받고 '내가 예수를 죽였다' 고백하며 거룩을 향해 나아가는 여러분 되기를 진심으로 축원합니다.

✤ 나는 통회하고 자복하는 3천 명 공동체에 들어갔나요? 내가 여러 말로 확증하며 "구원을 받으라" 권해야 할 사람은 누구입니까?

우리들 묵상과 적용

IMF 외환 위기 시절에도 저는 경제적으로 큰 어려움 없이 보냈습니다. 그러나 2011년 겨울, 모든 것이 한순간에 무너져 버렸습니다. 은행 대출을 받아 무리하게 부동산 투자를 하다가 이자를 갚지 못해 끝내 신용불량자가 된 것입니다. 그렇게 골방에서 술로 하루하루를 보내고 있는데 딸이 찾아와 "아빠, 이러다 죽겠다. 제발 교회 한 번만 가자" 하고 사정하기에 수요예배에 참석했습니다. 돌아오는 길에 딸에게 "설교가 너무 길다"라는 불평부터 시작해 온갖 비난과 불만을 쏟아 냈습니다. 그런데도 딸이 "아빠 주일예배는 안 그래, 이번 주일에도 함께 예배 가자" 하고 간절히 말하길래 "이번이 마지막이니 더 이상 강요하지 말라" 하며 주일예배에 참석했습니다.

사실 저는 고등학교와 대학교도 미션스쿨을 나왔고 세례도 받았습니다. 그러나 물질을 우상 삼으며 살았기에 예수 믿는 친구들을 무시하고 박해했습니다. 그런 제가 교회에 다닌다고 하자 형제들은 얼마 못 갈 거라며 비아냥댔습니다. 저도 처음엔 믿음에 확신이 없었습니다. 그런데 어느 주일, 한 말씀이 제게 나팔 소리같이 들렸습니다. "내게 먹을 것이 떨어져야 하나님과 화해하고 사람과도 화해할 수 있습니다" 하시는 목사님 말씀이 깊이 와닿은 겁니다. 담임목사님께서 '화해'라는 제목으로 창세기 45장 말씀을 강해해 주신 날입니다. 그간 형제들과 여러 문제로 갈등의 골이 깊었는데 이 말씀을 듣고 제가 제일 큰 죄인임이 깨달아져 눈물이 흘렀습니다. 그때부터 공예배는 물론이고 목장예배와 각종 양육훈련에 참여하고, 늘 말씀으로 '어찌할꼬?' 묻고 또 물으며 왔습니다. 그러자 형제들과의 막힌 관계가 조금씩 뚫리고 있습니다(행 2:36~37).

　　몇 년 전엔 "큐티의 꽃은 적용"이라는 담임목사님 말씀과 "빚부터 갚으라"는 목장의 권면에 순종하여 신용회복위원회를 찾아갔습니다. 그간 자존심 하나로 버텨 온 저이기에 순종하기가 참 어려웠습니다. 그날 목자님이 몸소 찾아와 격려해 주지 않으셨다면 결코 하지 못했을 적용입니다. 그렇게 8년 동안 빚을 갚으며 왔습니다. 몇 번 위기를 만났지만, 제 마음을 솔직히 고하며 기도하자 하나님께서 잘 넘기게 도와주셨습니다. 취업도 했습니다. 하지만 이보다 더 큰 은혜는 딸이 신결혼을 한 것입니다. 하나님께서 믿음이 연약한 저를 불쌍히 여겨주셔서 딸이 믿음의 가정을 이루는 성령의 선물을 주셨습니다(행 2:38). 죄 가운데 빠져 있던 저를 통회하고 자복하게 하셔서 성령의 공동체에 속하게 해 주신 주님, 감사합니다.

하나님 아버지, 성령의 설교를 듣고 찔림을 받아 "어찌할꼬" 하는 우리가 되길 소원합니다. 강퍅하고 교만하여서 어떤 말씀을 들어도 찔리지 않는 우리를 불쌍히 여겨 주옵소서.

사탄의 권좌가 똬리를 튼 버가모 교회에 주님이 내리신 처방은 '말씀의 검으로 피고름을 수술하라'는 것이었습니다. 교회 안에, 우리 마음 안에도 사탄이 딱 똬리를 틀고 앉아서 예수가 오시는 길을 막습니다. 영적으로 눈멀었으나 소위 잘난 사람들은 어두운 세상에서도 결코 넘어지지 않습니다. 그러니 도무지 자기 죄를 보지 못합니다. 내 죄를, 내 피고름을 보아야 살아날 터인데 주님, 우리가 어찌 그것을 볼 수 있겠습니까…….

우리는 자식이 속을 썩여도, 부모가 힘들게 하고 상사가 괴롭혀도 내 피고름이 안 보입니다. 그저 분하고 원통하고 억울하기만 합니다. 예수를 믿어도 세상과 다른 것이 전혀 없습니다. 그러면서도 '나는 헌신한다' 말합니다. 최선을 다했다고 합니다. 나는 잘못한 것이 없다고 합니다. 주님, 내 속의 피고름을 보게 해 주옵소서. 내가 예수를 십자가에 못 박은 자임을 깨닫게 해 주옵소서.

사도 바울은 그 많은 고난 가운데도 교회에 대한 염려로 가장 마음이 눌렸다고 했습니다. 예수를 믿는 자라면 이런 사명을 가져야 하지 않겠습니까. 사명 때문에 와서 사명대로 살다가 사명 따라 가는 인생인데, 나 자신을 돌아보지 못하면 우리가 무슨 사명을 감당할 수 있겠습니까.

　"내가 예수를 십자가에 못 박았습니다. 나를 힘들게 하는 그들을 내가 십자가에 못 박았습니다. 내가 너무 무지합니다. 목자여도 부모여도 내 자녀를, 내 옆의 그 사람을 날마다 미워하며 못 박습니다." 주여, 우리가 이런 진정한 회개를 할 수 있게 도와주옵소서. 성령의 선물을 받고 회개하여 죄 사함을 받은 3천 명의 공동체에 우리가 들게 해 주옵소서. 예수님 이름으로 기도드립니다. 아멘.

Chapter 9

예배가 설레지 않는다면?

: 성령의 공동체

사도행전 2장 42~47절

하나님 아버지, 우리 교회가
성령의 공동체가 되기를 원합니다.
성령의 공동체를 사모하는 우리가 되기를 원합니다.
말씀하여 주옵소서. 듣겠습니다.

'공동체' 하면 저는 마음이 설레고 할 이야기가 많습니다. 공동체는 우리들교회의 정체성이라고 해도 과언이 아닙니다. 그래서 제 설교 방송 제목도 〈김양재 목사의 공동체 고백〉입니다. 제가 결혼생활을 힘들어했던 것은 저의 아픔을 털어놓을 공동체가 없었기 때문입니다. 고난이 도무지 해석되지 않고, 나 홀로 겪는 고통인 것만 같아서 한때는 이혼과 자살까지 생각하기도 했습니다. 그러나 이제는 함께 말씀을 나누며 가는 공동체가 곁에 있어서 제게 얼마나 큰 버팀목이 되는지 모릅니다. "건강한 교회를 만나면 인생이 방황이 끝난다"라는 말은 정말 진리 중의 진리입니다.

하나님은 세상의 대안으로 우리에게 교회를 주셨습니다. 이 땅의 교회는 성령이 세우신 '성령의 공동체'입니다. 이 성령의 공동체는 구체적으로 어떤 모습인지 본문을 통해 살펴보겠습니다.

오로지 경건 생활에 힘쓰는 공동체입니다

베드로가 전한 설교를 듣고 3천 명이 회개하며 세례를 받는 성령의 역사가 일어났습니다. 그들의 회개는 '내가 안식일을 지키지 않아서 이런 불행이 왔나' 하는 얕은 유의 것이 아니었어요. "화로다, 나여 망하게 되었도다!" 부르짖은 이사야처럼, 그들은 자신의 근본을 뒤엎는 진실한 회개를 하게 됐습니다. 가치관이 완전히 달라졌습니다.

이처럼 마음을 찢는 회개를 하는 한 사람, 한 사람이 모여 '성령의 공동체'가 탄생했습니다. 오늘날 교회의 원형이라 할 수 있는 초대교회가 비로소 태동하기 시작한 것입니다.

하나님께서는 천지를 창조하시고 "보시기에 좋았더라" 말씀하셨습니다. 마찬가지로 성령이 임재하시는 공동체, 성령으로 재창조된 성도들이 모인 공동체보다 더 아름다운 것은 이 땅에 없습니다.

그들이 사도의 가르침을 받아 서로 교제하고 떡을 떼며 오로지 기도하기를 힘쓰니라_행 2:42

누가는 베드로의 설교를 듣고 회심하여 말씀의 공동체에 접붙여진 이들이 이후 어떻게 양육받고 성장했는지 이야기합니다. 그들이 사도의 가르침을 받고 서로 교제하고 떡을 떼며 오로지 기도하기에 힘썼다고 합니다.

그런데 이 구절로만 보자면 그들이 오직 기도에만 힘쓴 것처럼 느껴집니다. 그래서 원어를 좀 살펴볼 필요가 있어요.

원어 성경에는 '가르침을 받음', '교제함', '떡을 뗌', '기도함'이 모두 '힘쓰다'라는 동사의 목적어로 쓰였습니다. 다시 말하면 네 가지 경건 생활에 전부 힘썼다는 것입니다. 또한 '힘쓰다'에 해당하는 헬라어

동사는 '스스로 무엇에 헌신하다', '힘 있게 집착하다'라는 뜻으로, 지속적인 동작을 나타내는 미완료시제로 쓰였습니다. 즉, 한두 번 힘쓰고 그친 것이 아니라 계속해서 힘썼다는 뜻입니다. 초대교인들이 어떻게, 얼마나 경건 생활에 힘썼는지 더 자세히 알아보겠습니다.

첫째, 사도의 가르침을 받았습니다.

베드로의 설교를 듣고 회심한 3천 명은 경건한 유대인으로서(행 2:5) 이미 성경을 익히 아는 자들이었습니다. 그러나 예수께서 나를 위해 죽으셨다는 사실은 성령을 선물로 받고서야 깨달았습니다. 이제야 비로소 구속사를 깨닫게 된 것입니다.

"어찌할꼬" 했던 그들의 탄식은 자신의 죄를 보고 안타까움을 토로하는 것 그 이상이었습니다. 이 말을 원어로 보면 '말발굽으로 가슴을 내리치는 고통'을 뜻합니다. 그만큼 회개는 아픈 것입니다. 살아 있고 활력 있는 말씀이 그들의 혼과 영과 관절과 골수를 찔러 쪼개자, 그들 마음속에 사망의 길에서 돌이켜 '살고 싶다'는 소망이 생겼습니다. 그래서 주의 말씀을 듣기에 갈급해졌습니다. 구속사의 말씀을 먼저 받은 열두 제자에게 가르침받고 싶은 마음이 자발적으로 들었습니다.

'나도 성경을 잘 알고 똑같이 성령을 받았는데 사도들에게 배울 필요가 뭐 있어!' 할 수도 있었습니다. 그러나 그들이 말씀을 지식적으로 배워서 한 일이 뭡니까? 예수님을 십자가에 못 박았습니다. 성경을 공부하는 것과 성령의 설교로 가르침을 받는 것은 천지 차이입니다. 출발선부터 다릅니다.

초대교회에 대한 기록에 이처럼 가르침을 받는 얘기부터 나오는 것은 신앙생활은 '말씀'이 기본이기 때문입니다.

제 삶을 돌아보면, 어릴 때부터 교회에서 반주를 맡는 바람(?)에 제가 예배를 빠질 수가 없었습니다. 학교도 미션스쿨이라 때마다 열리는 전교생 부흥회에 어쩔 수 없이 참석해야 했어요. 게다가 성경 시험까지 봤습니다. 제가 타고난 모범생이라 시험은 또 잘 봐야 하잖아요? 100점 맞으려고 얼마나 열심히 성경을 암송했는지 모릅니다. 원하지는 않았지만 종교부장을 맡기도 했습니다. 그런데 말이죠, 남이 시켜서 익히긴 했어도 어려서 암송한 말씀들이 지금 제가 성경을 묵상하는 데 얼마나 도움이 되는지 몰라요. 만세전부터 제가 택자였던 것이죠.

제가 하고 싶은 말은, 우리 자녀들도 말씀을 가르침받는 구조 속에 두어야 한다는 겁니다. "주님을 잘 모르는 아이들에게 '교회 와라, 큐티해라' 하면 뭐 해요? 그 시간에 영어 단어 하나라도 더 보게 하는 게 낫지, 교회에 와도 핸드폰이나 들여다보고 있는데요" 하는 부모님들, 많으시죠? 맞아요, 우리 아이들이 다 그렇습니다. 그래도 아이들을 어려서부터 말씀을 가르침받는 구조 속에 두면 훗날 몸이 말씀을 기억하게 될 겁니다. 그것이 최고의 교육입니다.

저도 어릴 때 믿음이 미약했지만 말씀을 가르침받는 구조 속에 늘 있다 보니 자라서 삶의 고난에 흔들려도 교회를 떠나지 않았어요. 그런데 요즘은 미션스쿨이라도 성경 시험을 보는 곳이 드무니까 우리 아이들에게 매주 한 구절이라도 성경 암송을 시키면 어떨까, 하는 생각도 듭니다. 아이들은 뭐든지 잘 받아들여서 한번 쓱 보기만 해도 잘 외우잖아요. 아직은 성경을 이해하지 못할 나이니까 우선 말씀을 외우게 하는 것도 좋은 방법 같습니다.

초대교회가 순수성을 유지한 이유가 무엇입니까? 이처럼 온 교인이 가르침을 받았기 때문입니다. 더 나아가 그 가르침이 순전(純全, integrity)했기 때문이에요.

'사도의 가르침'이라는 구절을 원어로 보면 사도는 복수형이고, 가르침은 단수형입니다. 베드로의 설교를 듣고 예수를 믿은 수천 명의 신도를 열두 사도 모두가 가르쳤기에 복수이고, 그 가르침은 오직 예수 그리스도의 생애와 구원에 관한 것이기에 단수입니다. 많은 사람이 가르쳤지만, 오직 예수님만을 가르쳤습니다. 이것이 복음입니다.

그러면 여러분, 궁금하지 않습니까? 유대인들은 똑같은 율법을 가르치면서 어찌하여 율법의 주인이신 예수님을 죽였을까요?

그들 나름대로 이유는 있었습니다. 세리와 죄인들과 함께 먹고 마시는 예수님이 못마땅하다는 것이에요(마 9:11). 게다가 "너희는 거짓말쟁이요, 거짓의 아비인 아비 마귀에게서 난 자다"(요 8:44)라고 예수께서 그들을 책망하시니까 더욱 뚜껑이 열려서 급기야 예수님을 죽였습니다.

그들을 통해 우리는 뭘 알 수 있습니까? 회개하지 않는 사람은 율법을, 성경을 아무리 열심히 보아도 예수님을 죽일 수 있다는 것입니다. 그들은 늘 자기 자신이 기준이기에 '나는 옳고 남은 틀렸다'고 합니다. 수십 년 성경을 공부해도 회개하지 않으면 이렇게 됩니다.

사도들은 예수님의 가르침과 그분의 삶과 죽음과 부활과 높아지심, 하나님의 구속사에 대해 가르쳤습니다. 나아가 지속적인 회개의 필요성과 그리스도를 통한 죄 사함과 구원, 성령에 대한 약속을 가르쳤습니다. 오늘날 우리도 큐티와 설교를 통해 이 가르침을 듣습니다. 이처럼 순전한 복음이 전해지는 곳, 그 복음을 듣고 신앙고백이 이루어지는 곳이 참된 교회입니다.

　　하나님은 구원에, 본질에 관심을 두시기에 말씀을 끊임없이 가르치고 배우다 보면 인생의 문제는 저절로 해결되는 걸 우리들교회를 통해 보았습니다. 사람에게 제일가는 공부는 진리를 배우고 가르치는 것임을 목회를 하면서 새삼 깨달았습니다.

　　우리는 죽는 날까지 배웁니다. 시간과 공간, 사람과 사건, 역사와 생사를 통해서 끊임없이 배웁니다. 단언컨대 진정한 배움은 그 모든 문제에서 예수님의 시각으로 보고 깨닫게 되는 것입니다. 그 결과 세상의 시각에서 유턴하는 것입니다.

　　제가 우리들교회를 통해 배운 또 한 가지는, 올바른 말씀을 배우고 가르치는 것이 중심이 되면 교회가 견고해진다는 사실이에요. 그동안 우리들교회는 부흥회나 특별새벽기도회, 성경공부 모임과 같은 별다른 프로그램이 없었습니다. 학교를 빌려 쓰다 보니 장소가 부족한 이유도 있지만, 그보다는 주일예배와 수요예배, 목장예배, 생활예배인 큐티로 가르침을 받기에도 너무 바빠서 다른 것을 할 수 없었습니다. 그래도 온 성도가 가르침을 받는 구조 속에 날마다 거하니까 말씀 보는 실력이 나날이 늘고, 초신자도 잘 정착하는 편입니다.

십자가를 가르치는 교회는 문턱이 굉장히 높다고들 말합니다. 그만큼 사람들이 잘 찾지 않는다는 것이에요. 그러나 생명으로 인도하는 문은 좁고 길이 협착하다고 했습니다(마 7:14). 반대로 사망으로 인도하는 문은 넓고 길이 편한 법입니다. 좁고 어려운 길이지만 끊임없이 십자가를 가르치는 교회에 진정한 부흥이 일어날 줄 믿습니다.

둘째, 서로 교제했습니다.

'교제'는 성경에서 특별히 강조하는 교회의 중요한 요소입니다. 특별히 초대교회의 교제는 정신적인 교제만이 아니라 물질적인 왕래까지도 포함합니다. '교제'에 해당하는 헬라어 '코이노니아'가 신약성경에서 어떻게 쓰였는지를 살펴보면 그 의미를 더 정확히 이해할 수 있습니다.

"너희는 믿지 않는 자와 멍에를 함께 메지 말라 의와 불법이 어찌 함께 하며 빛과 어둠이 어찌 **사귀며**"(고후 6:14).

"이는 마게도냐와 아가야 사람들이 예루살렘 성도 중 가난한 자들을 위하여 기쁘게 얼마를 **연보**하였음이라"(롬 15:26).

위에 두 구절에서 '사귀며'와 '연보(현금)'에 해당하는 단어가 바로 '코이노니아'입니다. 오순절 성령 강림 후 교회를 구성한 성도들은 이같이 신앙 안에서 서로 영적인 교제를 나누고, 서로 물질적으로 도왔습니다.

오늘날 우리네 목장(교회 소그룹 모임)이 바로 이런 교제의 장(場) 아니겠습니까? 자기 이야기를 나누고 싶은 본능은 누구에게나 있으니까 이런 장이 존재하는 것만으로 참 기쁜 일입니다. 그런데 아무리 성도끼리 모임이라도 십자가의 가르침이 확실하지 않으면 본래 목적을 잃고 샛길로 빠지기가 쉬워요. 그래서 교제에 앞서 반드시 말씀으로 가르침을 받아야 합니다. 말씀의 가르침에 의거해 나의 이야기를 나누고, 말씀대로 적용하는 훈련을 받는 곳이 바로 목장입니다. 그래야 우리 만남이 성령의 교제가 됩니다.

셋째, 떡을 뗐습니다.

여기서 떡을 뗐다는 것은 단순히 식사를 함께했다는 의미가 아닙니다. 초대교회 성도들은 모일 때마다 애찬(愛餐, 교제를 나누기 위해 가졌던 공동 식사)을 겸한 성찬식(예수님의 십자가 죽음을 기념하는 의식)을 가졌습니다. 이들이 애찬을 한 이유는 당시 너무 가난하여 식사를 제대로 하지 못하는 지체들이 있었기 때문입니다. 그러나 '떡을 떼며'라는 표현은 성찬을 나타내는 용어이므로, 본문은 애찬보다는 성찬을 가리키는 말로 보는 것이 맞습니다. 모일 때마다 떡을 떼고 잔을 나누며 나를 위해 죽으신 예수님을 생각하고 그리스도의 몸과 보혈을 나눈 것입니다.

우리들교회는 학교를 빌려 예배를 드리는 특수한 사정 때문에 일 년에 한 번, 성금요일 예배에만 성찬식을 갖습니다. 대신에 매주 목장예배에서 목장 식구들끼리 함께 식사를 나누기를 권하고 있습니다. 교회에서 시키니까 성도들이 억지로 했다면 진작에 목장은 사라졌을 것입니다. 그러나 감사하게도 서로서로 기쁨으로 섬기며 지금까지도 그 전통(?)이 이어지고 있습니다. 이 식탁 교제야말로 애찬을 겸한 성찬이 아닐까 합니다.

넷째, 오로지 기도하기에 힘썼습니다.

원문을 보면, '기도'가 복수로 쓰였습니다. 이는 초대 교인들이 개인 기도에만 힘쓴 게 아니라 공동 기도에도 힘썼다는 의미입니다. 나아가 그들의 기도는 단순히 감정이나 직관을 따라서 드린 기도가 아니었습니다. 기도에 해당하는 헬라어 '프로슈코마이'는 '말씀에 의거하여 하나님의 뜻을 구하는 것'을 말합니다. 즉, 그들이 말씀을 따라서 기도했다는 것이죠.

우리도 그래요. 말씀 없이 기도하면 샛길로 새게 마련입니다. 기도는 하나님의 방향에 나를 복종시키는 것입니다. 하나님의 뜻에 나를 굴복시키는 것이 기도예요. 그래서 기도 역시 말씀의 가르침을 받는 것이 선행되어야 합니다.

기도를 부탁할 때도 마찬가지입니다. 공동체에 나의 기도 제목을 내놓으려면 내 삶을 오픈해야 하지 않습니까? 말씀이 없으면 나의 어떤 것도 내놓지 못합니다.

우리들교회 홈페이지엔 별의별 기도 제목이 다 올라옵니다.

'제가 정신과 약을 잘 먹도록 기도해 주세요', '구치소에 간 남편이 주님을 만나도록 기도해 주세요', '이혼 위기에 있는 아들 부부에게 말씀이 들리게 해 주세요'…….

어디 가서 이런 얘기를 하면 가십거리만 되지 않겠어요? 어찌 이리도 너나없이 자기 삶을 솔직히 오픈할 수 있습니까? 오직 말씀에 의

거해 자신을 복종시키고 또 복종시키며 나아가기에 가능한 것입니다.

하루는 교회 홈페이지에 이런 기도 제목이 올라왔습니다.

> 목사님, 저는 마음속에 미움이 너무 많아요. 그래서 예수님을 안 믿고는 못 견딥니다. 예수님 십자가의 못 좀 빼 드리고 싶은데, 말씀 듣고 분명 은혜받았는데도 돌아서면 '주님이 나를 사랑하실까' 의심해요. '지능의 문제가 아닐까' 생각도 해 보았어요. 왜, 수업 시간에 듣고도 모르면 선생님이 "안 듣고 뭐 했냐?" 하잖아요. 그런데 저를 보면 1분 만에 까먹는 게 정말 가능하더라고요.
>
> 제가 하나님의 사랑을 기억할 수 있게 기도해 주세요. 혹시 하나님이 아직 때가 안 되었다고 하시면 제가 성격이 좀 급한 성도니까 때를 좀 앞당겨 달라고 기도해 주세요.

이분에게 말씀과 공동체가 그야말로 믿는 구석이 되었나 봅니다. 정말 자신이 하고 싶은 얘기를 다 나누셨잖아요. 여러분에게도 이런 '말씀 안에서의 자유'가 있기를 바랍니다. 말씀 앞에 나의 모든 것을 내놓고 하나님의 뜻을 구하는 기도를 하기 바랍니다.

3천 명의 신도가 갑자기 더해졌음에도 초대교회가 질서 정연하게, 확고하게 설 수 있었던 것은 이처럼 그들이 가르침을 받고, 서로 교제하고, 떡을 떼고, 기도하는 경건 생활에 끊임없이 힘썼기 때문입니다. 숫자가 늘어나도 사랑이 식지 않았습니다. 하나님께서 그들을 성령의 공동체 되게 하셨습니다.

- 나는 목회자에게, 교회 지체들에게 가르침을 잘 받습니까? 배울 것이 없다고 생각합니까?
- '사도에게 가르침을 받음, 교제, 떡을 뗌, 기도.' 이 네 가지 중에 나는 무엇이 안되고, 무엇이 잘됩니까? 무엇이 좋고 무엇이 싫습니까?

기사와 표적의 공동체입니다

사람마다 두려워하는데 사도들로 말미암아 기사와 표적이 많이 나타나니 _행 2:43

본문에 두려워하는 사람은 다음 절인 44절의 '믿는 사람'과 대조되는 '믿지 않는 사람'을 총체적으로 가리킵니다. 이들은 사도들을 중심으로 초대교회에 일어나는 부흥과 기사와 표적들을 실제로 목격하면서 두려움을 갖게 됐습니다.

마가복음에서도 풍랑을 잠잠케 하신 예수님을 보고 제자들이 '심히 두려워했다'고 했습니다(막 4:41). 그와 같은 영적인 두려움이 믿지 않는 자들의 마음에 일어났다는 것입니다. 다르게 말하면 믿는 사람들에 대해 경외심을 가졌다는 뜻이기도 합니다.

믿지 않는 자들을 주께로 인도해야 할 사명이 성령의 공동체에 있습니다. 하나님께서 우리 공동체에 기사와 표적을 나타내시고 신령한 사건이 끊임없게 하시는 이유가 바로 이것이에요.

그러면 무엇이 기사이고 표적일까요? 문제가 '짠' 해결되는 것이 기사이고 표적일까요? 제가 늘 강조하지만 '문제가 있는 것이 문제가 아니라, 문제가 없는 것이 진짜 문제'입니다. 갖은 문제가 일어나지만, 성령이 도우시면 갖은 기사와 표적이 일어납니다. 진정한 기사는 말씀으로 내 현재의 이유를 깨닫고 감사하게 되는 것입니다. 그래서 오직 말씀을 붙들며 살게 되는 것이 진정한 표적입니다.

우리들교회의 한 목자님이 보내신 메일입니다.

목사님, 안녕하세요! 저희 목장에 목사님 말씀을 정말 사모하는 중국 교포 집사님이 계세요. 최근 이분이 중국으로 다시 돌아가게 되었어요. 뇌경색으로 쓰러져 거동만 겨우 하던 남편이 반신마비가 와서 집사님의 손길이 필요하게 된 것이에요. 하지만 하루하루 살아내기가 쉽지 않으신가 봐요. 누워 있는 남편의 대소변을 처리하는 일이 너무 힘들어서 한동안 목장에 소식을 전할 힘도 없었다고 해요.

그래도 제가 안심할 수 있는 것은 이분에게 말씀이 힘이 되고 있기 때문이에요. 며칠 전엔 "질서에 순종하며 잘 죽어지는 것이 가장 잘 사는 길"이라는 설교 말씀을 듣고 마음에 찔렸다면서 자신도 잘 죽어지겠다고 음성 메시지를 보내오셨어요. 더불어 모든 일을 끝까지 기쁨으로 감당하게 해 달라고 기도를 부탁하셨습니다.

이분을 보내면서 저도 걱정이 많았는데 이렇게 말씀으로 살아내고 계시니 참 대견스러웠습니다. 우는 자를 위로하고, 아픈 자를 보듬는 성령의 설교를 전해 주시는 목사님, 늘 감사합니다!

할렐루야! 저는 이런 적용이야말로 참된 기사요, 표적이라고 생각합니다. 말씀대로 적용하는 사람이 항상 최고입니다.

믿는 사람이 다 함께 있어……_행 2:44a

'믿는 사람이 다 함께 있어'라고 하지만, 실제로 3천 명이 한 장소에서 함께 생활하는 것은 불가능합니다. 당시 사회에서 3천 명이 한곳에 모이는 것도 쉽지 않았을 겁니다. 따라서 이 말은 그만큼 그들이 말씀 안에서 한 가치관이 되었다는 뜻으로 해석할 수 있습니다.

같이 사는 가족이라도 말씀으로 통하지 않으면 '함께'가 안 됩니다. 성령이 임하지 않으면 한 가족이어도 말 그대로 한 가족 되기가 너무 어렵습니다. 우리가 그렇잖아요, 남보다 못한 부부 사이가 얼마나 많습니까?

반면에 3천 명이어도 말씀으로 통하니까 '함께'가 됩니다. 성령이 임하자 생판 남남인 그들이 한 가족이 됐습니다. 오직 믿음과 소망과 사랑만이 이런 일을 가능하게 합니다. 말발굽으로 가슴을 내리치는 듯한 회개를 하니까 내 옆의 지체가 너무 귀하게 보입니다.

44b ……모든 물건을 서로 통용하고 45 또 재산과 소유를 팔아 각 사람의 필요를 따라 나눠 주며_행 2:44b~45

초대 교인들이 서로를 얼마나 귀하게 여겼는지 자기 재산과 소유를 나눠 주는 것도 아깝지 않았습니다. 초대교회에서 일어난 가장 큰 기사와 표적은 이처럼 유무상통(有無相通)을 적용한 것입니다. 너나 할 것 없이 자기의 소유를 나누고 모든 물건을 서로 통용했습니다.

이 세상에 돈만큼 가공할 위력을 지닌 것이 어디 있습니까? 돈으로 안 되는 일이 거의 없을 정도잖아요. 그런데 적어도 이때만큼은 자기 재물을 조금이라도 자기의 것이라 하는 이가 하나도 없었다는 것입니다(행 4:32). "예수를 하나님이 주와 그리스도가 되게 하셨다"(행 2:36)는 선포 앞에 회개하고 나니까 더 이상 내 것이 내 것이 아니게 된 겁니다.

초대 교인들이 유무상통했다는 이 본문 말씀을 근거로 해서 공산주의와 많은 이단이 생겨났습니다. 그러나 초대교회와 공산주의는 출발부터 다릅니다. 공산주의는 유무상통을 문자적으로만 가져왔습니다. 그들은 개인의 자발성을 무시하고 강제적으로 재산을 공유화했습니다. 자본의 국유화라는 인간적인 목표만 있을 뿐, 가난한 자들을 향한 사랑이나 공동체를 인도하시는 하나님에 대한 신앙은 전혀 찾아볼 수 없습니다. 부한 계층을 무조건 악인으로 간주하고 그들의 재산을 강제로 빼앗아 가난한 계층에게 나누는 원리라지만, 실상은 어땠습니까? 공산당 간부들만 부와 명예를 누리고 서민들은 더 궁핍해졌습니다. 결국 공산주의는 실패했습니다. 역사가 그것을 증명하지 않습니까?

이단들도 마찬가지입니다. 유무상통을 자기 식대로 해석합니다. 실제로 6·25동란 직후 유무상통한 초대교회 공동체를 표방해 자신들만의 촌락을 건설한 이단이 생겨나기도 했습니다. 당시 자기 소유를 다 팔아서 그곳에 들어간 사람이 허다했습니다. 그러나 이 역시 허울만 근사한 빈 껍질에 불과했습니다. 전쟁 후 불안한 심리를 이용해서 신도들의 재물을 탈취한 것이죠. 특별히 나라가 혼란할 때 이런 이단들이 활개를 칩니다.

사실, 초대교회에서 유무상통이 가능했던 이유 중 하나도 당시 시한부 종말론이 득세했기 때문입니다. 그들은 주님이 곧 다시 오시고 세상엔 종말이 닥치리라고 믿었습니다. 종말에 재물이 다 무슨 소용이겠어요? 그래서 서로 가진 걸 나누기가 쉬웠던 것이죠.

어찌 됐건 재물을 유무상통한 일은 초대교회에만 국한된 일이었습니다. 이를 현대의 교회에 가져와 제도화할 수는 없겠지만, 물질을 내려놓고 서로 나누는 일이 성령의 공동체 안에서 가능하다는 걸 보여 줬습니다.

그런데 말이죠, 초대교회가 이토록 대단하게 섬겼건만 훗날 요한계시록을 보면 소아시아 일곱 교회 중에 다섯 교회가 하나님께 야단을 맞았습니다. 심지어 라오디게아 교회는 "너희를 토해 버리고 싶다"는 무서운 질책을 들었습니다(계 3:16). 아무리 교회 공동체라 해도 지상(地上) 공동체는 완전할 수 없습니다. 조금만 배부르고 등 따스해지면 다 세상으로 갑니다. 예외가 없어요. 종말론이 득세할 땐 유무상통하다가 주님이 더디 오시면 다시 세상으로 물고기 잡으러 떠나는 것이 우리 모습이란 말입니다.

때마다 시한부 종말론이 고개를 듭니다. 그때마다 주님은 오지 않으셨어요. 주님이 언제 오실는지 우리는 알 수 없습니다. 하지만 분명한 사실은 개인의 종말은 곧 닥칠 일이라는 겁니다. 누구나 반드시 죽습니다. 우리 인생이 짧습니다. 유한한 인생임을 인정하는 것이 곧 믿음입니다. 개인의 종말을 믿는 사람은 절로 유무상통이 될 것입니다. 지체의 아픔을 체휼하고, 깨달은 말씀을 나누면서 주 안에서 줄 것만 있는 인생을 살아갑니다.

🎁 여러분은 내 곁의 지체들을 얼마나 체휼합니까? 한번 백분율로 계산해 보세요.

모이기를 힘쓰는 공동체입니다

날마다 마음을 같이하여 성전에 모이기를 힘쓰고 집에서 떡을 떼며 기쁨과 순전한 마음으로 음식을 먹고_행 2:46

기사와 표적의 공동체가 되면 자연스레 '모이기를 힘쓰게' 됩니다. 그런데 초대 교인들이 단순히 모이기에만 힘쓴 것이 아닙니다. 함께 떡을 떼며, 음식을 먹었다고 합니다. 앞서 42절에서도 서로 교제하고 떡을 떼었다고 했지요. 얼마나 중요하면 이 얘기를 성경에 반복해 기록했겠습니까.

그런데 여러분, '모여서 떡을 떼는 곳'이라 하면 뭐가 떠오르지 않으세요? 바로 우리의 목장(소그룹 모임)이 그런 곳이잖아요. 우리는 목장에 모이기를 힘써야 하고, 모여서는 떡을 떼야 합니다. 모여서 말씀을 나누는 것이 목장예배의 핵심이지만, 밥심을 무시해선 안 돼요. 오고 가는 음식 속에 형제애가 싹트는 법입니다. 함께 말씀도 먹고, 밥도 먹어야 우리 목장이 성령의 공동체가 됩니다.

또한 초대 교인들은 '기쁨으로' 모였습니다. 그들은 성전에서 하는 큰 모임이든지, 집에서 하는 작은 모임이든지 구분하지 않고 모든 모임에 '기쁨'과 '순전한 마음'으로 참여했습니다. 기쁜 일 하나 없어도 예배가 기쁘니까 저절로 교회로 발걸음이 향하고, 지체들과 나누는 애찬도 즐겁습니다.

이전에도 이들은 예루살렘 성전에 열심히 모였고, 열심히 예배 드렸습니다. 하지만 기쁨은 없었던 것 같습니다. 그리고 한 일이 예수님을 못 박은 것이잖아요. 그런 이들에게 처음으로 달려가고 싶은 예배 공동체가 생겼습니다. 생각만 해도 설레는 공동체, 내 사모하는 공동체가 생겼습니다.

여러분도 자신을 돌아보세요. 모든 예배가 셀렙니까? 주일예배, 수요예배, 목장예배를 드릴 때마다 기쁨이 넘치세요? 그러면 여러분은 성령의 공동체에 속한 사람입니다.

다시 사시고 하늘에 오르사 하나님께 높임을 받으신 예수를 나의 주로 모신 사람은 더 이상 땅의 것을 바라보지 않습니다. 최고의 왕, 최고의 남편이신 예수님을 이 땅에서 보았는데 무엇이 더 보고 싶겠습니까? 세상 모임에도 더는 기웃대지 않아요. 학연·지연 따위 인맥도 필요 없어집니다. 제아무리 세계적인 위인과 교제하고, 일류 부류에 속한들 예수님에 비할 수 있습니까?

만일 예배에 기쁨이 없다면, 여러분이 아직 세상을 탈출하지 못했기 때문입니다. 세상을 탈출한 사람은 결코 되돌아가지 않아요. 세상을 빠져나온 순간부터 더 힘겨운 여정이 펼쳐집니다. 때로는 넘어지기도 하고 주저앉기도 하지만, 택자라면 다시 세상으로 떨어지지는 않는다는 말입니다.

베드로를 보세요. 실수투성이에다가 예수님을 부인하고는 다시 물고기 잡으러 갔습니다. 예수님의 수제자라는 인물이 말이죠. 하지만 회개하고 성령 세례를 받은 뒤로 그는 후퇴를 몰랐습니다. 여전히 부족하여 바울에게 책망을 듣기도 했지만(갈 2:11) 예전 모습으로 다시 돌아가지는 않았습니다.

우리 몸이 죄를 기억해서 자꾸 유혹에 넘어지지만, 그런 자신에게 절망하며 회개하는 사람은 예배가 사모될 수밖에 없어요. 예배마다 기쁨이 넘치니까 넘어져도 오뚝이처럼 다시 일어나 걸어갑니다. 예배에 설렘이 없는 건 내가 죄에 무감각하기 때문입니다. 말발굽이 가슴을 내리치는 고통을 모르기 때문입니다. 참된 회개를 하지 않기 때문이에요. 그런 사람은 아마 이 설교도 불편하게 느껴질 것입니다.

저야말로 일류가 되려고 발버둥 쳤던 사람입니다. 그런데 그때는 뭘 해도 설레지 않았어요. 경쟁에서 이길 생각뿐이었습니다. 그런 십여 년의 세월을 지나서, 이후로 오십여 년을 제가 주님께 헌신하며 살았잖아요? 학창 시절보다 훨씬 많은 시간을 교회에 발을 딛고 살았습니다. 그런데 교회에 올 땐 설레지 않은 날이 없었습니다. 주와 함께 하는 그 시간이 날마다 기쁘고 즐거웠습니다. 이런 행복은 오직 성령의 공동체 안에서만 가능합니다. 제가 조금이나마 일류를 경험해 보았기 때문에 자신 있게 말씀드릴 수 있습니다.

하지만 세상 모임을 끊어내기가 정말 어렵지요. 우리가 망하기 전에는 세상을 못 끊습니다. 그래서 초대교회가 받은 핍박은 선물입니다. 로마가 핍박했기 때문에 초대교회가 성령의 공동체가 될 수 있었습니다. 그러므로 여러분 인생에 찾아온 고난도 선물입니다. 그렇잖아요. 부모, 남편, 아내, 상사가 나를 괴롭히고 자녀가 속 썩여 주니까 성령의 공동체가 반갑고 목장도 재미있는 것 아닙니까?

세상 모임을 무작정 끊지 못합니다. 하지만 주를 만나 회개한 사람은 절로 세상 모임이 재미없어지게 마련입니다. 내 마음의 방향이 문제인 것이에요.

🎁 나는 설레는 마음으로 예배에 옵니까? 습관적으로 옵니까?

날마다 구원을 더해 가는 공동체입니다

하나님을 찬미하며 또 온 백성에게 칭송을 받으니 주께서 구원 받는 사람을 날마다 더하게 하시니라 _행 2:47

기쁜 일, 슬픈 일, 화나는 일에도 초대 교인들이 모이기를 힘쓰며 한결같이 하나님을 찬미하자 온 백성에게 칭송을 받는 일이 일어났습니다. 구원받는 사람이 날마다 늘어났습니다. 우리 내면이 성령으로 충만해지면 이처럼 외적으로도 충만해지게 마련입니다.

그래서 공동체가 중요합니다. 성령의 공동체에 접붙여져 가는 것과 홀로 신앙생활 하는 것은 하늘과 땅 차이입니다. 가르침만 받고 교제·성찬·기도는 건너뛰면 삶에 표적과 기사가 나타나지 않습니다. 유무상통하는 깊은 적용까지 나아갈 수 없어요.

그런데 요즘 가르침만 받고 안개처럼 사라지는 교인이 너무 많습니다. '나 홀로 신앙'을 고집하는 사람은 신앙의 길에서 금세 퇴보하고 말 것이에요. 말씀 공동체에 접붙여져야 나의 생각과 마음과 가치관이 성장하고 성숙해집니다.

성령의 공동체에서 십자가 가르침을 잘 받고, 영육 간에 교제하며, 구원을 위해 내 것을 아낌없이 나누는 사람은 '등경 위에 불'처럼 많은 사람을 비추게 됩니다(눅 8:16). 예수를 믿지 않는 사람도 그 빛을 보고 따라오게 될 것이에요. 지금 초대 교인들이 그 단계까지 이른 겁니다. 하지만 '그들이 온 백성에게 칭송받고 오래오래 행복하게 살았더라'가 본문의 주제는 아닙니다. 오히려 이후 그들에겐 극심한 고난만 기다리고 있었습니다. 로마가 기독교인들을 얼마나 무섭도록 핍박했는지 역사를 통해 우리가 보았잖아요.

출애굽기를 보면 갓 태어난 히브리 사내아이들이 모두 죽임당하는 위기 가운데서 모세가 살아남았습니다. 그러면 죽은 아이들은 저주받은 것이고 모세는 축복받은 것입니까? 우리나라에 전쟁이 났는데 나는 미리 이민을 가서 재난을 피했다면 행운인 겁니까? 그렇지 않습니다.

베드로의 오순절 설교를 듣고 3천 명이 예수를 믿고 이후 5천 명이 더 믿었지만 결국 베드로는 순교했습니다. 제 말의 요지는 칭송과 핍박을, 고난과 축복을 이원론으로 생각하지 말라는 것이에요. 복음을 전하는 것도, 복음이 전파되는 것도, 복음 전하다 죽는 것도 다 성령의 역사입니다. 예수 믿는 자를 3천이나 더하신 것도 성령의 선물이고, 예수 때문에 핍박받고 순교하는 것도 성령의 선물이라는 말입니다.

300년 동안 카타콤(지하 묘지)에 숨어 살고 사자 밥으로 던져지면서 초대 교인들은 이때의 영광을 생각했을 것입니다. 나아가 가공할 고난 속에서 믿음을 지킨 초대교회의 역사는 오늘날 교회에 영광이 되었습니다. 그러니까 칭송을 받든지, 핍박을 받든지 우리는 우리 앞에 놓인 십자가 길을 가면 됩니다. 등경 위에 불이 되어 칭송을 받아도 핍박이 따르게 마련입니다.

먼 역사까지 살펴보지 않아도 주변을 둘러보면 알 수 있습니다. 어떤 집사님이 말씀 적용을 잘해서 강단에 나가 간증했다고 해 보세요. "아유~ 어쩜 그리 믿음이 좋아요" 하고 칭찬하는 사람도 있지만, "자기가 뭔데 나와서 간증을 해" 하면서 이간질하고 조롱하는 사람도 있습니다. 자기는 그만큼 적용을 못 하니까 샘이 나는 것이죠. 모든 인간의 마음속엔 지옥 불에서 올라오는 교만이 존재하기에 얼마든지 그럴 수 있습니다. 그러니 칭송받는다고 너무 좋아하지 말고, 핍박받는다고 너무 슬퍼하지 마세요. 예수를 잘 믿는 사람은 칭송과 핍박이 늘 함께 따라다닙니다. 칭찬만 받아서도 안 되고, 핍박만 받아서도 안 됩니다. 칭찬만 받는다면 그저 성품으로 섬기는 것일 수 있습니다.

예배는 생명입니다. 생명을 걸고 예수를 믿는 자들을 안 믿는 자들은 불편해하기 마련입니다. 불신자만 아니라 교회 공동체 안에도 불편해하는 세력이 있습니다. 회개하지 않는 사람은 등경 위에 불처럼 세상을 비추는 성도들을 아주 꼴 보기 싫어합니다.

그래서 저는 설교도 좀 불편해야 하지 않을까, 생각합니다. 불신자도 부담 없이 들을 수 있는 설교도 좋지만, 예수님은 이 땅에서 십자가 복음을 가르치셨잖아요. "심령이 가난하고, 애통하고…… 의를 위하여 박해받는 자에게 복이 있다" 하셨습니다(마 5장). 누가 이런 가르침을 좋아하겠습니까? 하지만 가르침을 받고 적용할 거리가 생각나지 않는다면 우리 삶은 변하지 않아요. 따라서 듣는 이의 마음에 충돌을 일으키는 설교, 깊은 묵상을 불러일으키는 가르침이 선포되어야 합니다. '생명으로 인도하는 문은 좁고 길이 협착'하다고 했습니다. 그래서 찾는 자가 적습니다(마 7:14). 그래도 교회는 생명을 걸고 그 길을 가도록 선포해야 합니다.

초신자들을 위해서만 설교하면 그 교회는 수십 년이 지나도 초신자 수준에만 머물러 있게 됩니다. 이런들 저런들 초신자들은 말씀을 어려워하게 마련이에요. 다만 믿음 있는 성도가 십자가 가르침을 보고 듣고 적용하면서 가면, 초신자들은 그 행함을 보고 절로 따라오게 돼 있습니다. 절로 양육이 됩니다.

교회는 교회다워야 합니다. 험한 십자가를 붙들라고 가르쳐야 합니다. 예배에 생명을 걸어야 합니다. 그런 교회에 기쁨이 있고, 설렘이 있고, 눈물이 있습니다. 등경 위에 불이 되어 모두가 그 빛을 보고 따르게 될 것이에요. 찾는 자가 없을 것 같아도, 구원받는 사람이 날마다 더해지는 진정한 부흥이 일어날 것입니다.

본문 말씀처럼 십자가 가르침을 잘 받고 가시는 한 집사님의 고백입니다.

모태신앙인이지만 성경이나 찬양보다 유행가 가사를 더 잘 외우고 즐겨 불렀습니다. 그만큼 저는 주님보다 세상을 더 사랑했습니다. 그러다 사기를 당하여 부도를 맞고 일순간에 빚쟁이가 됐습니다. 다시 일어서려고 발버둥 쳤지만 그럴수록 형편은 더 어려워지고 고난은 심해졌습니다. 그때 자주 만나던 동창들과 사회 친구들과 관계도 다 끊어져 버렸죠.

이후 시편 1편 말씀을 묵상하면서 저 자신을 돌아보게 됐습니다. 학창 시절엔 공부하느라 예배에 소홀하고, 결혼해서는 가정을 돌보지 않은 이기적인 자신을 그제야 직면하게 됐습니다. 양육을 받으면서는 죄와 심판을 가볍게 여긴 중죄인이었음을 깊이 깨닫게 됐습니다.

그때부터 '하나님이 좋아하시는 일을 해 보자' 결심하고 열심히 교회를 섬겼습니다. 그러자 예수님을 믿지 않는 아들이 눈에 밟히더군요. 교회에 데려오려고 5년을 설득했지만 아들은 요지부동이었습니다.

"왜 아버지 멋대로 나를 조종하려고 드냐"면서 교회 가기를 완강히 거부했습니다.

그러던 어느 날이에요. 복음을 거부하며 저와 실랑이를 벌이던 아들이 머리끝까지 화가 나서 이런 말을 뱉었습니다.

"나는 아버지를 생물학적 아버지로밖에 생각하지 않아요!"

하늘이 무너지는 것만 같았습니다. 자존심이 마구 짓밟힌 순간이었습니다. 그런데 '이때다' 하는 생각이 들더군요. 그간 하지 못한 말을 아들에게 울며 전했습니다.

"그래, 네 말이 맞아. 나는 너에게 생물학적 아비지 그 이상 그 이하도 아니야. 네가 그렇게 여기도록 내가 만들었구나. 미안하다. 그래도 아직 살아 있는 아비니까 아버지 말 좀 들어줄래? 목사님이 늘 강조하시는 큐티를 네가 평생 하기를 바란다. 그것이 내 유일한 유언이야. 네가 살면서 언젠가 이 유언을 기억하고 꼭 그렇게 되기를 기도한다."

제 유언 때문이었을까요? 이후 아들이 교회에 등록하는 기적이 일어났습니다. 그뿐만이 아닙니다. 청년부 공동체에서 자매를 만나 올해 3월엔 신결혼도 했습니다. 아들은 결혼예배에서 "나는 아버지를 생물학적 아버지로밖에 여기지 않던 죄인이었다"라고 기념비적인 회개를 했습니다. 저도 아들을 따라 "그런 말을 들어도 싼 부족한 아비"라고 하객 앞에서 고백했습니다.

할렐루야! 그 누가 결혼예배에서 이런 고백을 할 수 있겠습니까? 이분은 글을 마치며 "아들이 철저히 무시해 준 덕(?)에 내가 심판에서 돌이켜 여호와를 경외하며 그의 길을 걷는 자가 될 수 있었다(시 128:1)"라고 고백하셨습니다. 그야말로 등경 위에 불같이 모두를 비추는 간증입니다.

그러니 여러분, 무시 좀 받으면 어떻습니까. 누구에게 무시를 받든지 여러분도 그저 잘 당하십시오. 가난한 자에게 복이 있다고 하셨습니다. 의를 위해 박해받는 자에게 천국을 주십니다. 생명의 길은 좁은 길이에요. 이런 말만 들어도 교회를 뛰쳐나가고 싶습니까? 여러분이 듣기 불편해도 저는 제 생명 다해 이런 십자가 가르침만 전하다 갈 것이에요. 그 가르침이 전해져 여러분 인생이 예수로 결론 나기를 바랍니다. 그것이 저의 유언입니다.

★ 우리 목장(소그룹 모임)은 정체되어 있습니까, 성장하고 있습니까? 나와 목장의 성장을 가로막는 근본적인 문제는 무엇입니까?

저는 3대째 신앙을 지켜 온 믿음의 집안에서 태어났습니다. 아버지는 제가 직장을 수십 번 옮겨도 타박하는 법이 없었는데 신앙생활을 소홀히 하는 것만큼은 결코 참지 않으셨습니다. 하지만 학창 시절, 저는 수없이 사고를 치며 아버지께 불효를 저질렀습니다. 결혼해서는 사업하며 영업을 핑계로 음행을 거리낌 없이 저질렀습니다. 그러다 사기당하여 부도를 맞고 일순간 13억이라는 빚을 떠안게 됐습니다. 집을 팔아 빚을 갚은 뒤 재기하려고 발버둥쳤지만 형편은 점점 어려워졌습니다.

당시 매일 밤 "하나님, 제가 죄인입니다. 내일 아침 눈 뜨지 않게 해 주세요" 하며 기도했던 기억이 납니다. 그러던 중 지인의 소개로 김양재 목사님이 시무하시는 교회를 다니게 됐습니다. "있으면 먹고, 없으면 금식하고, 죽으면 천국 가자"라는 목사님의 말씀에 특별히 감화되어 그때부터 모든 예배를 기쁨과 순전한 마음으로 참석하고 양육훈련도 성실히 받았습니다(행 2:46).

저는 이 기쁨을 믿지 않는 아들에게도 알려 주고 싶어서 갖은 노력을 했습니다. 가진 돈을 다 털어 악기를 잘 다루는 아들에게 색소폰을 사 주기도 하고 함께 큐티를 하자고 설득했습니다. 그 시간만 장장 5년입니다. 하지만 그때마다 아들에게서 돌아오는 대답은 냉랭했습니다. "왜 나까지 아버지 마음대로 하려고 해요. 우리들교회인지, 너희들교회인지 아버지나 잘 다니세요!" 그래도 제가 포기하지 않자 하루는 아들이 화가 머리끝까지 나서 이러더군요.

"나는 아버지를 생물학적 아버지로밖에 여기지 않아요!"

순간 하늘이 무너져 내리는 것만 같았습니다. 하지만 그동안 말씀으로 양육받은 실력을 발휘해(?) 더 맞서지 않고 "네 말이 맞다"고만 했습니다. 이후로도 전쟁은 계속됐으나 끊임없이 복음을 전하자 마침내 기사와 표적이 일어났습니다(행 2:43). 아들이 교회에 등록한 겁니다! 그뿐만 아니라 믿는 자매를 만나 신결혼도 했습니다.

아들의 결혼식 날, 저는 하객 앞에서 이런 고백을 했습니다.

"아들이 예수를 믿기 전, 제게 '아버지를 생물학적 아버지로밖에 여기지 않는다'는 말을 한 적이 있습니다. 당시는 그 말이 너무나 아팠는데, 돌아보면 하나님이 아들을 통해 제 죄를 물으셨다는 생각이 듭니다. 그래서 이제는 그 말이 아픈 말이 아니라 저를 돌이키게 한 기념비적인 고백이 됐습니다."

저희 가정을 사랑하셔서 성령의 공동체에 속하게 하시고 말씀의 가르침을 받게 해 주신 하나님, 사랑합니다.

영혼의 기도

하나님 아버지, 우리에게 성령의 설교를 전해 주시고, 성령의 선물을 주시며, 나아가 성령의 공동체를 허락해 주셔서 감사합니다.

주님, 전하기도 받기도 힘든 십자가 가르침을 저에게 전하게 하십니다. 제가 잘나서가 아니라 주님이 없으면 살 수 없어서 이 가르침을 전할 뿐인데도 우리들교회가 말씀의 가르침을 잘 받고, 서로 교제하며 주님의 보혈을 기념하고 기도에 힘쓰는 성령의 공동체로 자랐습니다. 이는 제 힘으로, 우리 힘으로도 이룬 것이 아니요, 오직 성령님이 함께하시기에 가능했음을 다시금 깨닫습니다.

그러나 주님, 우리들교회도 완전하지 못합니다. 계시록의 일곱 교회처럼 주께서 토해 버리고 싶으실 모습도 있음을 고백합니다. 우리가 말발굽이 가슴을 내리치는 듯한 진정한 회개를 하며 살아 있고 활력이 있는 말씀으로 살아나야 하는데, 아직 자신의 종말이 믿어지지 않아서 "좀 더 자자, 좀 더 졸자" 하는 분도 있을 것입니다. 사망으로 가는 길은 넓고 생명으로 가는 길은 좁기에 가르침을 들어도 그 길을 따르기가 너무 어렵습니다. 주여, 불쌍히 여겨 주옵소서.

주님, 몸이 예배를 기억하여 모이기를 힘쓰고 기쁘고 순전한 마음으로 예배하는 우리가 되게 하옵소서. 우리 자녀들도 십자가의 가르침을 전하고 받는 성령의 공동체에 속해 날마다 성숙하고 성장하게 하옵소서. 그리하여 우리 공동체가 주께서 토하여 내치시는 공동체가 되지 않도록, 주님이 기뻐하시는 공동체가 될 수 있도록 주여, 은혜를 내려 주옵소서. 예수님 이름으로 기도드립니다. 아멘.

PART
3

일어나 걸으라

Chapter 10

예배에 와서
구걸만 하는 당신에게
: 성령의 기적

사도행전 3장 1~10절

하나님 아버지, 우리 인생에 성령의 기적이
일어나길 원합니다. 일어나 걷고 뛰며
주님을 찬송하길 원합니다.
말씀하여 주옵소서. 듣겠습니다.

오순절 날 한곳에 모인 주의 제자들과 120명의 성도에게 성령이 충만히 임하여 그들이 방언을 말하는 역사가 일어났습니다. 그때에 베드로가 성령의 설교를 전하자 경건한 유대인들이 그 말씀에 반응해 회개함으로 세례를 받고 초대교회 공동체를 이뤘습니다. 이제 보겠지만 본문에서는 베드로와 요한 사도가 기적을 행합니다. 성령의 공동체에서는 방언과 신유의 역사가 일어나야 하고, 기적의 역사도 일어나야 합니다. 성도가 모여 교제하는 것도 중요하지만, 무엇보다 교회는 사람을 살리고 변화시켜야 합니다.

제가 시무하는 우리들교회는 오직 말씀만 보고 가는데도 기적이 끊이지 않습니다. 암이 낫기도 하고, 무엇보다 무너진 가정이 회복되는 역사가 끝없이 이어지고 있습니다. 우리가 성경을 공부하는 데만 그치지 않고 말씀이 삶에 뿌리내리게 되면 이처럼 기적의 역사가 늘 일어나리라고 믿습니다.

그러면 무엇이 진정한 기적일까요? 병이 낫고 문제가 해결되는 육신의 일보다는 우리 마음이 변하는 것이 더 큰 기적일 것입니다. 병을 고치면 뭐 하겠습니까. 잠시 후 죽을 인생인데요. 내 마음이 변화되어 예배와 말씀을 사모하게 되는 것이야말로 성령의 기적이라고 생각합니다.

본문에서는 못 걷던 자가 일어나 걷는 기적이 일어났습니다. 어떻게 이런 일이 일어나게 됐을까요? 성령의 기적이란 무엇인지 말씀을 통해 살펴보겠습니다.

여전한 방식의 기도입니다

제 구 시 기도 시간에 베드로와 요한이 성전에 올라갈새_행 3:1

앞서 초대교회가 온 백성에게 칭송을 받고, 구원받는 사람이 날마다 더하여졌다고 했습니다(행 2:47). 당시 교회 최고 지도자라 할 수 있는 베드로에겐 이만한 경사가 없습니다. 여러분이 베드로라면 이럴 때 뭘 하시겠어요? 제자들끼리 모여서 축하 잔치라도 벌여야 하는 것 아닙니까?

그런데 베드로는 기도하러 성전에 올라갔다고 합니다. "그런즉 선 줄로 생각하는 자는 넘어질까 조심하라"(고전 10:12)고 했습니다. 칭찬 듣고 부흥할 때가 오히려 위기이고 기도가 필요한 때라는 걸 베드로는 잘 알았습니다. 예수님이 피땀 흘려 기도하실 때는 졸던 베드로(마 26:40)가 비로소 기도의 의미를 깨달았습니다.

'제9시'는 우리 시간으로 오후 3시입니다. 당시 유대인들은 아침, 점심, 저녁 하루 세 번 시간을 정해서 기도했는데, 베드로도 그 관습을 따라 기도하러 성전에 올라간 것입니다. 베드로뿐만 아니라 초대 교인

모두가 이전에 하던 대로 기도 습관을 잘 지켰을 것으로 보입니다.

그런데 아침저녁은 별로 어렵지 않지만 성전에 올라가서 기도하기엔 오후 3시는 힘든 시간 아니겠습니까? 초대 교인들에게 성령이 충만하여 예배에 설렘이 가득해지니까 기도도 열심히 하고 싶은 열망이 생겼습니다.

사도의 가르침으로 시작한 초대교회는 이처럼 늘 기도하기에 힘썼습니다. 나아가 그들의 기도는 형식적인 것이 아니라 진실한 기도였고, 많은 기사와 표적을 불러일으켰습니다. 사도행전에만 '기도'라는 말이 28번 나옵니다. 그런 의미에서 사도행전은 기도의 승리를 기록한 '기도행전'이라고도 할 수 있습니다.

본절을 다시 보면, 베드로만 아니라 요한 사도도 함께 기도하러 올라갔습니다. 베드로와 요한은 야고보와 더불어 예수님이 종종 따로 데리고 다니신 제자들입니다. 즉, 예수님의 삶과 고난과 죽음과 부활을 가장 가까이에서 목격한 제자들이라고 할 수 있습니다. 또한 주님께 부름을 받기 전 이들은 동업 관계이기도 했습니다. 이제는 함께 초대교회를 이끄는 주역이 되었습니다.

'성전에 올라갈새'라는 구절을 원어로 살펴보면 미완료 과거 형태로 쓰였음을 알 수 있습니다. 헬라어에서 미완료 과거는 계속되는 동작을, 부정 과거는 단회적인 동작을 나타낼 때 쓰입니다. 따라서 그들이 기도하기 위해 때마다, 지속적으로 성전에 올라갔음을 의미합니다.

아마도 초대 교인들은 초대교회 공동체 예배만 아니라 유대교 예배까지 두 번의 예배를 드렸으리라고 봅니다. 지금으로 말하면 두 교회를 섬기며 토요일에도, 주일에도 예배에 참석한 것입니다. 또, 앞서 그들이 가르침을 받고 모이기를 힘쓰며, 성전만 아니라 집에서도 모여 떡을 떼는 교제를 이어 갔다고 하지 않았습니까? 그러니 얼마나 바빴겠어요. 그런데도 그들이 유대인의 관습을 좇아 기도 시간을 늘 지킨 점이 대단하지 않습니까? 성령을 선물로 받고 기쁨과 설렘이 넘치니까 힘들어도 모든 것을 할 수 있었던 겁니다.

하지만 이후 바울 시대부턴 그리스도인들이 유대인의 관습을 좇아 기도했다는 기록은 나타나지 않습니다. 많은 그리스도인이 화평의 일과 서로 덕을 세우는 일에 힘쓰면서(롬 14:19) 유대교인들이 돌아오기를 기다렸지만, 결국 기독교와 유대교는 하나가 되지 못했습니다. 이들은 지금까지도 서로 불통인 채로 지냅니다. 훗날 기독교도 개신교와 천주교로 나뉘고 개신교도 여러 교파로 갈라졌습니다. 참 안타까운 일입니다.

어찌 됐건 초대 교인들이 늘 기도하기에 힘썼다는 사실이 핵심입니다. 여전한 방식으로 드리는 기도에는 힘이 있습니다. 하나님은 때마다 성령의 가르침대로 기도하는 사람에게 문제를 담대히 풀어 나가는 능력을 주십니다. 이어서 보겠지만, 베드로가 나면서부터 못 걷게 된 자를 일으키는 놀라운 일이 일어납니다. 그가 이런 기적을 행할 수 있었던 것은 이날도 여전한 방식으로 기도하러 올라갔기 때문입니다.

저 역시 그랬습니다. 남편이 갑자기 떠난 그날도 여전한 방식으로 큐티하고 기도했습니다. 그 자체만으로 기적이라 할 수 있겠지요. 하루아침에 과부가 됐지만 늘 하던 대로 큐티하고 기도하는 제게 하나님은 문제를 담대히 풀어 나갈 지혜를 주셨습니다.

> 2 나면서 못 걷게 된 이를 사람들이 메고 오니 이는 성전에 들어가는 사람들에게 구걸하기 위하여 날마다 미문이라는 성전 문에 두는 자라 3 그가 베드로와 요한이 성전에 들어가려 함을 보고 구걸하거늘
> _행 3:2~3

'나면서 못 걷게 된 이'란 매우 구체적인 표현입니다. 일생 걸어 본 적이 없다는 뜻입니다. 4장 22절을 보면 그가 "사십여 세나 되었더라"고 해요. 40여 년을 걷지 못했으니 굳어진 뼈가 도무지 펴질 수 없는 상태였을 겁니다. 그래서 사람들이 메어 데려와야 하는, 운반당하는 인생입니다. '구걸하다'라는 표현도 그래요. 원어로 보면 미완료 과거 형태로 쓰였습니다. 미완료 과거는 동작이 지속해서 일어날 때 쓰인다고 앞서 말씀드렸죠? 즉, 그가 반복해서, 매일 구걸했다는 것입니다. 한마디로 구걸이 업(業)인 사람입니다.

'미문'은 '아름다운 문'이라는 뜻입니다. 예루살렘 성전 동편 출입구로, 마카비 독립운동(B.C. 166~160년, 이스라엘 제사장 가문 출신의 지도자 유다 마카비가 시리아 안티오코스 4세의 침탈에 맞서 일으킨 독립 항쟁) 당시 유대를 탄압한 시리아의 적장 니카노르의 손을 이곳에 못 박아 '니카노르 문(Nicanor Gate)'이라 불렸습니다. 이후 로마의 분봉 왕 헤롯이 유대인의 환심을 사고자 예루살렘 성전을 재건하였는데, 이 동편 문의 건축미가 특히나 뛰어나서 그때부터 미문(beautiful gate)으로 불렸다고 합니다. 얼마나

아름다웠는지, 역사가 요세푸스는 미문을 가리켜 "은으로 도금되고 금으로 장식한 성문들보다 훨씬 더 진귀한 성문"이라고 했습니다.

미문은 성소를 둘러싸고 있는 이방인의 뜰과 성전 안의 첫 장소 인 여인의 뜰을 연결하는 출입구이기도 합니다. 즉, 성소의 입구로서 통행인이 가장 많은 문이었죠. 그러니까 구걸을 하기에 제일 목이 좋 은 장소라고 할 수 있습니다.

못 걷게 된 이가 괜히 미문에 있는 게 아닙니다. 요즘 대형 교회 엔 자기 사업을 홍보하려고 오는 사람이 꽤 많다고 합니다. 그들처럼 날 때부터 못 걷게 된 이 사람도 성전을 돈벌이 수단으로 여긴 겁니다.

비단 이 사람만의 얘기입니까? 성전은 우리에게 영원한 생명을 주시는 하나님을 예배하는 곳입니다. 그 거룩한 성전 앞에서 생계에 만 급급하여 얼마의 물질을 얻으려 구걸하는 이 사람의 모습이 바로 우리의 현주소 아니겠습니까?

한번 그 모습을 떠올려 보세요. 못 걷게 된 이 사람은 구걸해야 하니까 성전을 등지고 앉아 있었을 것이에요. 성전 앞에 있지만 사람 을 향해, 세상을 향해서 앉아 있습니다. 몸만 교회에 있을 뿐 하나님을 등지고 끊임없이 사람에게 도움을 구하는 인생입니다.

당시 성전은 유대인들이 자선을 빙자해 외식(外飾)하기에 딱 좋 은 장소였습니다. 그들이 얼마나 외식에 열을 올렸는지 일부러 '쨍그 랑' 소리가 나도록 돈통에 동전을 떨어뜨렸다고 하지요. 남에게 '내가 이만큼 구제한다'는 걸 보여 주려는 행동입니다. 유대인들의 이런 허 례허식과 못 걷게 된 자의 노예근성이 딱 맞아떨어져서, 몇 푼 얻겠다고 못 걷게 된 자가 평생 구걸을 한 것이에요.

여러분, 이것이 서로를 돕는 일입니까? 이런 관계에 생명이 있습니까? 유대인이나 못 걷게 된 자나 성전을 유익 얻는 수단으로 여기기는 매한가지입니다. 유대인들은 못 걷게 된 자의 아픔엔 관심조차 없습니다. 그저 몇 푼 던져 주고서 그를 평생 구걸만 하다 끝날 인생으로 전락시켜 버렸습니다.

못 걷게 된 자도 그래요. 돈 몇 푼에 의지해 일어나기를 아예 포기해 버렸습니다. 다리는 못 써도 손은 쓸 수 있는데, '나는 아무것도 못한다'고 하면서 자신을 도매금으로 취급합니다. '환경이 이러니까 내가 상처를 받을 수밖에 없다' 타령합니다. 남에게 도움받는 걸 당연하게 여기고, 안 도와주면 '불쌍한 사람에게 이럴 수 있어?' 하며 분노를 터뜨립니다. 교회 앞에 있지만 안으론 들어오지 못하고, 화려한 교회에 기생하여 사탄에게 구걸하며 살아갑니다. 그가 구걸하기 위해 '날마다' 미문 앞에 있었다고 하잖아요. 이는 구걸이 습관화돼서 부끄러움도, 안타까움도 느끼지 못하는 상태가 됐다는 것입니다.

이런 것이 다 우리 모습 아닙니까? 날마다 교회에 온다고 거룩한 성도인가요? 예배하러 오는지, 장사하러 오는지, 구걸하러 오는지 자신만 압니다. 몸은 예배당에 앉아 있지만 사업 생각, 주식 생각, 비트코인 생각에 빠져서 정신은 교회 문 앞에 머물러 있는 사람이 얼마나 많습니까? 다른 것이 구걸이 아닙니다. 세상에 요구하는 것도, 세상을 끊지 못하는 것도 구걸입니다. 술 한 잔, 담배 한 대, 그 여자, 그 남자를 끊지 못하는 중독도 구걸하는 것이에요. "부모니까, 부부니까, 자식이니까 내가 원하는 걸 다 해 줘야 한다"면서 마치 맡겨 둔 사람처럼 요구하는 것도 구걸입니다. 우리가 하나님께도 이렇게 구걸을 합니다.

나는 못 걷게 된 자와 상관없다고요? 그런 사람이야말로 심각한 영적 환자입니다. 성경에 나와 상관없는 말씀은 단 한 줄도 없어요. 성경을 보며 내게 주시는 음성이 무엇인가 늘 묵상해 봐야 합니다.

우리가 참 여러 가지를 못 끊습니다. 그중에도 특별히 세상 호칭을 못 끊어 내신 한 목자님의 나눔입니다.

저는 중앙부처 공무원으로 일하다 은퇴한 뒤 최근 청소 일을 하고 있습니다. 제 나이엔 힘든 육체노동이지만 나름 잘한다고 인정을 받습니다. 하지만 한 가지 저를 괴롭히는 일이 있어요. 바로 '최 씨'로 불리는 것입니다. 한때는 '최 국장', '최 단장', '최 과장'으로 불리던 사람인데…… '최 씨'라는 호칭이 영 거슬립니다. 하루는 동료가 저보고 이러는 겁니다.

"어이 최 씨, 왜 쓰레기를 관리사무소 뒤에 버렸어?"

쓴소리 들은 건 괜찮지만 '최 씨'라고 부르는 데 너무 화가 났습니다. 저도 모르게 "저, 병신 같은 XX"라는 말이 튀어나왔습니다. 그러곤 목장에 가서 내가 이것밖에 안 되는 사람이라고 나눴습니다. 그러자 목원들이 한목소리로 이러는 겁니다.

"아니, 목자님 최 씨 맞으시잖아요? 최 씨를 최 씨라 부르지, 뭐라 부르겠어요?"

또 한 목원은 이렇게 처방해 줬습니다.

"그 사람은 '최 씨'라고 불러도 목자님은 '박 선생님'이라 불러 주세요."

그 주일 설교에서도 '죽어지는 길이 사는 길'이라 하더군요. 말씀을 잘 적용하며 가라고 온 공동체가 더불어 응원해 주시는 것 같아 기뻤습니다.

어때요, 목장 식구들이 참 훌륭하지요? 우리가 세상을 단번에 끊어 낼 수는 없겠지만 이렇게 목장에서 객관적인 권면을 듣고 가다 보면 조금씩 끊어지지 않겠어요? 그러니 다른 데 가서 기적을 찾지 마세요. 이런 얘기를 누가 해 주겠습니까? 부모, 친척도 못 합니다. 구걸하는 습관까지도 딱 끊게 해 주는 곳이 목장입니다.

🔖 나의 기도 생활은 어떻습니까? 무시로 기도합니까, 시간을 정해 두고 기도합니까? 기도의 내용은 무엇인가요? 오늘 하루 내 어조나 표정, 태도가 감정에 좌우되지 않도록 구체적으로 기도합니까?

🔖 "나는 아무것도 못한다" 하며 도움받기만 바라는 일은 무엇입니까? 매주 교회는 오지만 교회를 등지고 앉아 있지는 않습니까? 나는 세상에 무엇을 구걸합니까? 누가 태워다 주지 않으면 교회에 안 오거나 '내가 교회 와 준다' 하며 으스대지는 않습니까?

급한 일보다 중요한 구원의 일입니다

4 베드로가 요한과 더불어 주목하여 이르되 우리를 보라 하니 5 그

못 걷게 된 이를 베드로와 요한이 보았습니다. 스치듯 본 것이 아니라 그를 "주목하여" 보았다고 합니다.

우리가 못 걷게 된 사람의 입장이 되어 보자고요. 오랜 세월 성전 미문에 앉아 구걸하면서 그는 사람들의 천대와 무관심에 익숙해졌을 것입니다. 그런데 40년 인생에 처음으로 내게 애정과 관심을 보이는 사람이 나타났습니다. 그로서는 아주 놀라운 사건이었을 것이에요.

우리가 불신자에게 다가갈 때 복음에 대한 열정만 가지고서 무작정 들이대선 안 돼요. 그 영혼에 관심과 사랑을 가지는 것이 먼저입니다.

사실, 못 걷게 된 이도 사람에게 무관심하기는 매한가지였습니다. 그저 '그들에게서 무엇을 얻을까'만이 그의 관심사입니다. "다오, 다오" 하면서 사람은 쳐다보지 않고 돈통만 바라봅니다. 그렇게 교회에 와서도 숙이고 앉아서 구걸만 하는 그에게 베드로는 뭐라 합니까?

"우리를 보라!"

여러분도 교회에 와서 핸드폰만 쳐다보지 않습니까? 비트코인이나 주식 시세만 쳐다보고 있지 않습니까? 못 걷게 된 사람이랑 똑같네요. 돈통만 바라보고 있네요.

주일은 잘 지키지만 예배당에 앉아서 이런저런 걱정들로 시간을 보내다 가는 분들이 더러 있습니다. '우리 아이가 입시에 붙을까?' '내 사업은 돈이 벌릴까?'…… 물론 이런 생각 자체가 나쁜 건 아닙니다. 그래도 교회를 다니며 우리가 변화되어야 하지 않겠어요? 이런 분들은 어찌 됐든 교회는 꼬박 오니까 자기가 성전 미문 앞에 앉았다가 가는 인생인 줄은 까맣게 모릅니다. 그래서 삼사십 년을 교회 다녀도 성경 한 줄 읽어 본 적 없고, 주기도문도 외울까 말까 합니다. 그저 '무엇을 얻을까' 생각만 하니까 십자가 설교가 도무지 들리지 않습니다.

자녀와 함께 주일학교 예배만 드리고 대예배 설교는 안 듣는 부모도 있고, 아내를 교회에 태워다 주고 주차장에서 기다리는 남편도 있습니다. 그러면 시간이 지나도 잘 안 변합니다. 미문 앞에 앉아 성전을 오가는 사람만 쳐다보고 있는 꼴입니다.

그럼에도 말이죠, 저는 이 못 걷게 된 사람이 40여 년을 교회에 왔다는 사실이 중요하다고 생각합니다. 성전을 등지고 앉았건, 졸았건 날마다 오다 보니까 누구를 만났습니까? 베드로를 만났잖아요. 그가 회개하지 못했어도 그 모습 그대로 베드로가 와서 만나 주었습니다.

그러니까 우리도 식구들에게 "교회에 오기만 하라" 하면 됩니다. "정 싫으면 성전 문 앞에 그냥 앉아 있으라"고 "거기서 네가 하고 싶은 것 하라" 하세요. 우리들교회에도 주차장 교인이다가 공동체에 정착한 분이 한둘이 아닙니다. 못 걷게 된 사람도 누군가가 날마다 성전에 메다 줬잖아요. 이것도 엄청난 섬김입니다.

또 다른 관점에서 본문을 보겠습니다. 자, 생각해 보세요. 제9시 기도 시간이 임박했는데 누군가를 도와야 할 일이 생겼다면 여러분은 어떻게 하겠습니까? 기도와 돕는 일 중에 무엇을 우선순위에 두어야 할까요?

성도에게 기도도 중요하고, 누군가를 돕는 일도 중요합니다. 그러나 세상 모든 사람을 도울 수는 없습니다. 기도를 해야 하는 날도 있고, 누구를 도와주는 것이 먼저인 날도 있습니다. 때마다 다릅니다.

선한 사마리아인의 비유에서 제사장은 강도 만난 자를 돕지 않았습니다. 그 이유를 추측해 보건대, 아마도 제사를 드리러 급히 가는 길이 아니었을까요? 물론 그의 행동이 옳다는 건 아닙니다. 다만 성경을 행위 중심으로 보면 안 된다는 말이에요. 그래서 말씀 적용이 참 어렵습니다. 각자 믿음의 분량대로 적용할 수밖에 없는 것 같아요. '무엇이 옳다, 그르다' 말할 수 없습니다. 행위로만 남을 판단하지 말길 바랍니다.

하지만 무엇이 먼저인지, 무엇을 적용해야 하는지 판가름하는 기준은 분명히 있습니다. 구원을 위해 더 중요한 일이 있습니다. 다시 말하면 급한 일보다 중요한 일을, 구원의 일을 해야 한다는 겁니다.

베드로와 요한은 기도 시간이 임박했는데도 못 걷게 된 자를 보고 멈춰 섰습니다. 그들에게 성령이 역사하셨습니다. 그들이 말씀 전하러 가던 길이 아니잖아요. 기도 시간은 다시 돌아오게 마련입니다.

당시 유대인들은 강박관념을 가지고 기도했습니다. 그들은 모든 기도에 참여하며 열심히 기도해서 복을 받겠다는 신념에 가득 차 있었습니다. 그러니까 제9시 기도 시간을 반드시 지켜야 하는 겁니다. 기도도 구원 때문에 해야 하는데, 복받겠다는 생각뿐이니까 모든 걸 강박적으로 합니다. 그래서 율법을 안 지킨다면서 예수님을 정죄했습니다.

여러분에게 중요한 일은 무엇입니까? 우리는 사명 따라 와서, 사명 따라 살다가, 사명 따라 가는 인생입니다. 그러므로 영혼을 구원하는 일이 가장 중요합니다. 베드로와 요한은 못 걷게 된 자를 도와주기로 선택했습니다. 우리도 그래야 해요. '나는 구원을 위해 무엇을, 어떻게 섬길까? 내가 섬길 수 있는 유일한 길이 무엇일까?' 묵상하고 작정해야 합니다.

- 그 모습 그대로 인정해 줘야 할 사람은 누구입니까? 날마다 구걸하며 무엇을 얻을까만 바라는 타인입니까, 자신입니까?
- 내가 베드로와 요한이라면 기도하러 가겠습니까, 구걸하는 자를 돕겠습니까? 나는 급한 일이 먼저입니까, 중요한 일이 먼저입니까? 구원의 시각에서 볼 때 먼저 해야 할 중요한 일은 무엇입니까?

내게 있는 나사렛 그리스도의 이름입니다

6 베드로가 이르되 은과 금은 내게 없거니와 내게 있는 이것을 네게 주노니 나사렛 예수 그리스도의 이름으로 일어나 걸으라 하고 7 오른손을 잡아 일으키니 발과 발목이 곧 힘을 얻고_행 3:6~7

베드로는 못 걷게 된 이에게 적선을 베풀지 않습니다. 대신에 불구인 그의 몸을 향해서 "나사렛 예수 그리스도의 이름으로 일어나 걸으라!" 명합니다.

6절 한 구절로 베드로가 얼마나 많은 진리를 가르쳐 줬는지 모릅니다. 그는 못 걷게 된 이에게 무엇을 바라고, 무엇을 기도해야 하는지 알려 줬습니다. 비록 자신에게 은금은 없지만 예수 그리스도로 인해 줄 것만 있는 인생이 됐음을 보여 줬습니다. 내게 있는 예수 그리스도의 이름만 있으면 더는 구걸하지 않아도 된다는 걸, 이 세상에 예수 그리스도의 이름보다 더 큰 것은 없다는 걸 가르쳐 줬습니다.

그러자 성령이 임하여 일어날 수 없는 사람이 일어났습니다. 우리에게 적용해 보자면 이혼, 부도, 질병의 고난에 파묻혀 죽을 것 같던 사람이 일어난 겁니다. 졸면서도 늘 예배당에 앉아 있었더니 어느 날 말씀이 딱 꽂혔습니다.

'은과 금'은 사치스러운 미문처럼 껍데기만 남고 동력을 상실한 유대교를 암시하는 말입니다. 신앙의 본질을 잃어버린 유대교는 못 걷게 된 자같이 연약하고 소외된 이들에게 어떤 도움도 줄 수 없는 상태였습니다.

은금이 사람을 살리지 못합니다. 베드로는 못 걷게 된 자를 향해 '은금은 내게 없지만' '나사렛 예수 이름'으로 일어나라 선포합니다. 그러자 그의 발과 발목이 힘을 얻습니다.

그런데 베드로가 특별히 '나사렛'이라는 지명까지 붙인 이유가 뭘까요? 지금까지 나사렛은 매우 천시받는 이름이었습니다. 그러나 예수 그리스도께서 나사렛에서 나심으로 이제는 영광된 이름이 되었습니다. 베드로는 나사렛이란 지명을 함께 호칭함으로써 낮은 자리에서 지극히 높아지신 예수 그리스도의 이름의 가치를 역설하고 있습니다. '나사렛'이라는 호칭에는 이 땅에서 잘 사시고 죽으시고 부활하셔서 높아지신 예수님의 간증이 담겨 있습니다.

우리가 다 나사렛 출신 아니겠습니까? 지극히 높으신 예수님 앞에 명함을 내밀 수 없는 인생입니다. 따라서 '나사렛'이란 호칭에는 지질하고 비천한 인생에서 예수 그리스도 이름으로 힘을 얻고 일어난 베드로의 간증도 담겨 있습니다.

나사렛 예수를 높이신 하나님께서 우리를 죽음 가운데서 살리십니다. 내가 어떤 비천한 환경에 있든지 하나님께서 일으키셔서 걷게 하실 것입니다.

7절을 원문으로 보면 '일어나'와 '걸으라' 모두 현재 명령형이지만 '일어나'는 일회적인 행위를, '걸으라'는 지속적인 행위를 강조한 형태로 쓰였습니다. 따라서 직역하면 "나사렛 예수 그리스도의 이름으로 너는 일어나고, 지금부터 계속해서 걸을지어다"입니다.

또한 베드로는 못 걷게 된 이에게 말로만 "걸으라" 하지 않고 그의 오른손을 잡아 일으켰습니다. 그의 발과 발목이 힘을 얻도록 곁에서 도와주었습니다.

다른 사람들처럼 몇 푼의 돈을 쥐어 주며 그저 며칠 연명할 수 있게 도와준 게 아닙니다. 하나님은 베드로를 통해 그의 다리를 완전히 치유해 주셨습니다. 그의 발과 발목에 힘을 주셔서 일어나 걸어 다니게 하셨습니다. 스스로 경제생활을 하며 영육 간에 자립할 수 있도록 도우신 겁니다.

내게 있는 나사렛 예수 그리스도의 이름을 주니까 40년 된 불구자가 일어났습니다. 이것이 복음이 가진 위력입니다. 그러므로 우리도 전도해야 합니다. 영적으로 불구 된 자들에게 복음을 전해야 합니다.

속 썩이는 배우자에게, 자녀에게 은과 금을 쥐어 준다고 정신 차립니까? 그 은금을 쥐고 사망의 길로 더 빠르게 달려갈 뿐이죠. 오직 나사렛 예수 그리스도의 이름을 주는 것이 그들을 진정으로 살리는 길입니다. 그가 일어나 걸을 때까지, 자립심과 자립신앙을 가질 때까지 오해받는 것도 불사하며 기다려 주어야 합니다.

나면서부터 못 걷게 된 이 사람을 보세요. 일어나기까지 40년이 걸렸습니다. 그가 주님을 만나려면 39년 열한 달로도 부족하고 40년이 필요했던 것이에요. 대단한 고통 속에서 만난 예수님을 증거하는 것이 그에게 주어진 사명이었습니다. 이를 위해서 40년이 쌓여야 했던 겁니다.

40년이 길어 보인다고요? "생각하건대 현재의 고난은 장차 우리에게 나타날 영광과 비교할 수 없도다"(롬 8:18)라고 했습니다. 장차 이뤄질 영광을 생각하면 40년은 짧은 세월 아니겠습니까?

우리 자녀에게 자립신앙이 생기려면 때로는 아픈 적용도 해야 합니다. 경제적 지원을 끊어야 할 때도 있고, 냉정하게 대해야 할 때도 있습니다. 그 과정에서 영적 싸움이 얼마나 치열하겠습니까? 인내해야 할 일이 정말 많습니다. 그래도 끝까지 자녀를 기다려 주기를 바랍니다.

영육 간에 못 걷는 사람이 너무 많습니다. 특히 영적으로 주저앉은 사람은 일으키기가 더 어렵습니다. 실제로 50년, 60년, 70년이 지나도 일어나지 못하는 사람을 보았어요. 예수님도 "너희가 맹인이 되었더라면 죄가 없으려니와 본다고 하니 너희 죄가 그대로 있느니라"(요 9:41)고 말씀하셨습니다. 자기 죄를 보지 못하는 영적 맹인이 진짜 눈먼 자라는 것이죠.

우리들교회에도 일어날 듯 말 듯 제 마음을 애타게 하는 집사님이 계세요. 제 친구의 남편이기도 한데 제가 오래도록 복음을 전했건만 늘 완고히 거절하셨습니다. 기적적으로 우리들교회에 오시긴 했는데 제 설교가 너무 길고 지루하다면서 듣기 싫어하셨습니다.

그러다 제가 그분 자녀의 결혼 주례를 서게 되어 오랜만에 결혼식에서 뵈었습니다. 그런데 말이죠, 식 중에 제가 집사님에게 "하객들에게 인사하시라" 했더니 그동안 들은 설교를 꿰어 자기 얘기를 술술 하시는 겁니다. 제가 얼마나 놀랐는지 몰라요. 이런 날이 올 줄 어찌 알았겠습니까?

그러니까 식구들이 믿음이 없을지라도 어떻게든 교회에 메고 와야 해요. 그러면 주님이 찾아가 주시고, 베드로 같은 지체들이 주목해 줍니다. 그러다가 어느 날, 나사렛 예수 이름으로 일어나게 되는 것이에요.

못 걷게 된 이는 다른 곳은 멀쩡했습니다. 발과 발목에 힘이 생기니까 스프링처럼 벌떡 일어나 걷게 됐습니다. 우리가 그래요. 어느 한 부분 때문에 온몸과 영혼이 병들 수 있습니다. 그곳을 찾아 치료하면 좋겠는데 40년이나 어디를 치료해야 하는지 몰라 헤맵니다. 그런 이들을 찾아가 손잡아 주며 복음으로 힘을 얻도록 도와주는 것이 우리 그리스도인들이 할 일입니다. 예수를 믿지 않는 사람은 힘이 없어요. 자기 힘으로는 일어날 수 없습니다.

우리 친구 남편께서는 가진 것도 많고 성품도 훌륭하십니다. 교회에 온 후 약간의 고난을 통해 눈물 흘리며 복음을 영접하셨습니다. 본래 착실하니까 예배를 빠지시는 법도 없습니다. "요즘 설교가 이해 되세요?" 물으면 "이해된다" 하십니다.

그런데 제가 이분 얘기를 왜 하는가 하면요, 이분이 목장에 안 가십니다. 아직 발과 발목에 힘을 얻지 못해서 여전히 목장 가기를 거부하고 계세요. 이 책을 빌려 이분께 간곡히 권면드립니다. 목장에 가셔야 우리가 힘을 얻고 계속해 걸어갈 수 있어요. 못 걷게 된 이는 40년 만에 일어났습니다. 이분이 칠십이 넘으셨는데, 더 주저앉아 계시면 안 됩니다. 반드시 목장에 가시기를 소원합니다.

🏛 여러분은 나사렛 예수 그리스도의 이름으로 걷겠습니까, 은과 금의 힘으로 걷겠습니까? 누군가의 도움을 받아서 겨우 교회에 오시는 분이 있다면, 나사렛 예수 그리스도의 이름으로 일어나는 인생 되어 이제는 힘있게 걸으시기를 바랍니다.

하나님을 찬송하게 되는 것입니다

8 뛰어 서서 걸으며 그들과 함께 성전으로 들어가면서 걷기도 하고 뛰기도 하며 하나님을 찬송하니 9 모든 백성이 그 걷는 것과 하나님을 찬송함을 보고 10 그가 본래 성전 미문에 앉아 구걸하던 사람인 줄 알고 그에게 일어난 일로 인하여 심히 놀랍게 여기며 놀라니라_행 3:8~10

못 걷게 된 이가 일어나 가장 먼저 한 일이 뭡니까? 하나님을 찬송했습니다. 너무 놀랍지 않습니까? "베드로 사도님, 낫게 해 주셔서 감사합니다!"부터 나올 법한데, 이 사람은 하나님을 바라봤다는 것이에요. 성령의 기적 중에 제일은 이처럼 하나님을 찬송하게 되는 것입니다. 하나님이 가장 큰 상급이기 때문입니다.

유대교에서는 전염병을 앓거나 장애가 있으면 하나님께 저주를 받은 사람이라고 여겼습니다. 못 걷게 된 사람이 성전 미문까지밖에 갈 수 없었던 것도 그런 이유였습니다. 그러나 하나님은 저주로 병을 내리시는 분이 아닙니다. 도리어 예수 그리스도를 통해 우리 육신뿐 아니라 정신과 영혼까지, 전인격적으로 구원해 주시는 분입니다. 못 걷게 된 사람이 그 실례이죠. 창조주 하나님이 모든 치유를 계획하고 이루셨습니다. 오직 하나님이 하신 일입니다.

그러므로 병이 나은 것부터 감사하면 안 됩니다. 우리가 일어난 현상에만 감사하고 하나님께 나아가지 않으면, 하나님도 그다음 진도로 나아가지 않으십니다.

예를 들어, 우리 목장에 이혼 위기를 맞은 부부가 있다고 해 보세요. 목장 식구들이 한마음으로 기도하고 권면하여 마침내 그 가정이 살아났습니다. 그런데 문제가 해결되고 나자 부부가 목장에도, 교회에도 오지 않습니다. 목장 식구들이 얼마나 허탈하겠습니까? 하나님도 똑같으시다는 것이에요. 부부 관계가 회복되어 당장은 좋을지 몰라도 하나님께 나아오지 않으면 아무것도 얻지 못한 것이나 다름없습니다.

하나님을 찬송하는 일이 쉬워 보여도 기적 같은 일입니다. 그래서 성령의 기적입니다. 우리가 하나님을 찬송하는 데까지 나아가야 진정으로 감사할 수 있어요.

못 걷게 된 사람의 편에서 한번 묵상해 보자고요. 하나님을 찬송하며 나의 지난 삶을 돌이켜 보니까 모든 것이 하나님의 은혜 아니겠습니까? '내게 장애가 있어서 주님을 만날 수 있었구나!' 깨닫고 그가 무릎을 쳤을 것 같아요. 그래서 장애를 주신 것에도 감사하고, 낫게 해 주신 것에도 감사하게 됐습니다. 더불어 날마다 나를 메고 성전 미문에 데려다준 사람들에게도 감사하게 됐습니다. 그 전까지는 '왜 나를 성전에 자꾸 데려가나……' 못마땅했는데, 덕분에 내가 베드로 사도를 만나지 않았습니까.

우리도 그래요. 주님을 진실로 만난 사람은 하나님을 찬송하며 일상생활에 감사하게 됩니다. 알코올의존증인 아버지에게도, 바람피운 엄마에게도 감사하게 됩니다. 나를 주님 만나게 해 준 일등 공로자 아니겠습니까! 반면에 문제 해결만 바라는 신앙에 머물러 있으면 근원적인 치유가 일어나지 않습니다. '나를 돌봐 주지 않은 부모가 무슨 부모람……' 육의 생각에서 벗어나질 못합니다.

8절을 다시 보면, 못 걷게 된 자가 고침을 받고서 사도들과 함께 '성전으로 들어갔다'고 합니다. 평생 성전을 등지고 앉아서 구걸하던 사람이 드디어 자기 발로 성전에 걸어 들어갔습니다.

원문으로 보면 "성전으로 들어가면서"가 주동사이고, "걷기도 하고, 뛰기도 하며, 찬송하니"라는 구절은 분사로 쓰였습니다. 그러니까 그가 걷고 뛰게 된 것보다 성전으로 들어간 것이 본절의 핵심이라는 말입니다.

그런데 우리는 어떻습니까? "걷게 돼서 감사하고 뛰게 돼서 감사하다" 이런 간증만 합니다. "예수 믿고 돈 벌었다, 병이 나았다, 학교에 붙었다" 이런 얘기만 간증거리 삼습니다. 그보다 우리는 성전에 들어가야 합니다. 그래야 이후로도 끊임없이 걷고 뛰고 찬송할 수 있습니다. 부부 관계가 회복되는 것도 중요하지만, 더 나아가서 부부가 함께 성전에 들어가야 합니다. 즉, 예배가 회복돼야 한다는 말입니다.

교회는 세상에 은금을 공급하는 곳이 아닙니다. 구제도 중요하지만 그 일은 사회복지시설에서도 합니다. 교회를 사회 개혁을 위한 단체라든지, 봉사나 선교 동아리쯤으로 생각하는 분도 계시더군요.

교회의 핵심 사역은 십자가 복음을 선포하는 것입니다. 세상은 따라갈 수 없는 복음을 선포해야 합니다. 교회가 그 일을 하지 않으면 그 누가 하겠습니까? 복음 선포는 하지 않고 구제·선교만 하면 배가 산으로 가게 마련입니다. 복음을 들어야 내 현재의 이유를 알게 됩니다. 내 현재의 이유를 깨닫지 못하면 아무리 열심히 선교하고 구제하고 개혁한대도 말짱 도루묵입니다. 자기 의(義)로 하는 것이기 때문입니다.

세상은 따라갈 수 없는 복음을 선포하며, 교제와 성찬과 기도하기에 힘쓰는 예배가 참된 예배입니다. 그런 공동체가 생명의 공동체입니다. 은과 금은 없어도 나사렛 예수 그리스도의 이름이 있는 교회가 생명이 있는 교회입니다.

그런데 말이죠, 요즘 우리들교회 성도들도 배불러진 게 아닌가

해서 걱정입니다. 지난 챕터에서 '예배에 설렘이 있는가' 생각해 보라고 했습니다. 우리들교회 성도들이 이 질문에 뭐라고 나눴는지 아세요? 힘든 일이 있어야 설레지, 삶이 편안하면 습관적으로 예배에 온다는 것입니다. 이런 답은 양반이고 더한 나눔도 많았지만, 더 얘기하진 않겠어요. 대부분 설렘이 줄었다고 나누셨습니다. 저 혼자 설레고 저 혼자 은혜받는 것 아닌가, 하는 생각도 들었습니다. 그러면 '자기 설교에 자기가 은혜받는다니, 자랑질인가?' 하는 분도 있겠지요? 그런데 저는 정말 매너리즘에 빠져 본 적이 없어요. 이야말로 은혜입니다.

우리가 또 묵상해 봐야 할 부분이 있습니다. 못 걷게 된 자가 걷게 됐으니 이제부터 '불행 끝, 행복 시작'이었을까요? 그렇지 않았을 거라고 봐요. 그가 나면서부터 장애인이었기 때문에 할 줄 아는 일이 없습니다. 일어나 걸으면 뭐 합니까? 평생 구걸하며 먹고살았는데 이젠 그걸 할 수 없게 됐습니다. 직업을 잃었습니다. 걷게 되어 기쁜 것도 잠시, 그에겐 혹독한 훈련이 기다리고 있었습니다. 40년 동안 그림자처럼 따라다닌 노예근성을 버리려면 그가 살아온 날만큼 훈련받아야 했을 것이에요. '다시 구걸해 볼까⋯⋯' 번민하지 않았을까요?

미국 남북전쟁 후 노예제도가 완전히 폐지됐지만 다시 노예로 받아달라며 주인을 찾아온 사람이 많았다고 합니다. '배운 대로 살래', '살던 대로 살래' 하면서 과거에 종노릇했던 자리로 돌아간 것이죠. 우리도 그래요. 생계에 매여, 과거의 습관과 사고방식에 매여 종노릇하는 사람이 얼마나 많은지 모릅니다.

제가 여덟 살 때부터 피아노를 쳤습니다. 당시로서는 굉장한 일입니다. 그때는 우리 집이 잘살았다는 걸 기억해 주세요. 절약 정신이 투철한 시부모님은 제가 선풍기 바람을 조금만 쐐도 "가난한 집 딸이 전기 아까운 줄 모른다"면서 저를 야단하곤 하셨습니다. 두 분은 제가 가난하게만 산 줄 아셨지만, 어릴 때는 우리 집이 훨씬 잘살았다 이겁니다.

학교 가는 길에 피아노학원이 보이길래 부모님을 졸라 배우기 시작해서 총신대 강사를 지내기까지 사십여 년 동안 제가 피아노를 업으로 삼고 살아왔습니다. 그런데 모든 것을 내려놓고 목회를 시작했잖아요. 무(無)에서 다시 시작한 것이나 다름없었습니다. 저야말로 절대로 못 일어날 사람인데, 못 걷게 된 이와 같이 주님을 진실로 만났기에 이 모든 일이 가능했습니다.

하지만 이후 얼마나 혹독한 훈련이 기다리고 있었는지 몰라요. 그리고 훈련은 현재진행형입니다. 오로지 천국만 바라게 하는 일들이 날마다 찾아옵니다. 여러분은 모르시죠? 제가 어떤 목회를 하고 있는지…….

여러분은 무엇 때문에 성전에 못 들어갑니까? 무엇 때문에 "일어나 걸으라" 하시는 주님 명령에 불복합니까?

베드로는 저주까지 하면서 예수님을 부인했지만, 그런 자신의 연약함을 오픈하고 맷디아를 뽑아내는 사명에 힘썼습니다. 그러므로 이런 엄청난 기적을 일으킬 수 있었습니다.

내게 은과 금이 없어도 하나님께 모든 걸 내려놓고 쓰임받으면 그만입니다. 오직 하나님을 찬송하며 갈 때, 못 걷는 자도 일으키는 능력이 생길 줄 믿습니다.

내가 못 걷는 자입니까? 일어나길 바랍니다. 내가 베드로입니까? 못 걷는 자들을 살리기를 바랍니다.

우리들교회 성도들은 정신과를 다니는 것에 별로 거부감이 없는 편입니다. 정신적으로 불안한 성도에게는 공동체가 병원 치료를 권하기도 합니다. 그런데 정신과 의사도 힘들어하는 사람이 있잖아요. 그런 사람까지 우리들교회 목자들이 살려내고 있습니다. 그들을 예배와 목장으로 끊임없이 메어 오고, 그들이 걸을 수 있도록 곁에서 손을 잡아 일으키며 끝까지 기다려 주는 것이 그 비결입니다.

그렇게 목장에서 여전한 방식으로 함께 기도하고, 나눔하고, 구원의 처방을 주고받으며 갈 때, 어떤 아픈 사람도 하나님을 찬양하게 되는 성령의 기적이 일어납니다. 병이 낫지 않을지라도 함께 어울려 잘 살아가는 구원의 기적이 일어납니다. 우리 목자님들, 너무 훌륭합니다. 박수로 격려해 드리고 싶어요. 짝짝짝!

앞서 많은 분이 예배에 설레지 않는다고 답했다고 했는데, 목장을 사모하므로 성령의 기적이 일어난 한 가정의 이야기를 소개합니다. 아버지의 나눔입니다.

딸은 대학을 나온 이후 6년 동안이나 방에서 나오지 않았습니다. 한집에 사는데도 지난 6년간 딸의 얼굴을 본 적이 없었어요. "올해가 다 가기 전에 딸이 방 밖으로 나오게 해 달라"는 것이 저의 유일한 기도 제목이었습니다.

그런데 지난 주일, 예배를 마친 뒤 평소보다 일찍 집에 들어갔는데 때마침 화장실에 가려고 나온 딸과 딱 마주쳤습니다. 아내가 냅다 딸을 붙들고 "제발 대화 좀 하자"며 늘어지자, 그길로 딸은 반팔 차림으로 핸드폰도 두고 집을 뛰쳐나가 버렸습니다. 날씨도 추워지고 돈도 한 푼 없을 텐데…… 너무 애가 타서 견딜 수 없었습니다.

하지만 목장에 먼저 이 일을 나누었더니 말씀의 지혜가 생기더군요. 우리 부부는 목장의 권면을 따라 가출 신고를 한 뒤, CCTV를 뒤지며 경찰관과 함께 딸이 지나간 동선을 살펴보았습니다. 그러나 허탕만 칠 뿐이었습니다. 그러기를 이틀째, 그날도 별 소득 없이 돌아오는데 상가 끝 쪽에 딸이 보이더군요. 옛날 같았다면 득달같이 달려가서 딸을 붙들었을 테지만, 그러면 또다시 도망치리라는 생각이 들었어요. 하나님께서 제게 지혜를 주신 겁니다. 그래서 조심조심 미행했습니다. 딸은 어느 아파트 빈 공간으로 가서 추위를 피하려고 종이 박스를 덮고 있었습니다. 저는 조용히 경찰을 부른 뒤 아파트 벤치로 딸을 데려와 달라고 부탁드렸어요. 조금 뒤, 딸이 오더군요. 저는 딸 앞에 무릎을 꿇고 30분을 울며 용서를 빌었습니다.

"그동안 아빠가 너를 너무 억압하며 키운 것 같아. 정말 미안해."

아내도 자기 죄를 고백하고 딸에게 사과했습니다. 행여 또 무슨 일이 날까 봐 딸을 바로 집으로 데려갈 순 없었어요. 그래서 "딸을 응급실로 데려가 치료받게 해 달라"고 경찰관에게 부탁을 드렸습니다. 이틀을 굶었으니 몸에 탈이 나진 않았을까 염려되기도 하고, 이참에 정신과 치료도 받게 하려는 마음이었습니다. 그런데 의사가 딸과 대화를 나눠 보더니 부모에 대한 분노가 지나친 것 외엔 딸은 정상이라고 하더군요.

그래도 딸을 치료받게 하고 싶어서 우리 부부는 목자님 부부에게 상담을 요청했습니다. 권찰님은 섣불리 밀어붙이다 일을 그르칠까 걱정하셨습니다. "지금 딸을 정신과에 데려가면 바로 폐쇄병동으로 들어갈 수 있어요. 그러면 부모에 대한 감정이 더 나빠지지 않겠어요?" 하시는 권찰님 말씀을 따라 우리 부부는 조급한 마음을 버리기로 했습니다. 대신에 딸에게 세 가지 제안을 했습니다.

첫째, 가족과 매일 저녁 식사 같이 먹기
둘째, 부모와 대화하기 (딸이 싫다고 하기에 SNS로 대화하는 걸로 바꾸었습니다.)
셋째, 일주일에 한 번 부모와 함께 정신과 치료 받기

그런데 이게 웬일입니까, 딸이 모든 제안을 수락해 준 것이에요! 그날부터 딸은 저녁 6시가 되면 방에서 나와 우리와 함께 밥을 먹습니다. 낮에는 비록 비대면 소통이긴 하나 딸과 톡으로 일상적인 대화를 나눕니다. 너무나 감사해서 얼마 전엔 딸의 핸드폰을 최신형으로 바꾸어 주기도 했어요. 요즘 우리 부부는 하늘을 나는 기분으로 삽니다.

할렐루야! 목장의 가르침에 순종했더니 6년 동안 두문불출하던 딸이 일어나 방 밖으로 나왔습니다. 이야말로 기적 아닙니까!
성령의 기적은 대단한 것이 아니에요. 40년을 못 걷던 자녀, 부모, 지체가 일상의 복을 누리고, 걸어서 교회로 들어가는 것이 성령의 기적입니다. 이 부부는 딸과 마주 앉아 저녁 한 끼 먹는 일상에 더없이 감사하다고 했습니다. 이제는 딸이 교회 청년부에 나오는 것이 유일한 기도 제목이라 합니다. 이 딸이 성전에 들어와 목장에 속하면, 진짜로 '게임 오버' 아니겠어요? 여러분도 함께 기도해 주시길 바랍니다.

　　여러분은 자녀와 밥 한 끼 먹는 일상에 감사합니까? 이 부부도 전에는 감사하지 못했습니다. 그런데 딸이 6년을 방 안에서 주저앉아 있어 준 덕에 감사하게 되었습니다. 이 딸 덕분에 이 부부는 예배가 회복됐습니다. 우리 곁에도 40년을 걷지 못하고 주저앉아 있는 그 한 사람이 있지 않습니까? 그 사람 덕에 내가 설렘으로 예배드릴 수 있는 것이에요. 나를 예수 믿게 해 주는 최고의 공로자라는 말입니다. 그러니 그 한 사람을 주목해 살리는 여러분 되기를 바랍니다. 내 곁에 죽어가는 그 한 사람에게 나사렛 예수 그리스도의 이름을 선포하는 여러분 되기를 바랍니다.

📖 나는 예수 믿고 걷고 뛰게 된 것만 자랑하지 않습니까? 문제가 해결된 것에만 감사하지 않습니까? 하나님을 찬송하는 데까지 나아가고 있습니까?

📖 생계에 매여, 과거의 습관과 사고방식에 매여 내가 돌아가려 하는 종의 자리는 어디입니까? 나는 사람을 살리는 사명에 최선을 다하고 있습니까? 목장의 권면에 순종합니까?

저는 입양 자녀입니다. 태어난 지 얼마 되지 않아 부모님께 입양되었고 그 사실을 모른 채 20년을 지냈습니다. 군인이셨던 아버지는 늘 부재중이고 어머니도 교회를 섬기느라 바빠서 혼자일 때가 많았습니다. 그때 음란물을 접하게 된 것이 일탈의 시초였습니다.

제 학창 시절은 그야말로 '폭풍의 나날'이었습니다. 짜증이 나면 죄책감도 없이 엄마에게 화풀이하고, 친구들을 괴롭히기도 했습니다. 그러다 학교폭력 가해자로 몰려 오히려 친구들에게 왕따를 당했습니다. 그즈음 해외로 파병된 아버지를 따라 외국에 가게 되었고 저는 그곳이 도피처가 되어 주리라고 믿었습니다. 그러나 외국에서도 한국과 다를 바 없이 지내며 친구들에게 폭력을 휘두르고 음란을 즐겼습니다. 대학생이 되어선 더욱 고삐가 풀려 하룻밤 즐길 상대를 찾아 클럽을 제집 다니듯 드나들고 불법업소도 찾았습니다. 그러다 한 여자와 교제하게 되었는데, 저보다 배경이 좋은 상대에게 뒤지고 싶지 않아서 온갖 거짓말을 꾸며 내고 다른 사람의 사진을 도용해 신분을 위장했습니다. 결국 모든 것이 드러나 수치를 당한 뒤, 저는 교회를 찾게 되었습니다.

처음 교회에 왔을 때는 모든 것이 싫었습니다. 특히 목장에서 서로 죄를 고백하는 것이 너무 짜증났습니다. 꼭 성전 미문에 앉아 있는 못 걷게 된 자처럼(행 3:2) 예배당에 앉아 있긴 하지만 하나님과 말씀엔 전혀 관심이 없었습니다. 목장예배를 드릴 때는 딴짓을 하다가 제가 나눠야 할 차례가 오면 약속이 있다고 거짓말한 뒤 도망가기 일쑤였습니다. 양육을 받을 때는 나를 이해해 주지 않는다면서 양육자에게 "돼지 XX"라는 욕을 퍼붓기도 했습니다. 나중에 사과하기는 했지만 말입니다.

그런데 그렇게라도 교회 공동체에 붙어만 있었더니, 조금씩 변하기 시작했습니다. 이제는 누구보다 교회를 사랑하는 청년이 되었습니다. 나사렛 예수 그리스도 이름으로 일어나 걷게 되니(행 3:6), 지체들의 구원을 위해 나의 힘듦과 아픔, 고난을 나누어 주는 것이 기쁘고, 나와 함께 울고 웃어 주는 공동체가 더없이 소중해졌습니다. 제 오른손을 잡아 일으켜 준 말씀과 공동체가 있었기에 이 모든 일이 가능했습니다(행 3:7). 죄 가운데 주저앉아 사망을 향해 달려가던 저를 살려 주신 하나님, 사랑합니다.

영혼의 기도

하나님 아버지, 우리가 기적을 얼마나 좋아하는지 모릅니다. 내 삶에 환상적인 기적이 일어나길 날마다 꿈꿉니다. 그러나 성령의 기적은 십자가 길이라고 주님은 가르쳐 주십니다. 이제는 우리가 성령의 기적을 사모하게 하옵소서.

주님, 여전한 방식으로 기도하는 것이 성령의 기적이라 하셨습니다. 베드로와 요한은 교회 사역에 바빴어도 기도 시간을 지켰는데, 우리는 여전한 방식으로 기도하기가 참 힘듭니다. 또한 아름다운 교회에 와서도 교회를 등지고 앉아 세상을 향해 구걸하며 갖은 상처를 뿜어 댑니다. 주님이 "일어나 걸으라" 하시는데도 일어날 생각은 하지 않고 사람의 도움만 바라는 인생입니다. 한 영혼을 기다려 주지 못해 그저 한 푼 쥐어 주며 누군가를 영원히 주저앉게도 합니다. 하나님의 생각을 구하지 않고 내 의로 돕습니다. 주여, 이런 우리를 불쌍히 여겨 주옵소서.

하나님이 우리에게 각종 고난을 허락하시는 것은 그로써 사명으로 나아가라는 뜻입니다. 때로는 하나님이 냉정해 보이고 응답하지 않으시는 것 같지만, 그 고난의 시간을 통해 주님은 인내를 배우라 하십니다. 그런데 너무 연약하여서 기다리지 못하는 우리를 정말 어떡하면 좋습니까. 주여, 우리를 인도해 주옵소서.

베드로와 요한이 못 걷게 된 사람을 주목한 것처럼 우리도 나 자신과 다른 사람을 주목하게 하옵소서. 나와 다른 사람을 있는 그대로 인정하게 하옵소서. "내게 은과 금은 없지만 내게 있는 나사렛 예수 그리스도 이름으로 일어나 걸으라"고 선포하는 확신을 가지길 원합니다.

이 시간 특별히 영적·육적 상처에 찌들어 "나는 일어날 수 없다"고 "너희가 내 상처를 아느냐"고 외치는 모든 분을 위해 기도합니다. 그들이 나사렛 예수 그리스도 이름으로 일어나 걷도록 도와주옵소서. 그들의 발과 발목이 힘을 얻게 해 주옵소서. 그리하여 하나님을 찬송하는 데까지 나아갈 수 있도록 주여, 은혜에 은혜를 내려 주옵소서.

나아가 우리나라를 위해 기도합니다. 주님, 이 나라가 너무 위태롭습니다. 이 나라가 진영논리가 아니라 하나님 나라의 원리로 일어나게 하옵소서. 영적·육적 장애에서 일어나서 제대로 판단하게 하옵소서. 주여, 우리가 나라를 위해 할 수 있는 일이 아무것도 없습니다. 이 나라에 성령의 기적을 베풀어 주옵소서. 도와주옵소서. 살려 주옵소서. 예수님 이름으로 기도드립니다. 아멘.

Chapter 11

내가 예수님을 십자가에
못 박았습니다
: 성령의 권능

사도행전 3장 11~26절

하나님 아버지, 우리 삶에 성령의 권능이 임하길 원합니다.
그리하여 오직 예수님만 주목하며
구원을 위해 살아가는 우리가 되기를 원합니다.
말씀하여 주옵소서. 듣겠습니다.

베드로가 나면서부터 못 걷게 된 자를 일으키는 성령의 기적을 행했습니다. 앞으로 묵상하겠지만, 이 한 기적으로 말미암아 5천 명이 예수께 돌아왔습니다(행 4:4). 여자와 어린아이까지 합한다면 당시 예수를 믿게 된 자가 만 명에서 2만 명은 족히 됐을 것입니다.

이 사실만 보아도 기적이 예수님을 소개하는 도구인 것은 분명합니다. 기적은 한 사람이 경험했는데 그 기적을 보고 수많은 사람이 예수님을 믿게 됐잖아요. 그렇지만 우리는 기적만을 주목해서는 안 됩니다. 기적보다 기적의 주체이신 예수님을 주목해야 하고, 더 나아가 예수님을 나의 구주로 영접해야 합니다.

예수께 돌아온 5천 명도 기적만 보고 믿은 것은 아닙니다. 베드로가 전한 설교를 듣고 마음을 돌이켰습니다. 앞서도 베드로의 오순절 설교를 듣고 3천 명이 예수를 믿었습니다(행 2:41). 무식하고 비천했던 베드로가 성령을 받은 뒤 권능 있는 설교자가 됐습니다. 그렇다면 우리도 권능의 말씀을 전할 수 있지 않겠습니까? 우리나 베드로나 같은 성정을 가진 사람이잖아요. 그러니까 여러분, 성령받기를 기도하십시오. 저는 자나 깨나 여러분이 성령의 권능을 받기를 원하고, 바라고, 기도합니다.

본문을 함께 묵상하면서 성령의 권능에 대해 생각해 보겠습니다.

성령의 권능이 임하면
사람을 주목하지 않고 오직 예수를 주목하게 됩니다

나은 사람이 베드로와 요한을 붙잡으니 모든 백성이 크게 놀라며 달려 나아가 솔로몬의 행각이라 불리우는 행각에 모이거늘_행 3:11

베드로와 요한이 자리를 떠나려 하자 고침을 받은 사람이 그들을 붙잡습니다. 그 이유는 기록되지 않았지만 '이들이 떠난 뒤 내가 다시 주저앉으면 어쩌나, 나는 확실히 나았을까?' 하는 두려움이 그에게 있었을 것입니다.

기적을 목격한 유대교인들도 베드로와 요한을 주목합니다. 40여 년을 걷지 못하던 사람을 일으켰으니 놀라서 바라보는 것이죠. 유대교인이라면 예수님을 죽인 자들 아닙니까? 그들은 이처럼 늘 기적만 좋아합니다. 기적에만 열광합니다. 더불어 지혜의 말씀 듣기를 좋아해서, 베드로의 이야기를 듣겠다고 솔로몬 행각에 모였습니다. 당시 솔로몬 행각은 유대 랍비들이 제자들을 가르치는 장소로 자주 이용되던 곳이었습니다. 그러니까 베드로가 말씀을 전할 수 있는 장소로 그들이 저절로 모여든 겁니다.

어찌 됐건 못 걷는 자를 일으킨 기적으로 말미암아 베드로는 예수님을 전할 기회를 얻었습니다. 하나님이 성도에게 기적을 베푸시는 이유가 무엇입니까? '기적을 통해 예수님을 전하라'는 뜻입니다. 성령의 기적에는 믿지 않는 자를 주께로 인도하는 권능이 있습니다.

그러니까 기도 응답을 받고, 기적이 일어난 데서 끝나면 안 됩니다. 더 나아가 우리는 예수를 전해야 해요. 그것이 성도의 사명이요, 성도가 살아가는 유일한 이유입니다. 아셨습니까?

> 베드로가 이것을 보고 백성에게 말하되 이스라엘 사람들아 이 일을 왜 놀랍게 여기느냐 우리 개인의 권능과 경건으로 이 사람을 걷게 한 것처럼 왜 우리를 주목하느냐_행 3:12

베드로는 청중을 향해 "이스라엘 사람들아" 하고 부르며 '너희는 하나님이 택하신 백성'이라는 사실을 강조합니다. 12절을 풀어서 말하면 이렇습니다.

"너희는 하나님이 택하신 이스라엘 백성이다. 미문 앞에서 구걸하던 불구자 역시 이스라엘 백성이다. 그러므로 그가 일어난 것은 하나님이 하신 일 아니겠는가! 그런데 왜 우리가 행한 일처럼 우리를 보고 놀라는가? 왜 우리를 주목하는가! 우리에겐 권능이 없다. 늘 경건하게 살아온 사람도 아니다. 너희도 알다시피 나는 예수님을 세 번이나 부인했고, 예수님이 십자가에서 돌아가신 뒤엔 물고기를 잡으러 되돌아갔다. 권능이나 경건이란 말은 내게 가당치 않다."

유대 지도자인 바리새인들은 늘 주목받고자 애썼습니다. 구제도, 기도도, 금식도 사람에게 보이려고 하고(마 6장), 경건하게 보이려고 옷술을 길게 늘어뜨리며 다니기도 했습니다(마 23:5). 왜, 목사님들이 일상복보다는 설교 가운을 입고 말씀을 전할 때 더 경건해 보이잖아요.

그러나 베드로는 달랐습니다. 성령의 권능이 베드로로 하여금 자신을 감추고 하나님만 높이게 했습니다. 만일 초대교회가 크고 귀한 일을 할 때마다 하나님께 영광을 돌리지 않고 자신들을 주목하도록 이끌었다면, 2천 년이 흘러 우리에게까지 복음이 전파되는 이 놀라운 역사는 일어나지 못했을 것입니다.

자기에게 영광을 돌리는 것은 "나 외에는 다른 신들을 네게 두지 말라"(출 20:3)는 제1계명을 어기는 죄입니다. 1계명을 어기면 나머지 계명들도 지킬 수 없습니다. 하나님을 하나님으로 인정하지 않는데 어떻게 부모를 공경할 수 있겠습니까. 자신이 주목받기만 바라는 사람은 하나님의 사람이라 할 수 없어요.

한편으로는 그렇습니다. '나를 드러내지 않고 주의 일을 하겠다!' 성도라면 한 번쯤은 이런 결심을 합니다. 여러분도 해 보셨죠? 잘 지켜지든가요? 저는 지키기 불가능한 결심이라고 봅니다. 며칠은 그럴 수 있어도 얼마 못 가 생색이 나고, 자기 의가 하늘을 찌르게 마련입니다. 금세 민낯이 드러납니다. 우리는 다 교만한 죄인이기 때문이에요.

베드로처럼 자신을 감추고 예수님을 주목하게 하려면 자기를 부인하고 예수님만 높여야 합니다. 단순히 말로만 높이는 것이 아니라 성경을 토대로 왜 예수님을 주목해야 하는지 바로 알고 나아가 다른 사람에게도 그것을 설명할 수 있어야 해요. 베드로는 뭐라고 설명합니까?

아브라함과 이삭과 야곱의 하나님 곧 우리 조상의 하나님이 그의 종 예수를 영화롭게 하셨느니라……_행 3:13a

어제나 오늘이나 동일하신 하나님은 이스라엘 백성이 가장 존경하는 위인이요, 믿음의 조상인 아브라함과 이삭과 야곱의 하나님이십니다. 아브라함과 이삭과 야곱은 이 땅에서는 죽었지만 하나님 나라에서 영원히 하나님과 살고 있습니다. 따라서 이 말은 "죽은 자의 하나님이 아니요 산 자의 하나님이시라"(막 12:27)는 사실을 강조하는 것이기도 해요. 그 하나님께서 예수님을 영화롭게 하셨습니다.

특별히 베드로는 예수님을 가리켜 '하나님의 종'이라고 표현합니다. 이는 구약의 이사야 선지자가 메시아에 대해 예언하며 그를 고난받는 종으로 묘사한 데서 비롯된 말입니다(사 42:1, 53장). 그러니까 지금 베드로는 구약에서 예언한 메시아가 바로 예수라는 사실, 구약의 약속이 성취되었다는 사실을 강조하고 있는 겁니다.

고난의 종으로 오신 예수님을 하나님이 어떻게 영화롭게 하셨습니까? 빌립보서 2장에서 그 답을 찾아볼 수 있습니다.

"그는 근본 하나님의 본체시나 하나님과 동등됨을 취할 것으로 여기지 아니하시고, 오히려 자기를 비워 종의 형체를 가지사 사람들과 같이 되셨고, 사람의 모양으로 나타나사 자기를 낮추시고 죽기까지 복종하셨으니 곧 십자가에 죽으심이라. 이러므로 하나님이 그를 지극히 높여 모든 이름 위에 뛰어난 이름을 주사, 하늘에 있는 자들과 땅에 있는 자들과 땅 아래에 있는 자들로 모든 무릎을 예수의 이름에 꿇게 하시고, 모든 입으로 예수 그리스도를 주라 시인하여 하나님 아버지께 영광을 돌리게 하셨느니라"(빌 2:6~11).

하나님의 아들이시지만 종의 형체로 사람들과 같이 되시고, 자기를 낮추사 죽기까지 복종하여 십자가에 죽으시고 다시 사신 예수님을 하나님께서 지극히 높이셔서 모든 이름 위에 뛰어나게 하셨습니다. 하늘에 있는 자와 땅에 있는 자, 땅 아래 있는 자까지 예수의 이름에 무릎 꿇게 하셨습니다. 우리도 마찬가지예요. 하나님은 자신을 감추고 예수님만 높이는 사람을 영화롭게 하십니다.

현재 목회를 내려놓고 우리들교회에 출석하고 계신 한 목사님의 나눔입니다.

지방에서 담임목사로 사역하다 갑작스럽게 교회로부터 사임 통보를 받았습니다. 다른 갈 곳도 없고, 나이는 육십이 넘었고…… 정말 막막했습니다. 이럴 때 말씀마저 없으면 안 될 것 같아서 가족들과 함께 서울로 올라와 우리들교회를 등록했어요. 첫 목장에서 제 얘기를 나누자, 목장 식구들이 "당장 할 수 있는 일을 하라"고 권면해 주더군요. 그 권면에 순종하여 현재 저는 아파트 청소와 쓰레기를 처리하는 일을 하고 있어요.

'열심히 목회했는데 왜 이런 일이 왔을까…….' 전에는 제 고난이 도무지 해석되지 않았습니다. 하지만 말씀 묵상과 목장 나눔을 통해서 모든 것이 구속사임을 깨닫게 됐습니다. 사모도, 두 딸도 자신의 자리에서 말씀을 따라 살고자 노력하고 있습니다.

우리가 지위가 있고 나이가 들수록 고정관념이 강해지지 않습니까? 그런데 목사님이, 게다가 나이도 많으신데 청소 일을 하기가 쉽지 않으셨을 것이에요. 꼭 종의 형체로 죽기까지 복종하신 예수님 같습니다. 우리들교회엔 자신을 낮추고 섬기는 분이 참 많아요. 지난 장에서 소개한 '최 씨' 목자님, 기억하시죠? 이분이 속한 목장 보고서를 읽어 보니 더 자세한 나눔이 있길래 소개해 드리려고 합니다.

61세에 공무원직을 은퇴하고 2년간 비상임 감사 일을 했습니다. 그 일도 끊어지고 '이제는 어쩌나' 고민하던 때에 담임목사님 책을 읽다가 '노동하는 것이 청지기 삶에 가장 합당한 일'이라는 말씀을 보았습니다. '이거다!' 하는 생각이 들더군요. 그길로 구청에 가서 구직 신청을 했습니다. 제가 할 수 있는 일은 경비직과 청소직밖에 없었습니다. 경비가 청소부보다는 상위직이긴 하나 주일을 지킬 수가 없었습니다. 사실, 고민이 많이 되었어요. 하지만 목자 직분에 충실하고자 청소 일을 하기로 결정했습니다. 처음엔 창피하기도 했습니다. 그런데 하면 할수록 보람되고 재미있더군요. 제게 천직이라는 생각까지 들었습니다. 저처럼 '노년의 나이에 뭘 할 수 있을까' 고민하는 분이 있다면 자신 있게 청소 일을 권하고 싶어요.

고위 공무원을 지낸 분이 청소 일을 하기가 어찌 쉽겠습니까? 청소부를 비하하는 것이 아니에요. 그만큼 우리가 고정관념이 강하다는 말입니다. 이분이 제 책과 공동체의 격려에 힘입어 청소 일에 뛰어드신 지 5개월에 접어들었습니다. 그런데 말이죠, 그 5개월 동안 무려 천만 원을 버셨다는 겁니다. 너무 놀랍지요?

사람을 의식하지 않고 하나님만 주목하며 예수님처럼 자기를 낮추는 우리 성도님들, 제가 마음 다해 격려해 드리고 싶어요. 두 분 다 빛나는 적용의 주인공 아니겠어요? 참 감사합니다!

🎁 나는 사람을 주목합니까, 예수님을 주목합니까? 쉽게 말하면 기적을 주목합니까, 기적을 베풀어 주신 하나님을 주목합니까?

성령의 권능이 임하면
그 예수를 십자가에 못 박은 사실을 인정하게 됩니다

13 아브라함과 이삭과 야곱의 하나님 곧 우리 조상의 하나님이 그의 종 예수를 영화롭게 하셨느니라 너희가 그를 넘겨 주고 빌라도가 놓아 주기로 결의한 것을 너희가 그 앞에서 거부하였으니 14 너희가 거룩하고 의로운 이를 거부하고 도리어 살인한 사람을 놓아 주기를 구하여 15 생명의 주를 죽였도다 그러나 하나님이 죽은 자 가운데서 그를 살리셨으니 우리가 이 일에 증인이라_행 3:13~15

베드로는 유대인들을 향해 그들의 죄가 얼마나 크고 심각한지를 깨우쳐 줍니다.

"하나님이시나 자기를 비워 종의 형체로 오신 예수 그리스도를 너희가 잡아 이방인 빌라도 총독에게 넘겨주었다. 빌라도는 그리스도를 무죄한 자로 판정하고 풀어 주려 했으나 너희가 '아니다, 그는 죄가 있다!' 하며 거부했다."

예수님을 재판한 로마 총독 빌라도는 예수님이 무죄하다는 사실을 알았습니다(요 18:38). 모든 것이 유대 지도자들의 시기심에서 비롯된 일임을 간파하고 예수님을 풀어 주려고 노력했습니다. 그 나름 꾀를 내어 명절마다 죄수 한 사람을 놓아주는 전례를 따라서 바라바와 예수님 중에 누구를 사면할지 유대인 무리에게 택하게 하죠. 바라바는 강도요 폭동에 살인까지 저지른, 죄질이 아주 나쁜 중범죄자였습니다(요 15:39~40). 따라서 빌라도는 당연히 무리가 예수님을 놓아주리라고 생각했습니다. 그런데 유대인들이 어찌했습니까? "바라바를 놓아주고 예수를 십자가에 못 박으라"고 연호했습니다. 살인자를 놓아주고 생명의 주이신 예수를 죽였습니다.

성경은 인간론을 다룬 책입니다. 우리 인간이 이렇게나 악합니다. 자기 이익에 합하면 살인자와도 얼마든지 편 먹고, 자기 이익에 반하면 무죄한 자도 사형수로 만듭니다. 그가 그리스도라도 상관없습니다. 그러니까 정말 사람은 믿음의 대상이 아닙니다.

그런데 베드로 입장에서 한번 생각해 보세요. 유대인들이 바로 보는 앞에서 그들의 죄를 고발하기가 쉬웠을까요? 불신자들에게 예수 믿는 나도 죄인이지만 예수 믿지 않는 죄가 더 심각하다고 알려 줘야 하니까 참 좁은 길입니다.

교회가 축복 이야기를 하면 사람이 많이 모이고, 고난 이야기를 하면 사람이 반으로 줄고, 죄 이야기를 하면 아무도 안 온다고 합니다.

그만큼 '죄'는 말하기도, 듣기도 어려운 주제입니다.

그러나 베드로는 "너희가 예수를 죽인 일에도, 하나님께서 그를 다시 살리신 일에도 내가 증인이라" 담대히 말합니다.

예수님이 곧 복음입니다. 복음을 전하려면 예수님의 십자가를 이야기해야 하고, "누가 예수님을 십자가에 못 박았는가?"를 반드시 논해야 합니다. 그리고 그 물음에 "나는 아니라" 말할 수 있는 사람은 단 한 명도 없습니다. 즉, 내가 예수님을 십자가에 못 박았다는 것, 우리의 죄 이야기를 빼놓고는 결코 예수 그리스도를 전할 수 없습니다.

> 그 이름을 믿으므로 그 이름이 너희가 보고 아는 이 사람을 성하게 하였나니 예수로 말미암아 난 믿음이 너희 모든 사람 앞에서 이같이 완전히 낫게 하였느니라 _행 3:16

베드로는 못 걷게 된 자가 나은 것은 그가 부활하신 예수를 믿었기 때문이라고 말합니다. 자신에게는 권능이 없고 하나님이 그를 주목해 주셨기 때문이라고 합니다. 그러니까 "나를 주목하지 말라, 내가 아니라 주님이 고치셨다" 이 얘기를 반복해 강조하고 있는 것입니다.

특별히 베드로는 '예수 이름을 믿으므로', '그 이름이' 못 걷던 자를 성하게 하여 완전히 낫게 하였다고 말합니다. 고대 사회에서 이름은 그 사람의 인격을 비롯한 모든 것을 의미했습니다. 따라서 '예수 이름으로 나았다'라는 말은 예수님이 성전을 뛰어넘어 성전 그 자체이심을 의미합니다.

우리도 예수 이름으로 구원받은 자들입니다. 오직 예수의 권능으로 죄 가운데 주저앉아 있던 우리가 일어나 걷게 됐습니다. 그뿐입니까? 주님은 우리를 왕 같은 제사장으로 삼아 주셨습니다(벧전 2:9). 따라서 예수 이름과 그의 권능을 세상에 전해야 할 사명이 우리에게 있습니다. 나 개인에게 임한 구원이 사회로 뻗어 나가도록 내가 속한 모든 영역에서 예수를 전해야 합니다. 그런데 주변을 한번 둘러보세요. 나로 인해 예수가 전해집니까? 그렇지 않잖아요.

"일어나 걸으라!" 베드로가 명령하자 못 걷던 자가 40년 만에 일어났습니다. 베드로에겐 성공으로 갈 절호의 기회입니다. "내가 고쳤다" 이 한마디만 했다면 인생이 역전됐을 거예요. 그러면 너도나도 병고침을 받겠다고 몰려들 테고, 베드로는 기도하고 요한은 복채 받으면서 한몫 단단히 챙길 수 있었을 겁니다. 하지만 베드로는 그러지 않았습니다. 나에겐 권능이 없다고, 예수님이 하신 일이라고, 나와 같이 무식한 자를 통해서도 성령님이 일하신다며 철저히 자신을 낮추고 감춥니다. 오직 하나님만 높이고 예배합니다.

그러므로 예수 이름으로 고침받은 우리가 할 일도 예배에 전념하는 것입니다. 살아서 역사하시는 하나님, 예수님, 성령님을 예배해야 합니다. 내가 고침받고 구원받은 데서 더 나아가 내가 밟는 땅마다 예수가 전해지려면 무엇보다 예배를 사모하고, 모두에게 예배드리는 모습을 보여 줘야 하는 겁니다.

그런데 우리는 어떻습니까? 예수를 믿어도 세상에서 이기고 또 이기는 것만 목적입니다. 그러다 이기면 쾌락을 좇아서 멀리멀리 떠나갑니다. 주일에도 각자 소견에 옳은 대로 행합니다. 입시 공부와 사업에 바빠 예배를 밥 먹듯 빠지고, 골프 등산 낚시 등 각종 취미에 탐닉하여 예배가 우선순위에서 밀려납니다. 내일 일을 알 수 없는 인생인데 자꾸 육의 것과 예배를 맞바꿉니다.

전도가 어려운 것이 아니에요. 내가 속한 모든 곳에서 어떤 상황에서도 예배드리는 모습을 보여 주는 것이 전도입니다. 주일을 목숨같이 지키고 늘 예배를 우선하는 모습을 보여 주는 것이 최고의 전도입니다.

내가 예수님을 십자가에 못 박은 죄인이라는 사실을 깨닫고 고백하게 되는 것이 성령의 권능이라고 했습니다. 주님을 십자가에 못 박은 내 죄가 깨달아질 때 예배가 설레고 기쁩니다. 그런데 어려서부터 죄를 알기가 어렵잖아요. 그래서 아이들에게는 먼저 예배가 몸에 익게 해야 합니다. 마찬가지로 예배가 무엇인지 상상조차 못 하는 세상 사람들에게 예배가 익게 하려면, 비가 오나 눈이 오나 예배 가는 모습을 내가 보여 줘야 하는 것이에요.

예배가 뭔지도 모르는 사회 속에서 날마다 큐티하며 예배를 사수하기란 쉽지 않습니다. 좁은 길입니다. 그러나 택자라면 이 좁은 길을 가야 합니다. 늘 예배가 사모되면 좋겠지만, 고난이 오면 예배고 큐티고 다 때려치우고 싶습니다. 제가 여러분 마음을 참 잘 알죠? 그래도 예배하고 큐티하시라는 말입니다. 그것만으로도 세상에 구별된 모습을 보여 주는 것이에요.

모든 인간에게는 지옥에서 곧장 올라오는 자존적 교만이 존재합니다. 뭐든지 '내가 했다'며 생색내기 좋아하고, 사람들이 나를 알아주지 않으면 좌절하여 분노를 내뿜기도 합니다. 그런데 평생 걷지 못한 사람을 일으킨 이 대단한 사건에서 어떻게 베드로는 "내가 한 일이 아니라"고 말할 수 있었을까요? 정말 성령의 권능을 받지 않고서는 불가능한 일입니다. 이처럼 우리가 자신을 감추고 하나님만 주목하게 하려면 성경을 통해 어떻게 살아가야 하는지를 늘 배워야 해요. 예배가 삶의 중심이 되어야 합니다.

평생 모범생으로 살아온 저는 죄를 보기가 참 어려웠습니다. 모태신앙인으로 예배가 익숙하고 예배를 빠져 본 적도 없지만 "내가 주님을 십자가에 못 박았다"는 진실한 죄 고백은 하지 못했어요. 하나님은 그런 저를 용광로 같은 환경에 두시고 혹독히 훈련하셨습니다. 그 뜨거운 불 가운데를 지나고서야 제가 깨달았어요. '나의 반듯함에 모두가 얼마나 숨 막혔을까, 내 존재 자체가 가해자였겠구나……'

돌아온 탕자보다 집에 있는 탕자가 더 강적입니다(눅 15장). 그는 매사에 성실하고 말썽을 피우는 법도 없습니다. 그래서 자기 의와 교만으로 꽉 차 있습니다. 이런 사람이 곁에 있으면 얼마나 무섭겠어요? 절로 옷깃을 여미게 될 겁니다.

저를 보고도 그랬을 것 같아요. 저는 누구보다 열심히 예배를 섬기는 일등 모범생이었지만 모든 걸 성품으로 하니까 설렘이 없었습니다. 성실함이 무기가 되어 잘난 체도 했을 것이에요. 그것이 타인을 질리게 할 줄 그때는 꿈에도 몰랐습니다.

그러나 그런 제게 하나님은 성령의 권능을 베풀어 주셨습니다.

사기그릇 속 자라처럼 체험으로 갇힌 환경을 벗어나려다가 미끄러지기를 반복하는 저를 성령께서 붙드셔서 하나님의 영광의 나라로 끄집어내 주신 것이에요. 성령을 힘입어 나오자 무한한 우주 공간이 펼쳐져 있었습니다. 하나님의 영광을 멀리서 바라볼 때는 내 죄가 전혀 보이지 않았는데, 예수 계신 곳을 바라보고 그곳에 점점 다가갈수록 영광의 빛이 환하게 비추며 내 죄가 보이기 시작했습니다.

우리가 다 그래요. 각자의 사기그릇에서 나오기 전까지는 빛이 보이지 않습니다. 하지만 성령을 힘입어 나오면 주의 영광이 비추는 광활한 우주가 기다리고 있습니다. 너무 광활해서 처음엔 빛이 이슴푸레 보이기도 해요. 그러나 하나님께 가까워질수록 빛이 환하여지며 내 죄가 훤히 드러나 보입니다.

사도 바울은 자신을 가리켜 '만삭되지 못하여 난 자'(고전 15:8)요, '죄인 중에 괴수'(딤전 1:15)라고도 했습니다. 바울이 왜 이런 고백을 했을까, 묵상해 보았습니다. 날이 갈수록 사람은 믿음의 대상이 아니며, 주님의 온전함에 다다를 수 없는 존재라는 걸 바울은 확신했던 것 같아요. 주님 계신 천국에 이르기까지 우리는 결코 온전해질 수 없습니다. 그래서 저는 종일 읊조립니다.

"주님, 저를 불쌍히 여겨 주세요. 저 좀 살려 주세요. 제가 할 수 있는 것이 없습니다. 저를 도와주세요……."

제가 이렇게 간구하면 주님이 늘 도와주시는 걸 느낍니다. 저에겐 능력이 없습니다. 제가 이룬 것처럼 보여도 다 주님이 하신 일입니다.

주님은 지금도 살아 역사하고 계십니다. 주님께 기도하면 반드시 도와주십니다. 우리는 이 사실을 증거하는 증인이 되어야 해요. 물론 쉽지 않은 길입니다. 게다가 누구도 알아주지 않는 외로운 길입니다.

베드로 역시나 그랬습니다. 같은 하나님을 믿는데도 유대인들이 전혀 통하지 않았잖아요. 베드로와 도무지 한 영이 되지 못합니다. 못 걷는 자가 일어나도 그들은 돌이키지 않았습니다. 내 식구라도, 심지어 함께 교회를 다니는 식구라도 성령받지 못하면 이럴 수 있는 것이에요. 바울도 "내 자신이 저주를 받아 그리스도에게서 끊어질지라도 나의 형제 곧 골육의 친척이 구원받기를 원한다"(롬 9:3)고 했습니다. 그만큼 유대인들이 강퍅했습니다. 지금까지도 그들은 예수를 부인합니다.

그럼에도 베드로나 바울이나 묵묵히 증인의 길을 갈 수 있었던 원동력이 뭡니까? 내가 예수님을 십자가에 못 박은 죄인임을 깨닫고 일생 성령의 권능으로 모든 사역을 감당했다고 믿습니다.

특히나 바울은 동족만 아니라 가까운 가족에게도 인정받지 못했습니다. 그래도 엄청난 사역을 감당했습니다. 수준 높은 믿음이 무엇인지 우리에게 보여 줬습니다.

내게 지워진 고난의 무게가 너무 무겁습니까? 하나님이 그만큼 나의 수준을 높게 보아 주신 것이에요. 그만큼 내가 해야 할 일이 많은 것입니다.

🎁 내가 예수님을 십자가에 못 박은 죄인임이 깨달아지는 것이 성령의 권능입니다. 나는 이런 권능을 받았습니까?

회개하면 복을 주십니다

17 형제들아 너희가 알지 못하여서 그리하였으며 너희 관리들도 그리한 줄 아노라 18 그러나 하나님이 모든 선지자의 입을 통하여 자기의 그리스도께서 고난 받으실 일을 미리 알게 하신 것을 이와 같이 이루셨느니라 19a 그러므로 너희가 회개하고 돌이켜 너희 죄 없이 함을 받으라⋯⋯_행 3:17~19a

이전까지 베드로는 유대인들의 죄를 통렬하게 질책했습니다. 그런데 본절부터는 분위기가 달라집니다. "너희가 알지 못하여 그리한 줄 내가 안다" 하며 "그리스도의 고난은 성경이 이루어진 일"이라고 합니다. 이것이 무슨 뜻입니까?

구약 율법에 의하면 부지중에 계명을 어긴 사람은 흠 없는 숫양을 제물로 드리는 속건제를 통해 죄를 용서받을 수 있었습니다 (레 5:17~19). 제물이 자신의 죄를 대신하여 죽음으로써 죄인은 죄 사함을 얻을 수 있었습니다. 그와 같이 예수 그리스도께서 우리의 모든 죄를 담당하심으로 우리가 죄 없이함을 받게 됐습니다. 지금 베드로가 이 얘기를 하고 있는 것이에요.

"너희가 모르고 행한 일이니 너무 자책하지 말라"고, "그리스도께서 고난받으신 것은 오래전부터 하나님이 선지자를 통해 예고하신 일이기에 너희가 그리 아니했더라도 반드시 일어날 일"이었다고, "하나님께서 예수님을 통해 우리가 속죄받을 길을 열어 주신 것"이라고 유대인들을 위로하는 겁니다.

베드로가 말한 바와 같이 구약성경은 그리스도의 고난과 죽음을 수차례 예고했습니다. 이사야 53장만 아니라 시편 22편과 예레미야 11장, 스가랴서 13장에서도 예수께서 고난받으실 것을 예언하고 있죠.

이는 베드로가 예수님의 십자가 죽음과 부활을 성경대로, 구속사적으로 온전히 해석하고 깨달았음을 의미합니다. 정말 그렇지 않습니까? 본문에 복음의 핵심 진리가 다 들어 있습니다. "하나님이 말씀하셨던 바와 같이 예수 그리스도께서 고난받으심으로 우리에게 속죄받을 길을 열어 주셨다!" 이보다 더 정확한 복음이 어디 있겠습니까!

앞으로 보겠지만 베드로의 이 설교를 듣고 많은 사람이 주께 돌아왔습니다. 더 이상 무식하고 혈기 충천했던 과거의 베드로가 아닙니다. 성경이 깨달아지니까 매사에 성령의 권능이 그에게 임합니다.

성경이 안 깨달아지면 우리가 아무리 열심히 교회를 다녀도 분별이 안 되고 권능이 임하지 않습니다. 유대인들이 그렇잖아요. 누구보다 열심히 믿으며 성경 박사를 자처했지만 말씀이 좀체 안 들립니다. 가장 큰 축복은 말씀이 깨달아지는 것입니다. 혼과 영과 관절과 골수를 찔러 쪼개는 말씀이 날마다 들려야 우리에게 권능이 임합니다.

> 그러므로 너희가 회개하고 돌이켜 너희 죄 없이 함을 받으라 이같이 하면 새롭게 되는 날이 주 앞으로부터 이를 것이요 _행 3:19

속죄의 길을 열어 주신 주님께 우리가 돌아갈 길은 '회개'뿐입니다. 회개는 완전히 돌이키는 것을 의미합니다. 내 생각에서 유턴(U-turn)하여 예수님의 생각을 따라 사는 걸 말합니다. 베드로가 백성의 위협을 무릅쓰고서 설교한 목적이 뭡니까? 백성을 회개시키기 위함입니다. 제가 설교하는 목적도 여러분을 회개시키기 위함입니다. 여러분의 귀와 마음을 즐겁게 해 주려고 설교하는 것이 아니에요.

그러면 우리가 회개할 때 어떤 복을 받게 될까요?

첫째, 죄 사함의 복을 받습니다.

'죄 없이함을 받는다'는 것은 '죄를 기억조차 하지 않는다'는 뜻입니다. 즉, 우리가 허다한 죄를 지었을지라도, 심지어 하나님께서 보내신 메시아를 죽인 죄를 지었을지라도 회개하기만 하면 모든 죄가 말끔하게 사라진다는 말입니다.

예수께서 나의 죄를 담당하여 십자가에서 죽으심으로, 예수를 못 박은 내가 죄 사함을 받을 자격을 얻었습니다. 결코 내 공로로 죄 사함을 받는 것이 아닙니다.

둘째, 새롭게 되는 복을 받습니다.

'새롭게 되는'이라는 말의 원어에는 '원기 회복'이라는 의미가 있습니다. 개역한글판 성경은 같은 구절을 '유쾌하게 되는 날'이라고 번역하기도 했습니다.

주님이 모든 죄 짐을 맡아 주시는데, 모두가 죄 짐을 이고 지고서 고단한 인생을 삽니다. "죄 짐을 지고서 곤하거든 네 맘속에 주 영접하며 새사람 되기를 원하거든 네 구주를 영접하라"는 찬양도 있지 않습니까? 회개하며 주님께 나아가야 우리가 해방을 얻는 것이에요.

그러면 구체적으로 우리를 어떻게 새롭게 하십니까? 성령의 권능으로 회개하여 죄 없이함을 받은 자에게 주님은 성령의 열매를 맺게 하십니다. "오직 성령의 열매는 사랑과 희락과 화평과 오래 참음과 자비와 양선과 충성과 온유와 절제니……"(갈 5:22~23a). 세상은 알 수 없는 권능을 주셔서 사랑할 수 없는 사람을 사랑하고, 참을 수 없는 것을 참고, 용서할 수 없는 일에 용서하게 하십니다. 전인격적인 변화를 일으키십니다. 완전히 다른 성품으로 거듭나게 되는 것입니다.

'새롭게 되는 날'에서 '날'은 헬라어로 '카이로스'입니다. 이 말은 특별하게 주어진 '때' 혹은 '기회'를 의미하기도 합니다. 그러니까 이 땅의 날, 우리에게 주어진 하루하루가 영원한 천국을 얻을 기회라는 것이죠.

유대인들은 그리스도를 영접하여 구원받을 기회를 누구보다 먼저 얻었지만, 예수님과 교회를 배척함으로 그 기회를 놓쳐 버렸습니다. 인생은 구원을 얻을 단 한 번의 기회라는 걸 잊어서는 안 됩니다. 에베소서 5장 16절에 "세월을 아끼라 때가 악하니라 Redeeming the time, because the days are evil(KJV)"고 했습니다. "세월을 아끼라"는 말은 모든 세월, 모든 시간을 구원을 얻는 데만 사용하라는 뜻이에요. 그러지 않으면 헛된 삶이라는 겁니다.

아직도 살아갈 날이 닭 털같이 남았다면서 '세월아, 네월아~' 인생을 허비합니까? 실컷 놀다가 죽기 직전에 예수 믿겠다고요? 우리

마음대로 되는 일이 아닙니다.

여러분, 구원을 위해 살지 않으면 모든 시간을 낭비하는 겁니다. 구원을 위한 것이 아니면 무엇을 해도 후회만 남습니다. 그러니까 설렘이 없어도 교회에 와야 해요. 내가 교회에 오는 것 자체가 전도입니다. 그것 하나만 잘해도 하나님이 상을 주실 것이에요. 배부르고 등 따스워지면 예배부터 딱 오기 싫잖아요. 주일에 들로 산으로 놀러 가지 않고 교회에 오는 것이 얼마나 좁은 길인지 모릅니다.

셋째, 예정하신 그리스도를 보내 주십니다.

20 또 주께서 너희를 위하여 예정하신 그리스도 곧 예수를 보내시리니 21 하나님이 영원 전부터 거룩한 선지자들의 입을 통하여 말씀하신 바 만물을 회복하실 때까지는 하늘이 마땅히 그를 받아 두리라

_행 3:20~21

내용이 조금 어렵지요? 쉽게 이야기하면 이렇습니다. 부활하여 하늘에 오르사 높임을 받으신 예수님은 하늘 보좌에 앉아 세상을 다스리고 계십니다. 그러나 만물을 회복하시기 위해 다시 이 땅에 오실 것이에요. 예수께서 재림하시는 그날, 수많은 피조물이 있지만 회개하고 예수 그리스도의 이름을 믿는 자는 단 한 사람도 빠뜨리지 않고 그분의 자녀로 부르실 것입니다. 즉, 말세의 인생임을 인정하며 회개함으로 죄 사함을 얻은 자에게 구주 예수를 보내 주시겠다는 것이에요.

넷째, 복의 근원이 되게 하십니다.

22 모세가 말하되 주 하나님이 너희를 위하여 너희 형제 가운데서 나 같은 선지자 하나를 세울 것이니 너희가 무엇이든지 그의 모든 말을 들을 것이라 23 누구든지 그 선지자의 말을 듣지 아니하는 자는 백성 중에서 멸망 받으리라 하였고 24 또한 사무엘 때부터 이어 말한 모든 선지자도 이 때를 가리켜 말하였느니라 25 너희는 선지자들의 자손이요 또 하나님이 너희 조상과 더불어 세우신 언약의 자손이라 아브라함에게 이르시기를 땅 위의 모든 족속이 너의 씨로 말미암아 복을 받으리라 하셨으니 26 하나님이 그 종을 세워 복 주시려고 너희에게 먼저 보내사 너희로 하여금 돌이켜 각각 그 악함을 버리게 하셨느니라_행 3:22~26

베드로는 유대인들이 잘 알고 존경하는 모세와 사무엘과 아브라함의 예언을 들어 예수님에 대해 증언합니다. 그들이 말한 선지자가 바로 예수님이라고 합니다. 히브리서 기자 역시 '하나님께서 옛적에는 선지자들을 통해 여러 모양으로 말씀하셨으나 이 모든 날 마지막에는 아들을 통하여 우리에게 말씀하셨다'(히 1:1~2)고 증언했습니다. 그렇습니다. 예수 그리스도는 하나님이 이 땅에 세우신 마지막 선지자요, 가장 위대한 선지자이십니다.

모세가 예수님을 가리켜 '나 같은 선지자'라 말한 것은, 그가 애굽으로부터 이스라엘을 해방시켰듯 예수님 역시 구원을 가져다줄 메시아이시기 때문입니다. 모세는 이스라엘 백성에게 최고로 존경받는 지도자요, 구약의 율법을 대표하는 사람입니다. 예수님은 왕 중의 왕이시요, 율법의 마침이 되시는 분입니다(롬 10:4). 선지자들은 예수님의 그림자를 보고 예언했지만 예수님은 메시아로서 말씀하셨습니다. 선지자들은 그리스도의 사역을 예언했지만 그리스도는 직접 십자가 대속 사역을 성취시키셨습니다.

모세는 "그의 말을 듣지 아니하는 자는 누구든지 멸망을 받으리라"고 했습니다. 그리스도의 진리의 명령에 순종하지 않는 자의 결국은 멸망이라는 말입니다. 반면에 그의 말씀을 듣고 지키는 자에게는 어마어마한 축복을 허락하십니다. 믿음의 조상 아브라함에게 하나님은 무엇을 약속하셨습니까? "땅 위의 모든 족속이 너의 씨로 말미암아 복을 받으리라"고 언약하셨습니다. 여기서 '씨'는 단수입니다. 그러니까 이스라엘 백성 전체가 아니라, 오직 한 분 예수 그리스도를 가리키는 말입니다. 예수님이 복의 근원이시기에, 그 이름을 믿고 따르는 자 역시 복의 근원이 됩니다. 즉, 회개하여 예수를 구주로 영접하면 복이 넝쿨째 굴러들어 오는 겁니다.

그런데 되레 복을 차 버리는 사람이 얼마나 많은지 모릅니다. 26절에 하나님이 복 주시려고 유대인들에게 먼저 예수님을 보내셨다고 합니다. 특별히 "너희로 하여금 돌이켜 각각 그 악함을 버리게 하셨느니라"고 하지요. 그러니까 여러분, 먼저 예수 믿었다고 자랑할 것 없습니다. 내가 더 악해서 예수님이 먼저 찾아와 주신 것이에요.

한데 유대인들은 어땠습니까? 생각해 보세요. 예수님이 우리 동족이라면, 내 가족이고 친척이면 대단한 영광 아닙니까? 사도들도 유대인이고, 교회도 유대 땅 예루살렘에 가장 먼저 세워졌습니다. 성령 강림도 유대에서부터 시작됐습니다. 이처럼 구원받을 기회를 유대인들에게 가장 많이 주셨는데, 그들은 예수님을 무참히 버렸습니다. 그러므로 복음이 우리에게까지 흘러 이 땅 모든 족속이 복받을 기회를 얻게 됐습니다. 이 역시 하나님의 섭리입니다.

베드로는 성경을 바탕으로 내가 만난 예수님을 전합니다. 한때 주님을 저주하기까지 하며 말할 수 없는 비참을 겪은 그였잖아요. 그만큼 낮아져서 주님을 향한 사랑의 크기가 한량없어졌습니다. 나는 간곳없고 오직 구속하신 주만 나타냅니다. 우리도 그래요. 자신을 주목하지 않고 오직 하나님만을 주목하는 성도에게 능력이 있습니다. 그런 사람이, 그런 공동체가 복의 근원이 됩니다.

복의 근원 되는 인생이란 과연 무엇인지 보여 주는 실례가 있어 소개하려고 해요. 2019년 전 세계를 떠들썩하게 했던 한 사건입니다.

미국 댈러스의 여성 경찰관인 앰버 가이거(Amber Guyger)는 귀가하다가 아파트 4층의 한 흑인 남성의 집의 열린 문으로 들어갔습니다. 그녀는 남자를 보자마자 총을 쏘았고, 남자는 그 자리에서 사망했습니다. 숨진 보탐 진(Botham Jean)은 컨설팅 회사를 다니는 촉망받는 젊은이였습니다.

사건의 내막은 이렇습니다. 가이거의 집은 보탐 집의 한 층 아래인 3층이었습니다. 그런데 가이거가 남자 친구와 문자메시지를 주고받는 데 정신이 팔려 잘못된 층에 내린 줄 까맣게 몰랐던 겁니다. 그녀는 보탐의 집을 자신의 집이라 착각했고, 보탐을 강도라 오해하여 방아쇠를 당겼습니다. 가이거는 실수라고 항변했지만 그녀의 휴대전화에 인종차별적인 문자메시지가 다수 발견되면서 비난의 여론이 들끓었습니다. 그녀의 재판에 귀추가 주목됐죠.

마지막 판결을 내리는 날이 다가왔습니다. 검찰은 그에게 징역 28년을 구형했고, 배심원단도 유죄 평결을 내려 사실상 무기징역인 99년형이 가능해진 상황이었습니다. 그런데 재판부가 예상보다 낮은 10년 형량을 선고하자 분노에 찬 시민들은 야유하기 시작했습니다.

그때, 증인석에 앉아 있던 한 흑인 소년이 일어났습니다. 보탐의 동생 브랜트 진(Brandt Jean)이었습니다. 그는 눈물을 머금은 눈으로 형의 원수를 바라보며 이야기했습니다.

"저는 당신을 주 안에서 사랑합니다. 제 형처럼 당신이 죽고 썩어 사라지길 원한다고 말하고 싶지 않습니다. 당신이 감옥에 가는 일도 바라지 않습니다. 저는 당신에게 가장 좋은 것만 빌어 주고 싶습니다. 그것이 제 형이 원하는 일이기 때문입니다. 저는 당신이 남은 삶을 그리스도에게 헌신하길 바랍니다."

이어 브랜트는 떨리는 목소리로 물었습니다.

"이것이 가능한 일인지 잘 모르겠지만 제가 그를 한 번 안아 줄 수 있을까요?"

판사가 허락하자 가이거와 브랜트는 한참을 포옹하며 대화를 주고받았습니다. "정의는 죽었다!" 구호가 울려 퍼지던 법정은 순간 조용해졌고, 그 광경을 지켜본 시민과 판사 모두가 눈물을 흘렸습니다.

이후 가이거가 인종차별주의에서 돌이켜 회개했는지는 잘 모르겠습니다. 브랜트의 바람대로 그녀가 그리스도께 헌신하게 되었는지도 알 길이 없습니다. 그러나 회개한 브랜트 한 사람이 복의 근원이 되어 모두에게 복을 나누어 준 것만은 분명합니다. 그 누가 가족을 살해한 자에게 "예수 믿으라"고 "그리스도에게 헌신하라"고 부탁할 수 있겠습니까? 전 세계인이 이 일에 증인이 되지 않았습니까! 할렐루야!

여러분, 이처럼 회개하는 한 사람에게 성령의 권능이 임합니다. 나의 고난이나 자랑거리에 주목하지 않고 예수님만 주목하는 사람에게 성령의 권능이 임합니다. 내가 주님을 십자가에 못 박은 것을 인정하며, 내 삶을 구원 얻을 단 한 번의 기회로 알고 오직 구원을 위해 사는 사람에게 성령의 권능이 임합니다. 회개하여 죄 사함의 은혜, 새롭게 되는 은혜, 예수가 오시는 은혜, 복의 근원이 되는 은혜를 누리는 여러분 되기를 소원합니다.

✣ 나는 삶을 구원 얻는 단 한 번의 기회로 알고 세월을 아낍니까?

✣ 내가 회개하여 받은 복은 무엇입니까? 죄 사함의 복, 새롭게 되는 복, 예정하신 그리스도를 보내시는 복, 복의 근원이 되는 복 중에 무엇을 받았습니까?

우리들 묵상과 적용

가난한 시골 출신이지만 공직에서 열심히 일하여 29세에 사무관이 되고, 외교관 생활도 거쳤습니다. 장장 40년간 '갑(甲)'의 자리를 뼈가 굳도록 누렸죠. 저의 가장 큰 문제는 음주를 과도하게 하는 것입니다. 끝끝내 저는 그 버릇을 고치지 못해 음주 문제로 보직이 박탈되었습니다. 한순간 갑의 자리에서 복사기 앞자리로 밀려나지 은퇴를 결정했습니다. 그다음 달부터 통장에 연금이 입금되었지만 아무리 절제해도 생계비가 월 100만 원 정도 부족했습니다. 돈을 충당하고자 세상 인맥을 찾고 재취업을 위해 여러 곳을 기웃거렸지만 구걸하는 기분이었습니다.

이후 교회에서 양육을 받으며 죄가 깨달아져 술이 끊어지는 기쁨을 맛보았지만, 불안정한 가정경제로 헌금을 드리는 것이 늘 달갑지 않았습니다. 그대로 목자의 사명을 포기하고 귀향해서 조용히 연금을 의지해 살고 싶었습니다. 그러던 중 민수기를 묵상하다가 모세가 하나님께 '반역한 고라의 헌물을 돌아보지 말아 달라'고 기도하는 말씀을 보고(민 16:15) 내가 바로 고라임을 깨닫게 됐습니다. 그래서 빨리 가정경제를 회복해야겠다고 결심했습니다. 하나님이 주신 숙제이니 그 해답은 말씀에 있으리라고 생각했습니다.

그러다가 담임목사님의 저서를 읽었는데 '노동하는 것이 청지기 삶에 가장 합당한 일'이라는 문장이 눈에 들어와 곧장 구청에 가서 구직상담을 했습니다. 전문성이 없는 제가 할 수 있는 일이라곤 청소부와 경비뿐이었는데 주일예배와 목장예배를 지키고자 청소를 선택했습니다. 어느 아파트를 소개받고 관리소장에게 면접을 보았는데 "노래방에서 노래를 몇 곡 부를 수 있느냐?" 묻기에 저는 "하루 종일 부를 수 있다"고 답했습니다. 그 자리에서 합격이 되었고 3개월 시보 기간을 마치고 정직원이 됐습니다.

그러던 어느 날, 같이 일하는 베테랑 동료가 저에게 "최 씨!"라고 크게 부르면서 분리수거를 잘못한 것을 지적했습니다. '최 씨'라는 호칭에 화가 나 "병신 XX"라는 말이 저도 모르게 튀어나왔습니다. 그러나 곧 '여기서도 내가 이기려고 하는구나!' 하는 자괴감과 죄책감이 몰려왔습니다. 근심하다가 목장예배 드리는 날이 되었고 저의 나눔을 들은 목원들이 "목자님은 최 씨임이 분명하다"고 말해 주었습니다. 그 말이 인정되니 죄책감이 회개로 바뀌었습니다(행 3:19).

늘 내가 높임받고 주목받길 바라던 저의 시선을 돌려서 예수님을 주목하게 해 주신 하나님, 감사합니다(행 3:12). 앞으로도 주신 자리에서 겸손히 주님만 바라길 소원합니다.

영혼의 기도

하나님 아버지, 주께서 제게 성령의 기적을 많이 베풀어 주셨습니다. 성령의 권능도 많이 베풀어 주셨습니다. 사기그릇 속 자라같이 내 힘으로 살아 보겠다고 버둥거리던 저를 성령께서 하나님의 영광의 나라로 옮겨 주셨습니다. 그러나 여전히 저는 날마다 넘어집니다. 빛이신 하나님께 가까이 살수록 누추함만 드러납니다. 말씀이 잘 깨달아지지 않아 '나는 왜 이것밖에 안 되는가' 절망하기도 합니다. 죽는 날까지 주님의 온전함에 이를 수는 없겠지만, 날마다 나는 아무것도 할 수 없음을 고백하며 주님만 붙들게 하옵소서.

우리가 십자가에 못 박은 예수를 하나님께서 다시 살리시고 영화롭게 하셨습니다. 베드로의 설교를 통해서 "너희가 알지 못하여 그리하였다"고 우리를 위로해 주십니다. 이전까지 우리가 모르고 죄를 범했지만, 이제는 우리 구주 예수를 깊이 앎으로 회개하여 죄 사함의 복, 새롭게 되는 복, 예정하신 그리스도 예수를 보내 주시는 복, 복의 근원이 되는 복을 누리게 하옵소서.

성령의 권능으로 자신과 사람을 주목하지 않고 오직 하나님만 주목하는 우리가 되길 원합니다. 주님, 우리들교회의 이 많은 성도가 하나님이 아닌 저를 주목하게 될까 봐 두렵습니다. 제가 한 것이 없고, 하나님께서 모든 것을 하셨습니다. 조금이라도 제가 취하려 하는 것이 있다면…… 그런 저를 불쌍히 여겨 주옵소서. 성령의 권능으로 내가 고치지 않았다고, 내가 한 것이 없다고, 나는 경건하지 않다고, 내게는 능력이 없다고 외치며 가는 제가 되게 하옵소서. 오직 세상과 나는 간곳없고 구속하신 주님만 보이며 갈 수 있도록 주여, 역사하여 주옵소서.

　이 나라를 불쌍히 여겨 주옵소서. 우리의 예배가 중단되지 않도록, 우리의 예배가 끊어지지 않도록 인도하여 주옵소서. 모든 사람에게 예배드리는 모습을 보이며 구별되게 사는 우리가 되게 하옵소서. 사소한 것부터 잘 지키며 십자가의 길을 가는 우리가 되도록 도와주옵소서. 예수님 이름으로 기도드립니다. 아멘.

보고 들은 것을
말하지
아니할 수 없다

Chapter 12

버린 돌이
머릿돌이 되는 비결
: 성령의 증인

사도행전 4장 1~22절

하나님 아버지, 성령 충만한 권세로
담대히 하나님만 전하는
성령의 증인이 되기를 원합니다.
말씀하여 주옵소서. 듣겠습니다.

재판정에서 가장 큰 위력을 가진 사람은 증인입니다. 검사나 변호사의 백 마디 변론보다 증인의 한마디가 더 큰 힘을 발휘합니다. 증인의 학벌이나 스펙 등이 어떠한지는 상관없어요. 단지 사건 현장에 있었다는 사실로 증인에게는 대단한 영향력이 주어집니다.

앞서 성령의 권능으로 설교했던 베드로와 사도들이 본문에서는 성령의 증인으로 우뚝 섭니다. 그런데 세상 권세를 잡은 자들이 그들로 증인 되지 못하도록 가로막습니다. 예수님은 제자들이 이런 일을 겪게 될 줄 아시고 "……너희는 세상에 속한 자가 아니요 도리어 내가 너희를 세상에서 택하였기 때문에 세상이 너희를 미워하느니라"(요 15:19b)고 미리 가르치셨습니다.

어떤 사람이 성령의 증인인지, 성령의 증인에게는 하나님이 어떤 권세를 주시는지 본문을 통해 알아보겠습니다.

성령의 증인에게는 핍박이 따릅니다

1 사도들이 백성에게 말할 때에 제사장들과 성전 맡은 자와 사두개인들이 이르러 2 예수 안에 죽은 자의 부활이 있다고 백성을 가르치고 전함을 싫어하여 3 그들을 잡으매 날이 이미 저물었으므로 이튿

날까지 가두었으나 4 말씀을 들은 사람 중에 믿는 자가 많으니 남자의 수가 약 오천이나 되었더라_행 4:1~4

앞서 베드로는 기적을 보고 모여든 백성을 향해 부활하신 예수를 전하며 "회개하여 죄 사함을 받으라"고 권고했습니다. 그런데 그가 솔로몬 행각에서 한창 설교하고 있을 그때 유대교 지도자들이 사도들을 붙잡고자 옵니다.

본문 4절을 보면, 이날 베드로가 전한 말씀을 듣고 약 5천 명이 예수를 믿었다고 합니다. 유대교 지도자들로서는 사도들을 주시하지 않을 수 없었을 것입니다. 그들이 누굽니까? 예수님을 죽인 자들입니다. 그러니 "예수께서 부활하셨다" 전하며 다니는 사도들이 아주 꼴보기가 싫었겠지요.

특별히 '제사장들'과 '사두개인'들이 베드로 일행을 잡아 가두었다고 합니다. 이들은 로마와 결탁하여 갖은 권세와 부귀영화를 누리던 부류입니다. 생각해 보세요. 이 땅에서 배불리 먹고 풍족한데 무슨 부활을 꿈꾸겠습니까. 이 좋은 삶이 영원하리라 믿고 싶지 않았을까요? 그러니까 '부활'의 'ㅂ'도 듣기가 싫습니다. 오히려 부활할까 봐, 정말 천국이 있을까 봐 걱정인 사람들입니다.

5 이튿날 관리들과 장로들과 서기관들이 예루살렘에 모였는데 6 대제사장 안나스와 가야바와 요한과 알렉산더와 및 대제사장의 문중이 다 참여하여_행 4:5~6

그들의 권세가 얼마나 대단했는지는 6절에 언급된 안나스 가문의 내력을 살펴보면 잘 알 수 있습니다. 당시 유대 대제사장직은 이 안나스 일가가 독점했다고 해도 과언이 아닙니다. A.D. 7년부터 15년까지는 안나스가, 18년부터 35년까지는 그의 사위인 가야바가 대제사장직을 지냈습니다. 가야바는 "한 사람이 백성을 위하여 죽는 것이 유익하다"(요 11:50) 하며 예수님을 십자가에 처형하도록 로마에 내준 인물이기도 합니다.

뒤이어 36, 37년에는 안나스의 아들 요나단이, 37년부터 41년까지는 안나스의 아들 데오필루스가, 42년도에도 그의 아들 맛디아스가, 61년 역시 그의 아들 안나스가, 65, 66년에는 안나스의 손자이자 데오필루스의 아들인 맛디아스가 대제사장직을 지냈습니다.

대를 이어 예수님을 죽이고 사도들을 핍박하는 일에 앞장선 집안이 바로 이 안나스 가문입니다. 그런데도 세상에서는 최고 권력을 유지하며 소위 '명문가'로 불렸습니다. 7년부터 66년까지 약 60년 동안 찬란한 권세를 누렸습니다. 그러니까 세상은 사탄의 나라가 정말 맞습니다.

그러나 60년 세월이 길어 보여도 잠깐입니다. 앞으로도 복음을 훼방하고 핍박하는 세력들이 끊임없이 일어날 것이에요. 그럼에도 복음은 퍼져나갈 것이고 마침내 주님은 오실 것입니다. 할렐루야!

사도들을 가운데 세우고 묻되 너희가 무슨 권세와 누구의 이름으로
이 일을 행하였느냐_행 4:7

베드로와 요한을 심문하고자 유대를 대표하는 모든 인물이 모여, 유대 최고 사법기관인 산헤드린 공회를 열었습니다. 그만큼 사안이 중대했던 것이죠. 부활 교리는 당시 유대 종교계만 아니라 사회 전반에 큰 충격을 안겨 주었습니다. 그도 그럴 것이 부활은 이 세상의 가치체계를 완전히 둘러엎는 것이잖아요.

그러면 여러분에게도 묻겠어요. 여러분은 부활을 믿습니까? 부활을 바랍니까? 만일 예수께서 부활하지 않으셨다면 그분은 그저 저주받은 자에 불과합니다. 바울은 "차라리 세상을 떠나서 그리스도와 함께 있는 것이 훨씬 더 좋은 일이라"(빌 1:23) 말하기도 했습니다. 여러분은 바울의 말이 공감되세요? 부활을 믿어야만 가능한 이야기입니다. 부활을 믿지 않으면 "그딴 소리 하지 말라" 합니다. "제아무리 천국이 좋아도 이승보다 낫겠냐"고 합니다.

이렇게 말하는 분도 있을 것이에요.

"나는 신앙생활을 열심히 하고 봉사도, 헌금도 잘하니까 당연히 천국에 가지 않겠어요? 그 전에 이 땅에서 성공해서 행복하게 살아 보겠다는데 내 생각이 뭐 잘못됐습니까?"

물론 잘못된 것은 아닙니다. 다만 이런 생각이 마음속에 깊숙이 뿌리내리고 있다면 한번 스스로에게 질문해 보라는 것이에요.

"나는 정말 부활을 바라는가?"

부활은 믿지만 이 땅에서 반드시 성공을 맛봐야겠습니까? 하나님과 재물을 겸하여 섬기지는 않습니까(마 6:24)? 내게 있는 복음이 참되지 않다면 결코 구속사를 이해할 수 없어요.

베드로와 요한을 보세요. 나사렛 예수 이름으로 평생 못 걷던 자를 일으켰는데도 어떤 보상도 받지 못했습니다. 물질이나 명예가 주어지기는커녕 감옥에 갇히는 핍박을 당했습니다. 심지어 말씀을 전하는 현장에서 붙들리는 수모를 겪었습니다. 그러나 말씀은 갇히지 않아서 그들이 잡힌 와중에도 5천 명이나 예수를 믿게 됐습니다. 이처럼 내가 갇혀야, 가둘 수 없는 말씀이 흥왕하는 것이에요.

베드로와 요한을 가운데 피고석에 세우고 산헤드린 공회원들이 반원을 그리고 앉아 묻습니다.

"너희가 무슨 권세와 누구의 이름으로 이 일을 행하였느냐?"

이전에 이들은 예수님에게도 똑같은 질문을 했습니다. 제가 평신도 신분으로 큐티 모임을 인도하던 시절 비슷한 질문을 자주 받았습니다. "어느 교단입니까, 무슨 신학교를 나왔습니까? 누군데 이렇게 큐티 모임을 인도합니까?"

사도들이 성전에서 설교해서 기소된 것이 아닙니다. 평생 못 걷던 자를 그들이 고쳤기 때문입니다. 전부 성령님이 행하신 일인데 유대 지도자들은 성령님을 주목하지 않습니다. 사도들이 '무슨' 권세를 가졌는가, '누구' 이름으로 이 일을 행했는가, 그저 이런 것만 그들의 관심사입니다.

내가 열심히 복음을 전하는데도 열매가 없는 건 내가 성령의 증인이 아니라 사람의 증인이기 때문입니다. 사람을 위해 일하기 때문입니다. 우리가 진영논리에 빠지는 것도 사람에게 충성하기 때문입니다. 유대 지도자들이 그렇습니다. 하나님의 이름을 내걸지만 실상

사두개파는 사두개파를 위해, 바리새파는 바리새파를 위해 일합니다.

물론 성령의 증인도 사람을 위해 일합니다. 다만 이타심에서 출발한다는 점이 사람의 증인과는 달라요. 사람의 증인은 이타적인 생각을 하지 못합니다. 겉으론 남을 위하는 것 같아도 실상은 자신을 위해서 행동하는 것이죠.

여러분은 어디에 갇혔습니까? '왜 내가 갇혀야 하는가' 불평불만만 가득합니까? 나의 갇힌 환경에서 증인이 되어 복음을 전합니까?

신명기 8장 2절에 "네 하나님 여호와께서 이 사십 년 동안에 네게 광야 길을 걷게 하신 것을 기억하라 이는 너를 낮추시며 너를 시험하사 네 마음이 어떠한지 그 명령을 지키는지 지키지 않는지 알려 하심이라"고 했습니다. 8장 16절에는 "……너를 낮추시며 너를 시험하사 마침내 네게 복을 주려 하심이었느니라"고 했습니다.

이 말씀이 성령의 말씀으로 들리면 주께서 나를 어떤 광야에 두시든, 나를 얼마나 낮추시든 순종할 수 있습니다. 그런데 성령의 말씀이 들리지 않으니까, 살면서 십자가 져 본 경험이 없으니까, 죽었다 살아나는 것이 무엇인지 모르니까, 십자가 없는 부활만 바라니까 우리가 교회를 다녀도 성령의 증인, 복음의 증인은 되지 못하는 것이에요. 성령의 증인에게 '핍박'은 전공 필수입니다.

아시다시피 우리들교회는 전 세대가 한 말씀으로 큐티하는 교회입니다. 빌립보서를 큐티할 당시 얘기입니다. 소년부 예배에서 담당 목사님이 아이들에게 물었답니다.

"바울은 복음을 전하다 옥에 갇혔어도 형제들에게 '나를 본받으라'고 말해요(빌 3:17). 이 말씀처럼 바울을 본받고 싶은 친구 있나요?"

그러자 5학년 아이가 손을 번쩍 들며 "저요, 본받고 싶어요!" 했답니다. 이유를 물었더니 돌아온 대답이 아주 기가 막혔습니다.

"제 꿈은 옥에 갇혀서라도 평화롭게 큐티해 보는 것이에요. 제가 교회에 가려고 할 때나 큐티를 할 때마다 아빠가 너무너무 무섭게 핍박해요. 정말 딱~ 하루만이라도 평화롭게 큐티하고 싶어요."

감동받은 목사님은 아이를 앞으로 불러냈습니다. 그러고는 친구들을 향해 바울처럼 외치게 했죠.

"나를 본받으라!"

이후 어떤 일이 벌어졌는지 아세요? 이 일로 아이가 힘을 얻고 무서운 아빠에게 가서 "교회에 가게 해 달라" 울며 얘기했다는 겁니다.

그러니까 핍박이 우리를 성령의 증인 되게 하는 비결인 것이 정말 맞지요? 아이나 어른이나 핍박이 따라야 말씀이 들립니다. '철들면 죽는다'는 우스갯소리도 있지만 저는 여러분이 철이 좀 들기를 바랍니다. 다른 철(?) 말고 성령의 철이 들기를 기도합니다.

- 베드로는 갇혔지만 말씀은 갇히지 않아서 그의 설교를 들은 5천 명이 예수를 믿었습니다. 이와 같이 갇힌 환경에 처했으나 갇히지 않은 경험이 있습니까? 다시 말하면, 내가 십자가를 짊으로 갇힌 환경에서도 사랑하고 희생하고 자유했던 경험이 있습니까?

성령의 증인에게는 성령 충만한 권세를 주십니다

이에 베드로가 성령이 충만하여 이르되…… _행 4:8a

공회원들은 유대에서 제일가는 권력자라고 할 수 있습니다. 그 대단한 권력을 이용해서 예수님을 죽이지 않았습니까? 따라서 누구라도 그들 앞에 서면 벌벌 떨릴 겁니다. 과거에 베드로였다면 벌써 주눅 들었을지도 모릅니다. 그러나 이제 그는 완전히 달라졌습니다. 성령의 권능을 받고 성령의 증인 되어 성령 충만한 대답을 합니다.

성령 충만한 대답은 내 생각으로 가득 찬 대답과는 차원이 다릅니다. 우리가 간증할 때도 말씀 없이 내 고생한 얘기만 늘어놓으면 상대가 딱 듣기 싫어할 겁니다. 성령으로 충만해야 어떤 대답도 잘할 수 있습니다. 성령 충만한 베드로는 어떻게 대답합니까? 세 가지로 살펴보겠습니다.

첫째, 성령 충만한 권세로 예의를 지킵니다.

……백성의 관리들과 장로들아 _행 4:8b

본절만 보면 마치 베드로가 공회원들을 하대하는 듯 느껴지기도 합니다. 그러나 원어로 보면 베드로가 훨씬 정중한 태도로 이야기하고 있다는 걸 알 수 있습니다. 위 구절보다는 "백성의 관리들과 장로들이여"라는 번역이 더 정확합니다.

성령이 충만해진 베드로는 최대한 예의를 갖추고 상대의 권위를 인정하면서 말문을 엽니다. 이와 같이 늘 예의를 잘 지키는 것이 성령 충만한 사람의 자세입니다.

진리는 그 자체로 절대적인 권위를 지닙니다. 절대적이기에 자칫 독선적으로 비치기도 하지요. 따라서 지성·감성·이성을 무시하고서 다짜고짜 진리를 부르짖어서는 안 됩니다.

영적 싸움에는 늘 지혜가 필요합니다. 인본주의에만 입각해서 해야 할 말도 못 하면 안 되겠지만, 함부로 말해서도 안 됩니다. 내가 만약 베드로 입장이라면 "부활도 안 믿고, 예수도 안 믿는 이 못된 것들아!" 하고 나가선 안 된다는 것이에요. 말을 함부로 하면 진리까지 훼손되고 맙니다.

둘째, 성령 충만한 권세로 악한 질문도 구원의 질문으로 바꾸어 대답합니다.

만일 병자에게 행한 착한 일에 대하여 이 사람이 어떻게 구원을 받았느냐고 오늘 우리에게 질문한다면_행 4:9

베드로는 먼저 자신들이 병자에게 행한 일이 '착한 일'이라고 대답합니다. 누구에게도 해가 되지 않은 선행이었음을 강조합니다.

그런데 생각해 보세요. 착한 일을 잘하기로 따지자면 바리새인들이 일등 아니겠습니까? 바리새인들은 성경 박사에다가 금식, 기도, 십일조 헌금과 같은 경건생활에도 열심을 냈습니다. 불쌍한 백성들을 구제하는 데도 앞장섰습니다. 겉보기엔 너무나 거룩하고 착한 사람들인데, 그들이 예수님을 십자가에 못 박았습니다. 아이러니하게도, 이처럼 착한 일 하다가 지옥에 가는 사람이 참 많습니다.

내가 예수님을 십자가에 못 박은 죄인임이 깨달아지는 것이 성령의 권능이라고 했습니다. 이를 깨닫지 못하면 구속사도 알지 못해요. 내가 얼마나 악한 죄인인지 깨달아져야 부활이 믿어지고 내 가치관이 달라집니다.

겉보기엔 바리새인만큼 착한 사람들이 없습니다. 그런데 예수님이 오시니까 그들의 실체가 딱 드러났습니다. 우리도 마찬가지입니다. 겉보기에 착하고 경건하기가 이를 데 없는 의인이라 해도, 그 거룩한 사람이 예수님을 못 박을 수 있습니다. 예수님이 오셔야, 말씀의 빛이 비춰야 뭐든지 실체를 알 수 있습니다. 따라서 어떤 것도 말씀의 거울로 비춰 봐야 합니다. 그러지 않으면 나도, 남도 어떤 사람인지 모르고 평생 속고 살 수 있습니다. 예수 이름에 순종하는 것이 진짜 착한 일이고, 그런 사람이 진짜 착한 사람입니다.

그런데 여러분, 본문을 한번 자세히 읽어 보세요. 앞서 공회원들은 "무슨 권세와 누구의 이름으로 이 일을 행하였느냐?"고 물었는데, 베드로는 "병자에게 행한 착한 일에 대하여 이 사람이 어떻게 구원을 받았느냐고 우리에게 질문한다면……"이라 말합니다. 베드로가 질문을 제대로 못 듣고 엉뚱한 소리 하는 겁니까? 그렇지 않아요.

베드로는 자연스럽게 질문을 바꿈으로써, 못 걷던 자가 단순히 육신의 질병만 고침받은 것이 아니라 예수의 능력이 그의 영혼까지 구원할 것을 동시에 강조하고 있습니다.

예를 들면, 이런 것이에요. "예수 믿으면 다냐?" 내게 따져 묻는 사람이 있다고 합시다. 그럴 때 "나에게 어떻게 구원을 받았느냐고 물으신다면……" 하고 상대의 질문을 바꾸어 말하며, 대화가 구원에 초점이 맞춰지도록 이끌어 가는 것이죠. 이처럼 악한 질문도 구원의 질문으로 바꾸어 대답하는 사람이 성령의 증인입니다.

셋째, 성령 충만한 권세로 나사렛 예수의 이름을 전합니다.

> 너희와 모든 이스라엘 백성들은 알라 너희가 십자가에 못 박고 하나님이 죽은 자 가운데서 살리신 나사렛 예수 그리스도의 이름으로 이 사람이 건강하게 되어 너희 앞에 섰느니라_행 4:10

우리는 착한 사람이 되기를 원합니다. 영육이 건강하기를 바랍니다. 그런데 우리가 어떻게 건강해질 수 있습니까?

베드로는 "나사렛 예수 그리스도의 이름으로" 걷지 못하던 자가 건강하게 되었다고 해요. 이것이 최고의 건강 비결입니다. 예수를 십자가에 못 박은, 씻을 수 없는 죄를 지은 내가 생명을 얻을 길은 "예수 그리스도의 이름"밖에는 없습니다. 예수 이름이 아닌 다른 이름을 구하면 병든 상태에서 머물러 있는 것이에요. 열심히 건강식품을 먹고 운동해서 튼튼해진대도 진짜 건강한 것이 아니라는 말입니다.

건강해지려고 헬스클럽에서 종일 사는 분을 보았습니다. 몸이 너무 나빠져서 그런 경우도 있지만, 다른 일은 하지 않고 운동에만 매진한다면 그것도 일종의 정신질환일 수 있습니다. 건강이 우상이 되어 버린 것이죠. 운동해서 당장은 건강해진대도 언젠가는 죽을 인생입니다. 우리가 영육의 아픔에서 영원히 벗어나는 길은 오직 나사렛 예수 그리스도의 이름을 믿고 따르는 것뿐이에요.

몇 년 전, 한 유명 연예인이 자살했습니다. 평소 사회의 틀을 깨고 도발적인 질문을 자주 던지던 사람이라 '저 친구는 선상하지 않을까' 했는데, 어떤 특정인만 자살하는 것이 아님을 실감하게 한 사건이었습니다. 그러니 여러분, 의사 표현을 잘한다고, 인기 있다고, 돈 많고 예쁘고 잘생겼다고 건강한 사람이 아닙니다. 반복해 이야기하지만 오직 나사렛 예수 이름만이 우리를 건강하게 합니다. 우리가 성령의 증인 되어서 이 진리를 곳곳에 알려 주어야 해요.

특별히 베드로는 못 걷는 자를 고칠 때 그랬던 것처럼 예수님이 '나사렛' 출신이라는 사실을 또다시 밝힙니다(행 3:6). 그 이유가 뭘까요? 더구나 예루살렘의 귀족인 산헤드린 공회원 앞에서 그 얘기를 해서 득 볼 것이 없잖아요. 오히려 수치만 더 당하지 않겠습니까?

그러나 베드로의 대답에는 이런 뜻이 담겨 있습니다.

"나의 스승은 비천한 나사렛 출신이지만 그의 이름은 더 이상 수치스러운 이름이 아니다. 하나님께서 그를 죽은 자 가운데서 살리시고 그의 이름을 모든 자 위에 높이셨다. 그러므로 나사렛 예수는 만방에 드러내야 할 영광스러운 이름이다!"

이후로도 베드로는 예수님을 전할 때마다 그가 나사렛 예수신 것을 반드시 이야기했습니다. 우리들교회에도 간증을 전할 때마다 자신이 여상 출신임을 밝히시는 권사님이 계십니다. 여러분은 어떻습니까? 나사렛 예수를 전합니까? 예수 믿은 지 오래인데도 여전히 나의 비천한 환경에 발목 잡혀 삽니까? 나의 출신이 부끄러워 말하지 못하는 사람은 아직 예수 안에서 거듭나지 못한 것이에요. 성령의 증인 될 자격을 아직 갖추지 못한 겁니다. 오직 나사렛 예수 이름을 전해야 할 사명이 우리에게 있습니다.

날이 갈수록 나사렛 예수 이름을 전하기가 어려워지는 시대입니다. 먹고살 만해지니까 비천한 나사렛 예수 이름은 듣기조차 싫어합니다. 세상은 돈과 스펙, 지위, 명예 가진 자들을 추앙합니다. 안나스 가문이 대를 이어 대제사장직을 독점할 수 있었던 것도 그런 이유 아니겠습니까? 유명한 이름이 너무 좋은 것이에요.

따라서 유명인들이 가진 영향력도 대단합니다. 심지어 유명인이 자살하면 잇따라 모방 자살을 하는 현상까지 생겨납니다. 그 인생에 구주 예수가 아닌 사람이 왕 노릇 하니까 흠모하는 사람, 존경하는 사람이 가는 길이면 그곳이 어디든 '내 님 따라가리~' 하는 겁니다.

그러나 여러분, 자살은 죄입니다. 이 말은 아무리 강조해도 지나치지 않아요. 생명은 하나님께 속한 것이기에 그 누구에게도 생명을 해할 권리가 없습니다. 설령 자기 생명이라 할지라도 말입니다. 자살 충동은 정신질환이기에 반드시 치료받아야 합니다. 주변을 둘러보세요. 남몰래 아파하는 사람이 있을 겁니다. 그들을 찾아가 나사렛 예수 이름을 전하는 것이 우리의 사명입니다. 모두가 말하지 않을 뿐 "요새 힘드시죠?" 하고 말을 건네기만 해도 눈물을 쏟을 사람이 많을 것이에요. 남부럽지 않은 부잣집 며느리인 제가 자살 생각을 하리라고 그누가 알았겠습니까? 그때 제게 안부를 물어 주는 단 한 지체가 있었다면 시댁의 반대를 무릅쓰고라도 제가 당장 교회에 나갔을 것이에요. 과거의 저처럼 홀로 아파하는 사람들을 우리가 찾아가야 합니다.

어디서건 나사렛 예수 이름을 당당하게 전하는 여러분 되기를 바랍니다. "내가 부잣집 사모님이었는데 자살을 생각했다. 돈과 지위를 다 가졌는데도 인생이 우울했다. 그러나 나사렛 예수 그리스도가 나를 살렸다!" 이렇게 전할 수 있는 사람이 성령의 증인입니다.

그래도 대단한 이름 한번 가져보는 것이 소원이라고요? 대단한 것 너무 좋아하지 마세요. 감당하지 못할 사람에게 돈과 지위, 유명세나 권력이 가면 그것이 나도, 남도 죽이는 권세가 됩니다. 어떤 권세든 가질 만한 자리에 가야 합니다. 미모도 그래요. 성형하고 예뻐져서 감당하지 못할 큰일을 내는 사람이 얼마나 많습니까? 예쁜 얼굴로 이혼, 재혼을 서슴지 않습니다. 뭐든지 생긴 대로 사는 게 최고입니다. 하나님이 주신 내 원판대로 사시기를 바랍니다. 진정한 권세는 내가 죽어지는 것이에요. 그것이 성령의 권세입니다.

🕇 여러분은 사람을 죽이는 권세를 사모합니까, 내가 죽어지는 권세를 사모합니까?

✤ 나는 성령 충만한 권세로 예의를 지킵니까? 악한 질문도 구원의 질문으로 바꾸어 대답합니까? 상대가 악하게 나와도 나는 부드럽게 구원의 시각으로 바꾸어서 대답합니까? 어디서건 나사렛 예수 이름을 당당하게 전합니까?

성령의 증인은 버린 돌 같아도 머릿돌이 됩니다

이 예수는 너희 건축자들의 버린 돌로서 집 모퉁이의 머릿돌이 되었느니라_행 4:11

베드로는 "건축자들이 버린 돌이 모퉁이의 머릿돌이 되었나니"(마 21:42)라고 하신 예수님의 말씀을 인용하며 증언을 이어 나갑니다. 이는 시편 118편 22절 말씀을 인용한 것이기도 합니다. 훗날 베드로는 그의 서신서인 베드로전서 2장 7절에서도 예수님에 관해 같은 말씀을 언급합니다. 무식했던 베드로가 이제는 입만 열면 성경 말씀을 전합니다.

유대인들은 예수 그리스도를 건축자들이 버린 돌처럼 무가치하게 여겨 십자가에 못 박았지만, 예수님은 자신이 모퉁이의 머릿돌처럼 귀히 사용될 것을 예언하셨습니다. 모든 것이 성경대로 이루어진 일입니다.

그런데 유대인들만 예수님을 버렸습니까? 우리도 시도 때도 없이 예수님을 버립니다. 어떻게요? 내게 주어진 시간을 구원을 위해 쓰지 않고 나를 위해 쓴다면 나도 예수님을 버리고 있는 겁니다. 아무리 열심히 공부하고 일하고 운동하고 봉사해도 오로지 내가 초점이라면 모든 시간을 낭비하고 있는 것이에요. 시간의 주인은 예수님이시기에, 시간을 낭비하는 것은 곧 예수님을 천히 여기는 겁니다.

인생을 집에 비유한다면 우리 역시 건축자입니다. 각자가 인생 설계도를 그리고 그대로 집을 지어 나갑니다. 그런데 많은 사람이 오로지 자신만을 위해 집을 지으면서 버려선 안 되는 것들을 버립니다. 성공의 집을 그리며 그에 어울릴 배우자를 골랐다가 성공할 기미가 보이지 않으면 가책도 없이 자기 아내를, 남편을 버립니다. 나의 입신양명을 위해서라면 친한 친구라도 버립니다. 오늘의 동지가 내일의 적이 됩니다.

그뿐인가요? 예배도 '나'를 위해 드립니다. 인생 역전을 꿈꾸면서 열심히 교회에서 봉사하고, 헌금을 드리고, 기도합니다. 그러다 되는 일 없고, 고난까지 만나면 교회와 공동체를 버린 돌 취급합니다. 그러곤 내게 떡고물 하나라도 줄 것 같은 사람과 자리를 찾아다닙니다. 환경 탓, 고난 탓을 하며 권세 있는 사람과 돈을 좇아갑니다.

다른 이로써는 구원을 받을 수 없나니 천하 사람 중에 구원을 받을 만한 다른 이름을 우리에게 주신 일이 없음이라 하였더라 _행 4:12

그러나 나사렛 예수 그리스도 외에는 천하 사람 중에 구원을 받을 만한 다른 이름을 주신 일이 없습니다. 고난 가운데 자포자기하면 스스로 버려진 돌이 되는 것입니다. 나도, 남도 버리지 않아야 머릿돌이 됩니다. 세상에서 버려진 돌 같았던 예수를 하나님께서 살리시고 높이셔서 하나님 나라의 모퉁잇돌 되게 하지 않으셨습니까!

유대 지도자들은 권세가 자기들을 구원해 주리라고 믿었습니다. 그래서 자기 권세를 지키고자 예수님의 권세와 사도들의 권세를 짓밟았습니다. 이 세상이 영원하리라 착각하고 사망의 길을 향해 달려갔습니다.

반면에 사도들은 예수 그리스도만이 구원자이심을 믿었습니다. "이스라엘아 들으라 우리 하나님 여호와는 오직 유일한 여호와이시니, 너는 마음을 다하고 뜻을 다하고 힘을 다하여 네 하나님 여호와를 사랑하라"(신 6:4~5)는 말씀처럼 그들은 부활하신 나사렛 예수만을 바라보고, 믿고, 그분의 권세만을 의지했습니다.

앞서 이야기한 자신이 여상 출신임을 늘 고백하시는 권사님은 과거에 삶이 힘겨워 자살 기도를 하기도 했습니다. 그 여파로 1년을 투병하셨답니다. 스스로 자신을 버린 겁니다. 그러나 하나님이 권사님을 구원해 주셔서 현재 우리들교회의 머릿돌로 활약하고 계십니다. 이분이 상고를 나오셨어도 베드로처럼 입만 열면 말씀이 튀어나옵니다. 얼마나 말씀을 잘 깨달으시는지 실력자 중의 실력자이십니다. 또, 얼마나 겸손하신지 교회가 권하는 모든 일에 군말 없이 순종하십니다.

비단 이 권사님만 그러신 게 아니에요. 우리들교회에는 말도 못

할 고난 가운데서 자신을 버리지 않음으로 구원의 통로로 쓰임받는 분이 정말 많습니다. 그중에서도 한 목자님의 나눔을 소개합니다.

저의 별명은 '혈기 박', '버럭 박'입니다. 그 정도로 화가 많습니다. 게다가 ADHD(주의력결핍 과다행동장애) 증세도 심합니다. 그러다 보니 인간관계가 원만하지 못해서 직장을 오래 다니지 못하고 때려치우곤 했습니다. 그간 세 곳을 그만두었죠.

세 번째 회사에서는 사장에게 분노를 참지 못해서 대박 사고를 치고 말았습니다. '사장을 끝장내 버리겠다' 결심하고 사장의 집을 찾았는데 문을 열어 주지 않는 겁니다. 월담을 해서라도 쳐들어가려고 3미터가 넘는 담장에 매달렸죠. 만약 성공했다면 사장이 죽든지, 내가 죽든지 했을 겁니다. 그런데 나무에 옷이 걸려 떨어지는 바람에 다행히 아무도 죽지 않았습니다. 대신 제 팔만 부러졌어요. 당연한 처사겠지만 이 일로 저는 회사에서 잘렸습니다. 제가 이렇게 자주 화가 나는 이유는, 나도 잘하는 것이 많은데 인정받지 못하고 늘 무시당하는 것 같아서예요.

병원에서 다친 팔을 수술받고 눈을 뜨니 장인, 장모님이 안쓰러운 얼굴로 저를 위해 기도하고 계셨습니다. 그때 그동안 교회 공동체에서 들었던 권면들이 하나둘 떠오르기 시작했어요.

"집사님은 생각이 너무 많습니다. 규칙을 무시하고 늘 자기 생각대로 하려고 해요." "집사님은 하나님보다 사람에게 인정받으려 해요. 그러다 안되면 분을 내십니다." "집사님은 너~무 자유로운 영혼입니다.

그래서 늘 책임지기를 싫어해요."

한 가정의 가장으로서 얼마나 내가 무책임하고 무질서했는지 그제야 회개가 되더군요. 하나님께 드릴 말이 없어 "팔이 나으면 어떤 직장으로 보내시든지 열심히 일하겠다"고 기도했습니다. 하나님은 이런 어리숙한 회개도 기억하시고 생각지도 못한 너무 좋은 회사로 저를 인도해 주셨습니다.

한데 ADHD가 쉬이 낫는 병이 아니지 않습니까? 여전히 저는 회사 생활이 힘듭니다. 그러나 저의 한계를 인정하니 이제는 무시받아도 그다지 화가 나지 않아요.

가정 생활(?)도 쉽지 않지만 주의 은혜로 하루하루 살고 있습니다. 우리 집은 저뿐만 아니라 온 식구가 ADHD라서 집 안이 늘 어수선합니다. 벗으면 벗은 대로, 쓰면 쓴 대로 옷가지나 물건들이 여기저기 널브러져 있죠. 식구가 하나같이 정신이 없으니 서로 챙겨 줄 수도 없습니다. 그래서 "자기 것은 자기가 챙기며 살아가자" 했습니다. 그래도 서로 비슷한 처지여서인지 누구도 욕하거나 불평하지 않아요. 허구한 날 정신없이 지내다가 요즘은 각자 약 잘 챙겨 먹으면서 자기 꿈을 향해 조금씩 나아가고 있습니다.

이 목자님은 어린 시절부터 고난이 남달랐습니다. 한창 관심이 필요할 나이에 의붓아버지로부터 엄청나게 미움을 받았답니다. 의붓아들이 얼마나 싫었으면 절에 다니던 아버지가 "너 같은 놈은 절에 못 다닌다. 교회나 가라" 해서 이분이 교회를 다니게 됐답니다.

그런데 생각해 보세요. 결국 이 못된 아버지 덕에 목자님이 예수를 믿게 되지 않았습니까? 그러니까 아버지가 이분이 구원을 얻기까지 최대 공로자 아니겠어요?

만일 견문을 넓혀야 한다면서 날마다 세계여행 데리고 다녀 주는 좋은 아버지를 만났더라면 이분이 예수를 믿었겠어요? 그보다 백배, 천배 좋은 아버지 아닙니까! 여러분, 발상을 전환해야 합니다. 우리는 고난 없이 예수 믿지 못해요. 좋은 부모, 좋은 남편, 좋은 아내에 대한 환상을 이젠 좀 버리길 바라요.

이 목자님은 부부가 함께 목자로 섬기며 교회의 머릿돌로, 성령의 증인으로 쓰임받고 있습니다. 어떤 잘난 사람보다도 열심히 교회를 섬기십니다. 또 온 집안 식구가 ADHD이다 보니 서로가 서로를 이해하며 사랑이 싹트는 가정이 되어 가고 있습니다.

이 목자님 가정을 보면서 병이 낫는 것보다 그럼에도 살아가는 것이 진정한 치유임을 깨닫게 되었어요. 병이 낫기만 바라니까 더 아파지는 것입니다.

🎁 여러분은 하나님'만' 섬깁니까, 하나님'도' 섬깁니까?

🎁 부모, 형제, 배우자, 남자 친구, 여자 친구에게 버림받은 이때가, 직장에서 쫓겨난 이때가 내가 머릿돌이 될 때임을 믿습니까?

성령의 증인에게는
부인할 수 없는 명백한 증거가 있습니다

13 그들이 베드로와 요한이 담대하게 말함을 보고 그들을 본래 학문 없는 범인으로 알았다가 이상히 여기며 또 전에 예수와 함께 있던 줄도 알고 14 또 병 나은 사람이 그들과 함께 서 있는 것을 보고 비난할 말이 없는지라 15 명하여 공회에서 나가라 하고 서로 의논하여 이르되 16 이 사람들을 어떻게 할까 그들로 말미암아 유명한 표적 나타난 것이 예루살렘에 사는 모든 사람에게 알려졌으니 우리도 부인할 수 없는지라…… 22 이 표적으로 병 나은 사람은 사십여 세나 되었더라_행 4:13~16, 22

13절의 '범인'에 해당하는 헬라어 '이디오타이'는 '평신도, 평민'이라는 본래 뜻 외에, 당시 일상에선 '무식쟁이, 촌놈'이라는 의미로도 쓰였습니다. 배우지 못한 평민들을 비하하는 표현이었죠. 공회원들이 베드로와 요한을 얼마나 무시하고 있는지를 잘 보여 주는 말입니다.

그런데 이처럼 사도들을 경멸하면서 그들은 베드로의 증언에 대해 한마디도 반박하지 못합니다. 그 이유가 뭡니까? 나사렛 예수 이름으로 고침받은 사람이 베드로와 요한 옆에 딱 서 있잖아요. 그가 태어나면서부터 한 번도 두 발로 걸은 적이 없다는 사실은 성전을 드나드는 예루살렘 사람이라면 누구나 다 알고 있습니다. 이보다 더 결정적인 증거가 없습니다.

베드로와 요한은 아주 분명하고도 정확하게 복음을 변증했습니다. 이는 그들에게서 비롯된 능력이 아닙니다. 성령께서 지혜를 주셨습니다. 내가 직접 본 예수, 가르치시고 전파하시고 권능과 기사와 표적을 베푸시다 죽으시고 부활하신 예수를 성령을 힘입어 전했습니다. 이런 사람이 성령의 증인입니다.

제가 평신도 시절 인도하던 큐티 모임에서도 많은 기사와 표적이 일어났습니다. 역시나 제 힘으로 이룬 일이 아닙니다. 그때부터 성령님이 함께하셔서 제가 여기까지 올 수 있었습니다.

40년 된 병자가 고침받은 명백한 증거 앞에 공회원들은 할 말을 잃었습니다. 속은 부글부글 끓지만 모든 것을 인정할 수밖에 없었습니다. 그러나 이들은 끝까지 예수를 믿지 않았습니다. '나사렛 예수 이름'으로 고침받은 사실을 끝까지 인정하지 않았습니다.

그래서 예수를 부인하지 않는 것과 믿는 것은 아주 다른 문제입니다. 자신을 한번 객관적으로 보세요. 나는 예수님을 믿습니까? 부인하지 않는 수준 정도는 아닙니까?

📖 명백한 증거 앞에서도 나의 체면 때문에, 기득권 때문에 부인하고 있는 것은 무엇입니까?

성령의 증인은 하나님 앞에서 보고 들은 것을 말합니다

17 이것이 민간에 더 퍼지지 못하게 그들을 위협하여 이 후에는 이 이름으로 아무에게도 말하지 말게 하자 하고 18 그들을 불러 경고하여 도무지 예수의 이름으로 말하지도 말고 가르치지도 말라 하니

_행 4:17~18

공회원들은 베드로와 요한을 다시 불러 "예수의 이름으로 말하지도 말고 가르치지도 말라"고 경고합니다. 다른 말은 다 해도 좋은데 예수 이름만 쓰지 말랍니다. 이것부터가 예수 이름에 권세가 있다는 확실한 증거 아니겠습니까?

19 베드로와 요한이 대답하여 이르되 하나님 앞에서 너희의 말을 듣는 것이 하나님의 말씀을 듣는 것보다 옳은가 판단하라 20 우리는 보고 들은 것을 말하지 아니할 수 없다 하니_행 4:19~20

"우리는 하나님 앞에서 보고 들은 것을 말하지 않을 수 없다!" 공회원들의 위협에도 사도들은 당당하게 말합니다. 성경 박사들을 앞에 두고 "하나님 말씀보다 너희 말을 듣는 것이 옳은지 판단하라" 합니다.

베드로가 어떠하든지 예수님은 그를 포기하지 않으셨습니다. 다시 물고기 잡으러 떠난 베드로에게 찾아가셔서 그로 "내가 주님을 사

랑하나이다" 세 번 고백하게 하시고 그의 영혼을 회복시키셨습니다 (요 21장). 베드로에게 생명의 길을 보이셨습니다. 그러므로 베드로는 주님이 주신 사명을 끝까지 감당하고자 합니다.

"나를 죽여도 좋다. 나는 하나님 앞에서 보고 들은 것을 말하지 않을 수 없다!"

주의 은혜로 살아난 사람이 아니면 결코 이런 증언을 할 수 없습니다. 누가 나를 변호해 줍니까? 나로 인해 살아난 사람이 나를 변호해 줍니다. 돈과 권세가 있다고, 직분이 있다고 나를 변호해 주는 것이 아닙니다.

제가 그것을 몸소 경험했습니다. 큐티 사역이 끊어지지 않고 여기까지 올 수 있었던 것은 저와 함께 보고 듣고 살아난 증인들이 때마다 저를 변호해 주었기 때문입니다.

> 관리들이 백성들 때문에 그들을 어떻게 처벌할지 방법을 찾지 못하고 다시 위협하여 놓아 주었으니 이는 모든 사람이 그 된 일을 보고 하나님께 영광을 돌림이라_행 4:21

사도들이 놓이자 모든 사람이 그 된 일을 보고 하나님께 영광을 돌립니다. 이들은 베드로가 기적을 행한 때부터 재판을 받기까지 모든 과정을 지켜보았습니다. 그런데 '베드로를 보고 베드로에게' 영광을 돌리지 않고, '베드로를 보고 하나님께' 영광을 돌렸습니다.

못 걷게 된 자를 일으킬 때도, 솔로몬 행각에서 설교할 때도, 재판을 받을 때도 베드로는 오직 하나님만 전하고 하나님께만 영광을 돌렸습니다. 그러자 모든 일을 지켜본 백성도 하나님께 영광을 돌립니다.

세상은 자기에게 영광 돌리기에 바쁩니다. '내 것은 내 것, 네 것도 내 것'이라 하면서 모든 영광을 자기가 취하려 합니다. 이들의 시선을 어떻게 하나님께 향하게 할 수 있습니까? 내가 먼저 하나님께 영광 돌리면, 그런 나를 보고 세상도 하나님께 영광을 돌리게 될 것입니다.

이 표적으로 병 나은 사람은 사십여 세나 되었더라_행 4:22

갑자기 병 나은 사람의 나이를 밝히는 이유가 뭘까요? 원문을 보면 21절과 22절 사이에 '왜냐하면'이란 접속사가 있습니다. 즉, 베드로의 설교와 증언도 영향을 미쳤지만 무엇보다 40년이나 병을 앓은 이 사람이 나은 걸 보고 사람들이 하나님께 영광을 돌리게 되었다는 것이에요. 이 사람만 한 증인이 없는 겁니다. 그의 40년 인생을 옆에서 지켜본 사람이 많잖아요. 지난 세월 그가 어떻게 살아왔는지 다 아니까 '하나님이 고치셨다'라는 고백이 절로 나오지 않았겠습니까?

지금은 이사 왔지만, 저도 한집에서 오래 살아서 몇십 년의 제 삶을 쭉 지켜본 이들이 꽤 많습니다. 그곳에서 남편 장례를 치르며 제 간증을 전했고, 십여 개 큐티 모임도 하고, 우리들교회 개척 준비를 하기도 했습니다. 오늘날의 우리들교회가 하늘에서 뚝 떨어진 게 아닙니다. 그러니까 큐티 사역의 증인이라고 불릴 자격이 제게 조금은 있지 않은가요?

표적의 목적은 오직 하나님의 영광을 보이기 위함입니다. 따라서 40년 된 병자를 일으키신 이유도 오로지 하나님의 영광을 보이는 데 있어요. 표적 자체가 중요한 것이 아니라는 말입니다. 여러분도 내 삶에 일으키신 기사와 표적을 통해 오직 하나님만 전하는 성령의 증인이 되기를 바랍니다.

주님이 보이신 표적을 통해 하나님의 영광을 보인 한 성령의 증인의 나눔입니다. 앞서 "하루만이라도 마음 편히 큐티해 보고 싶다" 했던 초등학생 기억하시죠? 이번엔 그 엄마의 이야기를 소개해 드리려고 해요.

딸아이가 초등학교에 들어가면서 10년 동안 다니던 회사를 그만두게 되었어요. 남편은 제 퇴직금을 몽땅 가져가고는 일주일에 3만 원만 주면서 "이걸로 생활비를 하라" 하더군요. 그때부터 저의 광야 생활이 시작됐습니다.

작년 일이에요. 딸에게 갑작스레 희귀병이 발병했어요. 딸은 걷지도 못하고 입·퇴원을 반복하다가 기적적으로 회복됐습니다. 겨우 한숨 돌리나 했는데 또 다른 시련이 찾아왔습니다. 학기가 시작될 즈음 딸이 독감에 걸려 약을 먹였는데, 그 뒤로 딸은 갑자기 귀신이 보인다면서 발작을 일으키곤 했습니다. 우울증까지 앓으며 5개월을 집에서 쉬었어요. 딸아이 신세가 버린 돌처럼 초라해지자 남편마저 아이를 무시하기 시작했습니다.

그러다 얼마 전, 1년이 넘도록 팔리지 않던 집이 팔렸습니다. 오래 골

머리 앓던 문제가 해결되어 기뻤어요. 하지만 그것도 잠시, 남편은 "너와 같이 이사 가지 않겠다!" 하며 억지를 부렸습니다. 제게 폭언을 퍼붓고 폭력까지 휘둘렀죠. 제가 딸을 교회 캠프에 데려갔다고 화가 난 것이에요. "잘 죽어지라"는 공동체 권면을 따라 그간 남편을 잘 섬겼다고 생각했는데…… 다 헛수고 같아서 마음이 무너졌습니다. 가슴에 말뚝이 박힌 것처럼 숨을 쉴 수가 없었어요.

그런데 절망 가운데서 문득 제 죄가 보였습니다. 결혼 전 주일을 범하고 죄책감도 없이 남편과 음란을 행했던 죄가 떠오른 것이에요. '이 모든 일이 남편과 성공을 우상 삼아 불신결혼한 내 삶의 결론이구나', '내가 주님을 십자가에 못 박았구나' 깨달아졌습니다.

그 주일, 이사도 못 가고 답답한 상황에서 아빠를 무서워하는 딸을 설득해 예배에 왔습니다. 그런데 소년부 예배에 다녀온 딸의 얼굴에 생기가 도는 거예요. 사정을 물으니, 예배 시간에 소년부 목사님이 "복음을 전하다 옥에 갇힌 바울을 본받고 싶은 사람 손 들어 보라!" 하셨답니다. 그때 딸이 손을 번쩍 들고 "저는 감옥에 가서라도 평화롭게 큐티하고 싶어요" 대답했다는 거예요. 감동한 목사님이 딸을 격려해 주면서 친구들 앞에서 "나를 본받으라" 외치게 했답니다. 이 일로 딸이 힘을 얻은 것이에요.

더 놀라운 일은 그다음에 일어났습니다. 집에 돌아와 지쳐서 자고 있는데 딸이 방에 들어오더니 "엄마, 아빠가 교회 가도 된대!" 하는 겁니다. 깜짝 놀라서 "어떻게 아빠에게 그런 답을 받았어?" 물었더니 딸이 이럽니다.

"아빠가 나보고 엄마랑 교회 갔다 왔냐고, 자꾸 거짓말하면서 교회에 갈 거냐고 묻는 거야. 그래서 '거짓말을 해서라도 교회에 가는 게 너무 좋다'고, '아빠가 나를 사랑한다면 교회에 가게 해 달라'고 용기 내어 말했어. 그랬더니 아빠가 교회에 가도 좋다고 허락해 줬어!"

어릴 적부터 부모의 다툼과 분열을 보고 자란 딸은 마치 걷지 못하게 된 자처럼 영육의 발과 발목에 힘이 없어 일어나지 못했어요. 몸과 마음이 허약하고 늘 주눅 들어 있었죠. 그런데 교회 공동체의 기도와 격려로 이렇게 일어나 걷게 되었으니 얼마나 감사한지 몰라요. 또 다른 기적은 다음 날 그토록 이사 안 가겠다고 버티던 남편이 "집을 계약했으니 이삿짐센터를 알아보라" 한 것이에요.

내 힘으론 아무것도 할 수 없어서 그저 예배의 자리에 붙어만 있었는데 하나님께서 딸을 구원해 주셨어요. 나아가 우리 가정을 조금씩 회복하고 계세요. 영원히 주의 안에 거하며 구원의 새 노래를 부르는 인생이 되길 원해요. 연약한 저와 우리 가정을 인도해 가시는 하나님을 찬양합니다.

참 매정한 아빠 아닙니까? 아픈 딸을 핍박하고 버린 돌처럼 여깁니다. 그런데 딸이 이 집의 보물입니다. 핍박이 따라도 성령 충만한 권세로 담대하게 복음을 증거했잖아요. 하나님이 이 엄마와 딸을 반드시 머릿돌 삼아 주실 줄 믿습니다. 여러분에게도 이런 간증이 넘쳐 났으면 좋겠습니다. 핍박 가운데도 내 죄 때문에 아파하는 사람, 내 상처에서 보고 들은 하나님의 말씀을 전하는 사람이 성령의 증인입니다. 여러분이 그런 성령의 증인이 되길 나사렛 예수 이름으로 축원합니다.

🎁 "우리는 보고 들은 것을 말하지 아니할 수 없다" 선포한 사도들처럼 내가 말하지 않을 수 없는 '보고 들은 것'은 무엇입니까? 나의 상처에서 보고 들은 하나님의 말씀을 전합니까? 내가 살아난 간증, 내 죄 때문에 아파하는 간증을 전합니까?

우리들 묵상과 적용

연애할 때 남편은 저와 함께 교회도 열심히 다니고 제가 원하는 대로 다 해 주었습니다. 그런데 딸이 태어나고 얼마 안 돼서 제게 이혼을 요구했습니다. 저는 이혼만은 막아 보고자 말씀을 묵상하는 공동체를 찾게 되었습니다. 하지만 남편은 함께 교회 가기를 거부했고, 심지어 딸과 제가 교회를 가는 것까지 반대했습니다.

그러던 어느 날이에요. 딸이 심한 독감에 걸려 약을 처방받아 먹였는데 그 후로 딸은 귀신이 보인다면서 발작을 일으키고 머리를 때리며 자해했습니다. 딸을 살리고 싶었던 저는 '죽으면 죽으리라'는 심정으로 남편에게 "딸과 교회 큐티 캠프를 가게 해 달라"고 졸랐습니다. 안 된다고 해서 편지를 써 놓고 캠프에 참여했더니 남편은 저를 안방에서 쫓아냈습니다.

그즈음 1년 넘게 안 팔리던 집이 팔렸는데 제가 딸을 큐티 캠프에 데려간 것에 여태 화가 풀리지 않은 남편은 "너와 같이 이사 가지 않겠다"고 선포했습니다. 저는 끝까지 고집부리는 남편의 멱살을 잡고 "그렇게 이혼하고 싶으면 이혼해 주겠다"며 화를 내고 집을 뛰쳐나갔습니다. 그 일이 있은 주일, 어김없이 딸을 소년부 예배에 데려다주었는데 돌아오는 길에 딸은 예배 시간에 있었던 일을 전해 주었습니다. 목사님이 "감옥에 갇힌 바울을 본받고 싶은 사람이 있어요?"라고 물으셨고 딸이 손을 번쩍 들고 "저는 감옥에 가서라도 평화롭게 큐 티하고 싶어요" 대답했더니 목사님이 딸을 앞으로 불러 친구들을 향해 "나를 본받으라"고 외치게 했다는 것입니다.

그러고 집에 돌아와 지쳐서 자는데 딸이 방으로 뛰어 들어와 "엄마, 아빠가 교회 가도 된대!" 하고는 아빠와 나눈 대화를 전해 줬습니다. 제가 자는 동안 남편이 딸의 손을 잡고 "너, 엄마랑 교회 갔다 왔지? 그렇게 거짓말하면서 교회 갈 거야?" 물었고 딸은 무서웠지만 "네 갔어요" 했답니다. 그런데 그 순간 갑자기 힘이 나서 "거짓말해서라도 교회 가는 게 너무 좋고, 아빠가 나를 사랑한다면 교회에 가게 해 주세요"라고 울면서 얘기했다는 겁니다. 예수 이름으로 전하지 말라는 유대 지도자들을 향해 "우리는 보고 들은 것을 말하지 아니할 수 없다" (행 4:20) 한 베드로와 요한처럼 딸도 담대히 자신이 믿는 예수님을 전한 것입니다. 저는 너무 기뻐서 그날을 '딸의 구원의 날'이라고 핸드폰에 저장했습니다.

버린 돌 같은 우리 가정을 늘 돌보아 주시는 하나님, 감사합니다. 발과 발목에 힘이 없던 딸과 저를 주님이 붙잡아 일으켜 주신 것처럼, 언젠가 남편도 교회의 일꾼으로, 교회의 머릿돌로 삼아 주실 줄 믿습니다(행 4:11).

영혼의 기도

하나님 아버지, 저를 성령의 증인으로 세워 주셔서 감사합니다. 그러나 주님, 제가 너무 약하여서 저를 가두려 하는 환경 앞에 자유하지 못합니다. 그저 갇혀 있을 때도 있습니다. 여전히 죽어지는 권세를 사모하지 못해서 그렇습니다. 악한 질문을 구원의 질문으로 즉시 바꾸지 못해 아파합니다. 제가 베드로 사도인 줄만 알았지, 제사장들이나 사두개인 같으리라고는 생각하지 못했습니다. 바리새인들이 착하게 살면서 예수님을 죽인 것처럼, 저도 착하게 살았지만 그것이 예수님과 다른 사람을 죽이는 착함인 줄 전혀 알지 못했습니다. 무지함도 죄인데, 제사장과 사두개인들처럼 교회가 부흥된다고 마음이 높아져서 사도를 가두고 예수님을 죽이게 될까 봐 너무 두렵습니다.

주님, 오직 내 죄 때문에 아파하다가 천국 가게 하옵소서. 내가 사두개인의 자리, 바리새인의 자리에 있을지 모른다고 생각하니 너무 두렵고 떨립니다. 주님, 저를 불쌍히 여겨 주옵소서. 제가 몰라서 못하는 것도 주님이 용서해 주시기를 기도합니다. 여기까지 온 것도 제 힘이 아니오니, 앞으로도 성령의 증인이 되어 주님이 원하시는 그 길을 제가 갈 수 있도록 은혜 내려 주옵소서. 제 힘으론 무엇도 할 수 없는 걸 주께서 아시오니 모든 일에 말씀대로 갈 수 있도록 인도해 주옵소서.

하나님 아버지, 우리 가운데 아픈 사람이 많습니다. ADHD, 조울증, 조현병, 우울증, 의처증, 의부증 등 여러 정신의 문제와 신체장애로 고난당하는 이들을 불쌍히 여겨 주옵소서. 당장 먹을거리가 없는 모든 식구를 불쌍히 여겨 주옵소서. 진영논리로 갈라진 이 나라의 앞날을 걱정하는 우리 모두를 불쌍히 여겨 주옵소서. 우리 모두가 말씀대로 믿고 살고 누리는 성령의 증인이 될 수 있도록 역사해 주옵소서. 예수님 이름으로 기도드립니다. 아멘.

Chapter 13

응답받는 기도는 따로 있다

: 성령의 기도

사도행전 4장 23~31절

하나님 아버지, 어떤 위협 가운데서도
담대히 주의 말씀을 전하기 위해
성령의 기도를 하기 원합니다.
우리에게 성령의 기도를 가르쳐 주옵소서.
말씀하여 주옵소서. 듣겠습니다.

예수 이름으로 척척 잘되면 좋겠지만 예수 이름으로 원수가 '짠!' 망하고, 세상이 '짠!' 내게 절하지는 않습니다. 예수 이름의 뜻은 '죄에서 구원할 자'입니다(마 1:21). 예수 이름으로 병을 치료하고 귀신도 내쫓지만, 우리가 예수 이름으로 가장 많이 하는 것은 '기도'입니다. 기도는 신앙생활의 시작이고 과정이며 결론입니다.

많은 사람이 자신의 소원을 이루고자 기도를 합니다. 그러나 기도는 요술 방망이 같은 것이 아닙니다. '성령의 기도'는 하나님의 뜻이 이루어지길 구하는 기도입니다. 혹여 내가 대제사장과 같은 대적들에게 망신당하고, 위협을 당한대도 하나님의 뜻만 구하는 기도입니다.

하나님은 성령의 증인에게 성령의 기도를 하게 하십니다. 성령의 기도는 어떤 것인지, 본문을 통해 살펴보겠습니다.

동료가 합심하여 기도합니다

사도들이 놓이매 그 동료에게 가서 제사장들과 장로들의 말을 다 알리니 _행 4:23

'제사장들과 장로들의 말'이 뭐였죠? 앞서 산헤드린 공회원들은 베드로와 요한에게 "다시는 예수 이름으로 복음을 전하지 말라" 경고했습니다. 그러나 사도들이 "우리는 보고 들은 것을 말하지 아니할 수 없다"고 하자, 공회원들은 위협을 하면서 놓아주었습니다.

사도들은 매임에서 놓이자마자 '그 동료에게 가서' 그간의 일을 알립니다. 이처럼 나의 일을 고할 동료가 있는 것이 얼마나 축복인지 모릅니다.

'동료'의 원어 '이디우스'는 '어느 특정한 사물이나 사람에게 속한 집단'이라는 의미입니다. 같은 단어가 요한복음 1장 11절에서는 '자기 백성', 곧 유대인을 가리키는 말로 쓰였고, 요한복음 13장 1절에서는 '자기 사람들', 곧 제자들을 가리키는 말로 쓰였습니다. 본문에서는 성전에서 복음을 전하다가 직접 붙들린 사도들이 속한 집단으로서의 교회를 가리킵니다. 개역한글판 성경에서는 같은 말을 '동류'(同類)라고 번역했습니다. 같은 믿음을 가진 자라는 의미에서 '동류'가 더 와닿기에 저는 동류라고 하겠습니다.

동류는 베드로와 요한을 위해 기도하는 신실한 성도들입니다. 즉, 성령의 공동체를 말하죠. 저에게도 이런 동류가 함께하기에 여기까지 이를 수 있었습니다.

예수님은 "진실로 다시 너희에게 이르노니 너희 중의 두 사람이 땅에서 합심하여 무엇이든지 구하면 하늘에 계신 내 아버지께서 그들을 위하여 이루게 하시리라"(마 18:19) 말씀하셨습니다. 땅에 속한 사람들은 오직 땅의 것에 매여 살기에 서로 합심하기가 참 어렵습니다.

왜, 한 가족이어도 한마음으로 뭉치기가 힘들잖아요. 세상은 서로 동류가 되지 못해요. 반면에 위에 속한 사람들은 하늘에 소망을 두고 살기에 서로를 위해 기도해 줄 동류가 많습니다.

자살을 생각하는 사람에겐 옆의 한 사람의 역할이 정말 중요합니다. 그에게 힘든 마음을 터놓을 진실한 친구나 공동체가 있다면, 극단적인 선택은 결코 하지 않을 겁니다. 내 곁의 지체에게 그런 동류가 되어 주는 것이 우리가 지금 바로 할 수 있는 행동입니다.

정신과 의사인 정혜신 씨는 "내게 집중하는 한 사람만 있어도 죽지 않는다"고 했습니다. 그녀는 여러 트라우마 현장에서 일하면서 이러한 사실을 깨달았다고 했습니다.

트라우마 치유는 치유를 시작할 수 있는 단계까지 가는 과정이 정말 전문적이어야 한다고 느낍니다. 이 사람이 나를 믿고 이야기하기까지 가는 데 에너지의 8할이 들어가야 하죠. 우리나라 정도의 정신 건강 수위라면 적극적으로 죽음에 대한 이야기를 해야 한다고 생각합니다. '요즘 어떤지, 죽고 싶은 마음은 없는지' 같은 말을 밥 먹었는지 묻는 것만큼이나 일상적으로 해야 합니다. 죽고 싶은 마음인 사람이 죽음에 대한 이야기를 꺼내는 것만으로도 자신을 객관적으로 바라보게 됩니다. 그러니 누군가의 얘기를 들어 주고 주목한다는 것의 힘이 어마어마하죠. 누군가 내 고통을 담담하고도 안정적으로 지켜보고 있다는 것만으로도 사람은 자기의 고통이 누군가와 연결돼 있다는 것을 확인합니다. 그 사람은 죽지 않습니다.

'상대가 나를 믿고 이야기하기까지 가는 데 에너지의 8할이 들어가야 한다'는 말에 참 공감이 되었습니다. 다양한 사람이 모이는 우리네 목장(소그룹 모임)도 에너지가 많이 필요한 곳입니다. 우리들교회 목장도 그래요. 그러나 일어날 힘조차 없던 많은 분이 우리들교회 목장에 오셔서 살아나고 있습니다. 대단한 사람들이 모여서가 아니에요. 자신들 역시 죽음에 이르는 고통을 겪었기에, 죽어 가는 그 한 사람에게 집중할 수 있는 겁니다. 목장에서 좋은 얘기만 나누는 것도 아닙니다. 목장 식구끼리 옥신각신하기도 하고 그러다 큰 싸움으로 번져 목장이 아주 난리판이 되기도 합니다. 그래도 서로 끊임없이 얘기를 들어 주고 권면하면서 가기에 죽을 위기에 있던 사람들이 죽지 않고 삽니다.

베드로와 요한이 성령의 증인 되어 복음을 전했건만 "예수 이름으로 복음을 전하지 말라"는 위협만 받고 풀려났습니다. 갈수록 위기입니다. 매임에서 풀려났지만 온전히 풀려난 것이 아닙니다. 이제부터 유대 지도자들이 눈에 더 불을 켜고 사도들을 감시하지 않겠어요? 그렇다고 그들의 협박대로 복음을 안 전할 수는 없잖아요. 이럴 때 믿음의 동류가 절대적으로 필요합니다.

저도 한때 죽음을 생각했습니다. 제 말을 들어 줄 한 사람, 동류가 없었기 때문입니다. 시부모님이 장로님, 권사님이신데 집안사람 그 누구도, 심지어 남편도 나의 동류가 아니었습니다. 겉보기엔 화려하지만 한 사람의 지체가 제 곁에 없었어요. 물론 당시엔 저도 믿음이 연약했습니다. "주일예배 외에는 교회에 가지 말라"는 시부모님의 명령을 어길 용기가 나지 않아서 교회 그 누구와도 교류하지 않았습니다.

예수 믿고 구해야 할 복이 있다면 바로 동류 곧 지체의 복이요, 공동체와 함께하는 복입니다. 인본적인 위로보다는 성령의 기도를 해주는 사람이 동류이고, 그런 동류와 함께할 때 우리는 진정한 위로를 받습니다. 그런데 주일예배만 딱 드리고 목장에는 안 가시는 분이 있습니다. 동류가 없으면 성령의 기도를 할 수도, 받을 수도 없습니다. 당연히 위로를 받지도 못합니다.

함께 기도할 동류가 내게 있는지 한번 생각해 보세요. 스스럼없이 서로 기도 제목을 나누며 중보해 주는 공동체에 내가 속해 있는가, 이 말입니다. 누구에게 기도 제목을 내놓기가 부끄럽다고 혼자 끙끙 앓지는 않습니까? 기도를 부탁할 지체 한 명 없는 '나 홀로 신앙'에 머물러 있지는 않습니까?

우리들교회 청년부 목장의 나눔입니다. 여러분이 이 목장의 일원이라 상상하면서 한번 읽어 보세요.

우울증이 심한 한 목원에게 목장 식구들이 "정신과 치료를 받아보라"고 한목소리로 권면했습니다. 목원이 권면을 받아들이고 "가 보겠다"고 하자 모두가 기뻐하며 격려해 주었죠. 더불어 목자는 더 구체적인 처방을 해 줬습니다.

진료를 받기 전에 속을 든든히 채우고 갈 것. 미리 식사하고 가거나, 상황이 안 되면 커피 한 잔이라도 마시고 갈 것.
진료받은 후에는 맛있는 음식 등으로 자신에게 상을 줄 것.
상담에 임하기 전에 자살 충동 방지를 위해 대적 기도를 하고, 의사에게 자살 충동이 심하다는 걸 반드시 이야기할 것.

의사와 맞지 않는다는 생각이 들면 재빨리 병원을 바꿀 것.

편안한 마음으로 병원에 갈 것.

사전에 원하는 진료 방향에 대해 의사에게 이야기할 것.

누가 나를 위해 이런 얘기를 해 주겠어요? "힘내", "잘될 거야"라는 백 마디 위로보다 이런 것이 한 사람을 일으키는 사랑의 권면 아니겠습니까? 개인주의가 판치는 요즘 세상에서 이렇게 청년들이 믿음의 동류가 되어서 서로를 돕고 있습니다. 참 대단하지요?

🕯 여러분은 위기 가운데 동류에게 위로를 받습니까? 동류에게 시기를 받지는 않습니까? 아예 동류가 존재하지 않는 것 아닙니까? 아파하는 한 동류에게 집중합니까?

말씀에 근거하여 기도합니다

24 그들이 듣고 한마음으로 하나님께 소리를 높여 이르되 대주재여 천지와 바다와 그 가운데 만물을 지은 이시요 25 또 주의 종 우리 조상 다윗의 입을 통하여 성령으로 말씀하시기를 어찌하여 열방이 분노하며 족속들이 허사를 경영하였고 26 세상의 군왕들이 나서며 관리들이 함께 모여 주와 그의 그리스도를 대적하도다 하신 이로소이다 _행 4:24~26

베드로와 요한의 이야기를 듣고 그 동류들이 한마음으로 소리 높여 기도합니다.

"어찌하여 열방이 분노하며 족속들이 허사를 경영하였는고!"

25절과 26절은 다윗의 입을 통하여 성령으로 하신 말씀, 곧 시편 2편을 인용하여 드린 기도입니다. 위기 앞에서 베드로와 요한의 동류들은 감정을 내세워 기도하지 않습니다. 그들은 오로지 '말씀'에 근거하여 기도합니다.

'분노하며'에 해당하는 원어는 본래 파도나 불길이 들끓는 모습을 나타내는 말입니다. 이 말엔 '원한을 표출하다', '불만을 토로하다'라는 뜻 외에 '소란하다'라는 의미가 있습니다. '경영하였는고'라는 말도 그래요. 그 원어를 직역하면 '입으로 중얼거리며 깊이 생각하다'입니다.

그렇습니다. 끊임없이 중얼거리며 소란하기가 그지없는 것이 우리가 살아가는 세상의 모습입니다. 왜 소란합니까? 줄기차게 뭔가를 이루고자 하기 때문입니다.

그러나 하나님은 그 모든 것이 '허사'라고 말씀하십니다. 세상이 경영하는 일은 한결같이 하나님을 대적하는 데 초점이 맞추어져 있기 때문입니다. 세상은 왜 하나님을 대적합니까? 그것이 죄인의 본성이기에 그렇습니다. 하나님과 그 기름 부음 받은 자를 대적하는 일이라면 어제의 적과도 기꺼이 동지가 되는 곳이 세상입니다. 따라서 성도에게는 핍박이 필연적으로 따를 수밖에 없습니다.

믿는 자들만 열심히 기도하는 것이 아닙니다. 세상도 허사를 경영해 보려고 열심히 기도합니다. 열왕기서를 보면 바알 선지자들이 얼마나 열성적으로 기도하는지 "그들이 큰 소리로 부르고…… 피가 흐르기까지 칼과 창으로 그들의 몸을 상하게 하더라"(왕상 18:28)고 합니다. 아주 요란하게 소란을 피워 가며 기도하죠. 아합 왕에게 잘 보여서 유익을 얻으려는 속셈이었습니다. 그러나 우상에게 구한다고 뭐가 됩니까? 기도는 '대주재, 곧 천지와 바다와 그 가운데 만물을 지으신 하나님'께 드리는 것이라고 오늘 성경은 말합니다.

그런데 '하나님께' 기도하기는 하는데 세상처럼 요란하게 기도하는 사람이 우리 중에 너무 많습니다. 생각해 보세요. 내가 원하는 걸얻겠다고 사장에게 가서 내 온몸을 찔러 가며 "달라, 달라" 생난리를 피우면 사장이 요구를 들어줍니까? 교회에서는 가끔 그런 경우가 있어요. 믿음이 연약한 사람은 아직 훈련받을 준비가 안 되어 있잖아요. 그래서 초신자에게는 그가 원하는 대로 들어주기도 합니다. 만일 지체들이 내게 싫은 소리를 일절 하지 않는다면 여전히 내가 어린 믿음에 머물러 있어서 그런 건 아닌지 한번 점검해 보시길 바랍니다.

하나님도 처음엔 우리의 떼 부리는 기도를 들어주십니다. 내 새끼가 밥을 굶어 가며 떼 부리니까 어쩔 수 없이 들어주시는 것이죠. 그런데 날이 가고 해가 바뀌어도 우리가 여전히 "달라, 달라"만 하면 하나님도 난감하지 않으실까요?

이런 기사를 봤어요. 한밤중에 누가 산에서 비명을 지르기에 경찰이 총동원하여 수색했더니 어느 교인이 취직이 안 돼서 살려 달라고 악을 쓰며 기도하고 있었답니다. 하나님뿐 아니라 세상까지 얼굴

붉히게 만드는 신앙인 아닙니까?

우리가 소리 지르며 요란하게 기도한다고 하나님께서 들으시는 것이 아닙니다. 내가 사장의 마음을 잘 헤아리고 그와 통해야 사장이 내 요구를 들어주지 않겠어요? 마찬가지로 하나님과 통해야 합니다. 하나님과 친해져야 합니다. 그러려면 먼저 하나님의 마음을 알기에 힘써야 하죠. 우리가 어떻게 하나님의 마음을 알 수 있나요? 하나님의 말씀을 봐야 알 수 있습니다. 즉, 말씀대로 드리는 기도가 100% 응답받는 기도입니다.

세상은 하나님을 알지 못합니다. 세상 군왕들과 관리들은 주와 그의 그리스도를 대적하는 데 앞장섭니다. 그런 세상에 복음을 전파하는 것이 하나님의 뜻이잖아요. 따라서 누군가는 세상으로부터 미움받는 역할을 해야 합니다. 우리에게 그런 역할을 맡기시기가 주님도 마음 아프시지만, 하나님의 복음은 반드시 전해져야 하기에 누군가가 감당해야 할 일이에요. 그래서 그를 위해 한마음으로 기도하는 동류를 붙여 주시는 겁니다.

우리 교회도 그렇잖아요. 앞에서 복음을 전하며 주목받는 지체가 있고, 드러나진 않지만 뒤에서 기도로 돕는 지체도 있습니다. '나에게 왜 이런 역할을 주셨을까……' 따지지 마세요. 다 주 안에서 동류니까 그저 주어진 역할에 순종하면 됩니다.

어쩌다 제가 여러분의 기도를 받는 인생이 되었는지, 때로는 '나도 뒤에서 기도하는 사람이면 좋겠다' 하고 바라기도 해요. 하지만 하나님이 주신 역할이기에 순종하며 갑니다.

초대교회 성도들이 심한 핍박과 고난을 당하면서도 어떻게 뜨겁게 신앙생활을 이어 갈 수 있었는지 우리는 계속 읽어 가고 있습니다. 주님이 "성령을 기다리라" 하셔서 기다렸더니 오순절 날 성령이 강림하시고, 베드로가 성령의 설교를 하자 성령의 선물이 임하고, 성령의 공동체가 세워지니까 성령의 기적이 일어나고, 성령의 권능이 임한 성령의 증인들이 본문에서는 성령의 기도를 합니다.

베드로와 요한의 동류들은 현재의 시련이 믿음의 연단임을 알았습니다. 그래서 기쁨으로 기도할 수 있었습니다. 그동안 들은 말씀을 떠올려 보았더니 대주재이신 예수님이 가신 그 길도, 다윗이 간 그 길도 고난의 길, 십자가의 길 아니겠습니까? 감히 주님과 동류가 되어 주님 가신 그 길을 가니 얼마나 감개무량합니까!

성령으로 충만해지는 것은 곧 말씀으로 충만해지는 것이라고 했어요. 성령을 받고 말씀으로 충만해진 동류들은 기도가 달라졌습니다. 말씀이 구속사적으로 들리지 않는다면 어떻게 이런 기도를 할 수 있겠습니까? 내가 주님을 십자가에 못 박은 죄인임을 인정하지 않으면 결코 할 수 없는 기도입니다. 성령의 기도는 다른 것이 아니에요. 말씀이 곧 예수님이시기에 말씀대로 하는 기도가 곧 예수님 뜻대로 하는 기도요, 성령의 기도입니다.

특별히 사도들이 위협을 알렸는데도 동류들이 즉시 기도했다는 사실이 중요합니다. 그들은 놀라서 벌벌 떨지 않고, '이 위기를 어떻게 극복할까' 모여서 회의하지 않고 즉시 말씀으로 기도했습니다. 평소 그들이 말씀을 우선순위에 두고 살았다는 걸 보여 줍니다.

우리들교회도 그래요. 어떤 모임이든지 회의는 짧게 끝냅니다. 대신 그날 말씀을 가지고 오랜 시간 서로 나눕니다. 이처럼 늘 큐티하며 하나님을 찾는 것이 얼마나 큰일인지 몰라요.

제 남편이 소천한 날 큐티 말씀은 하나님께서 에스겔의 아내를 데려가신 본문이었습니다. 하루아침에 남편이 떠났으니 얼마나 무서운 사건입니까. 하지만 그날 저는 '대단한 에스겔 선지자의 아내도 데려가셨구나!' 하고 말씀으로 위로를 받았습니다. 우리가 말씀대로 기도하지 않으면 그저 신세 한탄만 하게 됩니다. 그러나 저는 남편의 죽음 앞에서 성령의 기도를 하며 확실한 사명을 받았습니다. 어찌 그럴 수 있었습니까? 저도 늘 말씀을 묵상하며 왔기 때문입니다.

말씀을 모르면 우리는 올바로 기도할 수 없습니다. 말씀이 없으면 자칫 영파로 치우칠 수 있습니다. 하나님의 음성을 듣겠다면서 여기저기 기도받으러 다니는 사람들이 바로 영파입니다. 사장 마음은 헤아리려 하지 않고 '사장이 오늘 기분 좋대, 나쁘대?' 이런 것만 궁금해하는 것이 영파의 특징입니다. 왜, 우리 주변에도 '자녀가 입시에 붙을지 떨어질지', '이 직장에 가야 할지 말아야 할지' 묻겠다며 소위 기도의 은사를 받았다는 사람들을 찾아다니는 교인이 있지 않습니까? 이런 것은 믿음의 공동체에 묻고 인도받는 것과 아주 다릅니다.

과연 헤롯과 본디오 빌라도는 이방인과 이스라엘 백성과 합세하여
하나님께서 기름 부으신 거룩한 종 예수를 거슬러_행 4:27

왜 '과연'이라 하는 겁니까? 앞에서는 주를 대적하는 세력을 열방, 족속들, 군왕들과 관리들과 같이 익명으로 표현했지만 본절에서는 그 이름을 구체적으로 언급합니다. '과연', 주님이 다윗을 통해 미리 말씀하신 대로 주와 그의 그리스도를 대적하는 세력들이 일어난 것입니다.

분봉 왕 헤롯과 빌라도가 합세하여 하나님께서 기름 부으신 예수를 거슬렀습니다. 이들은 서로 사이가 좋지 않고 원수처럼 지냈으나 예수님을 십자가에 못 박는 일에는 한마음이 되었습니다(눅 23:12). 바리새인과 사두개인도 평소엔 원수이다가 예수님 죽이는 일에는 딱 하나가 되었죠. 세상 정치가 그렇습니다. 어제의 친구가 오늘의 적이 되고, 오늘의 적이 내일의 친구가 됩니다.

> 하나님의 권능과 뜻대로 이루려고 예정하신 그것을 행하려고 이 성에 모였나이다_행 4:28

예수님이 대적 무리에게 죽임당하신 일은 하나님께서 예정하신 일이었습니다. 하나님이 계획하신 일을 대적들이 행한 것뿐입니다. 사람이 하나님을 거스른 일처럼 보이지만 그것마저 하나님의 섭리라는 것입니다.

이 원리를 우리에게도 적용해 보면, 안팎의 방해 세력 때문에 실패한 듯 보이는 나의 신앙생활도 실은 하나님께서 '예정하신 그것' 아니겠습니까? 겉보기엔 패배한 것 같지만 하나님이 승리로 이끌고 계신 것이에요. 믿으십니까? 택자에게 실패란 없습니다. 구속사를 이루어 가는 한 단계를 현재 지나고 있는 것뿐입니다. 구원받을 성도를 예정하시고, 그의 구원을 이룰 십자가 사건도 예정하시는 하나님입니다. 현재 내가 받은 십자가도 그래요. 지나고 나면 하나님이 예정하신 그것이었음을 깨닫게 될 겁니다.

그런데 꼭 이렇게 묻는 분이 계세요.

"모든 일이 하나님이 예정하신 것이라면 헤롯이나 빌라도와 같은 이들도 하나님이 미리 준비해 두신 사람 아닙니까?"

그렇지 않습니다. 하나님은 우리에게 자유의지를 주셨습니다. 그 자유의지로 우리는 하나님을 따를 수도 있고, 거스를 수도 있습니다. 다만, 하나님이 작정하신 구속사를 이루시기 위해 타락한 자유의지를 허용하여 메시아를 대적하게 하시는 것뿐이죠. 하나님이 악인들의 마음을 충동질하시는 것은 아닙니다.

어떤 사건도 구속사를 이루는 한 과정입니다. 우리가 이 진리를 깨닫고 어떤 일을 만나든지 말씀에 근거한 기도, 성령의 기도를 하면 얼마나 좋을까요?

본문의 기도는 예수 그리스도께서 재림하실 때까지 박해가 이어질 것을 알리며, 그럴 때 우리가 어떻게 나아가야 하는지를 잘 보여 줍니다. 위기를 만났을 때 서로 기도를 부탁하고, 성령의 기도를 통해 성령이 임하시는 사역을 해야 함을 우리에게 가르쳐 주고 있어요. 따라서 초대교회가 당한 위협은 반드시 있어야 할 일이었습니다.

한 성도 분이 우리들교회 홈페이지에 이런 나눔을 올리셨습니다.

오랫동안 교회를 다녔지만 제 삶은 말씀이 기반이 되지 못했어요. 기복신앙으로 그저 표적만을 구했습니다. 주님은 우리 가정에 이미 많은 표적을 보여 주셨습니다. 주일예배와 목장예배를 지킬 수 있는 직장으로 인도해 주셨고, 물질적인 어려움에서도 벗어나게 해 주셨습니다. 그뿐만이 아닙니다. 아내가 신장이식을 받아야 했을 때 다행히도 제가 공여자(供與者)로서 적합해 수술이 빠르게 진행될 수 있었습니다. 수술도 아주 잘되었어요.

그런데도 여전히 저는 말씀을 붙들기보다 표적을 구하는 기도만 합니다. 두 아들에게 교육비가 많이 들고, 남들이 한다는 건 다 해 주고 싶어서 요즘 저는 돈 벌 궁리에만 빠져 있어요. 얼마 전 보고 온 땅에 욕심이 생겨서 조급한 마음이 들 때면 복권을 사기도 합니다. 그러곤 평소엔 하지 않던 기도를 하죠. 그것도 아주 구체적으로요.

"하나님, 1등에 당첨되어 공장 부지를 매입하게 해 주시옵소서. 현재 계획하는 사업이 성공하여 제발 월급쟁이에서 벗어나게 하옵소서!!"

제 외손녀가 코흘리개이던 시절 사탕 하나 얻으려고 사생결단으로 울어 대곤 했습니다. 그까짓 사탕이 뭐라고 저리 울고불고할까 하지만, 그때는 단것이 몸에 나쁘다는 걸 모르잖아요. 세상 물정을 모르니까 떼를 써도 밉지 않았습니다.

신앙도 마찬가지예요. 믿음이 어릴 때는 정욕으로 구해도 하나님이 들어주시는 경우가 있어요. 어리니까 몰라서 그러는 것이잖아요. 그러나 그것도 한두 번이지요. 미성숙한 기도라도 응답을 받았으면 이제는 하나님의 뜻을 구하는 단계로 나아가야 하는데, 더 열심히 내 정욕을 채우려는 기도만 하면 되겠습니까? 오로지 내 야망을 이루기 위해 기도하면 하나님이 "더는 들어줄 수 없다!" 하실 날이 옵니다. 그때라도 깨닫고 돌이키면 좋으련만, 되레 기도가 막히고 믿음이 땅에 떨어져 버리는 사람이 허다하니 제가 얼마나 안타까운지 몰라요.

- ♟ 나는 여러 위기와 위협과 핍박 속에서 베드로와 요한의 동류들처럼 말씀대로 기도합니까? 허사를 경영하며 정욕으로 기도합니까?
- ♟ 나는 복음을 위해 핍박당하는 역할을 맡았습니까, 기도하는 역할을 맡았습니까? 복음을 핍박하는 사람은 아닙니까?
- ♟ 나는 복권을 산 적이 있습니까? 점집에 드나들거나 오늘의 운세를 챙겨 보지는 않습니까?

담대한 복음 증거를 위해 기도합니다

주여 이제도 그들의 위협함을 굽어보시옵고 또 종들로 하여금 담대히 하나님의 말씀을 전하게 하여 주시오며_행 4:29

시편 2편으로 기도한 동류들은 그 말씀을 바탕으로 이어서 기도합니다. 그런데 그 내용이 조금 특별합니다.

"위협함을 굽어보시옵고"는 현재 닥친 고난을 감해 달라는 의미가 아닙니다. '굽어보다'는 '어떤 사물에 눈을 떼지 않고 계속 응시하다'라는 뜻입니다. 즉, "고난받는 우리를 하나님이 지키시고 돌보아 달라"는 말입니다.

유대 지도층의 위협은 결코 가벼운 시련이 아닙니다. 그런데도 왜 이들은 "우리 고난을 감해 달라" 하지 않을까요? 주님이 당하신 십자가 고난에 참여하라고 내게 성령을 보내 주셨음을 깨달았기 때문입니다. 주님 가신 그 길을 내가 간다는 게 그저 황송한 것이에요.

여러분, 자꾸 "고난을 없애 달라" 기도하지 마세요. 정녕 성령받은 사람은 기도부터 달라집니다. "하나님, 제가 이 고난을 잘 통과하도록 지켜 주세요." 이런 기도가 나도, 남도 살리는 구원의 기도입니다.

제 남편은 마치 한국교회를 비판할 사명을 띠고 태어난 사람 같았습니다. 제가 교회 가는 걸 얼마나 핍박했는지 몰라요. 제 성경책을 찢어 버린 일도 있었습니다. 그때, 제가 생각했습니다.

'마태복음에 의를 위하여 박해받는 자에게 상이 크다고 하셨는데 내가 이런 박해를 받을 자격이 있을까⋯⋯.'

내 감정을 앞세웠다면 결코 이런 생각을 할 수 없었을 겁니다. 오직 말씀을 붙들었기에 가능했습니다.

마찬가지로 동류들도 말씀을 붙들며 "담대히 하나님의 말씀을 전하게 해 달라"고 기도합니다. 배우자를 먼저 떠나보내고, 자녀들이 입시에 떨어지고, 암에 걸려도 "담대히 복음을 전하게 해 주옵소서" 기도하는 그 한 사람을 주님은 기뻐하십니다. 이런 기도야말로 사람을 살리는 기도입니다.

그렇다면 누가 이런 '살리는 기도'를 할 수 있습니까? 믿음이 뛰어나고 온전한 사람일까요? 천국에 가는 그날까지 욕심을 가지치기하며 가는 길이 성도의 여정입니다. 즉, 이 땅에 온전하다고 자부할 사람은 없다는 말이에요.

야고보서 5장 16절에 "그러므로 너희 죄를 서로 고백하며 병이 낫기를 위하여 서로 기도하라 의인의 간구는 역사하는 힘이 큼이니라"고 했습니다. 서로 죄를 고백하는 의인의 기도에 하나님이 크게 역사하신다고 합니다. 다시 말해, 자기 죄를 보는 사람이 능력의 기도를 할 수 있다는 것입니다.

그런데 그것이 결코 쉽지 않아요. "자기 죄를 보는 사람은 죽은 자를 일으키는 사람보다 위대하다"라는 말도 있습니다. 그만큼 내 죄 보기가 어렵다는 것이에요. 내가 죽어지지 않고는 할 수 없는 일입니다. 자기를 부인하지 않으면 작은 죄도 고백할 수 없어요. 예수님이 십자가에서 죽으심으로 우리를 살리셨듯, 우리도 때마다 죽어져야 살리는 고백을 할 수 있습니다. 그저 입으로만 하는 고백에 성령은 속지 않으십니다.

공동번역 성경은 같은 말씀의 '의인'을 '올바른 사람'이라고 번역했습니다. 올바른 사람은 누굽니까? 해당 구절의 문맥을 살펴보면, 올바른 사람은 죄를 안 짓는 사람이 아니라 '자신이 죄짓는 걸 아는 사람'입니다. 그가 죄를 서로 고백하며 병 낫기를 구하는 의인입니다.

하나님의 영광에 이를 때까지, 천국 가는 그날까지 우리는 끊임없이 죄를 고백하며 가야 합니다. 날마다 세수하듯 날마다 죄를 씻어야 합니다. 하루만 세수를 안 해도 꼬질꼬질해지잖아요. 죄도 날마다 씻지 않으면 내 영과 육이 금세 더러워집니다.

우리들교회엔 특별한 프로그램도, 이벤트도 없습니다. 그러나 서로 죄를 고백하는 올바른 사람이 많아서 하나님께서 우리들교회를 통해 큰 역사를 이루고 계십니다.

〈THINK 목회 세미나〉가 그 실례입니다. 목회 세미나는 저의 큐티 간증이 담긴 강의와 큐티의 열매인 성도들의 간증, 목장 시연과 목장 탐방, 세미나를 거쳐 가신 목사님들의 패널 토의와 사역자 치리 콘서트 등으로 이루어집니다. 자칫 우리들교회를 자랑하는 것으로 비치지는 않을까 걱정했는데, 처음 세미나를 연 2014년부터 지금까지 성령님이 함께해 주고 계십니다. 모든 것이 담대히 복음을 전하기를 간구하는 성도들의 성령의 기도 덕분에 가능했습니다. 이 책을 빌려 성도 여러분께 감사의 말을 전하고 싶어요.

"위협을 없애 달라" 하지 않고 "위협을 굽어보시고 그 가운데서 담대히 복음을 전하게 해 달라"는 동류들의 기도에 주님이 얼마나 기쁘셨겠습니까. 이런 기도야말로 주님 마음에 합당한 기도입니다.

하나님이 왜 내게 고난을 주시겠습니까? 그 동기를 잘 살펴야 해요. 나를 골탕 먹이시려는 게 아닙니다. 아픔을 통해 구원의 일을 하라고, 복음이 흥왕해지라고 고난을 주시는 것이에요. 그런데 "나는 이런 고난 싫어요. 저런 고난도 싫어요" 하며 자꾸 고난을 감해 달라고만 하면 하나님이 골치 아프지 않으시겠어요?

목회 세미나 때 사역자 치리 콘서트가 있다고 했습니다. '치리 콘서트'란 이런저런 일로 우리들교회에서 징계를 받은 부교역자들이 나와 자신의 죄를 고백하는 시간입니다. 그런데 사역자로서 참 쉽지 않은 일이지 않습니까? 자칫 가십거리만 되기 십상입니다. 하지만 위협에서 건져 달라 하지 않고 사역자, 성도 할 것 없이 모두가 복음을 위해 서로 죄를 고백하고 자신들의 병 낫기를 기도하며 간증하니까 역사하는 힘이 큰 세미나가 됐습니다.

하나님은 내가 모든 일에 하나님의 주권을 인정하기까지 나를 몰고 가십니다. 그러므로 우리가 기도하며 끊임없이 구해야 할 것은 '위협 속의 담대함'입니다. 고난 속에서 하나님 뜻을 이루기까지 나로 지치지 않게 해 달라고, 힘들고 아파도 잘 감당하게 해 달라고 기도해야 합니다. 일순간의 어려움 때문에 하나님 나라를 놓치지 않도록 담대함을 달라고 간구해야 합니다.

- ⚑ 요즘 나는 무슨 기도를 합니까? 위협 속에서도 담대하게 영광의 복음을 전하게 해 달라고 기도합니까? 맨날 위협을 없애 달라는 기도만 하지는 않습니까?
- ⚑ 나는 죄를 고백하며 병 낫기를 간구하는 의인입니까? 죄를 숨기고 겉만 번지르르한, 회칠한 무덤 같은 인생 아닙니까? '그 죄만은 절대 말 못 해, 죽어도 못 해!' 언제까지 그럴 겁니까?

예수 이름으로 표적과 기사가
이루어지기를 기도합니다

손을 내밀어 병을 낫게 하시옵고 표적과 기사가 거룩한 종 예수의 이
름으로 이루어지게 하옵소서 하더라_행 4:30

성령의 기도는 '손을 내밀어 병을 낫게' 하는 기도입니다. 야고
보서 5장 16절 말씀처럼 누군가에게 먼저 친근히 다가가 나의 수치와
죄를 고백하면 그의 영육의 병이 낫는 경험을 제가 수없이 했습니다.

우리들교회 성도들도 그래요. 아내가 먼저 손 내밀어 죄를 고백
했더니 남편이 치유받고 깨어진 부부 관계가 살아났다는 간증이 넘
칩니다. 부모가 먼저 회개하니까 문제 자녀가 돌이켜 무너진 가정이
회복되었다는 간증도 날마다 들려옵니다.

나아가 성령의 기도는 '표적과 기사가 예수 이름으로 이루어지
게' 하는 기도입니다. 동류들은 거룩한 종 예수 이름으로 기사와 표적
이 이루어지게 해 달라고 기도합니다. 그렇다면, '예수 이름으로' 이루
어지는 기사와 표적은 구체적으로 어떤 것입니까?

지난 2장 22절에서 베드로는 이스라엘 사람들을 향해 "하나님
께서 나사렛 예수로 큰 권능과 기사와 표적을 너희 가운데 베푸사 너
희 앞에서 그를 증언하셨느니라"고 전했습니다. 여기서 권능의 본질
은 하나님의 능력을 보이는 것이고, 기사의 효력은 놀라움을 만들어
내는 것이며, 표적의 목적은 영적인 진리를 드러내는 것이라고 했습

니다. 쉽게 이야기해서 하나님께서 암 투병이라는 고난을 통해 제게 현재의 이유를 알게 해 주신 것이 권능이고, 항암 가운데 힘들수록 말씀을 깊이 깨닫게 하신 것이 놀라운 기사이며, 암이 나은 것보다 영적 진리인 말씀으로 암을 해석하게 하신 것이 표적이라고 했어요.

성도를 가로막는 환난과 고통, 반대 세력을 없애시려고 주님이 기사와 표적을 보여 주시는 것이 아닙니다. 오히려 성경은 갈수록 더 심한 환난이 닥치리라고 말씀합니다. 지금은 사도들이 풀려났지만 이후 그들은 다시 대제사장과 사두개인들에게 잡혀 채찍질을 당하고(행 5장) 훗날엔 결국 순교했습니다. 그러나 복음은 날로 흥왕했습니다.

구약의 하박국서를 보면 "어찌하여 의인이 고통받고 불의한 자가 잘됩니까?" 묻는 하박국 선지자에게 하나님은 "환난은 이제 시작일 뿐이며 더 불의한 갈대아 사람들을 일으켜 너희를 칠 것"이라고 "갈수록 더한 환난이 오는 것은 너희가 회개하지 않기 때문"이라고 말씀하십니다(합 1장). 그러나 그 환난의 때에도 "의인은 그의 믿음으로 말미암아 살리라"(합 2:4)고 하셨습니다.

믿음이 얼마나 대단한지 모릅니다. 우리들교회만 보아도 그렇습니다. 아무것 없어도 말씀을 통해 그 속에 믿음이 들어가니까 성도들이 날로 흥왕합니다. 날로 생명의 간증이 쏟아집니다.

여러분, 병이 낫고 문제가 해결되는 것만이 기사와 표적이 아닙니다. 제가 기도하여 아픈 성도가 치유를 받는 역사가 일어나기도 합니다. 그런데 말이죠, 성도의 병은 고쳐졌는데 도리어 제게 병이 생길 수 있지 않습니까? 이것도 저것도 하나님의 주권입니다.

거룩한 종 예수의 이름으로 이루어지는 표적은 세상이 생각하는 그것과는 다릅니다. 표적이라지만 이해하기 어렵고, 억울하게 느껴지는 일도 많습니다. 그럼에도 우리가 그 속에서 성령의 기도를 하면 하나님께서 구별된 표적으로 바꾸어 주십니다.

'예수의 이름'은 세상 사람에게는 분노가 일어나는 이름입니다. 왜 대제사장 무리가 예수님을 죽이려 했습니까? "가난하고 애통하고 의를 위해 박해받는 자에게 복이 있다" 전하시는 예수님의 말씀이 듣기가 싫은 것이에요. 예수도, 예수가 전하는 말씀도 초라해 보이니까 딱 싫습니다. 그래서 예수를 십자가에 못 박았습니다. 그런데 내가 죽인 예수 이름이 전파되고 예수 이름으로 기사와 표적이 일어나니 그들이 얼마나 놀랐겠어요. 예수의 이름이 들리는 자리마다 뛰쳐나가고 싶지 않았을까요?

예수 이름은 '죄에서 구원할 자'라는 뜻이라고 했습니다. 그러니 죄 가운데 있는 사람은 예수 이름을 들을 때마다 분노가 일어나게 마련입니다. 예배 때마다 뛰쳐나가고 싶은 사람 있습니까? 죄가 있어서 그렇습니다.

그런데 행여 한 교인이라도 뛰쳐나갈까 봐 변질된 예수 이름을 주는 것이 요즘 세태입니다. "모든 것이 번창하고 잘되게 하옵소서!" "꼬리가 되지 않고 머리가 되게 하옵소서!" 거룩한 종 예수의 이름으로 드리는 기도는 이런 것이 아니에요. "생명으로 인도하는 문은 좁고 길이 협착하여 찾는 자가 적음이라"(마 7:14)고 예수님은 말씀하셨습니다. 그 좁은 길, 협착한 길로 인도하는 기도가 진정 예수 이름으로 드리는 구별된 기도요, 생명의 기도, 성령의 기도입니다.

> 빌기를 다하매 모인 곳이 진동하더니 무리가 다 성령이 충만하여 담대히 하나님의 말씀을 전하니라_행 4:31

무리가 하나님 마음에 딱 합한 기도를 하자 하나님께서 기쁨에 겨워 세 가지 응답을 주십니다. 모인 곳이 진동하고, 무리가 다 성령이 충만하여, 담대히 하나님의 말씀을 전하게 됐습니다.

간혹 은사주의자들이 신체가 떨리는 현상이 성령이 임하신 표라고 주장하며 본절을 인용해 진동 은사를 운운하는데, 그것은 아닙니다. 그만큼 동류들의 마음에 성령이 강하게 임했다는 뜻이죠. 무리가 모여 서로를 위해 중보하고 합심해서 하나님의 뜻을 구하자 곧바로 응답을 받는 역사가 일어났습니다.

예수 이름을 가진 자는 곧 만유(萬有)를 품에 안은 자입니다. 그가 어떤 환경에 있든지 그의 모든 것이 다른 사람을 죄에서 구원할 재료로 쓰입니다. 우리가 여기까지 나아가야 담대히 하나님의 말씀을 전할 수 있어요. 그래서 성령의 기도가 필요합니다. 주님이 내게 허락하신 십자가에서 날마다 잘 죽게 해 달라는 성령의 기도를 해야 합니다.

우리들교회가 이만큼 성장할 수 있었던 것도 늘 성령의 기도를 했기 때문입니다. 온 성도가 동류가 되어 서로를 위해 중보하고, 정욕대로 구하지 않으며 늘 말씀에 근거해서 기도하려고 노력했습니다. 이런 기도에 주님이 응답하셔서 부족하지만 담대히 말씀을 전하는 교회가 되었다고 생각합니다.

우리들교회 초원(목자들의 모임) 채팅방에는 하루에도 수십 개의 기도 제목이 올라옵니다. 각 목장의 목자들이 긴급하게 중보가 필요한 목원의 기도 제목을 채팅방에 나눕니다. 그러면 어떤 일이 벌어질까요? 채팅방에 있는 온 목자가 일사불란하게 기도 제목에 중보 댓글을 달고 합심해서 기도합니다. 한결같이 '위협을 피하는 것이 아니라 위협 속에서도 구원되게 해 달라'고 기도합니다. 이런 동류들의 간절한 기도를 주님이 들으시고 하루 만에 응답을 받은 일도 많았습니다.

실례로 어떤 기도 제목이 올라오고 어떤 댓글이 달리는지 소개해 보려고 해요.

남편이 사기 사건에 연루되어 재판을 받게 된 부목자의 기도 제목을 한 목자님이 채팅방에 올렸습니다. 그러자 다른 목자님들이 벌떼같이 중보 댓글을 달았습니다.

이 사건을 통해 육은 무너지고 영이 온전히 세워지시길 기도합니다.
이 사건이 구원의 사건이 되기를 기도합니다.
악의 고리가 끊어져서 영적으로 자유해지길 기도합니다.
⋮

다른 목자가 남편이 식칼을 들고 위협하여 119에 신고한 뒤 아들과 집을 나온 목원의 기도 제목을 나누자 또다시 목자님들이 벌떼와 같이 댓글을 달았습니다.

'어찌할꼬'의 사건 속에서 '주여' 부르기도 힘들 것 같아 마음이 아픕니다. 이 사건이 말씀으로 해석되어 평강을 누리기를 기도합니다.

집사님이 환난 가운데 성령님이 인도하시는 대로 적용하여 부활의 소망을 품게 되기를 기도합니다.

성령의 공동체 안에서 회복되기를 기도합니다.

급한 일과 중요한 일 중에 중요한 구원의 일이 무엇인지 깨닫게 해 주시고, 모두가 영혼 구원을 받을 수 있는 길을 선택하게 해 주시옵소서.

남편을 사랑하는 마음이 식지 않고 집사님에게 아들과 가정을 생각하는 마음을 주셔서 나사렛 예수 그리스도 이름으로 온 가족이 일어나 걷도록 힘을 주시옵소서.

⋮

단순히 "힘내라", "기도하겠다"라고만 하지 않습니다. 들은 말씀으로 위로하고 처방하며 기도해 줍니다.

남편의 폭력 때문에 트라우마에 시달리며 집에 들어가지 못하는 한 집사님의 기도 제목에는 이런 댓글이 달렸습니다.

주여! 집사님에게 말씀대로 적용할 수 있는 힘 주시길 기도합니다.

하나님보다 더 사랑하고 의지하는 다른 신은 없는지 집사님이 돌아보게 하시고 회개하게 하옵소서.

관계와 문제가 풀리는 기적을 주목하지 않고 예수 그리스도 이름으로 먼저 죽어지는 적용을 하여 집에 들어가실 수 있기를 기도합니다.

성령의 권능이 집사님에게 임하여 죽어지게 하옵소서. 그리하여 새롭게 되는 복을 받아 가정이 회복되게 하옵소서.

⋮

목자님들이 이 집사님의 아픔에 공감하지 못하는 것이 아닙니다. 다만 이 가정의 회복을 위해, 오로지 구원을 위해 집사님이 먼저 죽어지기를 함께 기도하는 것이죠.

이번엔 아들이 절도를 저지르고 경찰 조사를 성실히 받지 않아 귀갓길에 체포되었다는 어느 집사님의 기도 제목에 달린 댓글입니다.

아들이 성실히 조사를 받고 무엇보다 주님을 만나기를 원합니다.
아들이 이 사건이 성령의 선물임을 알고 하나님이 100% 옳으시다는 것을 인정하게 해 주세요.
성령의 권능으로 아들이 자신을 솔직하게 볼 수 있게 해 주세요.
성령의 도움으로, 성령의 은혜로 아들이 주님을 인격적으로 만나게 하옵소서. 말씀으로 해석되어 믿음의 진보를 이루게 하옵소서.
아들이 진정성 있게 조사받고 하나님을 만나게 하옵소서.

⋮

아들의 문제가 해결되게 해 달라고 기도하지 않습니다. 한결같이 아들의 구원을 위해 기도합니다. 이처럼 이타적인 마음으로 오직 구원되기만을 절실히 간구하는 것이 성령의 기도라고 생각합니다.

모두가 동류 되어 말씀으로 기도 제목을 내놓고, 말씀으로 기도해 주니까 목장마다 예수의 이름으로 권능과 기사와 표적이 이루어지고 있습니다. 꽉꽉 응답되지 않을 수가 없습니다. 얼마나 응답이 잘되는지, 기도 제목을 제일 많이 올린 목자가 응답 턱을 내어 초원 목자들끼리 성령 충만한 회식을 했다는 재밌는 얘기도 들었습니다.

그러니 여러분, 기도 응답을 받겠다고 여기저기 다니지 좀 마세요. 믿음의 동류에게 말씀으로 양육받고 중보받는 것이 내 문제를 응답받는 최고의 길인 줄 믿습니다. 성령의 기도를 드리고, 받는 여러분 되기를 예수 이름으로 축원합니다.

✤ 나는 거룩한 종 예수의 이름으로 기도합니까, 변질된 예수의 이름으로 기도합니까?

청년 시절에 군대 동기가 예쁜 자매랑 결혼할 수 있다고 해서 교회를 나가기 시작했습니다. 전역 후, 정말로 교회에서 자매를 만나 결혼했지만 교회 봉사를 열심히 하다가 시험에 들었습니다. 교회에서는 예배를 방해하고 아내에게는 이혼하자며 날마다 폭언을 퍼부었습니다. 그런데 아내가 "모든 것이 내 잘못으로 생긴 일이니 목장에 한 번만 가자"며 저를 설득했습니다. 그렇게 참여한 목장에서 저는 심화 나눔을 통해 하나님을 만나고 죄도 깨닫게 됐습니다.

그런 와중에 아내가 만성 신부전증 진단을 받았습니다. 막막한 상황에 저는 하나님께 떼 부리는 기도를 했습니다. 그러자 하나님이 제가 신장 공여자가 되어 아내가 빠르게 신장이식 수술을 할 수 있도록 도와주셨습니다. 또한 공동체 동류의 중보로 큰 힘을 얻고 수술을 무사히 마칠 수 있었습니다(행 4:23). 때마침 아내가 들어 둔 보험이 있어서 수술비를 걱정할 필요도 없었습니다. 수술 이후론 말씀이 잘 들려 공동체 환우를 위해서 중보도 했습니다. 여기까지 제 삶을 사자성어(?)로 표현한다면 '성령 충만', '오직 예수' 아니겠습니까?

그러나 저는 여전히 세상을 포기하지 못해 세상 군왕과 관리들처럼 허사를 경영하기 시작했습니다(행 4:25~26). 부동산에 관심이 많은 직장 상사와 땅을 몇 군데 보았는데, 저도 모르게 욕심이 생긴 겁니다. 땅 투자를 권유받자 제 주머니 사정으론 도저히 안 되기에 복권을 사서 일확천금을 꿈꿨습니다. 복권 구매 후 "당첨되어 사업할 땅을 얻게 해 달라"고 얼마나 열심히 기도했는지 모릅니다. 그러나 속지 않으시는 하나님은 정욕으로 구하는 기도에 응답하지 않으셨습니다. 내 뜻대로 안 되자 저는 하나님을 대적하며 교회 질서에도 순종하지 않았습니다(행 4:26). 목장예배에 가지 않으려고 교회를 트집 잡고, 한 달에 한 번 있는 부목자 모임에도 참석하지 않았습니다. 불만이 쌓이니 표정이 어두워지고, 성격도 점점 변해 갔습니다.

이렇게 성령님과 멀어져 가던 중에 목사님이 설교하시며 제 나눔을 읽어 주시는 사건(?)이 벌어졌습니다. 정신이 번쩍 나고, 돌이키라는 하나님의 음성으로 들렸습니다. 성령의 기도가 아닌 기복적인 기도만 하던 저의 모습을 회개합니다. 이제는 헛된 일이 아닌 구원의 일을 경영하며 성령 충만하여 담대히 말씀을 전하는 제가 되길 소원합니다(행 4:31).

영혼의 기도

하나님 아버지, 성령의 기도를 가르쳐 주시니 감사합니다. 지나온 인생을 돌이켜 보니, 제가 성령의 증인 되어 이 길을 걸어온 건 동류가 있었기 때문입니다. 저를 위해 늘 눈물로 기도하는 동류를 허락해 주셔서 감사합니다.

말씀으로 기도하고, 십자가를 길로 놓고 기도해야 하는데 우리는 끊임없이 정욕으로 구합니다. 무엇을 구하는지도 모르고 자기 몸을 상하게 하면서 악을 쓰고 기도합니다. 주여, 이런 우리를 불쌍히 여겨 주옵소서.

죄를 고백하며 병이 낫기를 위하여 기도하는 올바른 사람의 간구는 역사하는 힘이 크다고 말씀하셨습니다. 그러나 '내 속의 죄를 보는 자가 죽은 자를 일으키는 자보다 더 위대하다'라는 말처럼 우리가 내 죄를 보기가 너무 어렵습니다. 성령님, 우리에게 내 죄를 깨닫는 은혜를 허락해 주옵소서. 내가 주님을 십자가에 못 박은 죄인임을 깨닫게 해 주옵소서. 천국에 이르는 그날까지 내 죄를 고백하며 날마다 죄를 씻도록 우리를 인도하여 주옵소서.

주여, 위기가 사라지는 것보다 그 위기 속에서 복음을 잘 전하기를 원합니다. 어떤 위협 속에서도 우리를 굽어보시고 지켜 주시옵소서. 우리의 모든 기도가 구원에, 거룩에 초점이 맞추어져 있기에 우리들교회가 여기까지 온 줄 믿습니다. 우리가 더더욱 성령의 기도를 할 수 있도록 도와주옵소서. 한국교회가, 우리나라가 성령의 기도를 하게 도와주옵소서. 그래서 동성애를 허용하는 차별금지법이 통과되지 않기를, 태아를 지키는 생명보호법이 제정되기를 간구합니다.

우리의 아픔을 주께서 굽어보아 주시옵고, 그 고난 가운데서 예수 그리스도를 전하도록 우리에게 담대함을 허락해 주옵소서. 예수님 이름으로 기도드립니다. 아멘.

Chapter 14

가난하지만
가난하지 않게 되는 길

: 성령의 은혜

사도행전 4장 32~37절

하나님 아버지, 우리가 성령의 은혜를 받아
가난한 자가 없고 날마다 부활의 증언이 울려 퍼지는
복된 공동체가 되길 원합니다.
말씀하여 주옵소서. 듣겠습니다.

'은혜'라는 말에는 여러 뜻이 있지만 성경에서는 주로 '하나님이 자격 없는 자에게 값없이 베푸시는 선물'을 뜻합니다. 베드로가 전한 성령의 설교를 듣고 성령을 선물로 받은 이들이 성령의 공동체를 세워 성령의 기적이 일어났습니다. 나아가 성령의 권능을 받고서 성령의 증인 되어 함께 성령의 기도를 했습니다.

그리고 앞으로 묵상할 본문에서는 '무리가 큰 은혜를 받았다'고 합니다(행 4:33). 성령의 설교로부터 시작한 모든 여정의 마지막 단계가 성령의 은혜를 받는 것이랍니다.

우리는 "은혜받았다"고 자주 이야기합니다. 기독교인들에게 '은혜'만큼 흔히 쓰이는 단어는 없을 것입니다. 우리 인생이 은혜로 결론 나야 하는데, 은혜를 받는 건 가장 쉽고도 가장 어려운 일이기도 합니다. 본문을 통해서 성령의 은혜란 무엇인지, 나아가 은혜 공동체는 어떤 모습인지 함께 살펴보겠습니다.

재물의 가치관이 변합니다

믿는 무리가 한마음과 한 뜻이 되어 모든 물건을 서로 통용하고 자

기 재물을 조금이라도 자기 것이라 하는 이가 하나도 없더라

_행 4:32

지난 2장 44절에 이어서 초대 교인들이 유무상통했다는 기록이 또다시 나옵니다.

모든 일의 끝에는 돈이 있습니다. '광에서 인심 난다'라는 속담도 있듯이 재물이 사람을 치사스럽게 만듭니다. 그런데 말이죠, 우리들 교회 초창기를 돌아보면 재물 문제로 서로 얼굴을 붉힌 일은 없었던 것 같습니다. 딱히 우리가 믿음이 좋아서라기보다는 부자가 별로 없었기 때문입니다.

한 교인이어도 누구는 부촌에 살고 누구는 달동네에 살면 서로 물건을 통용하기가 어려울 것입니다. 실제로 강남과 달동네는 쓰레기 종류부터 다르답니다. 강남 주택가에선 멀쩡한 물건도 쓰레기로 내놔서 서로 앞다투어 가져가려는 경쟁(?)이 벌어지기도 한다죠.

따라서 말씀을 적용한다면서 '우리 교회도 서로 재물을 내놓고 통용하자!'라고 무작정 따라 해서는 안 됩니다. 초대 교인들이 이처럼 자기 재물을 아낌없이 내놓을 수 있었던 이유가 뭡니까? 모두가 가난했기 때문입니다. 더불어 극심한 핍박 가운데 있는 그들을 하나님께서 성령 충만하게 하셨기 때문입니다. 당시는 그리스도이신 예수를 십자가에 못 박고, 예수 이름도 부르지 못하게 했던(행 4:18) 어둠의 시대였습니다. 이 '인류 최대 위기의 때'에 하나님은 '인류 최고로 아름다운 공동체'를 허락하셨습니다. 새벽 여명처럼 어둠을 밝힐 공동체

를 세우신 것입니다.

물론 피차 가난한 공동체라고 다 유무상통이 활발한 건 아닙니다. 재물에 관한 가치관이 완전히 바뀌어야 가능하지요. 누군가에겐 돈이 다이고, 반대로 돈을 똥이라 말하는 사람도 있어요. 여러분은 어느 쪽입니까?

앞서 초대 교인들은 동류가 되어 하나님의 뜻을 구하는 기도를 했습니다. "위협에서 피하게 해 달라" 하지 않고 "위협 속에서도 담대히 복음을 전하게 해 달라"고 기도했지요. 그러자 하나님이 곧바로 응답하셔서 그들이 성령 충만하여 담대히 하나님의 말씀을 전하도록 인도하셨습니다.

그리고 이어지는 첫 구절은 "믿는 무리가"로 시작합니다. 믿는 무리가 한마음, 한뜻이 되어 모든 물건을 서로 통용하고 자기 재물을 나누었답니다. 이 '믿는 무리'가 본절의 핵심입니다. '예수를 믿는 무리'이기에 재물을 바라보는 가치관이 완전히 바뀌었습니다. 주를 위해, 구원을 위해 그 무엇도 아끼지 않고 내놓게 됐습니다.

세상 무리도 한마음, 한뜻 되어 모이기에 힘씁니다. 가까운 예로 이스라엘 무리도 죄수 바라바를 놓아주고 그리스도이신 예수를 죽이라고 한마음으로 외치지 않았습니까? 믿는 무리나, 예수 죽이는 무리나 외형은 별로 다를 것이 없어 보일 수 있습니다. 그래서 분별이 가장 어렵습니다. 그러나, 욕심을 버리면 분별만큼 쉬운 일도 없어요.

예수님을 3년이나 따라다닌 제자들 역시나 잘 분별하지 못했습니다. 그들은 예수님을 이스라엘의 독립을 이뤄 줄 지도자 정도로만 여겼습니다. 그러나 성령이 임한 뒤로 그들은 완전히 달라졌습니다. 성경을 구속사로 꿰며 예수가 '그리스도'이심을 전합니다. 예수 외에는 천하 사람 중에 구원을 받을 만한 다른 이름을 주신 일이 없음을 알고 오직 그리스도 예수만을 전합니다. 이전과는 완전히 다른, 새사람이 되었습니다. 이 제자들이 전하는 복음을 듣고 백성 중에도 구원을 얻은 자가 많아졌습니다.

'믿는 무리'는 곧 구원을 얻은 무리요, 성령 충만한 무리입니다. 믿는 무리, 곧 오직 예수만 전부인 사람들이 모이니까 재물도 아깝지 않습니다. 한마음, 한뜻이 되어 눈만 찡긋해도 서로 통합니다.

⚑ 나는 재물을 어떻게 생각합니까? 돈이면 다입니까, 돈은 똥입니까? 아니면 가치중립입니까?

큰 권능으로 부활을 증언하는 일을 계속합니다

지난 2장에서 베드로가 성령의 설교를 전한 후에 "믿는 사람이 다 함께 있어 모든 물건을 서로 통용"했다고 했습니다. 그리고 믿음의 동류가 성령의 기도를 한 후 "믿는 무리가 한마음 한뜻이 되어 모든 물건을 통용"했다고 또다시 나옵니다. 이는 초대 교인들이 유무상통하는 믿음에 이르기까지 설교(말씀)와 기도가 큰 역할을 했음을 보여줍니다. 이어지는 본문을 보아도 그래요.

사도들이 큰 권능으로 주 예수의 부활을 증언하니 무리가 큰 은혜를
받아 _행 4:33

사도들이 '큰 권능'으로 예수의 부활을 증언하자 무리가 '큰 은혜'를 받았다고 합니다. 이다음 이어지는 구절들을 보면 큰 은혜를 받은 무리가 너나없이 자기 것을 내놓고 서로서로 돕는 이야기가 계속됩니다. 이는 교인들의 재물 가치관이 바뀌는 데 사도들의 증언이, 그들이 전하는 말씀이 결정적인 영향을 미쳤음을 의미합니다.

느헤미야 12장 44절에서도 온 유다 백성이 처음 수확한 곡식과 십일조를 기꺼이 가져와 드립니다. 그 이유가 해당 구절 후반부에 나오는데 "유다 사람이 섬기는 제사장들과 레위 사람들로 말미암아 즐거워하기 때문이라"고 합니다. 즉, 구속사의 말씀을 전해 주고 그에 맞는 삶이 따르며 앞장서서 회개하는 지도자들을 보고 백성이 기쁨에 겨워 십일조를 드렸다는 것입니다. 그래서 지도자 한 사람이 정말 중요합니다. '우리 교회가 믿음이 신실한 공동체로 성장하는가, 아닌가'는 지도자 한 사람에게 달려 있다 해도 과언이 아니에요.

베드로 역시나 성도를 즐겁게 해 주는 지도자였습니다. 지금까지 그가 얼마나 처절히 회개하면서 왔는지 우리가 함께 묵상하지 않았습니까. 베드로와 같은 사도들이 큰 권능으로 예수의 부활을 증언하며 왔기에 초대교회가 독보적인 공동체로 성장할 수 있었습니다.

이 33절을 빼고 보면 본문은 그저 구제 이야기에 지나지 않습니다. 교인들이 서로 물건을 통용했다는 이야기를 하다가 왜 느닷없이

사도들이 예수의 부활을 증언했다는 이야기가 중간에 들어갔겠습니까? '말씀'을 들어야 계속 통용하고 나눌 수 있기 때문입니다. 그래서 33절이 본문의 핵심 절입니다.

우리는 "내가 죽인 예수가 부활하셨다"는 큰 권능의 설교와 증언을 끊임없이 듣고 나누어야 합니다. 그러지 않으면 아무리 열심히 구제하고 봉사해도 자기 의로 하는 것에 불과합니다. 세상 종교와 다를 바가 없어요. 부활의 설교가 계속 선포될 때, 우리 공동체가 '은혜의 공동체' 되어 재물의 가치관도 변합니다.

초대교회의 유무상통 전통을 처음 언급한 2장으로 잠시 되돌아가 보겠습니다. 베드로가 오순절 날 모인 유대인들을 향해 "너희가 십자가에 못 박은 이 예수를 하나님이 주와 그리스도가 되게 하셨느니라" 선포하자, 그들이 이 말을 듣고 마음에 찔려 "우리가 어찌할꼬!" 탄식했습니다(행 2:36~37). 이 찔림은 쇠발굽이 가슴을 내리치는 고통과도 같은 것이라고 했어요. 베드로가 전한 설교를 듣고 마음에 충돌이 일어난 겁니다.

흔히들 이런 설교를 '감동적인 설교'라고 말합니다. 그런 표현은 오히려 설교를 폄하하는 것이에요. 베드로의 설교는 듣는 이에게 감동을 넘어 회개를 불러일으킨 설교였습니다. 성령의 설교요, '큰 은혜'의 설교였습니다.

베드로의 설교를 듣고 무리에게 어떤 변화가 일어났습니까?

그리스도이신 예수를 내가 십자가에 내주었으니 나는 도무지 구제받을 수 없는 죄인 아닙니까? 그런데 예수님이 그런 나를 구원해 주셨습니다. 나를 용서해 주신 정도가 아니라 나의 죗값을 대신 치러 주시려고 십자가에서 돌아가셨습니다. 어찌 나 같은 죄인을 위해 주님이 죽으실 수 있습니까! 어찌 나 같은 죄인을 하나님의 자녀 삼아 주실 수 있습니까! 어찌 예수의 신부로, 그분과 한 몸으로 삼아 주실 수 있습니까! 그러니 이제부터는 내 멋대로 살 수 없습니다. 주님의 신부로서 품격을 지켜야 하잖아요. 갑자기 영부인이 되었는데 아무렇게나 살면 안 되지 않습니까?

그뿐만이 아니에요. 나는 하나님의 자녀요, 예수님의 신부이기에 하나님의 것이 다 내 것이고, 내 것이 다 하나님 것입니다. 내가 십자가에 못 박은 예수님의 것이 모두 내 것이라니…… 도무지 믿어지지 않습니다. 하나님의 것은 높고 깊고 넓고 무한한데 내 것은 아주 작고 초라합니다. 주님께 드리기가 그저 죄송합니다. 더불어 나도, 내 모든 것도 하나님의 소유이기에 무엇도 내 마음대로 쓸 수 없습니다. 그러므로 다시 본문 32절로 돌아와서 무리 가운데 "자기 재물을 조금이라도 자기 것이라 하는 자가 하나도 없게" 된 것입니다.

그렇습니다. '자기 것'은 없습니다. 다 하나님의 것입니다. 이 같은 신앙고백이 있는 무리만이 한마음, 한뜻이 되어 서로 재물을 나눌 수 있습니다. 함께 십자가를 질 수 있습니다. 이는 오직 '큰 은혜'를 받아야만 가능합니다. 내 의로, 남는 돈으로 나누고 베푸는 건 적선입니다. 초대교회 성도들이 가난해도 너나없이 소유를 내놓고 나눌 수 있었던 것은, 자신이 측량할 수 없는 은혜를 입은 죄인임을 깨달았기 때문입니다.

거지 나사로는 천국에 간 의인으로 성경에 기록됐습니다. '나사로'라는 이름은 '하나님을 의지하는 자'라는 뜻입니다. 비록 이 땅에서는 남의 상에서 떨어지는 것으로 배 불리는 비참한 삶을 살았어도 과연 그 이름답게 오직 하나님을 의지하므로 그는 천국에서 아브라함 품에 안기는 영광을 누렸습니다(눅 16장).

반면에 천국에 갔다는 부자는 성경에서 찾아보기가 어렵습니다. 오죽하면 예수님도 "낙타가 바늘귀로 들어가는 것이 부자가 하나님의 나라에 들어가는 것보다 쉬우니라"(마 19:24)고 말씀하셨겠습니까. 나사로는 그 이름까지 성경에 기록해 주셨는데 부자들은 이름도 없습니다. 그저 '어떤 부자, 한 부자, 재물이 많은 청년' 등으로 기록될 뿐입니다. 그만큼 우리가 재물을 내려놓기가 어렵습니다. 큰 권능의 말씀을 들음으로 큰 은혜가 임해야 합니다.

사도들이 큰 권능으로 주 예수의 부활을 증언하니……_행 4:33a

"증언하니"라는 구절의 어원을 살펴보면 '마땅히 치러야 할 것을 갚아 버리다', '빚을 갚다'라는 의미가 있습니다. 따라서 해당 구절을 직역하면 "사도들이 증거하는 일을 갚고 있었다"입니다. 다시 말해, 사도들이 빚을 갚는 심정으로 복음을 전했다는 것이에요. 여기서 저자인 누가의 의도를 엿볼 수 있습니다. 누가에게 복음 전파는 사도로서 마땅히 해야 하는 일이었던 겁니다.

사도 바울도 "헬라인이나 야만인이나 지혜 있는 자나 어리석은 자에게 다 내가 빚진 자라"(롬 1:14)고 고백했습니다. 복음에 빚진 자가 오직 사도들뿐이겠습니까? 예수 그리스도의 십자가 죽음과 부활을 믿어 구원을 얻은 우리도 모두 사랑의 빚을 진 자임을 기억해야 합니다(롬 13:8). 사도들처럼 자기 생명을 다해 복음을 전파하는 것이 그 빚을 갚는 유일한 길입니다.

이전까지 '예수님의 십자가'가 사도들 설교의 주제였다면, 갈수록 '예수님의 부활'을 증거하는 데 무게가 실립니다. 누구보다 예수의 죽음으로 큰 은혜를 입은 자로서 큰 권능으로 예수의 부활을 증거하게 됐습니다.

✤ 나 같은 죄인을 살려 주신 큰 은혜에 감사하며 날마다 큰 권능으로 부활 간증을 전합니까? 한 번 전하고 말았습니까, 단 한 번도 전해 본 적 없습니까?

가난한 사람이 없게 됩니다

34 그 중에 가난한 사람이 없으니 이는 밭과 집 있는 자는 팔아 그 판 것의 값을 가져다가 35 사도들의 발 앞에 두매 그들이 각 사람의 필요를 따라 나누어 줌이라 _행 4:34~35

교회가 가난을 저주로 여기고 동정해서 돕는다면 그곳은 은혜 공동체가 아니라 구제 공동체입니다. 교회가 그런 곳일 필요는 없습니다. 교회는 오직 '영혼 구원'이 목적인 공동체입니다.

초대 교인들이 유무상통하고 나아가 자신의 밭과 집까지도 팔아서 서로를 도울 수 있었던 것은, 앞에서도 이야기했지만 사도들이 전하는 부활의 말씀을 끊임없이 들었기 때문입니다. 말씀을 통해 자신이 죄인임을 깊이 깨달았기 때문입니다. 언제나 "말씀"이 너무너무 중요합니다.

이처럼 교인들이 말씀을 토대로 서로서로 돕자 어떤 일이 일어났습니까? "그 중에 가난한 사람이 없으니"라고 해요.

신명기 15장을 보면 하나님께서 백성에게 여러 가지 규례를 주시면서 이와 같이 약속하십니다.

"네가 만일 네 하나님 여호와의 말씀만 듣고 내가 오늘 네게 내리는 그 명령을 다 지켜 행하면 네 하나님 여호와께서 네게 기업으로 주신 땅에서 네가 반드시 복을 받으리니 너희 중에 가난한 자가 없으리라"(신 15:4~5).

본문 34절은 이 약속의 성취라고 볼 수 있어요. 온 성도가 합심하여 하나님의 뜻을 이루기에 힘쓰자 약속하신 대로 과연 '너희 중에 가난한 자가 없게' 되었습니다. 약속하시고 반드시 지키시는 하나님입니다.

그런데 좀 의문이 들지 않으세요? 정말 가난한 사람이 한 명도 없었을까요? 당장 우리 교회만 보아도 형편이 어려운 사람이 많잖아요. 당시라고 가난한 자가 없었을 리 만무합니다. 그런데 어찌 하나님은 "가난한 사람이 없었다"라고 자신 있게 말씀하실까요? 우리는 이 말씀을 '구속사'로 생각해 봐야 합니다.

하나님은 가난으로 우리를 훈련하기도 하십니다. 실제로 가난한 환경을 통해 말씀을 깨닫고 주님께 크게 쓰임받는 사람이 얼마나 많습니까? 따라서 가난하다고 무작정 도와주는 것이 능사가 아닙니다. 도리어 하나님의 원대한 뜻을 가로막는 행위가 될 수 있습니다.

우리는 가난을 달리 바라볼 수 있어야 해요. 가난도 축복으로 여기는 믿음의 시각이 필요합니다. 더 나아가 가난한 자를 나보다 낫게 여길 때 교회가 한마음, 한뜻이 되어 서로를 진정으로 도울 수 있습니다.

고통당하는 한나 한 사람의 기도를 하나님께서 들으시고 무너져 가던 이스라엘 교회를 지켜 주셨습니다. 여러분, 힘들고 가난한 사람이 기도합니다. 부유한데 기도가 나옵니까? 허벅지를 꼬집어도 안 나옵니다. 그러므로 교회는 가난한 사람을 존경해야 해요. 눈물로 기도하는 그 한 사람 때문에 하나님께서 우리 교회를 지켜 주십니다. '주의 명령을 다 지켜 행하는 자에게 반드시 복을 주리라'고 하나님이 약속하지 않으셨습니까? 가난하여 주님의 말씀밖에 붙들 것이 없는 그 한 사람이 있어서 하나님께서 우리 교회에 복을 쏟아부어 주시는 겁니다.

초대교회에 대해 "가난한 사람이 없었다" 말씀하신 이유도 여기에 있어요. 모두가 가난했지만, 가난을 통해서 복을 받고 복을 끼치게 되었기에 가난한 사람이 없었습니다.

그러므로 가난한 사람을 동정하거나 무시해선 안 됩니다. 그가 어떤 그릇으로 쓰임을 받을지 그 누가 알겠습니까? 성령 없이 인본적으로 구제하니까 도와주는 사람은 우월감에 젖고, 도움받는 사람은 열등감에 싸이는 것이에요.

초대교회는 모두가 성령의 은혜를 받은 아주 특별한 공동체였습니다. 이런 완전한 공동체는 이후론 없었습니다. 왜 주님은 초대 교인들에게 이런 특별한 은혜를 허락하셨을까요? 이 땅에 교회가 막 태동하기 시작했는데 박해가 너무 심했잖아요. 따라서 성도들을 견고하게 하셔야 했습니다. '생각하건대 현재의 고난은 장차 나타날 영광과 비교할 수 없음'(롬 8:18)을 알려 주셔야 했습니다. 그래서 아름다운 공동체를 통해 하나님 나라를 잠시 보여 주신 것입니다. "너희는 염려하지 말고 이 땅에서 잘 싸우다 오라"는 주님의 격려였습니다.

다시 이야기하지만, 본문의 주제는 구제가 아닙니다. '통용하다'의 원어 '코이노니아'에는 '교제하다'라는 뜻이 있다고 했습니다. 즉, 초대 교인들이 주 안에서 진실하게 교제했다는 말입니다. 이는 위로부터 오는 선물을 은혜로 받아야만 가능합니다.

신명기 말씀처럼 열심히 큐티하며 말씀을 지켜 행하기에 힘썼더니 하나님께서 우리들교회에도 많은 복을 허락하셨습니다. 영적인 복도 누리고, 육적인 복도 많이 받았습니다. 그중에서도 감사한 일은 성도 간에 소위 '갭(gab)'을 별로 느끼지 못한다는 것이에요. 가난한 사람, 부요한 사람, 배운 사람, 못 배운 사람 다양하게 모였지만, 좀 더 가졌다고 자랑하거나 못 가졌다고 주눅 드는 성도를 별로 못 봤습니다. 한결같이 하나님의 자녀라는 자존감이 있기 때문이에요. 이야말로 '큰 은혜' 아니겠습니까!

"있는 자, 없는 자 골고루 모여 믿음으로 행세하는 교회", "믿음만 있으면 대접받는 교회." 교회 창립 때부터 이것만을 원칙으로 내걸고 왔기에 하나님이 여기까지 이르게 하신 것 같습니다. 그래서 우리들교회도 가난한 자가 있지만 가난한 자가 없습니다. 아픈 자가 있지만 아픈 자가 없습니다.

교회를 개척하며 "환난당하고 빚지고 원통한 자들만 오라" 외쳤는데, 과연 그런 분들이 모여 '하나님의 시간과 생각과 방법에 순종했더니 승리했다'는 간증이 지금까지도 이어지고 있어요. 앞으로도 십자가와 더불어 부활을 끊임없이 증거하는 교회가 되기를 바랍니다.

그런 의미에서 우리들교회가 초대교회이던 시절(?)의 간증을 좀 나누어 보려고 해요.

마태복음에 등장하는 만 달란트 빚진 자처럼(마 18장), 당시 인간의 능력으로서는 도저히 갚을 수 없는 빚을 진 집사님이 계셨습니다. 자그마치 빚이 8억이었는데, 소송하여 3억은 탕감받고 5억의 빚이 남은 상태였습니다.

이분의 배경을 간략하게 소개하면 본인은 중학교 선생님이고 남편은 S대를 나온 엘리트였습니다. 남편은 평소 시를 즐겨 쓰는 아주 부드러운 남자였죠. 그런데 결혼하고 보니 여자관계가 매우 복잡한 사람이었습니다. 심지어 결혼 사실을 숨기고 다른 두 여자와 또 결혼식을 올렸습니다. 즉, 세 집 살림을 한 겁니다. 그뿐만이 아닙니다. 사업을 한답시고 집사님을 이리저리 데리고 다니면서 온갖 서류에 도장을 찍게 하더니만 쫄딱 말아먹었습니다. 그 결과 집사님이 모든 빚을 떠안게 되었죠.

간통죄로 남편을 고소했지만 그마저 지고, 결국 집사님은 어린 두 딸을 데리고 이혼을 감행했습니다. 하지만 상황이 나아지기는커녕 고난만 더해졌죠. 물이 철철 새는 셋방에서 두 아이를 키우며 월급까지 압류당한 채 남편이 진 빚을 대신 갚아야 했습니다. 집사님이 얼마나 비참했겠습니까. 자살할 생각도 몇 번이나 했답니다.

그러던 와중에 이분이 저와 극적으로 만나게 됐습니다. 제가 큐티 모임에 한 번만 오라고, 그러면 살길이 열릴 거라고 약속했습니다. 제가 한 것이 아니라 하나님이 하신 것이죠. 그런데 말이죠, 이분이 그 주부터 한 번도 빠지지 않고 큐티 모임에 나오셨습니다. 그만큼 집사님이 갈급하기도 했지만, 이분이 모임에 참석할 수 있도록 다른 집사님이 두 딸을 돌봐 줘서 가능했습니다. 초대교회 시절엔 우리가 이렇게 서로서로 도왔습니다.

빚은 사라지지 않았지만 말씀이 들어가자 이분의 인생이 달라졌습니다. 자신이 가르치는 학생들을 전도하여 교회에 데리고 오기도 했습니다. 그런다고 빚이 없어집니까? 아니잖아요. 그만큼 이분이 말씀을 붙들게 된 것이에요. 만약 1, 2년 만에 빚을 갚았다면 이분이 우리들교회에 안 왔을 텐데 빚이 있어서 왔습니다. 그러니까 아주 고마운 빚입니다. 뭐든지 금세 해결되는 게 좋은 것만은 아니에요.

그런데 또 다른 문제가 생겼습니다. 그간 차압당한 월급이 9천 3백만 원 정도 되었는데, 학교에서 그것을 공탁하지 않고 별단예금으로 해 놓은 걸 감사가 나와서 걸린 겁니다. 공탁을 하면 무혐의가 되어도 돈을 찾을 수 없기에 학교에서는 나름 집사님을 배려해 준 것이었습니다. 공소시효가 끝나면 모았다가 주려고 했답니다. 빚을 갚기는 커녕 1원도 없이 땅끝에 서게 되었죠.

하지만 마냥 손 놓고 있을 수만은 없잖아요. 때마침 지금은 목회자가 되신 주명수 변호사님이 수련회 강사로 오실 예정이었습니다. 수련회 날, 저와 집사님이 변호사님을 뵙고 자초지종을 고한 뒤 방법을 물었습니다. 그러나 돌아온 대답은 절망적이었습니다.

"돈 들여 소송하지 마세요. 100% 패소할 겁니다. 다른 길이 없어요. 깡그리 갚아야 합니다."

단 하나 방법이 있다면, 채권자들을 만나 탕감을 받는 길밖에 없다고 하셨습니다. 하지만 그들이 만나 주나요?

그런데 이게 웬일입니까! 법원에 가기 직전에 채권자들을 만나게 된 겁니다! 그야말로 '마지막 기회'잖아요. 집사님은 두렵고 떨리는 마음으로 채권자들을 향해 간청했습니다.

"남편에게 속아서 모르고 도장을 찍은 죄로 8억이라는 빚을 갚게 됐습니다. 3억은 탕감을 받았지만 나머지 5억도 저로서는 도무지 갚을 수 없는 돈입니다. 하지만 지금까지 월급을 차압해 모은 별단예금이 제게 있습니다. 이것저것 떼고 나면 7천만 원밖에 안 되지만 그걸로 빚을 탕감해 주실 수 있을까요?"

여러분, 이후 어떤 일이 벌어졌을까요? 놀랍게도, 모든 채권자가 탕감 서류에 도장을 찍어 주었다는 것 아닙니까! 할렐루야!

당시 상황이 얼마나 긴박했는가 하면 말이죠, 그날은 월요일로 오후 3시 반까지 법원에 서류를 제출해야 했습니다. 그런데 그간 아무리 사정해도 만나 주지 않던 채권자들이 기적적으로 그날 모인 거예요. 게다가 빚을 탕감해 주겠다니 얼마나 놀랍습니까! 하지만 여기서 끝이 아닙니다. 생각해 보세요, 채권자들을 설득했어도 서류 내용에 잘못된 부분이 있으면 다 헛수고 아니겠습니까? 그때 주 변호사님이 늦지 않게 와 주셔서 서류가 적법한지 검토해 주시고 3시 반 전에 서류를 딱 제출했습니다. 정말 전율 없이는 회상할 수 없는 사건입니다.

당시 이 집사님을 위해 온 교인이 아침저녁으로 기도했습니다. 마치 우리들교회가 시험대에 오른 기분이었습니다. 집사님과 함께 오직 말씀만 붙들며 왔잖아요. 그 모든 헌신이 진짜인지, 가짜인지 확인받는 사건 같았습니다.

이 집사님은 비록 월급이 압류되고 쥐꼬리만 한 돈으로 살았지만 큐티를 시작한 뒤부터 절대 빚을 지지 않았습니다. 여러분, 하나님의 명령대로 사는 것! 이것이 중요합니다. 큐티의 꽃은 적용이에요. '우리가 말씀을 적용하나, 안 하나?' 하나님이 안 보시는 것 같아도 다 보십니다.

그런데 말이죠, 말씀은 보는데 적용은 하지 않는 사람이 너무 많습니다. 대출받아 집을 샀으면 대출금을 갚는 것이 우선 아닙니까? 와중에 외제차를 샀다는 분이 우리들교회 목자 중에 계시더라고요. 이유를 물으니 "집은 없어도 차는 있어야 한다" 하십니다. 요즘 빚도 재산이라는 물질주의가 팽배합니다. 예수 믿는 사람은 제발 그러지 않기를 바랍니다.

우리는 집사님을 돈으로 돕지 않았습니다. 오직 말씀으로 도왔는데 8억을 탕감받게 됐습니다. 가난한 사람을 계속 돈으로 돕다 보면 그 공동체는 결국 망합니다. 생색과 열등감이 뒤섞여서 끝내 공동체가 분열되고 말 것이에요. 너도나도 똑같은 죄인임을 알고 함께 말씀을 지켜 행하는 것이 오직 사는 비결입니다. 그럴 때 복된 공동체가 되어 가난한 사람이 없게 됩니다.

은혜로 빚을 탕감받은 집사님은 "죄를 탕감받는 것이 무엇인지 깨달았다"고 고백하셨습니다. 우리도 다 죄를 탕감받은 자입니다. 도무지 갚을 수 없는 나의 죗값을 예수님이 대신 치러 주셨잖아요. '누가 더 잘나고 못나고'가 없어요. 우리는 다 빚진 자라는 마음으로 오직 말씀대로 사는 것이 올바른 성도의 태도입니다. 그랬더니 실제로 8억의 빚을 탕감받은 분이 생겼잖아요.

집사님은 성격이 아주 완고하고 율법주의가 강한 분이었습니다. 그래서 말이죠, 이분이 예수를 믿으려면 이 정도 고난이 와야 했다고 생각합니다. 하나님이 알맞은 고난으로 집사님을 다루어 주신 겁니다.

물질의 고난에서는 벗어났지만 이후로도 집사님은 두 딸을 키우며 많은 고생을 겪었습니다. 그래서인지 여전히 성격이 참 셉니다. 하지만 뭐, 어떻습니까? 과거에 제가 몇 년간 교회 대학부 교사를 하면서 깨달은 사실은 말이죠, 착한 사람보다는 주로 비판적이고 센 사람이 목사나 선교사가 된다는 것이에요. 보통 성격이 부드러운 사람보고 목회자감이라고들 하지 않습니까? 그런데 하나님은 그것도 편견이라고 하십니다.

성경만 보아도 그래요. "이런 사람이 어떻게 사도가 되었을까?" 이것이 성경의 주제이고 사도행전의 주제입니다. 그러니까 성품이 좋아야 한다는 고정관념에서 이제는 탈피하시길 바랍니다. 성격이 못돼도 믿음만 있으면 됩니다. 성도는 오직 '믿음'으로 사는 것이에요.

🎁 가난하지만 말씀을 적용하여 가난하지 않게 된 경험이 있습니까? 가난으로 나를 훈련받게 하셔서 감사하다고 고백할 수 있습니까?

자기를 나타내지 않습니다

> 36 구브로에서 난 레위족 사람이 있으니 이름은 요셉이라 사도들이 일컬어 바나바라(번역하면 위로의 아들이라) 하니 37 그가 밭이 있으매 팔아 그 값을 가지고 사도들의 발 앞에 두니라 _행 4:36~37

바나바라 하는 사람도 자기의 밭을 팔아 교회에 봉헌합니다. 그런데 그가 드린 헌금에는 특별히 정관사를 사용하여 '그 값'이라고 표현합니다. 앞서 통용의 원어인 '코이노니아'에는 '교제'라는 뜻도 있다고 했습니다. 초대 교인들은 이 코이노니아에 늘 힘썼는데, 그중에서도 하나님은 바나바를 기억하고 높이셨습니다.

또한 바나바가 '레위족' 사람인 걸 언급한 점도 특별합니다. 성경은 일점일획도 허투루 쓰인 것이 없잖아요. 그렇다면 누가는 왜 이 사실을 기록했을까요? 예수님을 죽이고 사도들까지 핍박한 대제사장 무리와 사두개인 모두 레위족입니다. 그러나 그중엔 바나바와 같은 사람도 있었다는 사실을 강조하려는 뜻으로 보여요.

그러면 이쯤에서 한 가지 의문이 듭니다. 구약성경을 보면 레위인은 재산을 소유할 수 없었습니다(민 18:20; 신 10:9). 그런데 레위족인 바나바에게 땅이 있었다는 점이 특이합니다. 학자들에 따르면, 포로기 이후에 율법이 사문화되어 제대로 지켜지지 않았기에 바나바가 비록 레위인이었지만 사유재산을 모으는 데 법적 제약을 받지 않았으리라고 해요.

이런 모든 사실로 추측해 보건대 바나바가 믿음이 출중해서라기보다 이런저런 이유로 자신의 땅을 드리게 된 것이 아닐까 합니다. 처음부터 믿음이 훌륭한 사람이 어디 있겠습니까. 사도들이 전하는 성령의 설교를 듣고 성령의 은혜가 임해서 바나바가 레위인의 특권을 내려놓게 되었다고 봅니다. 그것만으로도 택자입니다. 목회자가 평신도에게 은혜받기가 어렵잖아요. 레위인으로서 밭을 가지고 있는 것이 늘 마음에 걸렸는데, 딱 알맞은 때에 아낌없이 내놓은 겁니다. 십자가는 지혜이고, 지혜는 타이밍이잖아요.

바나바의 결심이 얼마나 확고했는가는 원문으로 보면 더 확실히 알 수 있습니다. 37절에 "그 값을 가지고"는 원문에서 부정과거형으로 쓰였습니다. 부정과거형은 일회적인 행동을 나타낼 때 쓰이는 시제라고 했어요. 즉, 바나바의 헌신이 주저함 없이, 한 번의 결단과 행위로 이루어진 신앙의 실천이었다는 걸 보여 줍니다.

바나바는 그 값에서 단 1원도 떼먹지 않고 사도들의 발 앞에 두었습니다. 그 결과, 그의 이름과 고향, 위로의 아들이라는 별명까지 성경에 기록되는 어마어마한 영광을 얻었습니다.

사도행전 11장 24절에 보면 "바나바는 착한 사람이요 성령과 믿음이 충만한 사람이라 이에 큰 무리가 주께 더하여지더라"고 합니다. 모두가 바울을 살인자라며 배격할 때, 예루살렘 지도자들에게 회심한 바울을 소개한 사람도 바나바입니다. 자신이 더 신분이 높아도 믿음의 사람 바울을 알아보고 천거했습니다. 그는 결코 자기를 내세우지 않았습니다. 오죽하면 사도들이 그에게 '위로자'라는 별명을 붙여 줬겠습니까. 사도들의 위로자니까 대단한 사람 아닙니까? 다윗보다 훌륭한 요나단이 있고, 여호수아보다 훌륭한 갈렙이 있습니다. 바울보다 훌륭한 바나바입니다. 모두가 천국 가면 꼭 만나 보고 싶은 멋진 오빠들입니다.

자신을 나타내지 않기가 정말 어렵잖아요. 그러나 바나바는 사도들과 그들이 전해 주는 복음을 신뢰하며 땅을 판 값을 사도들의 '발 앞에' 두었습니다. 눈앞에 두지 않고 발 앞에 두었다는 점이 중요합니다. 이는 곧 하나님 앞에 둔 것이에요.

35절에서 성도들도 그 판 것의 값을 가져다가 '사도들의 발 앞에 두었다'고 했습니다. 한결같이 사도들을 신뢰하기에 눈도 마주치지 않고 그저 발아래 두고 왔습니다. 그러면 사도들은 그것을 각 사람의 "필요를 따라" 나누어 주었습니다. 한꺼번에 나눠 주거나, 한 사람에게만 주지도 않았어요. 어떠한 차별 없이 꼭 필요한 사람에게, 필요한

만큼만 분배했습니다.

재산을 팔아 드리는 사람에게도 믿음이 필요하지만, 그걸 나누어 주는 사람에게도 큰 믿음이 필요합니다. 때마다 필요한 만큼만 나누어 주는 일이 얼마나 어려운지 몰라요. 멋대로 나누어 줬다간 서로 상처를 주고받기 십상입니다. 나누어 주는 일도 신중하게 해야 합니다.

그래서 우리들교회는 어떤 것도 교회를 통해 나누어 줍니다. 일대일로 도움을 주고받으면 반드시 문제가 생기게 마련입니다. 아닌 경우를 못 보았습니다. 특별히 신앙고백 없는 사람끼리 그랬다가는 서로 시험 들어 흘러 떠내려갈 위험이 큽니다. 아주 경계해야 해요.

초대교회 당시, 교인들이 무려 1만 9천 명의 걸인을 부양했다는 기록도 있다고 합니다. 그만큼 자원하여 헌금을 드린 사람이 많았다는 것이죠. 솔선수범이 무엇인지 초대교회가 잘 보여 줬습니다. 이스라엘이 출애굽한 후 광야를 떠돌 때도 다들 가난했지만 성막을 짓기 위해 백성이 자원하여 드린 예물이 넘쳤다고 했습니다(출 36:2~7). 반면에 다윗이 많은 재물을 비축하여 솔로몬에게 넘겨주었을 때는 넘쳤다는 표현을 찾아볼 수 없습니다. 우리가 잘살고 못사는 건 돈이 있고 없음에 달려 있지 않습니다. 오직 성령으로 충만할 때 모든 것이 넘치는 인생이 됩니다.

꼭 밭을 팔고, 집을 팔아서 서로 도와야만 훌륭한 것이 아닙니다. 한 영혼을 살리기 위해 나의 고난을 통용하고 내놓는 것이 억만금을 내놓는 것보다도 훌륭합니다. 세상은 줄 수 없는 위로와 안식과 치유를 가져다줍니다. 초대 교인들이 자기 소유를 아낌없이 드린 이유도 치유의 역사가 끊임없이 일어났기 때문입니다. 죽어 가던 한 사람이 살아나니까 절로 아까운 것이 없어진 겁니다.

그런데 이런 구절을 문자적으로 가져와서 "땅 팔고 집 팔아서 내 발 앞에 가져오라", "재산 다 팔아 어디로 들어오라" 강요하는 세력이 있습니다. 공산당과 이단이 그러지 않습니까? 그런 곳은 절대로 가시면 안 됩니다. 그러다가는 도리어 내가 길거리에 나앉아 구제를 받아야 하는 처지가 될 수 있어요.

진정으로 남을 돕는 길은 나부터 빚지지 않는 겁니다. 나부터 잘 살아야 합니다. 말씀 따라 있으면 먹고, 없으면 금식하고, 죽으면 천국 가는 것이 나도 살고 남도 살리는 최고의 비결입니다. 누군가를 도우려면 나부터 빚지지 않겠다는 죽음에 이르는 각오를 해야 합니다.

생각해 보세요. 마가의 다락방이 있어서 교인들이 모여 기도할 수 있었잖아요. 또, 당시 많은 가정이 자기 집을 예배 처소로 내놓았습니다(행 2:46). 그런데 너도나도 집을 팔아버리면 어떻게 되는 것입니까? 집을 팔아 섬기는 사람은 믿음이 좋은 사람이고, 그러지 않으면 믿음이 뒤처지는 사람입니까? 그런 얘기가 아니라는 말입니다. 문제는 우리의 가치관입니다. 20평에 살아도 기꺼이 집을 예배 처소로 내놓는 사람이 있는가 하면, 50평에 살아도 더 넓은 집을 얻기만 바라는 사람도 있습니다. 과연 둘 중에 누가 더 부자입니까? '더 넓은 곳, 더 좋은 곳'만 꿈꾸는 사람은 대궐 같은 집에 살아도 만족하지 못할 겁니다.

우리들교회 성도도 예외가 아니더라고요. 어려울 때는 단칸방이라도 목장예배 드릴 집이 있어서 감사했는데 먹고살 만해지니까 '어떻게 하면 더 큰 집, 더 많은 돈을 가질 수 있을까'만 생각하게 된다는 분이 자꾸 생깁니다. 어떤 분은 집이 너무 좋아서 오픈 못 하고 어떤 분은 너무 초라해서 못 한답니다. 한결같이 집을 '물질'로 보기 때문입니다. 유물론에서 벗어나지 못해서 그렇습니다. 어떤 집에 살든, 초대 교인들처럼 그곳에서 왕성하게 사람을 살려야 하는데 여전히 성령의 은혜를 받지 못해서 세상 가치관에 푹 젖어 있습니다.

자신의 모든 것이 하나님의 소유임을 깨달은 사람은 무엇도 함부로 쓰지 못한다고 했습니다. 약 30년 동안 우리 집에서 큐티 모임을 하면서 제가 그것을 몸소 경험했습니다. 당시 일주일 내내 많은 사람이 집을 드나들었고 그중엔 풍족하게 사는 분도, 가난한 분도 계셨습니다. 그러다 보니 살림살이 하나 제 마음대로 바꿀 수 없었습니다. '내 돈으로 내 물건 사겠다는데 뭐, 남 눈치를 보나?' 할 수 있겠지만 행여 누군가가 실족할 수 있잖아요. 특별히 냉장고나 자동차같이 덩치가 큰 살림을 바꿔야 할 때면 얼마나 고민했는지 모릅니다. 큐티 모임에 오신 분들은 제가 어떻게 적용하며 왔는지 잘 아실 것이에요.

돌아보면 성령의 은혜가 없었다면 결코 올 수 없는 길이었습니다. 내 집 장만하여 예쁘게 꾸미면서 사는 것이 모두의 꿈 아닙니까? 매사 아껴야 하고, 누가 알아주지도 않는데 이렇게 살 사람이 어디 있겠어요. 하지만 나의 모든 것은 하나님의 것이기에, 주님의 발 앞에 아낌없이 우리 집을 드렸습니다. 30년간 그곳에서 13개 큐티 모임을 하면서 수많은 사람이 살아났습니다. 교회 개척도 우리 집에서 했습니다. 꼭 마가의 다락방 같지 않습니까? 하나님께서 우리 집을 얼마나 크게 써 주셨는지 모릅니다.

　나아가 이런 모든 경험이 제가 목회하는 데 큰 밑거름이 되었습니다. 그때나 지금이나 저는 별로 달라진 것이 없어요. 혹시라도 실족하는 성도가 생길까 봐 매사 말씀을 가지고 씨름하고 또 씨름하여 결정합니다. 교회의 모든 것을 하나님의 것으로 여기며 무엇 하나 허투루 쓰지 않으려 노력합니다. 이런 적용을 하나님이 다 보시고 오늘날 우리들교회에 초대교회와 같은 부흥을 허락해 주셨다고 믿습니다.

　여러분도 아낌없이 주는 성도가 되길 바랍니다. 한 영혼을 살리기 위해 나의 죄와 고난을 아낌없이 나누고, 나의 집까지도 구원을 위해 쓰임받기를 기도하십시오. 그럴 때 자손 대대로 가난한 자가 없는 가정과 교회가 될 것이에요. 하나님의 소유가 된 백성으로서 성령의 은혜를 누리는 여러분 되기를 축원합니다.

▮ 누가 알아주길 바라면서 헌금합니까, 신앙고백으로 드립니까?

진정으로 남을 돕는 길은 나부터 빚지지 않는 겁니다.
나부터 잘 살아야 합니다. 말씀 따라 있으면 먹고,
없으면 금식하고, 죽으면 천국 가는 것이
나도 살고 남도 살리는 최고의 비결입니다.

"부모님께 용돈은 얼마나 드리세요?" 누군가 제게 던진 질문입니다. 저는 자신 있게 대답하지 못했고, 이 질문 하나가 모범적이고 착한 딸로 비춰졌던 저를 이기적인 딸로 만들어 버리는 것 같아 자존심도 상했습니다. 초대교회 사람들은 자기 재물을 조금이라도 자기 것이라 하는 이가 하나도 없다고 했는데(행 4:32) 저는 매달 집 문제로 빠져나가는 제 돈을 아까워하며, 함께 살고 있는 부모님의 무능력을 탓하기만 했습니다. 밖에서 돈을 잘 쓰시는 아버지와 안에서 지나치게 아끼시는 어머니가 일구어 가시는 저희 집은 늘 힘들었기 때문입니다. 그래서 '크면 내 맘대로 다 쓸 거야'라고 저를 위로하며 학창 시절을 보냈습니다.

이렇게 치우친 경제 관념을 가졌던 저는 대학 졸업 후 월급을 한 번도 부모님께 보여 드린 적이 없었고 저를 포장하는 데만 흥청망청 쓰며 살았습니다. 일류 대학에 가지 못해 '내 인생을 업그레이드해야 한다'는 생각에 끊임없이 무언가를 배우며 스펙을 쌓는 데 돈을 썼습니다. 게다가 주위 사람들에게 쿨한 사람으로 인정받는 것을 칭찬이라 여겼기에 남들에게는 아낌없이 돈을 쓰면서 살았습니다. 그러니 한 번도 일을 쉰 적이 없는데 저는 늘 빠듯하게 살았습니다.

'골드(Gold) 미스'를 꿈꿔 왔는데 현실은 '올드(Old) 미스'인 제 모습이 너무 초라하게 느껴질 때쯤 저의 지질함을 포장해 줄 한 사람을 소개받게 되었습니다. 돈, 학벌, 집안 배경까지 다 좋은 그 남자가 구질구질한 제 인생을 세탁해 줄 거라고 굳게 믿었습니다. 그러나 몇 년 후 주님은 저의 분별없는 욕심을 깨닫게 하셨습니다. 경제적 상황이 안 좋아진 그 남자가 돈을 빌려 달라고 했는데, 저는 그 정도 능력은 되는 사람으로 보이고 싶은 마음에 필요 이상으로 몇 차례 빌려주었습니다. 결국 그 돈은 돌려받지 못했고 그 사람과 헤어지게 되었습니다.

하나님이 주신 물질을 내 소유로 여기며 십일조를 멀리하고, 부모님께 드리는 용돈을 아까워했던 저였기에 하나님께서 사람의 매로 사랑의 경고를 주셨음이 이제야 깨달아집니다(삼하 7:14). 지금의 형편이 저에게 합당한 수준임을 인정하고 하나님 앞에 감춘 제 시간과 감정과 물질을 이제부터라도 잘 나누고 계획하며 쓰겠습니다(행 4:33~37).

영혼의 기도

하나님 아버지, 성령의 은혜가 임한 공동체는 어떤 모습인지 우리가 보았습니다. 모든 일의 끝에 돈이 있다고 하는데 정말 맞습니다. 주님, 혹독한 훈련을 거치지 않고는 우리의 재물 가치관이 바뀌기가 어렵습니다. 부활을 증언하는 말씀을 끊임없이 듣고 나누지 않으면 "내가 주님을 못 박았다"라는 고백이 나오지 않습니다. 나의 모든 것이 하나님의 것이라는 고백을 하지 못합니다. 우리가 너무 연약하오니 주께서 이끌어 주시옵소서.

"현재의 고난은 잠깐이고 장차 나타날 영광과 비교할 수 없다" 하셨습니다. 이 세상은 잠깐인데, 우리가 주님을 사랑한다고 하면서도 여전히 내려놓지 못하는 부분이 많습니다. 재물뿐 아니라, 나의 시간, 감정 등 많은 것을 '자기 것'이라 여기면서 주님께 드리지 못합니다. 만물이 주님의 소유임을 깨닫고 우리가 성령의 은혜로 자기 것을 내려놓게 하옵소서. 내 힘으로는 내려놓을 수 없지만 하나님을 의지해 하나님의 때를 따라 내려놓을 수 있도록 우리를 인도해 주옵소서.

주께 모든 걸 드리며 특별히 자신을 나타내지 않게 도와주옵소서. 가난을 통해 주님을 깊이 만남으로 가난하지만 가난하지 않은 우리가 되게 해 주옵소서. 말씀을 지키기만 하면 복을 받고 가난한 자가 없으리라고 주께서 약속하셨사오니 말씀에 순종하는 우리가 되도록 역사하여 주옵소서.

주여, 성령의 은혜로 이 나라를 지켜 주옵소서. 동성애자를 사랑하기에 차별금지법이 통과되지 않기를 원합니다. 하나님이 주신 생명을 귀히 여김으로 생명보호법이 제정되도록 역사해 주옵소서. 예수님 이름으로 기도드립니다. 아멘.

성령의 선물

초판 발행일 I 2025년 1월 3일

지은이 I 김양재

발행인 I 김양재
편집인 I 송민창
편집장 I 정지현
편집 I 김윤현 정연욱 진민지 고윤희 이은영
디자인 I 정승원

발행처 I 큐티엠
주소 I 경기도 성남시 분당구 대왕판교로385번길 26, 3층 큐티엠 단행본 편집부 (우)13543
편집 문의 I 070-4635-5318   **구입 문의** I 031-707-8781
팩스 I 031-8016-3193
홈페이지 I www.qtm.or.kr   **이메일** I books@qtm.or.kr
인쇄 I ㈜신성토탈시스템
총판 I ㈔사랑플러스 02-3489-4300

ISBN I 979-11-94352-10-5

큐티엠(QTM, Question Thinking Movement)은 '날마다 큐티'하는 말씀묵상 운동을 통해
영혼을 구원하고, 가정을 중수하고, 교회를 새롭게 하는 일에 헌신합니다.